CAPITALISM WITHOUT CAPITAL
자본 없는 자본주의

자본 없는 자본주의

초판 1쇄 인쇄일 2018년 6월 20일   초판 1쇄 발행일 2018년 6월 25일

지은이 조너선 해스컬 · 스티언 웨스틀레이크 | 옮긴이 조미현 | 감수 김민주
펴낸이 박재환 | 편집 유은재 김예지 | 관리 조영란
펴낸곳 에코리브르 | 주소 서울시 마포구 동교로 15길 34 3층(04003) | 전화 702-2530 | 팩스 702-2532
이메일 ecolivres@hanmail.net | 블로그 http://blog.naver.com/ecolivres
출판등록 2001년 5월 7일 제10-2147호
종이 세종페이퍼 | 인쇄 · 제본 상지사 P&B

ISBN 978-89-6263-182-1 93320

책값은 뒤표지에 있습니다.   잘못된 책은 구입한 곳에서 바꿔드립니다.

자본 없는
자본주의

조너선 해스컬 · 스티언 웨스틀레이크 지음

조미현 옮김 | 김민주 감수

에코리브르

감사의 글

이 책은 경제학자들과 무형 경제의 시작을 눈치채고 그것을 이해하고 측정하려 했던 이들의 단호하고 통찰력 넘치는 수년간의 작업이 없었다면 불가능했을 것이다. 아주 초창기부터 캐럴 코라도(Carol Corrado)·찰스 헐튼(Charles Hulten)·댄 시셀(Dan Sichel)은 자신들의 시간과 조언을 내주는 데 대단히 개방적이고 관대했으며, 유쾌한 공동저자이자 친구가 되어주었다. 특히 캐럴 코라도는 본문에 대해 자세하고 소중한 논평을 해줬다.

우리의 공저로부터 이 책의 많은 데이터와 사고를 끌어낸 것만큼이나 지난 몇 년간 함께 했던 친애하는 여러 공동저자들에게 감사를 전하는 것 또한 기쁨이 될 것이다. 특별히 국립통계청(The Office for National Statistics)과 영국특허청(UK Intellectual Property Office)의 토니 클레이턴(Tony Clayton), 피터 굿리지(Peter Goodridge, 임페리얼 칼리지), 마시밀리아노 이오미〔Massimiliano Iommi, 이탈리아 통계청(ISTAT)〕, 체칠리아 조나라시니오(Cecilia Jona-Lasinio, 로마의 루이스 대학), 개빈 월리스(Gavin Wallis, 잉글랜드은행), 앨버트 브라보 비오스카〔Albert Bravo Biosca, 영국의 국립과학기술예술재단

(Nesta, 네스타)〕, 마리엘라 달 보르고(Mariela Dal Borgo, 워릭 대학), 피터 그라츠케(Peter Gratzke, 네스타), 브라이언 매콜리(Brian MacAulay, 네스타), 마틴 브라셀〔Martin Brassell, 인고트(Inngot)〕, 벤 리드(Ben Reid, 네스타), 마우로 조르조 마라노(Mauro Giorgio Marrano, 런던 퀸메리 대학)에게 감사한다.

우리는 또한 공학 및 자연과학 연구위원회(EPSRC, EP/K039504/1), 유럽연합의 제7차 연구 프레임워크 프로그램(European Commission Seventh Framework Programme, COINVEST, 217512; SPINTAN 612774), 영국 재무부, 말레이시아 혁신기구(Agensi Inovasi Malaysia)를 포함해 이 연구를 지원해준 단체들에도 감사한다. 특히 이 책의 국제비교 데이터 대부분은 오랫동안 공동저자로 활동했던 캐릴 코라도·마시밀리아노 이오미·체칠리아 조나 라시니오와 함께 한 COINVEST와 SPINTAN(Smart Public INTANgibles) 지원 프로젝트들에서 온 것이다.

우리의 작가적 협업은 리처드 할켓(Richard Halkett)과 네스타의 조너선 케스텐바움(Jonathan Kestenbaum), 재무부의 존 킹맨(John Kingman), 자문위원회 위원장이던 데이비드 커리(David Currie)의 뒷받침이 없었다면 생기지 않았을 프로젝트인 네스타의 혁신 지수(Innovation Index) 공동 작업으로 시작됐다. 〈이코노미스트(Economist)〉지의 라이언 아벤트(Ryan Avent)의 기사 의뢰로 우리는 더 폭넓은 독자들을 위해 뭔가 써야겠다는 생각을 하게 됐다.

아울러 무형자산이 경제와 사회에 미친 광범위한 영향에 대해 고민하도록 우리에게 도전의식을 북돋워주고 참을성 있게 원고에 대한 견해를 밝혀준 이들에게도 고마움을 전하고 싶다. 특히 프로젝트가 진행되는 내내 통찰력 있는 조언과 비평을 해준 다이앤 코일(Diane Coyle), 몇몇 장에 논평을 해준 알렉스 에드먼스(Alex Edmans)·페르난도 갈린도 루에다(Fernando Galindo Rueda)·닐 리(Neil Lee)·마이크 린치(Mike Lynch)·데이비드 핏 왓슨(David Pitt Watson)·자일스 윌크스(Giles Wilkes), 본문 전체를 검토해준 사이먼 해스컬(Simon Haskel)에게 감사한다. 우리가 매우 고마워하는 그 밖의 독자들과 토론자들로는 하산 바크시(Hasan Bakhshi)·대니얼 핀켈스타인(Daniel Finkelstein)·톰 포스(Tom Forth)·존 케이(John Kay)·후안 마테오스 가르시아(Juan Mateos Garcia)·라마나 난다(Ramana Nanda)·폴 나이팅게일(Paul Nightingale)·로버트 페스턴(Robert Peston)·바트 반 아크(Bart van Ark)가 있다. 조너선은 그의 제자들인 후삼 바카르(Hussam Bakkar)·빅토르 버틸슨(Viktor Bertilsson)·시 테(Shi The)·샤오이 왕(Xiaoyi Wang)에게, 스티언은 네스타 정책연구 팀이 할애해준 시간과 지원에 감사한다.

물론 모든 오류와 누락의 책임은 우리의 몫이다.

스티언의 프로젝트 참여는 일정 기간 네스타를 휴직했기에 가능했는데, 이는 휴직을 너그러이 허락해준 제프 멀건(Geoff Mulgan)과 그의 공백 기간 중에 팀을 타고난 재능으로 이끌어준 루이즈 마스턴(Louise Marston)이 없었다면 불가능했을 것이다. 조너선은 집필 기간 동안 임페리얼 칼리지와 유럽연합의 지원을 받은 SPINTAN 프로젝트의 지원에 감사한다. 그동안 네스타의 제미마 킹(Gemima King)과 임페리얼 칼리지의 도나 서덜랜드 스미스(Donna Sutherland Smith)는 일이 계속되도록 진행시켜주었다.

프린스턴 대학 출판부는 줄곧 지지와 격려의 원천이 되어주었다. 우리는 특히 새러 카로(Sarah Caro)·한나 폴(Hannah Paul)·크리스 반 호른(Chris Van Horne)의 노고에 감사한다.

무엇보다 이 프로젝트 내내 끝없는 지지와 격려를 해준 우리의 가족, 스티언은 키얼스틴(Kirsten)·오렐리아(Aurelia)·클라라(Clara)에게, 조너선은 수(Sue)·한나(Hannah)·새러(Sarah)에게 고마움을 전한다. 사랑을 담아 이 책을 그들에게 바친다.

차례

표, 그림, 상자 목록

상자

서문

감정평가, 옛날 방식: 또는 에섹스(Essex)의 1000년

콜린 매튜스(Colin Matthews)는 속이 탔다. 감정평가사들이 자신의 공항 도처를 돌아다니게 두는 것은 그가 꿈에도 바라지 않던 상황이었다. 그러나 3년이 지나자 더 이상 막을 도리가 없었다.

때는 2012년 여름, 지난 3년간 그는 영국 경쟁국 담당국들(competition authorities)이 자신이 운영하는 회사이자 영국 최대 공항 대부분을 소유한 영국공항공단(British Airports Authority, BAA: 지금은 히드로 에어포트 홀딩스—옮긴이)을 해체하려는 시도에 맞서 싸워온 터였다. 합법적으로 해볼 수 있는 방법은 다 써본 그는 체념하고 있었다.

그러니까 지금 정장 차림에 스프레드시트 용지를 들고 안전조끼를 입은 남녀들이 그의 공항을 돌아다니며 잠재적 바이어들에게 얼마만큼의 값어치를 매길지 계산하고 있는 중이다. 회계사들과 변호사들과 감정인들과 측량기사들은 측정하고 계산했으며, 서서히 런던 북동쪽에 위치한 영국에서 네 번째로 붐비는 공항인 스탠스테드(Stansted)의 전체 견적을 내놓았다.

그들은 활주로, 터미널 및 수하물 설비의 가격은 올려 잡았다. 주차상, 버스 정류장 및 공항 호텔에 대해서는 협정보험가액이 있었다. 지하 연료 펌프의 가치에 대해서는 약간의 공방이 있긴 했지만, 영국공항공단 회계사들이 봤을 때 정도를 벗어난 수준은 아니었다. 자산 가격은 인플레이션에 맞춰 약간 조정한다고 했을 때 감가상각액보다 적었다. 아니나 다를까 2013년 스탠스테드 공항이 (150억 파운드에) 매각됐을 때 그 액수는 회계사들이 기업에 매겼던 견적가에 상당히 근접했다.

어떤 의미에서 스탠스테드의 감정평가는 전형적인 21세기 광경처럼 보였다. 공항 자체가 그랬다. 공항만큼 고도로 글로벌화한 현대성을 더 잘 드러내는 상징이 있을 수 있을까? 그리고 도처에 깔린 금융 자본주의의 종복인 회계사와 변호사 군단이 있었다. 물론 그 과정의 경제적 논리도 있었다. 우선은 영국공항공단을 민간 부문으로 편입시키는 민영화에서부터 해체를 유발한 경쟁 정책, 그리고 해체 이후 자산을 매입하려고 주변을 맴돌던 기반기금들에 이르기까지 모든 것이 아주 현대적이었다.

하지만 그와 동시에 스탠스테드의 감정평가는 수 세기 동안 벌어져왔던 유형이기도 했다. 물리적인 물건을 계상하고 측정하여 얼마만큼 값어치가 나가는지 산출하는 작업에는 유구하고 고귀한 전통이 있다.

아홉하고도 사반세기 전에 당시 그렇고 그런 시골 마을에 지나지 않았던 스탠스테드에서는 비슷한 장면이 연출된 적이 있다. 콜린 매튜스를 그토록 괴롭혔던 회계사와 변호사 들의 11세기판 전신이라 할 리브(reeve:

장원의 관리자이자 농민 감시자-옮긴이)와 전령 들이 정복왕 윌리엄(William the Conqueror: 프랑스 노르망디 공국의 공작으로 1066년 잉글랜드를 정복해 노르만 왕조를 연 인물-옮긴이)이 시행한 방대한 영국 국부 조사인 둠스데이북(Domesday Book)을 위해 값을 산정하려고 그곳에 모여들었다. 그들은 노트북이 아닌 텔리스틱(tally stick: 리브가 영주의 공납물, 생산량, 지출 등을 계산할 때 사용하는 눈금 있는 막대기-옮긴이)을 사용하여 감정평가를 진행했다. 주민들에게 말을 걸고 물건의 개수를 셌다. 그들은 스탠스테드에 방앗간 하나, 소 16마리, 돼지 60마리, 노예 3명이 있다고 기록했다. 그러고 나서 자신들이 센 것을 측정하고, 스탠스테드 장원의 가치를 연간 11파운드로 평가했다.[1]

그러니까 비록 그들이 중세 스탠스테드 마을에 매겼던 가치가 2013년 영국공항공단이 공항을 매각한 대가로 받은 15억 파운드보다 상당히 적긴 했지만, 정복왕 윌리엄을 위해 측량했던 리브들과 사절들은 콜린 매튜스의 회계사들이 한 것과 근본적으로 비슷한 일을 한 셈이다.

수 세기 동안 사람들은 어떤 것-토지, 농장, 사업체 및 국가-의 가치가 얼마나 되는지 측정하고 싶을 때는 **물리적인**(physical) 물건을 세고 쟀다. 특히 사람들은 지속적인 가치가 있는 것들을 측정했다. 이것들이 회계사들의 대차대조표에 있는 고정자산이 되었고, 경제학자들과 국가 통계전문가들이 경제성장을 이해하기 위해 계상하는 투자가 되었다.

시간이 흐르면서 이런 자산과 투자의 성격이 바뀌었다. 밭과 황소의 중요도는 떨어졌고, 동물은 기계, 공장, 차량과 컴퓨터에 자리를 내줬다. 그러나 자산이란 대체적으로 만질 수 있는 것들이며 투자란 물리적인 것들을 만들거나 사들이는 것을 의미한다는 생각에서는 둠스데이북의 필경사(scribe, 筆耕士: 문서에 글자를 옮기는 일을 직업으로 하는 사람-옮긴이)들이건 20세기의 회계사나 경제학자 들이건 마찬가지였다.

투자는 왜 중요한가

투자의 본질은 은행가부터 경영자에 이르기까지 온갖 부류의 사람에게 중요하다. 경제학자도 예외는 아니다. 투자가 많은 경제적 사고에서 중심적 위치를 차지하기 때문이다. 경제의 동력이 되는 생산에서 노동과 더불어 두 가지 신중한 투입 요소로서 경제를 작동시키는 힘줄과 관절을 구성하는 자본을 축적하는 것이 투자다. 국내총생산(gross domestic product, GDP)은 소비, 투자, 정부지출 및 순수출의 가치의 총합으로 정의한다. 이네 가지 중 투자는 통화정책과 기업신뢰도에 따라 좀더 큰 폭으로 오르내리는 경향이 있으므로 종종 경기의 호황과 불황을 일으키는 요인이 된다. GDP에서 투자는 경제의 야성적 충동(animal spirit)이 짖어대고 불황이 맨처음 물어뜯는 요소다.

그 결과 국민소득을 산출하는 게 직업인 통계학자들은 매해 분기마다 기업들이 얼마나 많이 투자해야 할지를 측정하는 데 오랫동안 공을 들여왔다. 1950년대 이래 국립통계청들은 기업들의 투자액을 파악하기 위해 정기적으로 설문지를 발송했다. 특정 자산이 얼마나 오래 지속되는지, 특히 컴퓨터 같은 하이테크 투자의 경우 시간의 경과와 함께 자산이 얼마나 늘어나고 있는지 이해하기 위해 주기적으로 연구가 이뤄졌다.

최근까지 통계청들이 측정한 투자는 하나같이 유형자산(tangible assets: 기계, 건물, 현금처럼 물리적 실체가 있는 자산―옮긴이)이었다. 이런 투자가 산업적 전성기의 현대를 대표하기는 했지만(예를 들어 2015년 영국에서는 기업들이 신축 건물에 780억 파운드를, IT와 공장과 기계에 600억 파운드를, 그리고 차량에 170억 파운드를 투자했다[2]), 투자란 물리적 재화와 관련된 것이라는 기본 원칙은 정복왕 윌리엄 시대의 리브들도 납득했을 것이다.

투자의 암흑물질

그러나 경제는 유형자산만으로 굴러가지 않는다. 이를테면 스탠스테드 공항은 활주로, 터미널, 트럭뿐 아니라 보거나 만지기 어려운 것들도 보유하고 있었다. 복잡한 소프트웨어와 항공사, 판매업체들과의 귀중한 계약 및 내부의 노하우 말이다. 이 모든 것은 축적하는 데 시간과 돈이 들었고 공항 소유자가 누구이건 지속되는 가치를 갖고 있었지만, 물리적 재화가 아닌 아이디어, 지식 및 사회적 관계로 구성되어 있었다. 경제학자들의 말을 빌리자면 그것들은 **무형**(intangible, 無形)이었다.

경제가 실체가 없는 것들에 의존하게 될지도 모른다는 생각은 예전에도 있었다. 일찍이 1960년대와 1970년대에 앨빈 토플러(Alvin Toffler)와 대니얼 벨(Daniel Bell) 같은 미래학자들은 '후기 산업(post-industrial)' 사회의 미래를 거론하기 시작했다. 1990년대 들어 컴퓨터와 인터넷의 위력이 부각되면서 무형의 것들이 경제적으로 중요하다는 생각을 갈수록 더 많은 이들이 인정했다. 사회학자들은 '네트워크 사회' 및 '포스트 포드주의 (post-Fordism: 노동 과정 개편으로 대량 생산 체계를 확립한 자동차업체 포드사의 지배적 양식을 이르는 포드주의에 대항하는 움직임으로, 예를 들면 다품종 소량 생산이 해당됨—

옮긴이)' 경제를 언급했다. 비즈니스 전문가들은 경영자들에게 지식경제에서 번창할 방안을 구상하라고 충고했다. 경제학자들은 연구개발과 거기서 생겨난 아이디어들이 자신들의 경제성장 모델들로, 다이앤 코일의 책 제목인《무중력 세상(Weightless World)》에 간결하게 압축되어 있는 경제로 어떻게 구체화될 수 있을지 고찰하기 시작했다. 찰스 리드비터(Charles Leadbeater) 같은 저자는 우리가 곧 "허공에서 살게(living on thin air)" 될지도 모른다고 했다.

2000년 닷컴버블(dot-com bubble: 인터넷 관련 분야의 성장으로 쏟아져 나온 수많은 IT 관련 기업들이 과도한 시도로 시장에서 실패하면서 줄지어 파산한 현상—옮긴이)이 터지면서 새로운 경제에 관한 일부 무모한 주장은 한풀 꺾였지만, 경제학자들 사이에서는 정확히 어떤 변화가 있는지 파악하려는 연구가 이어졌다. 2002년에 일단의 경제학자들이 워싱턴의 소득과 부의 연구에 관한 학술대회(Conference on Research in Income and Wealth)에 집결해 자신들이 '신경제(new economy)'라 부르던 것 안에서 이뤄지고 있던 종류의 투자를 어떻게 정확하게 측정해야 할지 고민하게 된 것은 바로 이런 맥락에서였다. 이 학술대회와 그 이후에 연방준비제도이사회(Federal Reserve Board)의 캐럴 코라도 및 댄 시셀과 메릴랜드 대학의 찰스 헐튼은 신경제의 다양한 투자 유형들에 관한 사고의 틀을 발전시켰다.

이런 종류의 투자가 어떤 것인지 감을 잡기 위해 학술대회 당시 세계 최대의 가치를 지녔던 기업을 생각해보자. 바로 마이크로소프트다. 2006년 마이크로소프트의 시장가치는 대략 2500억 달러였다. 만일 당신이 마이크로소프트의 자산을 기록한 대차대조표를 들여다본다면 약 700억 달러의 자산평가액을 발견할 것이다. 그중 600억 달러는 현찰 및 갖가지 금융상품이었다.[3] 전통적 자산인 공장과 설비는 단 30억 달러로, 마이크로소프트 자산에서는 하찮은 4퍼센트이자 회사의 시장가치에서는 1퍼센트에 지나지 않았다. 당시의 자산회계 관행으로 볼 때 마이크로소프트는 현대판 기적이었다. 이것은 자본 없는 자본주의였다.

학술대회가 끝나고 얼마 안 되어 찰스 헐튼은 마이크로소프트 회사의 가치가 왜 그토록 큰지 알아내기 위해 회계장부를 꼼꼼히 들여다봤다 (Hulten 2010). 그는 "**전형적으로 특정 제품 및 과정의 개발을 포함하는** (자산), **혹은 조직적 역량에 대한 투자인**" 자산으로 "**한 회사가 특정 시장에서 경쟁하도록 포지셔닝하는 제품 플랫폼을 창출 또는 강화하는**" 일련의 무형자산을 찾아냈다. 마이크로소프트의 R&D(연구개발) 및 제품 디자인 투자에서 발생한 아이디어, 브랜드 가치, 공급망과 내부 구조, 그리고 교육 훈련으로 축적된 인적 자본이 그 사례들이었다.

이런 무형자산은 어느 것 하나도 마이크로소프트의 사무용 건물이나 컴퓨터 서버처럼 물리적이진 않지만 모두 투자의 공통된 특성들을 갖고 있다. 회사는 선불로 거기에 시간과 돈을 써야 했고, 그것들은 시간이 지나자 마이크로소프트가 이익을 얻을 수 있는 가치를 제공했다. 그러나 그것들은 일반적으로 회사의 대차대조표, 그리고 당연하겠지만 공식적인 국가 회계의 국민대차대조표에는 드러나지 않았다. 코라도·헐튼·시셀의 작업은 설문조사, 기존의 데이터 계열 및 다원화(triangulation) 방식을 활용하여 경제 전반에 걸친 무형자산 투자의 평가방식을 개발하는 데 큰 영향을 미쳤다.

미래로 가는 길에 발생한 기이한 사건

그렇게 해서 무형자산 연구 프로그램은 발전했다. 2005년 코라도·헐튼·시셀은 미국 기업들이 무형자산에 얼마나 많이 투자하고 있는지에 관한 최초의 평가서를 발표했다. 2006년에 헐튼은 영국을 방문하여 여왕 폐하의 재무부에서 자신들의 연구에 대한 세미나를 열었고, 재무부는 즉각 이 연구를 영국으로 확장할 (이 책의 저자들 중 한 명을 포함하는) 팀을 꾸렸다. 일본도 연구에 착수했다. 무형자산 분야에 상당히 일찍 손을 댔던(예를 들어 Young 1998 참조) 경제협력개발기구(Organisation for Economic Co-operation and Development, OECD) 같은 기관들은 정책과 정치계에 무형자산 투자라는 개념을 홍보했고, 그 개념은 평론가들과 부상하던 경제 블로거들 사이에서 상당한 관심을 끌었다. 그림 1.1에 나타나듯 '무형'의 언급은 딱딱한 학술지들에서도 꾸준하게 유행세를 탔다.

그런데 바로 그때 경제 의제를 갈아치우는 사건이 터졌다. 바로 글로벌 금융 위기다. 지극히 당연한 일이지만 경제학자들과 경제정책 입안자들은 신경제라고 알려진 것을 이해하기보다는 경제 전체의 붕괴를 막는 데 더욱 관심을 가졌다. 위기의 가장 위험한 부분을 일단 막고 나니 이번에는 새롭고 다소 암울한 일단의 문제가 경제적 공방을 장악하기에 이르렀다. 너무나 처참하게 실패해버린 금융체제의 해결 방안, 부와 소득의 불평등이 급증했다는 의식 확대, 그리고 생산성 증가의 고질적 침체에 대응하는 방법이었다. 신경제라는 개념이 여전히 논의되는 때에도 그것은 대부분 비관적이고 디스토피아(dystopia)적이기까지 한 시각의 프레임에 갇혀 있었다. 과학기술 발전이 돌이킬 수 없게 침체되어 우리의 경제적 희망을

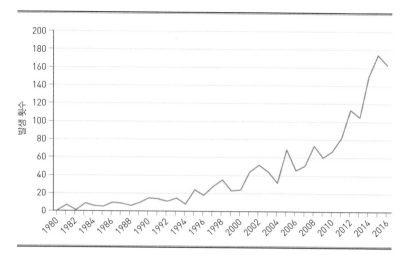

그림 1.1 전문 학술지들의 '무형' 언급. 데이터는 사이언스디렉트(ScienceDirect) 데이터베이스에 기록된 '경제학, 계량경제학 및 재무학' 분야 학술지들의 논문 초록, 제목 또는 키워드에서 '무형'이란 단어가 언급된 횟수다. 출처: 사이언스디렉트 자료를 바탕으로 저자들이 산출.

산산조각 냈는가? 과학기술이 나쁘게 돌변해서 모든 인간의 직업을 가로챌 로봇을 생산하거나 사악하고 막강한 인공지능을 출현시킬 것인가?

그러나 이렇게 암울한 도전 과제들이 신문 칼럼과 블로그의 경제에 관한 공공토론을 지배하는 사이, 신형 자본을 측정하는 프로젝트가 조용히 진척되고 있었다. 처음에는 미국에서, 다음은 영국, 그 뒤로는 다른 선진국들에서 무형자산 투자의 데이터 계열을 산출하기 위한 조사와 분석을 수행했다. 재무부와 국제기구 들은 그런 작업을 꾸준히 뒷받침했고, 국립통계청들은 투자 설문조사에 몇몇 종류의 무형자산, 특히 R&D를 포함하기 시작했다. 역사적 데이터 계열들이 구축되어 시간의 경과에 따른 무형자산 투자의 변화상을 추정했다. 그리고 우리가 살펴보겠지만, 무형 투자는 거의 모든 선진국들에서 더욱더 중요해졌다. 사실 일부 국가에서는 현재 유형자산 투자보다 더 중요하다.

무형자산 투자는 왜 다른가

자, 경제적 관점에서 보면 기업들이 투자하는 재화의 종류 변화에는 본질적으로 특이하거나 흥미로울 게 없다. 사실 이만큼 정상적인 게 어디 있겠는가. 경제의 자본 스톡(capital stock)이란 언제나 변화하는 것이니 말이다. 철도는 운하를 대체했고, 자동차는 마차를 대체했고, 컴퓨터는 타자기를 대체했으며, 더욱 세분화한 수준에서 기업들은 항상 투자 배합을 개편하고 바꾼다. 이 책에서 우리의 주요 논지는 무형 투자에는 근본적으로 다른 점이 있다는 것, 그리고 무형 투자로의 꾸준한 이행을 이해함으로써 오늘날 우리가 직면하고 있는 몇몇 핵심 쟁점, 즉 혁신과 성장, 불평등, 경영의 역할 그리고 금융 및 정책 개혁을 파악하게 된다는 것이다.

우리는 무형자산에 두 가지 큰 차이점이 있음을 입증하고자 한다. 우선 대부분의 측정 관행은 그 점들을 간과하고 있다. 그럴 만한 몇 가지 이유가 있지만, 무형자산이 더욱 중요해진 만큼 그것은 우리가 현재 모든 자본을 계산하지 않은 채 자본주의를 측정하려 하고 있음을 뜻한다. 두 번째, 무형자산의 기본적인 경제적 특성들은 무형자산이 풍부한 경제가 유형자산이 풍부한 경제와 다르게 작동하도록 만든다.

측정: 자본 없는 자본주의

앞으로 논의하겠지만, 전통적 회계 관행에서는 무형자산 투자가 장기간 지속되는 고정자산을 창출한다고 여기지 않는다. 그리고 이에 대해서는 변명할 여지가 있다. 마이크로소프트의 책상과 사무용 건물에 대한 투자는 관찰할 수 있고, 중고 사무설비 및 사무공간 임대 시장은 당신에게 거의 매일 그 투자의 가치를 알려준다. 그러나 더 나은 소프트웨어를 개발하거나 사용자 인터페이스(user interface)의 재설계에 투자한 것의 원가치(raw value)를 알 수 있는 시장은 없다. 따라서 이런 투자와 연관된 '자산'을 측정하려는 것은 대단히 어려운 과제이며, 신중한 사람들인 회계사들은 제한적 상황(보통은 프로그램 개발에 성공하고 잘 판매돼서 관찰할 수 있는 시장가격이 있을 때)을 제외하면 일반적으로 측정하지 않는 쪽을 선호한다.

이 보수적인 접근법은 이런 종류의 재화에 대한 투자가 거의 없는 경제라면 문제 될 게 없다. 그러나 이런 투자가 유형자산 투자를 넘어서기 시작하는 순간 점점 더 많은 경제 영역은 미지의 상태로 내버려지게 된다.

무형자산의 특성: 경제는 왜 그토록 달라지고 있는가

무형 투자로의 이행은 관건이 오로지 측정 오류라고 한다면 상대적으로 경미한 문제일 수 있다. 그것은 마치 우리가 경제에서 대부분의 새로운 트럭 대수를 셌는데 그중 일부를 빠뜨리는 것과 같다. 통계청에나 흥미로운 사안이지 그 이상은 아니다.

그러나 뒤에서 입증할 테지만, 무형자산 증가에는 더욱 중요한 점이 있다. 개괄해 말한다면, 무형자산에는 전통적으로 우세했던 유형자산 투자와는 상당히 다른 경제적 특성들이 있다.

우선 무형자산 투자는 **매몰**(sunk) 비용을 나타내는 경향이 있다. 만일 어떤 기업이 기계장비나 사무용 건물 같은 유형자산을 매입한다면 보통은 필요시 되팔 수 있다. 덩치가 크고 특이한 자산일지라도 많은 유형자산 투자는 이와 같다. 만일 당신이 거대한 저 오스트레일리아산 탄광 트랙터 중 하나를 맘에 두고 있다면 머시너리존(Machinery Zone)이라 불리는 온라인 경매 사이트에서 중고로 구입하면 된다. 월드오일(World Oils)은 중고 원유 시추장치를 조용히 판매하고 있다. 그리고 UVI 서브파인드(UVI Sub-Find)라는 업체는 중고 잠수함을 취급한다. 그러나 무형자산은 팔기가 더 힘들고 그것을 만드는 회사에 특화되어 있을 가능성이 높다. 도요타(Toyota)는 린 생산 시스템(lean production system: 인력과 부품의 적시 공급으로 재고를 줄이고 품질을 끌어올린 생산 효율 극대화 시스템 — 옮긴이)에 수백만 달러를 투자하지만, 이 투자를 어떻게든 공장에서 따로 떼어내 값싸게 팔아치우는 건 불가능할 것이다. 그리고 연구개발은 판매 가능한 특허권을 탄생시키는 경우가 가끔 있긴 하지만, 분명 대다수는 지식재산 시장을 더욱 제한적으로 만들기에 충분할 정도로 거기에 투자하는 업체의 특정 니즈(needs)에 맞춰져 있다.

무형자산 투자의 두 번째 특성은 **스필오버**(spillover)를 발생시킨다는 것이다. 당신이 에글릿(aglet: 운동화 끈의 끝부분이 풀리는 것을 방지하기 위한 금속이나 플라스틱 마감재 — 옮긴이) 제조사를 운영한다고 가정해보자. 그러면 당신은 공장 형태의 유형자산과 뛰어난 신형 에글릿 디자인이라는 형태의 무형자산을 보유하고 있을 터이다. 당신의 회사가 공장에서 대부분의 이익을 얻고 있음을 확실히 해두는 일은 시시할 정도로 간단하다. 문에 잠금장치를 채우면 된다. 만일 누군가 공장을 공짜로 사용해도 되냐고 묻는다면, 당신은 정중하게 거절할 것이다. 만일 그들이 침입한다면, 당신은 경찰을 불러 그들을 체포하게 할 것이다. 대부분의 선진국에서 이 정도는 간단히 해결할 수 있는 사건이다. 사실 공장처럼 당신이 소유한 유형자산에서 이익이 발생한다는 점을 확인하는 것은 너무도 단순해서 질문하는 것만으로도 덜떨어져 보인다. 그러나 디자인은 전적으로 다른 사안이다. 당신이 복제를 방지하려고 계속 비밀에 부칠 수는 있지만, 경쟁업체들은 에글릿 몇 개를 구입해 분해해서 모방할지도 모른다. 남들이 복제하지 못하게 특허권을 확보할 수는 있지만, 경쟁업체들은 '특허권을 침해하지 않는 선에서 최대한 가깝게 디자인을 베끼고는' 제품에서 특허가 전혀 보호해주지 않는 측면들만 얼마든지 바꿔버릴 수 있다. 당신의 특허권이 안전하다 쳐도, 특허권 침해 손해배상을 받는 것은 경찰이 공장에서 무단 침입자를 쫓아내게 하는 것보다 훨씬 더 복잡하다―수개월 혹은 수년간 소송에 휘말릴 수 있고, 최종적으로 승소하지 못할 수도 있다. 라이트 형제는 세계 최초로 첫 비행을 마친 뒤 더 나은 항공기 개발이 아니라 자신들의 특허를 침해하고 있다는 느낌이 드는 경쟁 개발업체들과 싸우느라 대부분의 시간을 날렸다. 특정 개인의 투자였어야 하는 재화에서 타인들이 이득을 취하는 경향―경제학자들이 스필오버라고 부르는 것―은 많은 무형자산 투자가 가진 특성이다.

　무형자산은 또한 **확장될**(scalable) 가능성이 더 높다. 코카콜라를 떠올려 보라. 조지아(Georgia)주 애틀랜타(Atlanta)에 본부를 둔 코카콜라컴퍼니는 콜라 1리터를 생산하는 데 일어나는 극히 일부 사안에만 책임을 진다. 이곳의 가장 귀한 자산은 무형으로, 브랜드, 라이선스 계약 그리고 콜라를 콜라 맛이 나게 만드는 시럽 조리법이다. 콜라를 제조하고 판매하는 나머지 사업은 대부분 그곳과는 무관한 병입(瓶入)회사(bottling company: 해외에서 수입한 음료수를 병에 담아 유통하는 회사―옮긴이)들에 의해 진행되는데, 이들은 세계 각 지역에서 콜라를 생산할 계약서에 각각 서명해왔다. 이 병입회사들은 보통 자체적인 병입 공장, 판매 조직, 운송 차량 등을 보유하고 있다. 애틀랜타의 코카콜라컴퍼니의 무형자산은 전 세계로 확장될 수 있는 것이다. 제조법과 콜라 브랜드는 콜라가 하루에 10억 병이 팔리건 20억 병이 팔리건(실제 수치는 현재 약 170억 병이다) 그대로다. 병입업체들의 유형자산은 확장이 훨씬 덜 된다. 만일 오스트레일리아인들의 콜라에 대한 갈증이 극적으로 증가한다면, 코카콜라 아마틸(Coca Cola Amatil)(현지 병입업체)은 아마 콜라를 배송할 트럭을 확충하고, 생산라인을 확대하고, 최종적으로 공장을 신설하는 데 투자해야 할 것이다.

끝으로 무형자산 투자들은 상호 간 **시너지**(synergy)(즉, 경제학자들이 상승작용이라 부르는 것)가 생기는 경향이 있다. 그것들은 적어도 적절히 결합된다면 함께 있을 때 가치가 커진다. 초소형 하드디스크와 결합된 MP3 프로토콜(protocol), 그리고 애플(Apple)사가 체결한 음반사 및 디자인 기술과의 라이선싱 계약은 매우 중요한 혁신인 아이팟(iPod)을 탄생시켰다. 시너지는 예측할 수 없는 경우가 허다하다. 전자레인지(microwave oven)는 레이더 장비에서 나오는 마이크로파가 음식을 데울 수 있다는 사실을 우연히 발견한 한 방위산업체와 전자기기 디자인 기술을 제공한 백색 가전(White Goods) 제조업체가 결합한 결과물이었다. 유형자산들에도 시너지는 있지만ㅡ이를테면 트럭과 적재 구획(loading bay) 또는 서버(server)와 라우터(router)처럼ㅡ일반적으로 그 정도까지 근본적이고 예측 불가능한 규모는 아니다.

결론

이러한 특유의 경제적 특성들은 무형자산의 증가가 투자 성격의 경미한 변화 그 이상임을 뜻한다. 우리는 무형자산 투자가 전반적으로 유형자산 투자와는 다른 습성을 갖고 있는 만큼 무형자산이 지배하는 경제 또한 다른 반응을 보일 것이라고 예측할 수 있다.

　사실 현대 경제에서 자본의 성격이 변화하고 있다는 점을 고려하는 순간 수수께끼 같던 상황들이 이해되기 시작한다. 우리는 이 책의 남은 부분에서 무형 투자로의 전환이 경제에 관심이 있는 사람이라면 누구에게나 대단히 중요할 네 가지 쟁점─장기 불황, 불평등의 지속적 심화, 금융제도의 비금융 경제 지원 역할, 그리고 경제 번영을 위해서는 어떤 종류의 기반시설이 필요한지의 문제─을 이해하는 데 얼마나 도움이 되는지 살펴볼 것이다. 이런 이해로 무장한 다음에는 이 경제적 변동이 정부의 정책 입안자, 기업 및 투자자 들에게 무엇을 의미하는지 검토하고자 한다. 이 여정은 구시대의 감정인들을 통과해 현대의 무형 투자라는 지도상에 없는 영토로 우리를 데려다줄 것이다.

1부

무형 경제의 부상

사라진 자본

투자는 경제에서 가장 중요한 활동의 하나다. 그런데 지난 30년간 투자의 본질은 변화해왔다. 이번 장에서는 그 변화의 성격을 기술하고 그것의 원인을 고찰하고자 한다. 3장에서는 이러한 투자의 변화를 어떻게 측정할 수 있는지 살펴본다. 4장에서는 이 신형 투자가 갖는 독특한 경제적 특성과 그것이 왜 중요한지를 들여다본다.

투자는 모든 경제 기능의 중심이다. 경제적 관점에서 보면 우리가 미래에 유용한 재화를 생산할 수 있도록 시간, 자원, 돈을 운용하는 과정은 기업, 정부, 개인이 하는 일의 결정적 부분이다.

이 책의 출발점은 관찰이었다. 바로 지난 몇 십 년간 투자의 성격이 점진적이면서도 크게 변화해왔다는 것이다.

그 변화는 주로 정보통신 기술에 관한 것이 아니다. 새로운 투자는 로

붓이나 컴퓨터나 실리콘칩의 형태를 띠지 않는다. 우리가 뒤에서 살펴볼 것처럼 비록 이것들 모두가 이야기의 조연을 담당하고 있긴 하지만 말이다. 거침없이 부상해온 종류의 투자는 **무형**이다. 곧, 아이디어, 지식, 예술적 콘텐츠, 소프트웨어, 브랜드 및 네트워크와 관계에 대한 투자다.

이번 장에서는 이러한 변화와 그것이 발생한 이유를 서술하고자 한다.

헬스클럽으로 떠나는 여행

이야기는 헬스클럽, 좀더 정확히 말해 헬스클럽 두 곳에서 시작한다. 우리는 2017년과 1977년의 민간 헬스클럽 안에 잠깐 들러 몇 가지 차이점을 살펴보려 한다. 나중에 알게 되겠지만, 헬스클럽은 누가 봐도 첨단기술 분야가 아닌 산업들에서조차 어떻게 투자 유형이 은근히 달라져왔는지를 생생하면서도 전형적으로 보여주는 사례다.

헬스클럽은 우리의 무형 경제 탐색을 시작하기에 재미있는 장소다. 언뜻 봐서는 무형이라 할 만한 것이 그다지 없기 때문이다. 혹여 당신이 전염병이라도 되는 듯 헬스클럽을 기피한다 해도, 아마 거기서 발견할 종류의 물건들이 무엇인지에 대한 생각은 있을 터이다. 우리의 2017년 헬스클럽은 사업이 굴러가는 데 필요한 설비로 가득 차 있다. 컴퓨터가 놓인 리셉션 데스크와 아마도 회전문, 운동기구, 웨이트 몇 개, 샤워실과 탈의실, 물품보관함, 매트 그리고 거울(한 헬스클럽 사장의 농담처럼 "헬스클럽에서 가장 애용되는 시설") 등등. 이 세트 일체가 헬스클럽을 소유하고 운영하는 업체의 재무에 반영되어 있다. 회계장부는 일반적으로 그들의 영업장이 있는 토지건물에서부터 고객들이 사용하는 러닝머신과 바벨에 이르기까지 당신이 만지고 볼 수 있는 많은 자산을 포함하고 있다.

자, 이제 40년 전의 헬스클럽을 생각해보자. 1977년에 미국은 헬스클럽으로 가득 찼었다. 아널드 슈워제네거(Arnold Schwarzenegger)가 로스앤젤레스의 베니스 비치(Venice Beach)에 있는 골즈짐(Gold's Gym)에서 운동하는 장면들을 주로 담은 화제의 영화 〈펌핑 아이언(Pumping Iron)〉이 막 개봉한 시기였는데, 골즈짐은 1965년에 설립되어 미국 전역에 널리 체인점을 가진 곳이었다. 그 밖의 헬스클럽에는 1960년대 말 아서 존스(Arthur Jones)가 발명한 독창적인 무게 고정 기구인 노틸러스(Nautilus) 같은 기계가 있었다. 당신이 만일 당시의 헬스클럽을 둘러본다면, 오늘날의 헬스클럽과 비슷한 점이 많다는 것을 발견하고 놀릴지도 모른다. 당연히 웨이트 기구는 개수도 적고 발달도 덜 되어 있을 것이다. 회원들은 컴퓨터가 아닌 색인카드에 기록되어 있을 것이다. 시설 부품들은 어쩌면 더 졸속으로 제작된 것일지도 모른다. 하지만 그것만 빼면 눈에 보이는 많은 비즈니스 자산들은 똑같아 보일 것이다. 많은 운동실, 많은 탈의실, 그리고 많은 설비 말이다.

그러나 2017년 헬스클럽으로 되돌아가 좀더 꼼꼼히 살펴보면 우리는 몇 가지 차이점을 발견하게 된다. 현대의 헬스클럽은 1977년의 동종업체와는 다른 부분에 다양하게 투자해왔다는 점이 드러난다. 안내 데스크 컴퓨터의 이면에는 회원정보를 입력하고 강좌를 예약하고 직원 근무시간표를 관리하는 중앙 데이터베이스와 연결된 소프트웨어가 있다. 헬스클럽은 브랜드가 있고, 그것은 전문성과 비용 면에서 1970년대 헬스클럽 광고를 초라하게 만드는 활동을 통해서 축적되어왔다. 신입회원 가입부터 문제가 있는 고객 응대까지 다양한 업무를 수행하는 방법을 직원들에게 알려주는 운영 안내서도 있다. 직원들은 안내서를 따르도록 교육받으며 〈펌핑 아이언〉의 태평한 세계에서라면 이상하게 보일 테지만 효율성이 일상이 된 업무를 수행하고 있다. 이 모든 것—소프트웨어, 브랜드, 과정, 직원교육—은 단기적으로는 비용이 들어가지만 시간이 지나면 헬스클럽이 돌아가게 하고 돈을 벌게 해준다는 점에서 웨이트 기구나 회전문이나 헬스클럽이 들어가 있는 건물과 약간 비슷하다. 그러나 물리적 특성과는 달리 이것들 대부분은 만질 수가 없다—확실히 다른 사람의 발등 위에 떨어뜨릴 위험은 절대 없다. 헬스클럽 사업은 여전히 물리적 자산을 아주 많이 사용하지만(영국의 최대 헬스클럽 네 곳은 모두 사모펀드회사(private equity firm)가 소유하고 있고, 이들은 자산 집약적 사업을 좋아하는 경향이 있다), 40년 전의 동종업체와 비교하면 당신이 만질 수 없는 자산을 훨씬 더 많이 보유하고 있다.

그런데 변화는 이보다 더 깊숙한 곳에 있다. 헬스클럽은 그중 한 공간에서 회원들을 위한 정규 운동 강좌를 진행한다. 최고 인기 강좌는 바디펌프(Bodypump), 아니 문에 붙은 표지판이 말해주듯 'Bodypump®'라 불린다. 알고 보면 구내에서 영업하는 기업은 비단 그 헬스클럽 관리업체만은 아닌 것이다—그리고 경제적 관점에서는 이 두 번째 기업이 훨씬 더 흥미롭다.

바디펌프란 참가자들이 음악의 비트에 맞춰 격렬하게 움직이면서 작은 웨이트들을 들어 올리는 '고강도 간격운동(high-intensity interval training, HIIT)'이라 불리는 유형의 운동이지만, 이런 설명은 운동의 강도라든가 잘 운영된 HIIT 강좌들이 고객들에게 유발하는 아드레날린 충만한 열정은 제대로 담아내지 못한다. 등록상표를 표시한 이유는 바디펌프가 그 건물에서 일하고 있는 또 다른 회사, 레스 밀스 인터내셔널(Les Mills International)이라 불리는 뉴질랜드 기업이 디자인하고 소유한 것이기 때문이다.

레스 밀스는 조 골드(Joe Gold)가 로스앤젤레스에 최초로 헬스클럽을 연 지 3년 뒤 오클랜드(Auckland)에서 작은 헬스클럽을 개업한 올림픽 역도 선수였다. 그의 아들인 필립(Philip)은 로스앤젤레스를 방문한 뒤 그룹 운동에 음악을 결합시키는 것의 잠재력을 봤다. 그는 그것을 뉴질랜드로 가져왔고, 루틴(routine: 일정한 운동 단계를 설정해 그 과정을 매일 반복하는 것-옮긴이)에 웨이트를 첨가하여 1997년에 바디펌프를 탄생시켰다. 그는 자신이 루틴을 기록하고 그것을 신나는 최신 유행곡 모음과 맞춤으로써 다른 헬스클럽에 판매할 수 있는 제품을 만들었음을 깨달았다. 2005년에 바디펌프와 바디컴뱃(Bodycombat) 같은 레스 밀스 강습은 55개국의 무려 1만 개 헬스클럽에서 일주일에 400만 명으로 추산되는 참가자들에게 제공되었다(Parviainen 2011). 이 회사의 웹사이트는 현재 일주일당 참가자가 600만 명이라고 추정한다. 레스 밀스의 디자이너들은 프로그램을 위해 3개월마다 새로운 안무를 개발한다. 그들은 그것을 촬영하고 안무 관련 지도 내용과 음악 파일이 담긴 영상을 자사의 자격증을 소지한 강사들에게 발송한다. 이 책을 집필할 당시 레스 밀스는 이런 강사들을 13만 명 보유하고 있었다. 강사가 되려면 현재 300파운드 정도가 드는 3일간의 트레이닝 과정을 이수해야 하고, 그러고 나면 강습을 시작할 수는 있지만 계속하려면 레스 밀스에 한 수업 전체의 영상을 제출해야 하며, 회사는 거기서 테크닉, 안무 및 지도법을 점검한다.

레스 밀스 같은 기업이 돈을 벌기 위해 사용하는 것들은 1977년 골즈

짐의 바벨이나 매트와는 매우 달라 보인다. 그들의 자산 일부가 물리적—녹화장비, 컴퓨터, 사무실—인 것은 사실이지만 대부분은 그렇지 않다. 그들은 매우 가치가 큰 브랜드 세트(고객들은 헬스클럽이 바디펌프 강습을 중지할 경우 거세게 항의한다는 소문이 있다), 저작권과 상표권으로 보호받는 지식재산(IP), 운동 강좌를 설계하는 전문기술 및 (음원 배급업자와 트레이너 같은) 여러 공급업체 및 협력업체 들과의 독점적 관계를 갖고 있다. 운동법에 관한 아이디어로 돈을 번다는 발상은 처음이 아니지만—찰스 아틀라스(Charles Atlas)는 레스 밀스가 태어나기 10년 전에 보디빌딩 강좌를 팔아먹고 있었다—레스 밀스 인터내셔널의 영업 규모와 브랜드, 음악, 강좌 설계 및 트레이닝을 결합시키는 방식은 놀랄 만하다.

헬스클럽계로 떠났던 우리의 여행은 아주 육체적인(physical) 사업조차도—말 그대로 몸과 관련된 사업—지난 몇 십 년간 형체가 없는 것들에 훨씬 더 많이 의존하게 되었음을 시사한다. 이는 우리가 수많은 뉴스 기사들로부터 익히 들어온 인터넷 때문에 생겨난 혼란류의 이야기가 아니다. 헬스클럽은 레코드숍이 냅스터(Napster), 아이튠즈(iTunes), 스포티파이(Spotify)로 대체된 것처럼 앱(app)으로 대체되지 않았으니 말이다. 소프트웨어는 웨이트를 들어 올리려는 욕구를 대체하지 않는다. 그럼에도 비즈니스는 두 가지 다른 측면으로 변화해왔다. 표면적으로는 1970년대의 헬스클럽과 비슷해 보이는 부분—헬스클럽 그 자체—은 시스템, 과정, 관계 및 소프트웨어로 가득 차게 되었다. 이것은 혁신(innovation)이라기보다는 **신경 감응**(innervation)—신체 일부가 신경을 공급받아 감각 있고 질서 잡히고 통제 가능하게 만드는 과정—이다. 이렇게 하여 우리가 만질 수 없는 것들이 사업의 성공을 좌지우지하는 신형 기업들이 설립되어왔던 것이다.

이 장의 남은 부분에서 우리는 헬스클럽 업계에서 발생한 투자 및 자산의 변동을 어떻게 경제 전반에서 발견할 수 있는지, 그리고 이러한 변동의 원인이 무엇인지를 들여다볼 것이다. 그러나 우선은 투자가 도대체 무엇인지부터 좀더 엄밀히 따져보자.

투자, 자산 및 자본이란 무엇인가

헬스클럽이 운영하고 수익을 얻기 위해 구입하고 개발한 것들을 들여다보는 동안 우리는 자산과 투자 얘기를 했다. 투자는 경제학자들이 경제의 '자본 스톡'이라 부르는 것을 축적하므로 매우 중요하다. 자본 스톡은 노동자들이 경제의 생산량을 구성하는 재화 및 서비스를 생산하기 위해 사용하는 도구와 설비를 이른다.

그러나 '투자(investment)', '자산(assets)', '자본(capital)'이란 용어는 혼란을 줄 수 있다. '투자'를 예로 들어보자. 경제부 기자들은 보통 유가증권을 매매하는 사람들을 가리켜 '투자자'라 하고, 신경을 곤두세우며 '투자자들의 분위기'를 진단한다. 똑같은 기자가 워런 버핏(Warren Buffett) 같은 장기적 자본가는 '투자가(investor)'라 부르고, 그의 단기적 라이벌들은 '투기꾼(speculator)'이라 부르기도 한다. 대학에 가려는 사람은 "교육은 당신이 할 수 있는 최고의 투자"라는 조언을 듣기도 한다.

'자산'과 '자본'이란 용어 역시 다양한 방식으로 혼용된다. 토마 피케티(Thomas Piketty)는 너무나 유명한 《21세기 자본(Capital in the Twenty-First

Century)》(2014)에서 자본을 "개인이 …… 소유할 수 있는 모든 종류의 부"라고 정의했다. 마르크스주의 필자들은 흔히 '자본'을 단지 회계학적 정의만이 아닌, 전반적인 착취 시스템의 결과로 본다. '자산' 역시 다양한 정의를 갖고 있다. 많은 회사가 자신들의 기업 자산을 공장 및 설비의 보유분이라 생각한다. 회계사에게 기업 자산이란 흔히 회사의 은행계좌에 있는 현금과 고객들의 미지불 계산서를 포함하는데, 이는 기업의 생산에 사용된 기계가 아니라 그 사업을 한 결과인 것 같다.

이러한 복수의 의미들 때문에, 그리고 우리가 이런 용어들로 자주 되돌아갈 것이기 때문에, 투자, 자본 및 자산에 대한 실무적 정의를 구축해두는 게 도움이 될 것이다. 우리는 국가경제의 성과를 측정할 때 전 세계 통계청이 사용하는 국제적으로 합의된 투자에 관한 정의를 고수하고자 한다. 이것은 표준화와 많은 고민의 결실이면서, 우리가 방송 뉴스에서 익숙하게 보아온 GDP 같은 수치에 직접적으로 연결되어 있다는 장점이 있다.

국가 회계의 바이블이라 할 수 있는 유엔의 국민계정체계(System of National Accounts: 국민경제의 순환과 변동을 체계적으로 기록한 국가의 재무제표—옮긴이)에 따르면, "**투자는 생산자가 고정자산을 확보하거나 그것을 향상시키고자 자원**(돈, 노력, 원자재)**을 사용할 때 발생하는 것이다**".[1] 이것은 상당히 난해한 문장이니 무슨 뜻인지 알기 쉽게 분석해보자.

우선 **자산**의 정의를 살펴보자. **자산**이란 일정 기간 동안 이득을 제공할 것으로 기대되는 경제적 자원이다.[2] 어떤 은행이 신형 서버나 새로운 사무용 건물을 구입할 경우, 그를 통해 일정 기간 동안—분명히 단 1년보다는 더 긴 기간 동안—지속되는 이익을 얻기를 기대한다. 그곳이 분기별로 전기세를 납부한다면 혜택은 3개월간 지속된다. 그러므로 서버와 건물은 자산이지만, 전기와 요금을 납부했다는 사실은 자산이 아니다.

두 번째, **고정**(fixed)이란 용어를 생각해보자. **고정**자산이란 생산 과정에서 자원을 다 써버려 생기는 자산이다. 비행기나 자동차나 의약품의 특허권은 모두 생산되어야 한다 ― 누군가는 무에서 유를 창조하기 위해 노동해야 한다. 이것은 상장기업의 지분 같은 **금융**(financial)자산과는 구별될 수 있다. 지분은 〔권리를 나타내도록 주권(share certificate, 株券)을 인쇄할 수 있다는 협소한 의미를 제외한다면〕 생산되지 않는다. 이는 경제학자들이 **투자**를 얘기할 때 개인 재무의 의미에서 투자하는 것, 즉 채권과 주식을 구입하는 행위에 관한 이야기가 **아니**라는 뜻이다. 또한 그들이 **고정**자산에 대해 말하고 있는 만큼 회사 은행계좌에 있는 현금이라는 회계업무적 개념을 이야기하는 것도 아니다.

세 번째, **자원을 투입한다**(spend)는 개념이 있다. 투자로 여겨지기 위해서는 투자를 하는 업체가 다른 곳으로부터 자산을 확보하든가 아니면 그것을 스스로 생산하기 위해 일정한 비용을 발생시켜야 한다.

마지막으로, **생산자**(producer)라는 용어가 있다. 국가 회계는 회사나 정부나 제3의 부문에 의한 **생산**을 측정한다. 가사노동에 의한 생산(예를 들어 가정에서 세탁이나 요리를 하는 것)은 포함되지 않으며, 가정에 의한 투자, 이를테면 세탁기나 난로 같은 물건의 투자도 마찬가지로 포함되지 않는다. 이 것은 국가 회계 산출 방식에 대한 정의의 특성이며, GDP가 비판받는 이유 중 하나다(특히 그 규모가 크기 때문에, 그리고 역사적으로 주로 여성들이 주도해온 경제의 일부를 기록에서 배제하기 때문이다). 아마도 언젠가 '생산'은 국가 회계에서 더 확장된 의미를 갖게 될 것이다. 우리의 목적을 위해 이 책에서 기술하는 변동들의 대부분은 이른바 생산자들뿐 아니라 가사 부문에도 적용될 것이라 믿는다.

그러므로 이 책에서 우리가 '투자'라 함은 증권거래소에서 종잇조각 몇 상을 사고파는 것 혹은 가정에서 대학 등록금을 지불하는 것을 말하는 게 **아니다**. 그보다는 고정자산(즉 비금융자산)을 창출하는, 다시 말해 생산 서비스가 지속적으로 이어지게 만드는 투입 자원을 창출하는 기업이나 정부나 제3의 부문에 의한 지출을 말한다. 우리는 이렇게 지속적으로 생산 서비스를 제공하는 고정자산을 '자본'이라 부를 것이다. 자본과 노동은 둘 다 이러한 생산 서비스를 만들어내므로 경제학자들은 그것을 가리켜 '생산요소'라 한다.[3]

만질 수 없는 투자도 있다

위에서 언급한 투자 사례의 하나가 이를테면 제약회사가 보유한 의약품 특허다. 제약회사는 분명 가정이 아니라 생산자다. 회사는 특허를 출원하거나 확보하기 위해 자원을 쏟아부어야 한다. 특허는 생산 과정—이 경우 실험실에서 과학자들이 하는 연구—에서 생기며, 만일 그 특허가 쓸만한 것이라면 그것은 장기적 가치를 지닐 것이다. 회사가 나중에 사용할 수 있도록 그것을 발전시킬 수 있고 어쩌면 그것을 기반으로 한 약품들을 판매할 수도 있기 때문이다. 특허는 무형 투자의 과정으로 창출된 **무형**자산의 한 예다. 회원 소프트웨어에서부터 레스 밀스 인터내셔널의 바디펌프 브랜드에 이르기까지 헬스클럽 이야기에 등장했던 다양한 자산 역시 마찬가지다. 그것들은 생산 과정에서 발생했고, 생산자들에 의해 확보되거나 발전했으며, 시간이 지나면 이익을 제공한다.

이런 종류의 투자는 경제의 곳곳에서 찾을 수 있다. 한 태양 전지판 제조업체가 좀더 저렴한 광전지의 제조 과정을 연구하고 발명했다고 가정하자. 그곳은 향후 수익이 발생할 것으로 예상되는 지식을 만들어내기 위해 현재 돈을 들이고 있는 것이다. 아니면 수개월을 디자인하느라, 그리고 음반회사들이 보유한 곡의 사용 허가 계약을 협상하느라 쏟아부은 — 역시 장기적 수익 창출을 위한 단기적 지출 — 음악 스트리밍 스타트업 (start-up: 신생 벤처기업—옮긴이)을 떠올려보자. 혹은 한 교육 프로그램 회사가 인기 있는 심리측정 검사의 장기 판권에 돈을 지불한다고 상상해보자. 이 역시 투자다.

이런 투자 중 어떤 것은 새로운 과학기술 아이디어다. 어떤 것은 첨단 기술과는 관련이 별로 없는 다른 종류의 아이디어다. 신형 제품 디자인이나 신규 비즈니스 모델이 여기에 속한다. 어떤 것은 택시 앱의 운전기사 네트워크처럼 지속적이거나 독점적인 관계의 형태를 띤다. 어떤 것은 고객관리 카드 데이터베이스처럼 코드화된 정보다. 공통점은 물리적이지 않다는 것이다. 이런 이유로 우리는 그것을 **무형 투자**라 부른다.

표 2.1에는 몇 가지 사례가 정리되어 있다. 왼쪽에는 유형의 기업 투자들이 있다. 건물, 컴퓨터 하드웨어 같은 ICT(정보통신기술) 장비, 비(非)ICT 장비, 차량 등이다. 오른쪽에는 무형 투자들이 있다. 예를 들면 소프트웨어, 데이터베이스, 디자인, 광물 탐사, R&D, 업무 과정 등이다. 오른쪽 칸에 있는 이 무형자산들은 우리가 뒤에서 살펴보겠지만 지난 40년간 그중 일부가 투자에 포함되긴 했지만 기업과 국가 회계사 들이 투자로 간주하기를 망설여왔던 지출 요소들이다.

표 2.1　유형 및 무형의 기업 투자 사례

유형 투자	무형 투자
건물	소프트웨어
ICT 장비(이를테면 컴퓨터 하드웨어 및 통신 장비)	데이터베이스
비(非)컴퓨터 기계 및 장비	R&D
차량	광물 탐사
	엔터테인먼트나 문학이나 예술품의 원작
	디자인
	교육 훈련
	시장조사와 브랜딩
	업무 과정 재설계

출처: 국민계정체계(SNA) 2008, 문단 10.67과 표 10.2, 그리고 Corrado, Hulten, and Sichel 2005를 바탕으로 제작. SNA는 아울러 무기 시스템과 재배된 생물자원도 유형자산에 포함한다. 무형자산에는 R&D, 광물 탐사 및 평가, 컴퓨터 소프트웨어 및 데이터베이스, 그리고 예술품 원작의 창조가 포함된다. 그 외 무형자산들은 Corrado, Hulten, and Sichel 2005에 정리되어 있는 것들이다.

무형 투자는 꾸준히 증가해왔다

헬스클럽 업계에서 무형 투자가 어떻게 확대되었는지의 이야기는 특이한 사례가 아니다.

대부분의 사람들에게 익숙한 또 다른 부문을 생각해보자. 바로 슈퍼마켓 소매업이다. 만일 당신이 40년 전 셀프서비스 슈퍼마켓에 가게 된다면, 구식이긴 해도 알아보지 못할 정도는 아닐 것이다. 당시 슈퍼마켓은 지금과 똑같이 선반, 냉장고, 냉동고로 가득 찬 넓은 공간이었다. 고객들은 쇼핑카트에 물건을 집어넣고 돈을 내려 그것을 계산대로 가져갔다. 매장 뒤편에서는 트럭들이 중앙 창고에서 가져온 물건을 슈퍼마켓으로 재배치했다. 물론 슈퍼마켓 업체의 유형자산의 측면은 그때 이후 변해왔다. 매장 형태가 바뀌었고(어떤 곳은 더 커지고 도시 외곽에 있는가 하면, 어떤 곳은 훨씬 작아지고 도심에 있다), 계산대의 실리콘칩은 더 늘어났으며, 그중 일부는 셀프서비스다. 그러나 이런 변화는 슈퍼마켓의 무형자산의 변화에 비하면 경미하다. 1970년대만 해도 슈퍼마켓의 재고를 지속적으로 추적하는 데 바코드가 점점 더 많이 사용되고 있었다. 1980년대와 1990년대부터는 이것이 전산화한 공급망 관리 시스템을 탄생시켰고, 그 부문의 생산성을 상당히 증대시켰다. 슈퍼마켓은 복잡한 가격 책정 시스템에 투자하기 시작했다. 더욱 야심 찬 브랜딩과 마케팅(다양한 자체 브랜드 제품의 출시도 포함된다), 교육 지원과 더불어 직원들이 준수할 더욱 상세한 과정 및 시스템, 그리고 매장들과 본사가 판매실적, 재고의 균형 수준 및 프로모션 계획을 추적하도록 해주는 관리 시스템이 그것이다. 이와 함께 매장을 대체할 소프트웨어를 사용하는 프레시디렉트(FreshDirect)와 오카도(Ocado) 같은 온라인 경쟁업체들에서부터 고객충성도 데이터 전문업체인 던험비(DunnHumby) 및 LMUK 같은 슈퍼마켓 지원 정보처리 업체에 이르기까지 여러 가지 무형 집약적 기업이 이 부문에 등장했다.

가장 무형 집약적 회사는 급성장하고 있는 테크놀로지 기업이다. 이것은 어느 정도는 소프트웨어와 데이터가 무형자산인 데다 컴퓨터와 통신의 영향력이 커지면서 소프트웨어가 달성할 수 있는 업무 범위를 확장하고 있기 때문이다. 그러나 벤처 투자가인 마크 앤드리슨(Marc Andreessen)의 표현대로 "소프트웨어가 세상을 먹어치우는" 과정은 소프트웨어만의 문제는 아니다. 거기에는 다른 무형자산들이 다수 개입되어 있다. 애플의 디자인과 고객 수요에 맞춰 시장에 우아한 제품들을 신속하게 충분한 물

그림 2.1 시간 경과에 따른 미국의 무형 및 유형 투자. 데이터는 미국의 비농업 기업 부문과 관련한 미국 기업의 무형 및 유형 자산 투자로서 무형 산출을 포함하고 있다. 마지막 측정 연도는 2007년이다. 출처: Corrado and Hulten 2010, online data appendix.

량으로 내놓는 데 일조한 타의 추종을 불허하는 공급망, 또는 우버(Uber) 와 에어비앤비(AirBnB) 같은 공유경제(sharing economy) 거인들이 개발해온 운전기사와 집주인 간의 네트워크, 아니면 테슬라(Tesla)의 제조업 노하우 를 떠올려보라. 컴퓨터와 인터넷은 이러한 투자 변화에서 중요한 추진 요 인이긴 하지만, 그 변화는 장기간 계속되어왔고 월드와이드웹(World Wide Web)뿐 아니라 심지어 인터넷과 PC보다도 먼저 발생했다.

무형 투자의 증가는 경제 전반의 데이터를 들여다보면 명확해진다. 경 제학자들은 상당 기간 동안 무형 자본의 양상을 국가 회계에서 측정하지 않았으나, 갈수록 무형 투자의 양을 거의 정확하게 측정해왔다. 이 측정 의 요소들과 그것이 어떻게 수행되는지에 관해서는 다음 장에서 논의할 것이고, 그림 2.1은 일반적 추세를 보여준다.

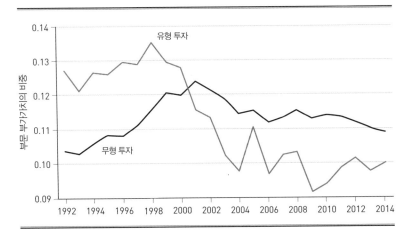

그림 2.2 시간 경과에 따른 영국의 무형 및 유형 투자. 데이터는 영국의 시장 부문 산출과 관련한 영국 시장의 무형 및 유형 자산 투자로서 무형 산출을 포함하고 있다. 마지막 측정 연도는 2014년이다. 출처: Goodridge et al., 2016.

　당시 경제학자들은 무형 투자 측정에 초점을 맞추지 않았지만, 최근 몇 년 사이 학자들은 수십 년 전 기업들이 무형자산에 얼마나 투자했는지를 재구성할 수 있었다.

　초기에는 최고 선진국들에서조차 무형 투자가 약간 부차적이었다. 그래프에서 보듯이 시간이 흐르면서 이 균형 상태는 바뀌기 시작한다. 무형 투자는 꾸준히 증가했다. 전체 경제의 일부로서 유형 투자는 둔화했고 하락한 경우도 있었다. 미국에서는 1990년대 중반이 되자 무형 투자가 유형 투자를 넘어섰다.[4]

　우리가 이만큼 과거로 거슬러 올라갈 수 있는 나라는 미국뿐이지만, 영국의 경우 피터 굿리지와 그의 동료들이 수행한 1992년부터의 추정이 약간 있긴 하다(Goodridge et al. 2016). 그들은 1990년대 말경 무형 투자가 유형 투자를 추월했다고 본다(그림 2.2 참조).

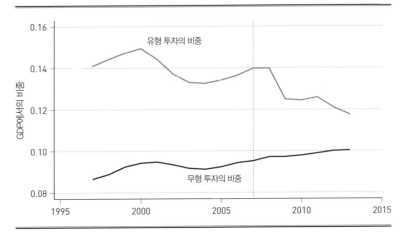

그림 2.3 유럽의 무형 및 유형 투자. 데이터는 GDP와 연관된 EU 국가 전체 경제의 무형 및 유형 자산 투자로, 무형 산출을 포함하고 있다. 유럽 국가들은 오스트리아, 체코공화국, 덴마크, 핀란드, 프랑스, 독일, 이탈리아, 네덜란드, 에스파냐, 스웨덴, 영국이다. 출처: INTAN-Invest(www.intan-invest.net)의 데이터베이스를 바탕으로 저자들이 산출.

최근 일련의 EU(유럽연합) 기금 프로젝트는 EU 국가 전체에 걸쳐 일관되게 이 데이터를 수집하려고 노력해왔다.[5] 유럽 주요 경제국들의 데이터는 그림 2.3에 정리되어 있는데, 무형 투자가 증가세이기는 하지만 아직은 유형 투자를 앞지르지 않았음을 보여준다.

모든 나라를 합칠 경우 그림 2.4가 나오는데, 이것은 글로벌 금융 위기 전후에 무형 투자가 유형 투자를 추월했음을 보여준다.

국가별로 분해하면 일부 국가가 다른 나라들보다 좀더 무형 집약적이라는 사실이 드러난다. 그림 2.5는 데이터 입수가 가능한 나라들의 GDP에서 유형 및 무형 투자가 차지하는 비중을 보여준다. 그래프의 순서는 무형의 비중으로 매겨져 있다. 왼쪽부터 시작하면 에스파냐와 이탈리아가 가장 먼저 나온다. 양국 모두 GDP의 무형 투자 비율은 최저 수준이

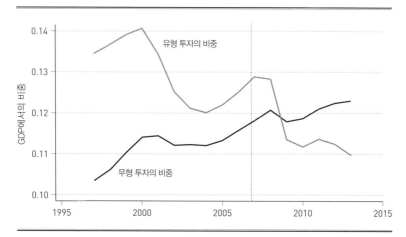

그림 2.4 유럽과 미국의 무형 및 유형 투자. 국가들은 오스트리아, 체코공화국, 덴마크, 핀란드, 프랑스, 독일, 이탈리아, 네덜란드, 에스파냐, 스웨덴, 영국, 미국이다. 출처: INTAN-Invest(www.intan-invest. net)의 데이터베이스를 바탕으로 저자들이 산출.

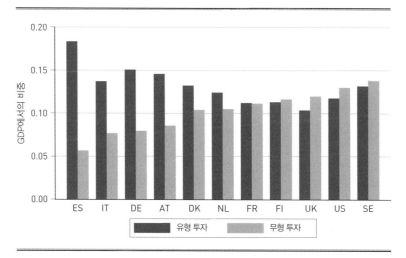

그림 2.5 국가 GDP에서 무형 및 유형 투자가 차지하는 비중(평균, 1999~2013년). 데이터는 전체 경제이며 GDP는 무형자산이 포함되도록 조정했다. 국가들은 오스트리아(AT), 덴마크(DK), 핀란드(FI), 프랑스(FR), 독일(DE), 이탈리아(IT), 네덜란드(NL), 에스파냐(ES), 스웨덴(SE), 영국(UK), 미국(US)이다. 출처: INTAN-Invest(www.intan-invest.net)의 데이터베이스를 바탕으로 저자들이 산출.

고 유형 투자는 상대적으로 높다―유형 집약적 경제국들이다. 그다음이 독일·오스트리아·덴마크·네덜란드·프랑스로 무형 투자 수준은 저~중, 유형 투자 수준은 고~중에 걸쳐 있다. 하나같이 무형보다 유형에 더 많이 투자한다. 핀란드, 영국, 미국, 스웨덴은 일제히 유형 투자보다 무형 투자 수준이 더 높다.

나라별로 나타나는 이러한 차이는 직관과 들어맞는 듯하다. 대략적으로 지중해 국가들은 무형 투자 면에서 하위에, 북구와 미국 및 영국은 상위에 있으며, 유럽 대륙의 나머지 국가들은 중간이다.

이 차트들은 10년 이상 무형자산을 코드화하고 측정한 연구의 결과다. 다음 장에서 우리는 이 연구와 이런 측정들이 어떻게 수행되었는지를 살펴보려 한다. 하지만 그러기 전에 무형 투자가 이렇게 장기간 증가해온 이유를 잠시 생각해볼 필요가 있다.

무형 투자가 증가한 이유

무형 투자가 왜 이렇게 꾸준하고 오래도록 지속적인 증가세를 타왔는지 설명하는 것은 이 책의 주요 목표가 아니다. 우리는 그 증가를 기술하고 그것이 경제 전반에 미치는 영향에 더 관심이 많기 때문이다. 그러나 무형 투자가 어떻게 측정되어왔는지 상세히 고찰하기 전에 그럴 법한 원인을 몇 가지 짚어보자.

이 현저한 변동의 원인을 알기 위해 우리는 이전 그림들에 암시되었던 국가별 차이로 되돌아가 보려 한다.

테크놀로지와 비용

제조업 부문의 생산성은 일반적으로 서비스 산업의 그것보다 더 빨리 증가한다고 알려진 지 오래다. 자동화와 노동력 절감 시설은 제조업체에 더 도움이 되는 경향이 있기 때문이다. 이는 시간이 흐르면 노동 집약적 서비스업의 비용이 제조 상품들에 비해 더 많이 든다는 것을 의미한다. 〔경제학자들은 이런 효과를 설명한 윌리엄 보몰(William Baumol)에게 경의를 표하여 보몰의 비용병(Baumol's Cost Disease)이라 부른다.〕

자, 대부분의 유형자산 투자는 제조된다(승합차부터 기계 공구와 실리콘칩에 이르기까지 모든 것을 대량생산하는 전 세계의 많은 공장을 떠올려보라). 분명히 많은 노동이 유형자산 투자에 개입되어 있으나(케이블 설치, 점포 장식, 건설산업 전체), 제조가 역시 중요하다.

반면 무형자산 투자는 노동에 훨씬 더 의존한다. 디자인에는 디자이너에게 지불하는 비용이 포함된다. 연구개발에는 과학자에게 지불하는 비용이 포함된다. 소프트웨어에는 개발자에게 지불하는 비용이 포함된다. 따라서 보몰이 예측한 대로 우리는 시간이 경과하면 무형자산 투자 지출이 유형자산과 비교해 점진적으로 증가할 것이라고 예상할 수 있다. 뒤에서 자세히 살펴보겠지만, 그 증가의 일부분은 상당수의 무형자산 비용이 대부분 '고정되어' 있거나 일회성이라는 점에서 상쇄될 수 있고, 따라서 이것이 전부를 설명하지는 못해도 적어도 한 가지 요소가 될 가능성이 있다.

테크놀로지와 무형자산의 생산성

또한 새로운 과학기술은 기업이 생산적으로 무형자산에 투자할 기회를 증대시키고 있는 것처럼 보인다. 가장 확실한 사례가 IT다. 많은 무형자산이 정보통신과 연관되므로 무형자산은 IT가 향상되면 거의 당연하게 더욱 효율적이 될 것이다. 우버가 운전기사들의 방대한 네트워크를 구축하는 데 조직적으로 투자한 것을 생각해보라. 그것은 컴퓨터와 스마트폰 발명 이전에도 이론적으로는 가능했겠지만(어쨌든 무선 장치를 갖춘 택시 네트워크는 존재했으니 말이다), 사람들을 신속하게 연결하고 기사들에 대한 평가와 주행 계량을 가능하게 하는 능력을 지닌 스마트폰에 의해서 투자 수익은 어마어마하게 증대됐다.

사회공학(social technology) 역시 무형 투자 수익을 증대시켜왔다. 19세기 독일 기업의 R&D 실험실 개념이 독일과 미국 양국에서 발전(무형 투자를 생성하는 과정의 무형 투자)하면서 상업적 R&D를 더욱 체계화하고 가치 있게 만들었다. 도요타와 연관된 린 제조 기술(Lean manufacturing technique)인 간반(Kanban: 우리말 간판의 일본식 발음. 부품 수량과 재고 및 작업의 흐름을 간판에 기록한 데서 붙은 이름으로 생산 공정의 낭비를 줄이고 생산 효율을 극대화한 혁신으로 여겨진다—옮긴이) 같은 시스템의 발명과 발달은 조직 투자의 수익을 증대시킨다. 깃허브(GitHub)와 스택오버플로(Stack Overflow) 같은 코드 저장소(code repository)들과 그것들이 사용되는 방식은 일종의 사회공학이다—프로그래머들의 협업을 도모해 소프트웨어 투자의 수익을 증가시키는 것이다.

국가별 무형 투자 데이터는 이를 암시한다. 그림 2.6은 한 국가의 GDP에서 무형 투자가 차지하는 비중과 유형 투자에서 IT가 차지하는 비중 사이의 상관관계를 보여준다.

이것은 다음의 흥미로운 질문을 제기하게 한다. 혹시 무형 투자의 증가는 IT 발전의 결과에 불과하지는 않을까? 무형 경제는 무어의 법칙

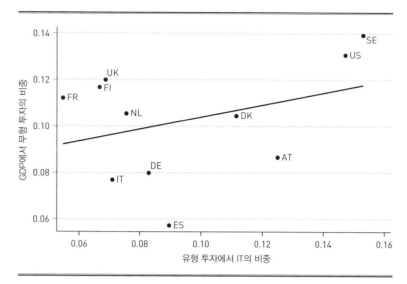

그림 2.6 무형과 IT 투자(평균, 1999~2013년). 국가들은 오스트리아(AT), 덴마크(DK), 핀란드(FI), 프랑스(FR), 독일(DE), 이탈리아(IT), 네덜란드(NL), 에스파냐(ES), 스웨덴(SE), 영국(UK), 미국(US)이다. 출처: INTAN-Invest(www.intan-invest.net)의 데이터베이스를 바탕으로 저자들이 산출.

(Moore's Law: 반도체 집적회로의 성능이 18개월마다 2배로 증가한다는 법칙—옮긴이)의 일종의 귀결이거나 에릭 브린욜프손(Erik Brynjolfsson)과 앤드루 맥아피(Andrew McAfee)가 제2의 기계시대(the Second Machine Age)라 부른 것의 일종의 부수적 현상은 아닐까? 과학기술 변동에서 인과관계를 입증하기란 어렵지만, 이것이 그보다는 좀더 복잡하다고 생각할 만한 근거가 있다. 일부 무형자산이 컴퓨터를 통해 작동한다는 것은 엄연한 사실이다—사실상 무형자산의 한 범주인 소프트웨어를 위해서는 컴퓨터가 필수 전제조건이다. 게다가 엔터테인먼트 같은 다수의 무형자산의 시장 규모가 IT에 의해 대폭 확대되어왔다는 점은 거의 확실해 보인다.

그러나 컴퓨터의 부상이 무형 경제의 유일한 원인인 것 같지는 않다.

우선 우리가 앞서 살펴봤듯이 무형 투자의 증가는 반도체 혁명 이전인 1940년대와 1950년대, 아니 어쩌면 그 이전에 시작됐던 듯하다. 두 번째, 소프트웨어와 데이터 같은 일부 무형자산은 컴퓨터에 상당히 의존하는 반면, 이를테면 브랜드, 조직 개발 및 교육 훈련 같은 그 밖의 자산은 그렇지 않다. 끝으로 혁신 연구서 저자들 중에는 역으로 현대 IT의 발전을 초래한 것이 바로 무형자산 증가였을 수 있다고 주장하는 이들도 많다. 역사학자 제임스 베니거(James Beniger)는 현대의 정보기술이 처음에는 군사 부문 쪽의, 그다음에는 비즈니스 업계의 생산과 운용을 통제해야 할 엄청난 필요성 때문에 이만큼 발전했다고 역설한다ㅡ이 논리대로라면 우연한 발명이었던 다양한 형태의 IT에 대응하여 무형 투자가 발생했다기보다는 무형 투자에 굶주렸던 경제에 의해 IT와 그것을 탄생시킨 연구가 이루어진 것이다.[6]

산업구조

무형 투자의 증가에 대한 설명 중에서 한 가지 타당해 보이는 것은 기업에서 생산하는 것들의 균형이 달라졌다는 것이다. 선진국, 심지어 독일이나 일본처럼 대규모 제조업 부문을 보유한 나라의 산출이 대부분 서비스업으로 구성되어 있다는 것은 누구나 알고 있다. '후기 산업 사회'의 출현을 최초로 예고했던 몇몇 사회학자와 미래학자는 지식경제라고 알려진 것의 예언자들이기도 했다. 그렇다면 현대 세계가 음침하고 사악한 공장들을 시스템, 정보 및 아이디어에 투자하는 서비스 기업들로 대체하고 있다는 게 사실일까?

증거는 그다지 명확하지 않은 것으로 밝혀졌다. 그림 2.7은 1990년대

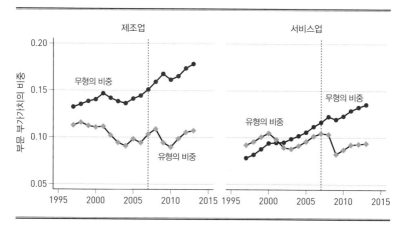

그림 2.7 제조업 및 서비스업의 무형자산 강도(부문 실질 부가가치의 실제 비중. EU와 미국, 비농업기업). 출처: INTAN-Invest(www.intan-invest.net)와 SPINTAN(www.spintan.net)의 데이터베이스를 바탕으로 저자들이 산출.

말 모든 나라에서 서비스업 부문이 좀더 유형자산 집약적이었음을 보여주는데 이것은 시간이 지나며 역전되어왔다. 놀랍게도 제조업 부문은 유형자산 집약적이기보다는 무형자산 집약적이었고 더더욱 그래왔다. 그러므로 경제 구조가 무형자산의 상대적 중요도에는 영향을 미치겠지만 그효과는 시간이 지나면 달라질 것이다. 제조업 데이터는 아마 놀랍지 않을텐데, 부분적으로 세계화 때문인 듯하다. 중국이 2000년에 세계무역기구(WTO)에 가입했을 때처럼 개발도상국들과의 통상을 개시할 때 선진국들은 자신들이 비교우위가 있는 분야를 더욱 특화시켜야 한다. 고임금 경제국들에서 성공하는 경향이 있는 제조업체들은 화이자(Pfizer)나 롤스로이스(Rolls-Royce)의 R&D 프로그램들부터 일본 자동차 산업의 린 생산방식에 이르기까지 무형자산에 대거 투자하는 회사들이다. (세계화는 좀더 복잡한조직 및 네트워크의 구축을 필요로 하므로 결과적으로 곧 무형 투자의 증대를 밀어붙일 수도 있다.)

변화하는 비즈니스 환경

1980년 이후 대부분의 세계 최고 경제대국들은 제품 및 노동 시장 양쪽
의 전반적 규제를 꾸준히 완화해왔다. 그와 동시에 좌우 양 진영의 정부
대부분이 1960년대와 1970년대의 정치인들이었다면 깜짝 놀랐을 정도로
친기업적 성향을 자랑해왔다. 이것이 무형 투자의 장기적 증가를 부추겼
을까?

국가 간 무형자산 비교로 되돌아가서, 좀더 느슨해진 상품시장 및 노
동시장 규제가 무형 투자를 장려한다는 증거는 어느 정도 드러난다. 그림
2.8은 OECD가 '고용경직성(employment strictness)'이라 부르는 것의 지수
와 비교해 표시한 기업 부문 GDP의 유형 및 무형 투자 비중을 보여준다.
이탈리아 같은 나라처럼 지수 값이 높으면 노동자를 고용하고 해고하는
데 비용이 많이 든다는 뜻이고, 이를테면 미국과 영국의 낮은 값은 비용
이 상대적으로 저렴하다는 뜻이다.

이 그림에는 흥미로운 구석이 있다. 고용과 해고의 규제가 더 심한 나
라들이 유형자산에는 **더 많이**, 무형자산에는 **덜** 투자한다는 점이다. 노동
시장의 원칙들이 유형 투자에 미치는 영향은 즉각적이다. 만일 직원 채
용 및 관리가 진짜로 골칫거리라면 기업들은 대신 기계에 투자하면 된다.
그러나 무형 투자에 미치는 효과는 정반대다. 왜일까? 새로운 무형자산
은 노동자들에게 흔히 작업방식 변경을 요구한다. 한 공장이 린 과정(lean
process)—일종의 조직 개발 투자—을 시행하거나 제품의 성격을 변경한
다고 상상해보자. 새로운 무형자산은 역시 위험성이 있고, 사업가들은 미

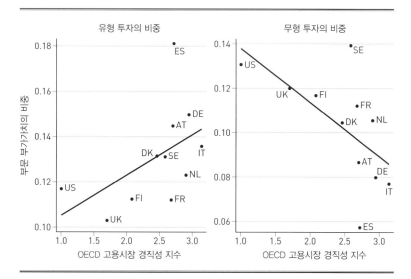

그림 2.8 유형 및 무형 투자와 규제(부문 부가가치의 비중, 평균, 1999~2013년). 국가들은 오스트리아(AT), 덴마크(DK), 핀란드(FI), 프랑스(FR), 독일(DE), 이탈리아(IT), 네덜란드(NL), 에스파냐(ES), 스웨덴(SE), 영국(UK), 미국(US)이다. 출처: INTAN-Invest(www.intan-invest.net)의 데이터베이스와 OECD 데이터를 바탕으로 저자들이 산출.

래의 실패 가능성이 높다는 것을 당연히 예상할 수 있을 터이다. 유연함이 부족한 노동력이라면 애초에 이런 투자는 단념할 것이다.[7]

여기서 근로자들의 권리 훼손을 태평스럽게 지지할 의도는 없다. 하지만 그것은 지난 몇 십 년간 지속됐던 투자의 변화를 정말로 더욱 개연성 있게 설명해주며, 정치가 이런 변동들과 무관하지 않음을 상기시킨다.

그림 2.9는 이번에는 시장 부문에 의한 무형 지출과 정부의 R&D 지출 사이에 상관관계가 있음을 보여준다. 그러니까 예를 들어 핀란드와 스웨덴 같은 나라는 에스파냐나 이탈리아와는 대조적으로 정부의 R&D 지출과 시장 부문의 무형 지출이 높은 것으로 나타난다. 이와 같이 무형 투자

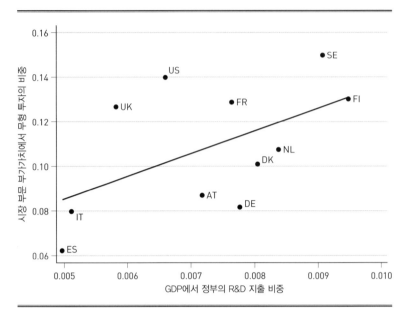

그림 2.9 무형 투자와 정부의 R&D 지출(평균, 1999~2013년). 국가들은 오스트리아(AT), 덴마크(DK), 핀란드(FI), 프랑스(FR), 독일(DE), 이탈리아(IT), 네덜란드(NL), 에스파냐(ES), 스웨덴(SE), 영국(UK), 미국(US)이다. 출처: INTAN-Invest(www.intan-invest.net)의 데이터베이스와 OECD 데이터를 바탕으로 저자들이 산출.

는 공공 부문의 공동투자 정도에 따라 나라마다 다를 수 있다.

끝으로 무형 투자가 GDP에서 차지하는 비중은 선진국일수록 더 높은 것 같다. 예를 들어 코라도와 하오(Corrado and Hao 2013)는 브랜드 지출과 관련해 이 점을 상세히 기록했는데, 미국은 1인당 GDP의 1퍼센트 정도이지만 중국은 0.1퍼센트이며(그들의 데이터는 1988~2011년의 것이다), 대부분의 R&D가 선진국들에 비해 극히 적은 비중을 차지한다는 것은 익히 알려져 있다(이를테면 van Ark et al. 2009의 데이터 참조). 이는 저소득 국가들이 노동 집약적 제조업에 특화되어 있고 대규모로 무형 투자를 할 만한 금융

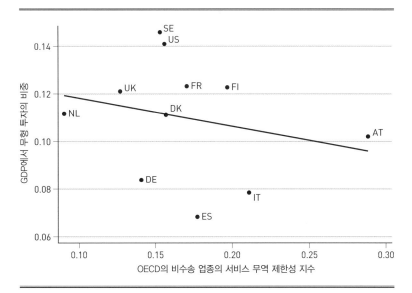

그림 2.10　무형 투자와 무역 제한성, 2013년. 국가들은 오스트리아(AT), 덴마크(DK), 핀란드(FI), 프랑스(FR), 독일(DE), 이탈리아(IT), 네덜란드(NL), 에스파냐(ES), 스웨덴(SE), 영국(UK), 미국(US)이다. 출처: INTAN-Invest(www.intan-invest.net)의 데이터베이스와 OECD 데이터를 바탕으로 저자들이 산출.

및 과학적 기반을 보유하지 못했기 때문일 것이다.

세계화와 확대되는 시장 규모

마지막 결정 요인은 시장의 규모다. 스타벅스(Starbucks)의 브랜드나 페이스북(Facebook)의 소프트웨어 같은 다수의 무형자산은 어느 정도 무한히 규모를 확장할 수 있다(4장에서 다시 짚어볼 주제다). 그러므로 소규모 시장들 (이를테면 무역 장벽에 둘러싸인 나라들)은 무형 투자를 하기에는 매력이 떨어지는 장소일 수 있다.

그림 2.10은 OECD의 서비스 무역 제한성 지수(index of restrictiveness of

trade in services)와 비교해 표시된 GDP의 무형 투자 비중을 보여준다(그래프에서 오른쪽에 있는 국가들은 서비스 무역 제한이 더 많다). 이것은 눈에 보이는 국가 투자 패턴이 넓은 범위에 확산되어 있는 이유를 조금은 설명해준다. 이를테면 오스트리아는 국민경제가 절대 마비되지 않은 나라임에도 상대적으로 무형 투자 지출이 적고 무역 기회가 상당히 제한적인데, 따라서 규모 확장 가능성에는 한계가 있다.

따라서 지난 50년간의 꾸준한 국제무역 증가는 거기에 노출된 회사들에 무형자산에 투자할 더욱 큰 인센티브를 제공할 것이다. 만일 브렉시트(Brexit)나 무역정책을 통해 무역 장벽이 높아지면 무형 투자를 할 인센티브가 줄어들 것이란 뜻이다.

결론: 사라진 자본

무형 투자는 갈수록 중요해져왔다. 새로운 측정 방법들은 그것이 현재 몇몇 선진국에서 어떻게 유형 투자를 넘어섰고 수십 년간 성장해온 데 반해 유형 투자는 꾸준히 하락세였는지를 보여준다. 무형 투자의 성장에는 경제에서 달라진 서비스업과 제조업의 균형 상태, 세계화, 시장 자유화의 확대, IT 및 경영 테크놀로지의 발전, 그리고 (무형 투자에서 점점 큰 역할을 하고 있는) 서비스업의 원가 비용 변동 등 많은 원인이 있다. 다음 장에서 우리는 경제에서 무형 투자를 어떻게 측정하는지 좀더 상세히 살펴볼 것이다.

무형 투자의 측정 방법

이 장에서는 무형 투자의 측정 방법과 경제학자들이 무형 투자를 산출하는 방식을 설명한다.

투자는 어떻게 측정하며 그 이유는 무엇인가

경제학자들과 통계학자들이 무형 투자를 측정하게 된 경위는 훨씬 더 큰 이야기의 후반부 일화에 해당한다. 그 큰 이야기는 바로 GDP의 발명과 국가 회계 시스템이다.[1] 이것은 다이앤 코일의 《GDP: 간단하지만 애정이 담긴 역사(GDP: A Brief but Affectionate History)》와 에흐산 마수드(Ehsan Masood)의 《위대한 발명: GDP 이야기(The Great Invention: The Story of GDP)》에 매력적으로 서술되어 있다.

GDP의 발명과 관련해 풀어야 할 최대의 개념적 숙제 가운데 하나는 무엇을 계산할지 결정하는 일이었다. 이것은 해묵은 문제였다. 애덤 스미스(Adam Smith)는 《국부론(The Wealth of Nations)》에서 영국의 생산량이 로마제국이 멸망할 때보다 더 늘어났는지 여부를 두고 골머리를 썩었다. 이를 뒷받침할 아무런 데이터가 없었던 그는 생산적 노동이 더 많고 비생산적 노동이 더 적으니까 그냥 늘어났다고 단언했는데, 비생산적 노동은 "하인들 …… 따로 소속이 없는 …… 연주자, 어릿광대, 음악가, 오페라 가수" 같은 직종이었다.[2]

경제에서 무엇이 문제인지를 찾아내는 데 경제학자들이 동원됐던 대공황 무렵에 이 문제는 절박해졌다. 경제가 심각한 상태라는 것은 누구나 알았다. 그러나 어느 만큼 생산이 하락했는지는 아무도 몰랐다. 포드는 자사의 주력 자동차인 모델A의 매출이 1930년부터 1931년 말까지 50퍼센트 떨어진 것을 알고 있었다. 철강 생산업체들은 자신들의 생산이 붕괴했음을 알고 있었다. 설비 가동률이 1929년 9월의 96퍼센트에서 12월에는 60퍼센트로 떨어졌던 것이다(CQ Researcher 2016). 그렇다면 **전체** 경제는 얼마나 많이 하락한 것일까? 문제는 철강 제조업체의 산출이 자동차 제조업체에는 투입이라는 사실이었고, 따라서 양쪽의 산출을 합산하는 것은 이중 계산이 될 거라는 점이었다. GDP 계산이 생각보다 훨씬 더 어려운 이유가 여기에 있다. 모든 업계의 모든 산출을 그냥 합산하는 것만으로는 안 된다.

자동차 업계의 산출만 계산함으로써 이중 계산을 피하면 되지 않을까? 자동차 제조업체가 자동차로 변형될 강철만 구입한다면 괜찮다. 그러나 만일 자동차 제조업체가 강철 공작기계를 구입하고 해마다 두고두고 사용한다면 어쩔 것인가? 분명히 공작기계 안의 강철은 소진되지 **않을** 것이다. 앞서 살펴봤듯이 그것은 **자산**(assets)이다. 따라서 내구성이 있는 재화는 고갈되는 것들과는 다르게 처리해야 할 듯하다. 이를 근거로 GDP의 창시자들은 장기간 지속되는 재화에 대한 지출, 즉 투자를 경제에서 산출의 일부로 계산해야 한다고 결정했다.

잠깐의 사고실험(thought experiment)으로도 당신은 GDP에 투자를 포함하는 것의 중요성을 알 수 있다. 오늘날 우리가 GDP를 측정하기 위해 사용하는 시스템들이 막 주류가 되어가고 있던 1940년대로 되돌아갔다고 상상하자. 자동차 1000대를 생산하며 이것들 전부가 국내 소비자들에 의해 구매되는 아주 흡사한 두 나라를 상정해보자.

그들 간의 유일한 차이점은 A국가는 자동차 공장을 위해 새로운 기계도 만드는 데 반해 B국가는 그러지 않는다는 것이다. 이 기계들의 산출은 소비자들이 선반, 컨베이어 벨트 및 페인트 분무기를 구입하지는 않으므로 소비 지출 통계에는 나타나지 않는다. 그러나 A국가는 시민들이 향유하는 반짝거리는 새 차는 물론이고 공장에 장차 이 나라가 더 우수하고 더 저렴한 차를 만들 수 있게 할 최신 기술의 신형 설비를 갖췄으므로 연말이 되면 확실히 더 많은 제품을 생산했을 터이다. 우리는 자동차의 생산 가치와 기계의 생산 가치를 합산함으로써 직접 생산을 측정할 수 있을 것이며, 그것이 곧 GDP가 된다. 간접적으로 알 수도 있는데, 소비자 지출 전체와 회사의 투자 지출 전체를 모두 합산하는 것이다. 이 단순한 세계에서는 두 수치가 똑같을 것이다. 실제로는 생산을 합산하는 게 어렵다고 밝혀졌으므로, 처음 GDP를 측정할 때는 재기가 약간은 더 쉬운 지출을 사용하여 계산한다. 국가의 통계 전문가들은 소비 지출을 알기 위해서는 소비자들을 설문조사하고 투자 지출을 알기 위해서는 회사들을 설문조사하여 이 작업을 수행한다. 따라서 투자는 GDP의 일부다.

이런 종류의 투자는 경제학자들이 1940년대에 본격적으로 GDP를 측정하기 시작했을 때 제2차 세계대전의 파괴 이후 산업 역량을 재건하고 있던 세계 전역에서는 매우 중요했다. 따라서 투자를 측정하는 일이 매우 심각하게 받아들여진 것도 놀랄 일은 아니다.

이런 틀 안에서 투자는 **물리적** 재화로 엄격히 한정되어 있었다. 자동차 공장의 신형 기계는 투자였다. 반면 디자이너가 새 모델을 설계하는 데 쓴 시간은 투자가 아니었다. 거기에 소요된 시간은 사업 경비—강철이나 전기세 청구서 같은 '중간 투입(intermediate input)'—로 여겨져 산출의 일부로 계산하지 않았다. 디자인은 투자처럼 지속되는 것이 아니라, 생산 과정에서 완전히 소진되는 것으로 간주했다.[3]

경제학자들이 여기에 의문을 던지기 시작한 것은 얼마 지나지 않아서였다. 일찍이 1960년대에 경제학자들은 이런 종류의 지식에 지출하는 것이 지속성을 가질지 궁금해하기 시작했다. 프리츠 매클럽(Fritz Machlup)은 제2차 세계대전 중 뉴욕 대학으로 자리를 옮긴 오스트리아 이민자였다 〔그는 경제학자 루트비히 폰 미제스(Ludwig von Mises)의 제자였다. 매클럽이 금본위제도가 바람직한 생각인지 의문을 제기하면서 미제스와는 사이가 틀어졌지만 말이다—확실히 그 둘은 3년간 교류하지 않았다〕. 1962년 매클럽은 《미국의 지식 생산 및 분배(The Production and Distribution of Knowledge in the United States)》란 책을 썼고, 거기서 다양한 종류의 지식이 선반 및 도장장처럼 생산 가치가 있는 재화인지 질문을 던졌다. 그는 연구개발에서부터 광고와 브랜딩 및 교육 훈련에 이르기까지 모든 부문의 지출을 측정하기 시작했다(Machlup 1962).

매클럽의 책은 호평을 받았는데, 유난히 경제학자가 아닌 이들로부터 각광을 받았다. 미국의 응용경제학 전문위원회인 전국경제조사국(National Bureau of Economic Research, NBER)에서 특히 즈비 그릴리헤스(Zvi Griliches)를 위시한 경제학자들은 R&D와 지식 생산이 GDP를 끌어올리는 중요한 원천이라는 것을 알고 있었다. 전국경제조사국은 1960년에 《창의적 활동의 평가와 방향(The Rate and Direction of Inventive Activity)》에 관한 대규모 학술대회를 개최했다. OECD의 한 소위원회는 이탈리아의 프라스카티(Frascati)에 모여 R&D를 측정하는 공통된 틀에 합의하고 그 접근법을 《프라스카티 매뉴얼(Frascati Manual)》에 명문화했다. 이 정의들(여러 편의 잇단 개정판이 나왔는데, 가장 최근의 것은 OECD 2015이다)은 오늘날에도 여전히 R&D 측정에 사용된다. 1966년에는 혁신에 관한 학제 간 연구를 강력히 제창했던 크리스 프리먼(Chris Freeman)이 서섹스 대학에 과학정책연구소(Science Policy Research Centre)를 설립했다. 그러나 국가 회계에 관한 한 아직은 유형 투자가 중요했다. 통계학자들은 유형의 자본 스톡을 측정하는 개선된 방식들을 찾아냈고, 투입/산출 표와 경제국들의 세계화에 따른 국제무역 견적서 같은 다른 방법들을 개발했다.

무형자산 측정에 대한 경제학자들의 흥미를 재점화한 것은 역설적이게도 유형의 재화, 바로 컴퓨터였다. 1980년대 내내 경제학자들은 풀리지 않는 수수께끼 하나 때문에 고심해오던 터였다. 1970년대 중반 이래 선진국들의 생산성 증가가 실망스럽게도 낮았던 것이다. 어쩌면 사태를 완전히 호전시킬 것이라며 대대적으로 광고됐던 새로운 컴퓨터 기술의 출현에도 불구하고 이런 상황에 처했다. 누구보다도 경제성장 연구에 크게 기여했던 로버트 솔로(Robert Solow)는 1987년에 생산성 통계를 제외한 모든 분야에서 컴퓨터 시대(Computer Age)의 영향을 볼 수 있을 거라는 유명한 지적을 했다(Solow 1987).

이런 비판에 자극받은 통계청들은 미국 경제분석국(Bureau of Economic Analysis, BEA)의 주도로 정보처리 및 정보기술을 더욱 면밀히 검토하기 시작했다. 그들은 두 가지 종류의 혁신을 도입했다.

우선, 1980년대에 경제분석국은 IBM과 함께 품질을 조정한 컴퓨터 가격 지수를 작성하기 시작했다. 이는 기업체들이 컴퓨터 하드웨어에 얼마나 많이 투자하고 있는지를 측정하는 데 매우 큰 변화를 이끌어낸 것으로 밝혀졌다.

대부분—이를테면 식료품—의 경우 동일한 재화의 가격은 전반적인 인플레이션에 맞춰 완만하게 상승하는 경향이 있다. 그러나 컴퓨터는 표시가격이 상승하고 있다 하더라도 품질의 모든 차원(속도, 메모리, 용량)이 믿을 수 없을 정도로 발전하고 있으므로 분명 똑같은 재화가 아니었다. 따라서 그것들의 '품질을 조정한' 가격은 사실상 떨어지고 있었고, 그것도 매우 빠르게 떨어지고 있었으며, 이는 당신이 컴퓨터에 지불한 1달러당 구입할 수 있는 품질이 실제로는 아주 신속하게 높아지고 있다는 뜻이었다.

컴퓨터가 경제 전반으로 확산하면서 공식적인 컴퓨터 가격 데이터에 이처럼 품질을 조정할 필요성이 더욱더 중요해졌고, 스티브 올라이너(Steve Oliner)와 댄 시셀(Oliner and Sichel 1994)의 핵심 논문은 미국의 생산성을 이해하려면 이러한 품질조정이 중차대하다는 것을 입증했다. 한편 OECD 경제학자인 알레산드라 콜레치아(Alessandra Collecchia)와 폴 슈라이어(Paul Schreyer)(2002)는 미국 외 국가들 대부분의 통계청이 이러한 품질조정을 사용하지 **않고 있다**고 기록했다. 콜레치아와 슈라이어는 미국 이

외의 경제국들에 미국의 품질조정 수치를 적용해보고(어쨌든 컴퓨터는 꽤 국제적이다) 컴퓨터가 이 국가들에서 국가 회계가 밝혀낸 것 이상으로 훨씬 더 중요한 성장 기여 요인이었음을 발견했다.

이상의 발전은 컴퓨터의 하드웨어를 다뤘다. 그러나 1990년대의 두 번째 중대한 발전은 컴퓨터 소프트웨어를 둘러싼 것이었다. 일부 기업, 그중에서도 대기업들은 자체적으로 소프트웨어를 많이 제작한다. 특히 은행은 거기에 막대한 돈을 쓴다. 한때 시티뱅크(Citibank)는 마이크로소프트보다 많은 프로그래머를 고용하기도 했다. 통계학자들은 이 부문의 지출을 좀더 들여다보면 볼수록 회사들이 제작하고 있던 소프트웨어가 컴퓨터 그 자체 같은 유형의 재화가 아니라 무형의 재화라는 것을 깨달았다. 그것은 연속된 코드들로 기록된 지식이었던 것이다. 그런데 코드는 지속성을 가진 듯했다. 주기적으로 오류를 검출해 제거하고, 업데이트하고, 갱신해야 하는 것은 사실이지만, 적어도 몇 년은 지속됐다. 실제로 금융 IT 분야에 근무해본 사람이라면 대형 은행들이 말 그대로 은행을 부수지 않고서는 거의 대체가 불가능할 정도로 굉장히 해묵은 레거시 코드(legacy code: 유지 보수가 힘들게 짜놓은 코드—옮긴이)에 대거 의존하고 있음을 확인시켜줄 것이다.

소프트웨어를 아마도 투자처럼 다뤄야 할 것 같다고 경제학자들은 결론 내렸다. 문제는 통계청이 번번이 회사에 작성하라고 요구한 투자 설문조사에 소프트웨어 문항이 없었다는 것이다. 그 조사들은 컴퓨터, 기계, 차량, 건물 지출에 대해서 질문했다—그러나 소프트웨어는 빠져 있었다. 따라서 그 상태는 당시 미국 연준 의장이던 앨런 그린스펀(Alan Greenspan)이 표명한, 신경제(New Economy: 첨단기술과 정보통신 산업이 주도하는 경제—옮긴이)가 도착해 있는데 통계청은 그것을 포착하지 못하고 있다는 두려움을 불러일으켰다.

1999년에 미국 경제분석국은 미국의 GDP 산출에서 투자 요소로 소프트웨어를 집어넣었다(Moulton, Parker, and Seskin 1999). 그들은 혼합된 방식으로 미국 회사들의 소프트웨어 투자를 측정했다. 10년간의 조사를 통해 확보한 소프트웨어 구매 정보와 소프트웨어 노동자 임금의 배수에 기초한 기업 내 투자를 합친 것이다. 다른 나라들 역시 OECD의 지원으로 이 방식을 도입했고, 소프트웨어 투자 문항을 설문조사에 넣기 시작했다(이를테면 2001년 영국의 Chesson 2001). 영국은 이러한 방식들을 통합하는 데 시간이 좀 걸렸고 그러는 사이 경제학자 니콜라스 아울튼(Nicholas Oulton)에게 단기적 해결책을 추천하도록 했다. 그의 조언은 현재의 소프트웨어 지출에 3을 곱하라는 것이었다—그리고 나중에 영국이 미국의 방식을 도입하고 나자 지출은 거의 정확히 3배 올라갔다.

그러나 신경제 개념은 경제학자들이 지식 투자의 역할을 좀더 일반적으로 검토하는 계기가 되기도 했다. 로버트 루커스(Robert Lucas), 폴 로머(Paul Romer), 필리프 아기옹(Phillipe Aghion), 피터 호이트(Peter Howitt) 같은 이론가들은 한 생산자에서 다른 생산자로의 지식 확산을 통해서건 아니면 제품 개선에 지속적으로 투자하는 경쟁적 과정을 통해서건 지식이 경제성장을 촉진하는 데 핵심 역할을 하는 경제 모델들을 고안한 바 있다(이를테면 Lucas 1993; Aghion and Howitt 1992; Romer 1990 참조).

비록 그 이론가들이 이렇게까지 명확하게 표현한 것은 아니었지만, 2000년대 초반이 되면 물리적 실체는 없으나 그럼에도 가치와 지속성을 가진 재화에 기업들이 상당한 액수의 돈을 쓰고 있다는 확신이 특히 미국의 기업경제 전문가들 사이에서 확산됐다. 그런데 그것은 비단 소프트웨어와 R&D에 국한된 것이 아니었다. 예를 들어 새로운 조직 구조도 포함됐다. 뉴욕 대학 회계학 교수인 바루크 레브(Baruch Lev)는 회사들이 어떻게 이 새로운 범주의 투자를 관리하고 그 지출 내역을 보고해야 할지에 관해 영향력 있는 책을 집필했다(Lev 2001). 그는 (우리가 다음 장에서 논의할) 무형 투자의 일부 특성을 정리했고, 회사의 대차대조표에는 이런 투자가 기록되어 있지 않다는 점을 주시했다. 비슷한 맥락에서 미국의 거시경제학자 로버트 홀(Robert Hall)은 이런 무형자산들이 시장을 설명하는 데 도움이 되지 않을까 생각했고, 그의 연구는 '이해하기 힘든 미국의 주식시장(Struggling to Understand the US Stock Market)'(R. E. Hall 2001)이라는 2001년 논문 제목으로 깔끔하게 요약되었다.

이러한 사고는 학계에서 정책의 세계로 전이되기 시작했다. 필라델피아 연방준비제도의 레너드 나카무라(Leonard Nakamura)는 집계되지 않았던 투자를 처음으로 추산했고, 그에 따라 자신의 2000년 논문에 '미국의 무형 총투자액은 얼마일까? (적어도) 1년에 1조 달러다!(What is the U.S. Gross Investment in Intangibles? (At Least) One Trillion Dollars a Year!)'라는 제목을 붙였다(Nakamura 2001; Nakamura 2010). 그리고 파리에서는 OECD가 이 폭넓은 무형자산을 포함하는 체계를 두고 활발하게 고민 중이었다(Young 1998).

1990년대 말 닷컴버블의 흥분은 계속되지 않을 것이었다. 신경제로부터 돈을 벌어들이는 일은 펫츠닷컴(Pets.com)과 엔론(Enron)의 투자자들이 예상했던 것보다는 훨씬 어려운 것으로 판명 났다. 그러나 아이디어, 지식, 네트워크의 투자라는 좀더 광의의 개념은 새로운 정보기술로 가능해진 것이건 그렇지 않건 계속 이어졌다.

2002년 봄, 하이테크 나스닥(NASDAQ) 지수가 닷컴버블의 최고치에서 65퍼센트 하락했을 때, 일단의 경제학자들은 신경제의 투자 측정에 대해 진지하고 엄밀하게 고찰하는 프로젝트에 착수했다. 미국에서 1936년에 경제학의 측정방법 연구를 수행하고자 창설한 소득과 부의 연구에 관한 학술대회가 캐럴 코라도와 당시 미국 연준 이사였던 댄 시셸, 메릴랜드 대학 경제학 교수 존 홀티웨인저(John Haltiwanger)의 주도하에 워싱턴에서 개최됐다. 이 학술대회 기간과 행사가 끝난 후에 코라도, 시셸 및 메릴랜드 대학의 찰스 헐튼은 다양한 종류의 무형 투자와 그것들의 GDP 성장 기여도를 기록하는 기틀을 마련했다.

그리고 난 다음 가장 먼저 미국에서, 그리고 점차 다른 나라들에서 다양한 종류의 투자를 정의하고 측정하는 힘겨운 과정이 시작됐다. 2005년에 코라도·헐튼·시셸은 미국에 대한 최초의 측정치 세트를 산출했다 (Corrado, Hulten, and Sichel 2005). 2006년에 헐튼은 영국 재무부에서 미국 팀이 하고 있던 작업에 관해 세미나를 개최했다. 학구적 세미나에 대한 가장 빠른 대응 사례 중 하나임이 분명할 이 행사에서 영국 재무부는 즉각 영국을 위해 유사한 작업을 시행할 팀을 의뢰했고, 토니 클레이턴·마우로 조르조 마라노·조너선 해스컬(Jonathan Haskel)·개빈 윌리스가 2004년에 영국의 추정치를 산출했다. 그러는 사이 일본에서는 후카오 교지(深尾京司), 미야가와 쓰토무(宮川努), 무카이 겐타로(迎堅太郎), 시노다 유키오(篠田由紀夫), 도노기 고노미(外木好美)의 작업이 진행 중이었고, 2010년에 〈소득 및 부의 리뷰(Review of Income and Wealth)〉는 미국, 영국 및 일본의 작업을 중심으로 무형자산에 관한 특집호를 발간했다(Corrado, Hulten, and Sichel 2009; Giorgio Marrano, Haskel, and Wallis 2009; Fukao et al.

2009).

한편 공식 통계에도 무형 투자가 등장하기 시작했다. 방송 뉴스와 분석 보고서를 장식하는 GDP 통계의 수호자인 전 세계 국립통계청들은 기업들이 하고 있는 새로운 종류의 투자를 알아차리고 그것을 국가 회계에 포함하기 시작했다. 1993년에 국민계정체계(국가 회계에 관한 국제적 규칙들로, 여기서 내린 투자의 정의를 우리는 2장에서 접했다)는 소프트웨어를 투자로 인정한다고 선언했고, 1995년 유럽계정체계(European Sytem of Accounts)와 1998년 영국국민계정(UK National Accounts)이 그 뒤를 따랐다(Chesson 2001). 2008년 국민계정체계는 R&D를 투자로 처리할 것을 권고했고, 이 추천을 많은 나라에서 점차 도입했다(영국은 2014년에 도입했다). 훨씬 앞섰지만 다소 주목받지 못했던 것으로, 1993년에 국민계정체계는 엔터테인먼트와 문학 및 예술품의 원작에 대한 투자를 투자에 포함할 것을 제안한 바 있다. 몇몇 국가는 이 부분의 측정을 포함했지만 대부분의 국가는 그러지 않았다. 2013년에 가시아 미국은 그것을 완전히 포함했다. 그리고 이러한 변화는 통계 숫자로 반영됐다. 예컨대 미국에서는 소프트웨어의 자본화로 1999년 미국 GDP에 약 1.1퍼센트가 추가됐고, R&D는 2012년 GDP에 2.5퍼센트를 보탰으며, 이 수치는 항상 증가하고 있다(Corrado, Hulten, and Sichel 2005).

무형 투자에는 어떤 종류가 있나

이제 무형 투자를 측정하는 데 사용해온 틀을 살펴보자. 경제에서 어떤

표 3.1 무형 투자의 유형

광의의 범주	투자 종류	창출될 수 있는 법적 재산권 종류	국가 회계의 투자 처리 여부
정보 전산화	소프트웨어 개발	특허권, 저작권, 디자인권, 상표권, 기타	○ 2000년대 초부터
	데이터베이스 개발	저작권, 기타	1993년에 국민계정체계가 권장했으나 OECD의 시행 제안은 고르지 않음
혁신 재산권	R&D	특허권, 디자인권	○ 1993년에 국민계정체계가 권장한 이후 점진적으로 도입
	광물 탐사	특허권, 기타	○
	엔터테인먼트 및 예술품 원작 창작	저작권, 디자인권	○ 2013년 이후 EU와 미국에서 포함
	디자인과 기타 제품개발비	저작권, 디자인권, 상표권	×
경제적 역량	교육 훈련	기타	×
	시장조사와 브랜딩	저작권, 상표권	×
	업무 과정 재설계	특허권, 저작권, 기타	×

주: R&D는 공식 정의에 따라 이를테면 예술적이거나 디자인적인 노력과는 확연히 구별되는 과학 지향적 지출로 간주되어야 한다. 세 번째 열의 '기타'는 거래기밀 및 계약 등을 가리킨다. 세 번째 열은 공식적인 지식재산권을 지칭한다. 모든 무형 투자는 암묵지식도 생산할 것으로 예상된다.
출처: 첫 번째와 두 번째 열은 Corrado, Hulten, and Sichel 2005, 세 번째 열은 Corrado 2010, 그리고 네 번째 열은 Corrado et al. 2013.

것을 측정할 때 첫 번째 과제는 정의다. 측정할 대상을 설명할 수 있기 전까지 데이터 수집을 시작할 수 없기 때문이다. 2005년에 최초로 무형 투자 측정을 시작하면서 코라도·헐튼·시셀은 1962년에 프리츠 매클럽이 처음 제기한 후 밀레니엄 전환기를 전후해서 OECD 소위원회가 발달시키고(OECD Secretariat 1998) 레너드 나카무라(Nakamura 2001)와 바루크 레브가 자신의 2001년 저서에서 더욱 정교하게 다듬었다.

그들은 무형 투자를 세 개의 넓은 범주로 분류했다. 표 3.1을 보라. '정보 전산화', '혁신 재산권' 및 '경제적 역량'이다. 표에서 나타나듯 각각은 다른 종류의 투자이며, 다른 종류의 고정자산을 생산한다.

정보 전산화는 이 중 가장 알아보기 쉽다. 컴퓨터에 정보를 입력해 그것을 장기적으로 유용하게 만드는 모든 투자가 여기 속한다. 가장 명확한 사례는 소프트웨어로, 구매한 소프트웨어와 회사가 자사용으로 제작한 소프트웨어가 둘 다 포함된다. 데이터베이스도 여기 들어간다. 이것은 이 범주의 투자에서 상대적으로 적은 비중을 차지했지만, 차후 빅데이터(Big Data)의 폭발적 증가와 첨단기술 부문에만 국한되지 않는 아주 많은 대기업들 안에서 그것이 차지하는 중요도를 고려할 때 데이터베이스를 포함한 것은 선견지명이었다. (데이터, 정보, 지식 등의 차이점에 관해 좀더 알고 싶다면 상자 4.1 참조.)

혁신 재산권은 얼핏 봐서는 분석하기가 약간 더 어렵다. 여기에는 경제학자들과 통계학자들이 오랫동안 측정해온 R&D가 포함된다. 또한 과학과 기술에 직접적으로 의존하지 않는 다른 종류의 제품 및 서비스 개발도 들어간다―예를 들어 매장이나 비행기 좌석의 디자인이 여기 속한다. 또한 이 범주에는 원유탐사부터 소설 집필에 이르는 기타 여러 가지 창작 및 발견, 그리고 거기에 동반되는 권리도 포함된다.[4]

경제적 역량은 직접적으로 혁신이나 컴퓨터와 연관되지 않는 기타 여러 가지 투자를 포함한다. 코라도·헐튼·시셀의 2005년 논문에서는 이런 투자를 "브랜드명과 그 회사에 특화된 인적자원 및 구조적 자원들에 내장된 그 밖의 지식이 갖는 가치"라고 정의했다. 특히 이러한 투자에는 세 가지 주요 범주가 들어간다. 마케팅과 브랜딩(고객의 니즈를 알고 그들에게 어필하는 브랜드를 창출하는 데 투자하는 것), 차별화된 사업 모델이나 기업문화 창출 같은 조직자본, 그리고 그 회사에 특화된 교육이다.

표 3.1은 그 외에 다른 정보도 보여준다. 세 번째 열에서는 각 투자 발생 유형에 따른 지식재산권(IPR)의 종류를 고려했다. 예를 들어 R&D 특허권이나 엔터테인먼트 투자에 대한 저작권이다. 이런 일부 지식재산권은 국가별로 달라진다. 어떤 나라에서는 사업과정과 소프트웨어의 특허를 받을 수 없다. (많은 혁신 지표가 그렇듯 특허 연구가 말해주는 것은 혁신의 일부에 불과하다는 사실을 이 표가 시사한다는 점에도 주목하자.) 그리고 마지막 열에는 통계청이 이러한 지출 범주를 투자로 처리하는지 여부가 정리되어 있다. 보다시피 그중 다수가 현재 투자로 다뤄진다. 하지만 이런 처리는 비교적 최근의 일이고, 그 범위가 고르지 않을 수도 있다. 그래서 이를테면 데이터베이스 투자를 계산에 포함하는 것은 실제로 나라마다 달라서 일관성이 없다(Corrado et al. 2013).

다음 절에서는 이런 투자를 어떻게 측정하는지 검토하려 한다. 그런 다음 그것들을 투자로 분류하는 데 대한 그럴 법한 몇몇 반론을 고려할 것이다. 마지막으로 우리는 무형자산 측정의 몇 가지 향후 해결 과제를 들여다볼 것이다.

무형자산 투자 측정하기

2장에서 정리했듯이 투자의 목적은 가치 있는 자산의 창출에 있다. 이 무형자산 투자를 어떻게 측정하는지 검토하는 데서 시작해보자. 이 투자가 창출하는 자산 가치의 측정 방법은 추가적으로 복잡한 문제들을 제기하므로 차후에 정리하도록 하겠다.

투자를 측정하는 데는 많은 단계가 필요하다. 우선 회사가 무형자산에 얼마나 많이 **지출하고 있는지**를 알아야 한다. 둘째로, 그 지출 전부가 장기보유 자산을 창출하지는 않을 경우도 있다. 이를테면 TV 뉴스 속보는 장기보유 자산을 창출하지 않지만, 영화는 창출한다. 따라서 **투자**를 측정하기 위해서는 그 지출을 조정—다시 말해, 지출에서 장기보유 자산을 창출하는 부분으로 조정—해야 할 수도 있다. 세 번째, 가격과 품질이 달라지는 상이한 기간들의 투자를 비교할 수 있도록 **그 투자를 인플레이션과 품질 변동에 따라 조정**할 필요가 있다.

대부분의 투자재 지출〔즉, 전년도에 어떤 회사가 쓴 파운드나 유로나 달러나 엔화, 경제학자들이 '명목치(nominal value)'라 부르는 것〕을 알아내기는 쉽다. 국가 회계사들은 히드로(Heathrow) 공항이 제설차에, 혹은 세인스버리(Sainsbury) 슈퍼마켓이 새 배송트럭에 얼마나 투자하고 있는지 알고 싶을 때 간단히 질문한다. 그들은 통계청이 투자재로 승인한 재화, 이를테면 컴퓨터, 공장, 차량 및 건물에 대한 지출 목록 작성을 요청하는 서식을 발송한다. 영국 국립통계청(ONS)은 이를 **분기별 자본자산의 취득과 처분 조사**(Quarterly Acquisitions and Disposals of Capital Assets Survey)라 부르며 그것을 분기마다 2만 7000개의 회사에 보낸다.[5] 최근 국립통계청은 이 설문조사에 더 많은 투자재, 특히 소프트웨어·데이터베이스·예술품 원작·디자인에 대한 지출을 추가했다(설문은 기업에 매각한 투자재들이 있을 시에 그 가치가 얼마인지도 묻는다).

두 가지 복잡한 문제가 있다. 첫째로 직장교육이나 시장조사처럼 설문에 없는 투자에 관해서는 어떻게 할 것인가? 여기에 대해서는 연구자들이 다른 설문이나 시장조사 산업의 결과물을 살펴봐야 한다.

두 번째, 이것은 투자자산의 **매입**만을 조사한다. 자, 유형 투자재들을 손수 제조하는 회사는 거의 없으므로 유형의 재화들이라면 이렇게 해도 무방하다. 공항이 자체적으로 제설차를 제조한다거나 슈퍼마켓이 트럭을 만들지는 않는다. 그러나 무형 투자재에는 이런 일반화가 적용되지 않는다. 많은 회사—이를테면 은행—에서 자체적으로 소프트웨어를 제작하거나 R&D를 진행한다. 그러므로 그들에게 얼마나 지출하는지 물어볼 때는 회사가 구입하는 자산과 '회사 내' 혹은 '자기부담' 투자자산 **둘 다**를 기록하는지 확인할 수 있도록 신중을 기해야 한다.

통계학자들은 회사 내 지출을 측정하기 위해서 회사 안에 소프트웨어나 R&D나 교육 '공장'이 있다고 가정하고, 그 '공장'을 가동하는 데 얼마나 많은 지출이 필요한지 측정하려 한다. 그들은 어떤 식으로 이 작업을 하는 걸까? 실험실 인력 조사를 통해서다. 전 세계 통계청은 꽤 상세한 노동력 조사를 하고, 그리하여 이를테면 소매업계에 근무하는(이를테면 매장 전면을 디자인하는) 디자이너들의 수와 그들의 보수를 측정할 수 있다. 그러고 난 뒤 업계와의 협의를 거치면 임금 이외의 초과비용이 얼마인지가 나올 것이다. 간접비와 자본비 등이 거기 속한다. 소프트웨어 수치는 보통 1.5 전후다. 따라서 회사 내 소프트웨어 지출의 추정치는 다양한 소프트웨어 직업에 지급되는 임금비용의 1.5배가 될 것이다.

이것은 명목지출에 대한 수치를 낸 것이므로 첫 번째 단계에 불과하다. 그러나 그것만으로는 충분치 않다. 투자를 측정하기 위해서는 그 지출에서 얼마만큼이 1년 이상 지속될 것인지 알 필요가 있기 때문이다. 그러니까 이것이 두 번째 단계로, 산업과의 협의에 의해 이뤄진다. 소프트웨어를 예로 들면, 장기보유 소프트웨어 자산을 창출하는 데 소프트웨어 프로그래머는 자기 노동시간의 90퍼센트를 쓰는 반면, 소프트웨어 관리자는 대부분 이를테면 행정업무를 하고 있다면 자기 노동시간의 5퍼센트만을 쓸 것이다. 마찬가지로 시간일지를 보면 통상 초급 디자이너가 중견 디자이너에 비해 디자인에 더 많은 시간을, 마케팅과 행정업무에 더 적은 시간을 쓴다는 것이 입증되는데, 따라서 그들의 작업시간은 거기에 맞춰 조정되어야 한다. 비슷하게 예술품 원작에 대한 지출도 TV 프로그램 제작을 예로 들면 뉴스냐(얼마 못 갈 것으로 추정된다) 아니면 TV 영화냐(오래갈 것으로 추정된다)에 따라 다르다.

이 두 단계를 거치고 나면 명목투자가 나온다. 바로 지출에 장기간 지속되는 비율을 곱한 값이다. 세 번째 단계는 그 명목투자를 '실질'투자로 전환하는―다시 말해 명목투자를 인플레이션과 품질 변동에 맞춰 조정하는―것이고, 그렇게 해서 우리는 오늘 소프트웨어에 쓴 500파운드를 5년 전에 쓴 500파운드와 비교할 수 있게 된다('실질'과 '명목' 측정에 관해 더 알고 싶다면 상자 5.1 참조).

물가상승률 조정은 생각보다 어렵다. 중앙은행들이 대표적인 장바구니의 물가상승을 공격 대상으로 삼기 때문에 우리는 일반적인 인플레이션 수준이 무엇인지 알고 있다. 보유한 특성이 별로 바뀌지 않는 명확한 물리적 재화들에 대해서는 구체적인 물가상승률이 얼마인지 알고 있다. 표준 강철 1톤과 구리철사 한 가닥 같은 것들 말이다. 그러나 우리는 경영진의 조언이나 마케팅 컨설팅 같은 많은 서비스의 가격에 대해서는 잘 모른다. 통계학자들은 이것을 알아내려고 공을 들여왔다. 한 가지 방법은 이런 조언의 가격이 물가의 일반적인 패턴을 따른다고 가정하는 것이다.

또 다른 방법은 '조언'을 장바구니로 분해하여 그 가격을 측정하는 것이다. 이렇게 하면 이를테면 유언장 작성이나 주택 거래 가격을 살펴봄으로써 법률 서비스의 가격을 측정할 수 있을 것이다. 세 번째 방법은 '시간 기준', 즉 투여한 시간과 특정 서비스(예를 들면 회계감사, 급여 및 세무 상담 같은 회계 서비스) 장바구니의 시간당 비용을 조사하는 것이다.

장바구니 구성은 품질이 급변하고 있을 때는 훨씬 더 어렵다. 1년 후의 소프트웨어 패키지가 과거 수년간의 것보다 훨씬 나을 수 있고, 따라서 어떤 제품을 다른 것과 유의미하게 비교할 수 없기 때문이다. 이는 장바구니가 굉장히 자주 업데이트된다는 뜻이다. 다른 방법은 일련의 품질 속성들에 합의를 보는 것이다. 이를테면 하드웨어라면 속도, 메모리 및 용량이 될 수 있다. 그리고 나면 통계학자들은 이런 속성들의 변화와 전반적인 컴퓨터 가격에서 관찰된 변동의 상관관계를 찾고, 그렇게 함으로써 각 속성에 대한 '가격'을 책정한다. 대체로 품질조정은 국가 회계사들이 맞닥뜨리는 가장 어려운 영역의 하나다. 헐튼(Hulten 2001)은 "품질은 …… 논란의 여지가 너무 많은 사안이라서 나는 이런 유의 정보는 전부 어느 정도 불확실한 것으로 간주한다"고 한 애덤 스미스의 말을 인용한다.

이런 단계는 실질투자 측정에 사용된다. 이 투자가 창출하는 자산 보유량을 측정하기 위해서 경제학자들은 다음과 같은 질문으로 시작하는 또 다른 일련의 단계를 밟아야 한다. 자산은 얼마나 빠르게 감가상각되는가? 아니면 표현을 달리해서, 해마다 대략 얼마나 많은 부분이 쓸모없어지거나 폐기되는가? (여기에는 무형자산이 감가상각되어 아무런 가치도 없어진 경우가 포함된다—엔론의 사례처럼 사기 때문인 경우도 있고, 이를테면 규제 변화나 임상시험 실패 때문인 경우도 있다.) 만일 매년 경제로 유입되는 투자의 흐름과 감가상각 비율을 안다면, 어떤 특정 연도에 대해서도 무형 투자 보유량을 계산할 수 있다. 이 장에 첨부한 부록은 이 문제를 다룬다.

무형자산에 투자하는 것은 정말 투자일까

대부분의 사람은 소프트웨어, R&D 및 신제품 개발이 투자라는 사고를 상당히 직관적이라고 생각한다. 앞 장의 투자에 대한 정의로 다시 돌아가서, 이것들은 (a) 돈이 들고, (b) 장기적 수익을 발생시킨다고 예상되는 것들인 데다, 더욱이 (c) 그 투자를 하는 회사에는 수익 자체의 가치 있는 부분을 누릴 합당한 기회가 있다.

마케팅, 조직자본 및 직장교육도 과연 투자일까? 어떤 이들은 마케팅—특히 그중 브랜드 구축을 위한 광고와 관련된 부분—은 그저 회사들 간의 제로섬 게임, 시장점유율에서 내 브랜드가 이기면 당신 브랜드는 지는 게임일 뿐이라고 말한다. 어떤 이들은 조직 개발에 들인 돈이 관료주의와 불필요한 업무를 더 많이 양산한다고 말한다. 또 어떤 이들은 직장교육이 그것을 실시하는 회사가 아닌 교육 수혜자를 위한 자산을 창출하므로 투자에서 제외해야 한다고 말한다.

이 각각의 비판들은 어느 정도 일리가 있지만, 이런 종류의 지출이 투자로서 부적격하다고 할 정도까지는 아니다.

첫 번째 반론, 즉 **브랜딩**은 제로섬 게임이고 예를 들면 코카콜라에서 펩시(Pepsi)로의 매출 전환에 불과하다는 견해를 살펴보자. 이것 자체가 브랜딩이 **투자**라는 데 반대하지는 않는다. 투자란 장기보유 자산을 생성하는 일이다. 아메리칸항공(American Airline)이 브리티시항공(British Airways)으로부터 시장점유율을 빼앗아올 새 비행기 한 대를 구입했을 때 그게 투자가 아니라고 말할 사람은 없을 것이다. 문제는 오히려 A사의 투자 행위가 B사의 자산 가치 하락을 초래하느냐 여부다.[6] 만일 하락이 100퍼센트라면, 경제의 **순**(net) 실질투자는 제로다.

최소한 일부 광고 지출은 이런 '정면승부'의 특성을 갖고 있을 법하지만, 그 전체가 회사들이 정확하게 서로를 상쇄하고 있을 가능성은 없어 보인다. 게다가 적어도 일부 광고는 타 회사에 이득을 주는 것으로 보이고는 하는데, 소비자들에게 A사의 제품뿐 아니라 모든 제품의 구입 가능성에 대해 알려주기 때문이다.

경제학자 페르디난트 라우흐(Ferdinand Rauch)는 이 문제를 연구하기 위해 독특한 정책 변동을 활용했다(Rauch 2011). 2000년까지도 광고에 세금을 부과했던 오스트리아에는 지방마다 차등세율이 있었다. 2000년에 전국적인 일원화 실시와 함께 모든 지방에 5퍼센트 세율이 도입됐다. 그리하여 광고비용은 나라의 어떤 지역에서는 증가한 반면 동시에 어떤 지역에서는 감소했다. 만일 광고가 단지 제로섬 게임이라면, 이런 세율 변동에도 불구하고 회사 지출에는 차이가 없어야 했다. 어쨌거나 그들이 그저 상대보다 많이 지출하는 군비경쟁 같은 것을 벌이고 있는 거라면, 세금과는 무관하게 경쟁에 이끌려 이 일을 할 수밖에 없을 것이기 때문이다. 실제로는 광고에 진짜로 변화가 생겼고, 광고비가 더 비싸진 곳에서는 광고가 줄어들고 더 저렴해진 곳에서는 늘어났다. 전체적으로는 광고가 더 많아졌고 제품 가격은 떨어졌는데, 이는 소비자들이 더 낮은 가격에 더 많은 물건을 구매함으로써 늘어난 광고에 반응했다는 것을 보여준다. 이것은 그들에게 정보가 더 많아져서 시장이 더 잘 굴러가고 있었다는 생각과 일치한다.

조직 개발을 무형 투자로 다루는 데 반대하는 이유는 그것이 지속되지 않기 때문이라는 쪽이거나 무가치하기 때문이라는 쪽이기 쉽다. 일부 관리활동 지출이, 특히 경영부실 기업에서 허비되거나 아무런 가치가 없는 것은 엄연한 사실이다―쓸모없고 비생산적인 경영에 관해서는《바틀비 이야기(Bartleby the Scrivener)》(뉴욕 월가를 배경으로 한 허먼 멜빌의 잡지 연재소설―옮긴이)부터 〈더 오피스(The Office)〉(사무용품 회사를 배경으로 한 미국 드라마―옮긴이)에 이르기까지 오랜 문학적 전통이 있다. 한편으로는 언뜻 조직 개발처럼 보이는 활동들이 전부 지속되는 것은 아니다―대부분의 경영 컨설팅은 그것이 설령 효과가 있을 때라도 새로운 조직 구조를 창출하기보다는 괜찮은 단기적 결정을 내리는 데 도움을 준다.

그러나 어떤 조직 투자에든 지속성과 가치란 **없다**고 말하는 것은 도가 지나칠 터이다. 우수한 경영과 높은 성과라는 강한 문화를 가진 기업들이 존재하고, 이런 문화를 창출하고 유지하는 데는 투자(시간과 돈 양쪽의 투자)가 필요하며, 이런 회사들은 나쁜 문화를 가진 회사보다 성공할 확률이 훨씬 높다는 것은 당연해 보인다. 예를 들어 도요타의 가이젠(kaizen, 改善: 제조 설비부터 생산 효율까지 노동자들이 전반적인 과업의 지속적인 향상을 끌어내기 위해 매진하는 기업문화를 이른다―옮긴이)이나 제너럴일렉트릭의 식스시그마(Six Sigma: 시그마라는 통계 척도를 사용하여 모든 품질 수준을 정량적으로 평가하고 문제를 해결하려는 전방위 경영 혁신 운동―옮긴이)를 떠올려보라. 더 많은 사례는 8장에서 다룬다. 우리는 혁신이 새로운 생산라인을 판매할 신사업부의 창출 같은 조직 변화에 투자하는 것과 종종 관련이 있음을 알고 있다.

그리고 자신들의 회사 외부에 귀중한 조직자산을 창출하도록 투자해온 회사들의 사례를 떠올리는 것도 가능하다. 팀 쿡(Tim Cook)이 개발 책임을 맡았던 애플의 놀라운 공급망은 확실히 애플의 가치를 발생시키는 장기적 원천으로, 제품을 대단히 신속하게 시장에 내놓게 해준다. 우버나 에어비앤비 같은 이른바 공유경제 기업들의 귀중한 자산은 열성적인 공급자—우버의 운전기사들이나 에어비앤비의 집주인들—네트워크다. 이것들 역시 양사가 개발하기 위해 적극적으로 투자해온(그리고 그들이 이를테면 공급자들을 직원으로 처우해야 한다고 요구하는 소송들로부터 지키기 위해서 투자하고 있는) 지속적인 가치를 지닌 자산이다.

여기에는 좀더 일반적인 관점도 있다. 회사들이 허비한 지출 사례를 찾아내기는 쉽다. 그러나 회사들은 시장의 압력하에서 살아간다. 그 압력이 부재하지 않는다고 할 때 쓸모없는 프로젝트들에 쏟는 지출이 반복된다면 그 회사는 시장에서 퇴출될 것이다. 따라서 최소한 시장 부문의 회사들에는 여기에 쏟는 지출이 무가치할 가능성이 낮다.

그러므로 조직 개발 투자를 어떻게 정의할지에 대해서는 신중을 기해야겠지만, 성공적인 조직 개발을 자산으로 분류하지 말아야 한다는 주장은 지나친 것으로 보인다.

교육 훈련을 무형 투자로 다루는 데 반대하는 이유는 가치가 없거나 지속되지 않아서가 아니라, 그것이 회사가 아닌 직원의 자산이기 때문이다. 그러나 우리가 2장에서 살펴봤던 국민계정체계의 투자에 대한 정의를 기억하는 것이 중요하다. 소유권은 판단 기준의 하나가 아니다. 중요한 것은 누가 혜택을 보느냐다. 교육 훈련이 보통은 진정으로 직원을 위한 가치를 생산하며 고용주는 교육받은 노동자를 고용하는 동안에만 혜택을 볼 수 있다는 말은 확실히 옳다. 예를 들어 회계사 자격시험에 응시하는 직원을 위해 지불하는 것은 회사가 아닌 고용인에게 속한 기술에 투자하고 있는 것이다.

그러나 두 가지 요인은 일부 교육 훈련이 직원이 아니라 오히려 회사의 자산에 가깝다는 것을 의미한다. 무엇보다도 상당수의 교육 훈련은 그것을 실시하는 회사에서 유용하며 다른 곳에서는 쓰임새가 대단히 제한적이다. 이는 기술적인 이유들 때문일 때가 종종 있다. 우리 회사의 회계사는 다른 어디에도 없는 우리 회사에서 사용하는 맞춤식 회계감사 소프트웨어 패키지 같은 과정을 배우기 위해 회사가 운영하는 교육 훈련 코스를 밟을 수 있다. 직원들은 그 회사에 특화된 복잡한 시스템 속에서 근무하기 때문에 이런 유의 직장교육은 꽤 흔하다. (에스프레소 기계로 커피 한 잔을 빼는 것은 어느 정도 이전 가능한 기술이다. 그러나 스타벅스의 바리스타가 익혀야 하는 대다수의 기술은 스타벅스의 특별한 운영 절차에 특화되어 있다.)

두 번째, 고용주들은 고용인들과 교육 훈련의 결실을 회사 외부로 가지고 나가는 것을 더욱 어렵게 만들 계약서에 서명할 수 있다. 직원들의 값비싼 수강료를 내준 회사는 종종 그들이 소정 기간 내에 퇴사할 경우 교육 훈련 비용을 변제해야 한다는 계약서에 서명하게 한다. 일부 고용계약서에는 경쟁금지 조항이 포함되어 있어서 고용인들이 교육 훈련 및 기술을 경쟁업체에 가져가는 것을 더 어렵게—또는 불가능하게—만든다.

그러므로 비록 회사는 (다행스럽게도) 자기 직원들을 소유할 수는 없지만, 교육 훈련이 그것을 받는 직원들의 것이 아니라 회사의 자산으로 여겨질 수 있는, 그리고 여겨져야 하는 수많은 상황이 있다.

무형자산 측정의 향후 해결 과제

이러한 난관에도 불구하고, 판세는 확고하게 무형자산을 공식 투자 데이터로 편입시키는 쪽이다. 우리가 살펴봤듯이 소프트웨어, R&D, 예술품 원작 등이 전부 포함된다. 영국의 공식 분기별 투자조사에는 이제 디자인에 대한 문항이 들어간다. 표 3.1에 있는 그 밖의 자산들—시장조사, 교육 훈련, 브랜딩, 조직 개발—은 공식적으로는 포함되지 않았지만, 그것들이 포함될 경우 투자와 GDP에 일어날 변화를 시뮬레이션하기 위한 실험적 작업이 진행 중이다. 예를 들어 현재 영국 국립통계청 연구의 장래 계획은 이런 자산들에 대한 데이터를 수집할 예정이다. 그러는 사이 공식 기관들은 이 실험적 작업을 자신들의 생각을 알리는 데 이용하고 있다. 예를 들어 무형 의제는 OECD 혁신 전략의 중심축이 되었으며, 무형 투자 데이터는 대통령 경제보고서에 포함되어왔다. 무형자산이 더욱 많이 포함되면 될수록 개념적 질문은 더 쏟아질 것이다.

첫째로, 적어도 일부 지식은 아무런 투자 없이 회사로 유입된다. 그중 어떤 것들은 그냥 다른 회사들로부터 얻은, 우리가 스필오버라 부르게 될 것으로 차후 논의하려 한다. 또 어떤 것들은 생산 행위 그 자체의 부산물—이를테면 행동에 의한 학습—이다. 그것은 회사에는 소중한 지식인 것처럼 보이지만 회사가 들인 비용이 포함되지 않았기 때문에 투자가 아니다.

두 번째, 경제학자들은 어떤 재화의 가치를 측정할 때 일반적으로 전화기나 아이스크림이나 휴일 등의 시장가격을 참조한다. 우리가 앞서 정리한 방법은 대신에 그 재화를 창출하는 데 들어간 비용을 살펴본다. 경제학자들은 회사 내 디자인처럼 시장에 나와 있지 않아 시장가격이 없을 때는 이렇게 할 수밖에 없다. 그러나 원가 기준 방식은 여러 가지 난제를 발생시킨다.

우선, 아주 성공적인 일부 상품이 그것을 생산한 비용에 비해 지나치게 많은 수익을 회사에 가져다준다는 데 반대하는 이들이 있을 수 있다. 그렇다면 원가 기준 방식은 어떻게 해야 정확할 수 있을까? 답은 이 논리가 성공적인 특정 프로젝트에 적용될 수 있어야 한다는 것이다. 그러나 현실에서 회사와 경제국은 수많은 프로젝트를 수행한다. 각각은 불확실하다. 사후적으로 일부는 굉장히 성공할 수 있고 일부는 비참하게 실패할 수도 있다. 그러나 평균적으로 성공과 실패가 균형을 이룬다면, 거시경제 차원에서 투자의 가치는 지출의 가치와 동일해야 한다.[7]

원가 기준 방식의 두 번째 문제점은 시간 조정(time adjustment)이 어쩔 수 없이 주관적이고 부정확하다며 이의를 제기하는 이들이 있을 수 있다는 것이다. 사실 많은 전문 서비스 회사는 직원들이 사용할 것으로 예상되는 업무서식, 청구원칙 및 일지를 갖고 있다. 따라서 이를테면 초급 컨설턴트들은 거의 모든 시간을 디자인에 할애하고 관리에는 거의 쓰지 않을 것으로 예상된다. 중견 컨설턴트들에게는 그 반대가 적용되기 때문이다. 그러나 이런 시간 할당 문제는 조직자본의 구축을 이해하려 할 때 특히 심각해진다. 우리한테는 헨리 민츠버그(Henry Mintzberg 1990)의 초기 연구와 라파엘라 사둔(Rafaella Sadun)의 최근 저서(Bandiera et al. 2011) 말고는 경영진이 무엇을 하며 시간을 보내는지에 관한 정보가 정말이지 거의 없다. 그러나 이 연구들조차도 조직자본 구축에 관해서는 정확히 말해주지 않는다. 그보다는 경영진이 회의에서 보내는 많은 시간을 기록하는 데 치

우친다. 그러므로 이 분야는 현재 실질적으로 불확실한 영역이다.[8]

그 밖의 개념적인 쟁점들로 돌아가 보자. 세 번째, 공공 부문 역시 무형에 투자한다. 소프트웨어를 구입하고, 교육을 실시하고, 마케팅(이를테면 범죄예방에 대한 공공 정보)에 투자한다. 사실 공공 부문의 지식 투자는 학교, 대학, 도서관 등 범위가 거의 한정되어 있지 않다는 견해를 취하는 이들도 있다. 법률, 관료들에 대한 대중의 신뢰, 중앙은행의 평판, 또는 박물관, 미술관 및 유산들의 문화적 자산들은 또 어떤가?

여기에 답하기 위해서는 GDP의 두 가지 원칙을 기억하는 게 도움이 된다. 첫째, 어떤 지출이든 GDP에 집계되려면 (전년도의) 생산적 활동에 해당해야 한다. 박물관 신축은 GDP의 일부다. 그것은 생산이기 때문이다. 베첼리오 티치아노(Vecellio Tiziano)의 명화를 구입해 박물관에 진열하는 것은 GDP에 포함되지 않는다. 티치아노의 그림은 당해가 아니라 옛날에 '생산'되었기 때문이다. 구매로 인해 소유주에게 막대한 자본수익이 발생했다 하더라도 GDP의 일부로 계산되지 않는다. 자본수익은 생산적 활동으로부터 발생하지 않으므로 생산이 아니다. 그것은 판매자로부터 구매자로 GDP가 재분배된 것이다. (같은 논리로 주택보유자들이 자신들의 집으로부터 얻는 자본수익 역시 GDP에 포함하지 않는 이유가 설명된다. 그러므로 이를테면 런던이나 뉴욕의 GDP는 그 지역의 어마어마한 자본수익이 아니라 그 지역의 생산 가치를 반영한다.)

이런 원칙에 의거했을 때, 정부의 대규모 지출은 학교, 병원 및 경찰서 등 생산적 활동을 반영하므로 GDP에 집계**된다**. 하지만 정부의 지출이 전부 집계되는 것은 아니다. 연금과 수당('이전지출(transfer payments)')은 자본수익처럼 다뤄진다. 그것들은 현재의 생산적 활동에 상응하는 것이 없으므로 GDP로 집계되지 않는다.

　두 번째로 기억해야 할 쟁점은 GDP에서 가정의 생산 활동이 배제된다는 것이다. 그러므로 당신이 **소유**한 자동차, 의류 및 식기를 세척하는 일은 생산이 아니다. 세탁소가 그 일을 하는 데 돈을 내는 것은 생산이다. 물론 이것은 이례적인 상황들을 등장시킬 수도 있다—이를테면 한 남성이 자신의 요리사와 결혼할 경우 GDP가 하락한다는 폴 앤서니 새뮤얼슨(Paul Anthony Samuelson)의 유명한 관찰이 있다. 그러나 가사 시간의 가치평가를 둘러싼 어려운 문제들이 대단히 두드러진다는 점은 생략하기로 한다. 우리의 목적에 비추어 가장 중요한 가계 투자 중 하나는 교육이다. 그런데 정부의 교육 지출은 GDP로 집계되는 반면, 가정이 교육에 쏟는 모든 시간에 그들이 창출하는 '인적 자본'은 국가 자본 스톡의 일부로 집계되지 않는다.

　자, 대부분의 정부 지출은 이미 GDP로 집계되므로, 그다음 공공 부문 무형자산의 주요 쟁점은 지식 투자를 분리하는 것이다. 공공 부문은 예를 들면 상당량의 R&D를 후원하는데, 따라서 그것은 이미 GDP에 집계되어 있다. 케넌 자보(Kenan Jarboe)는 미국에 대한 연구에서 통계청, 날씨 서비스, 연방 도서관, 초당적 보도, 회계사무소, 특허청에 대한 지출을 집계해야 한다고 제안한다. 마찬가지로 리카도 블로그(Ricardo Blaug)와 로힛 레키(Rohit Lekhi)(2009)도 영국에 대한 연구에서 과학연구 데이터·지도 제작 및 날씨 데이터·국가 통계·컴퍼니하우스(Companies House: 영국의 회사 등록 및 관리 기관—옮긴이)를 통해 입수할 수 있게 된 회사 정보, 출생과 사망과 혼인 및 토지 권리 등록 같은 법적 명부, 그리고 특허청이 보유한 특허 정보를 포함하는 항목을 집계할 것을 제안한다. 일례로 자보가 추산한

2006년 미국의 수치는 2040억 달러로 R&D 자금 1220억 달러, 교육과 훈련에 700억 달러, 그리고 통계청, 날씨 및 제품 안전 등에 120억 달러로 구성되어 있다(Jarboe, Blaug, and Lekhi 2009에서 인용).[9]

마지막으로 삶의 질은 어떨까? GDP는 생산에 관한 것이다. 삶의 질의 일부가 소비에 달려 있다고 한다면, 다른 조건이 동일할 때 생산이 증대할수록 소비도 늘어날 가능성이 있으므로 GDP는 분명 삶의 질과 관련이 있다.[10] 마찬가지로 안전하고 관대한 사회는 고도로 생산적인 사회와 연관성이 있겠지만, 이런 것들은 국가의 직접적인 산출이 아니다.

결론: 무형자산의 측정

이 장에서 우리는 경제학자들이 범위가 확대되고 있는 투자를 측정하고자 시간의 경과와 함께 많은 노력을 기울여왔음을 알았다. 1980년대부터 경제학자들은 일부 무형 투자를 측정하는 방법을 개발하고 그것을 국가 회계에 포함했으며, 2000년대에는 우리가 현재 무형 측정에 사용하는 코라도·헐튼·시셀이 발전시킨 접근법을 탄생시켰다. 우리는 이 투자들이 어떻게 측정되는지를 검토했고, 그것들을 투자로 다루는 데 대한 그럴듯한 반론을 몇 가지 살펴봤으며, 몇몇 미해결 문제를 강조했다. 이 분야가 명확하게 정리된 것은 아니지만, 무형 투자가 상승세라는 전반적인 추세는 널리 받아들여지고 있다. 하지만 그 상승세가 중요한 것일까? 투자의 성격은 틀림없이 항상 달라지는가? 우리는 이런 이야기를 다음 장에서 이어갈 것이다.

부록: 무형자산 스톡 측정

만일 투자가 자산을 창출한다면, 자산의 가치는 어떻게 계산할까? 이것을 생각하는 방식은 투자가 흐름이며 자산은 스톡이라는 것이다. 투자가 늘어나면 스톡의 가치가 추가된다. 그러나 스톡의 가치가 감가상각된다면, 그 가치는 하락한다. 따라서 우리는 위에서 측정했듯이 적어도 스톡의 **증가분**을 투자로 측정하고 거기서 감가상각된 가치를 **빼**면 된다. 그리고 만일 예전 어떤 시점의 스톡의 가치를 안다면, 시간의 경과에 따른 값을 얻기 위해 추가분을 보태면 된다.

그렇다면 맨 처음 드는 의문은 자산의 가치가 1년간 얼마나 많이 하락하는가다. 언뜻 보면 이것은 차량, 건물 및 기계의 '마모'나 '쇠퇴'를 계산하는 데 익숙한 회계사들에게는 낯설지 않은 감가상각 질문처럼 보인다. 그러나 경제학자에게 이것은 해답의 일부일 뿐이다. 문제는 얼마나 많은 자산 **가치**가 연간 하락하는가다('경제적 감가상각(economic depreciation)'이라 불린다). 가치는 자산의 물리적 감가상각인 **쇠퇴**(decay) 때문에 하락할 수 있지만, 이를테면 더 나은 자산이 나타나 그것을 대체할 경우에도 하락할 수 있다. 이 후자의 효과를 **폐기**(discard)라 부르기로 하자. **폐기**는 예를 들어 어떤 아이디어의 상업적 가치가 다른 아이디어와의 경쟁 때문에 하락할 경우나 어떤 직원이 최소한 회사의 일부 지식을 보유한 채 퇴사할 경우 발생한다. 그러므로 아이디어는 절대 쇠퇴하지 않을 것이며 이는 가치의 저하를 시사하지 않지만, 그것은 신속히 폐기될 수 있으며 매우 빠른 가치의 하락을 시사한다. 찰스 헐튼과 프랭크 와이코프(Frank Wyckoff)(Hulten and Wyckoff 1981)는 자신들의 뛰어난 논문에서 이런 효과들의 상호작용이 처음에는 빨랐다가 이후에는 느려지면서 자산의 수명에서 원활한 경제적 감가상각의 경로를 제공할 수 있다고 밝혔다.

유형자산에 관한 한 대부분의 저술은 마모/쇠퇴 중인 엔지니어들과 회사들에서 증거를 찾아왔다. 무형자산의 경우 문제는 대부분 폐기에 관한 것이다. 직접적인 추산이 설문조사들로부터 나온다. 이를테면 이스라엘 통계청(Peleg 2008a; 2008b)이 수행한 것과 가가난 아와노(Gaganan Awano)와 그 동료들(2010)이 영국 국립통계청과 함께 실시한 조사들을 보자. 이 설문들은 R&D(이스라엘의 상세 산업별)와 무형자산(영국의 R&D와 그 외의 다섯 가지 자산 종류 추가) 투자들의 '수명'에 관해 질문한다. 이스라엘의 조사는 R&D 아이디어들이 약 10년간은 쓸모 있지만 그것은 산업별로 다르다는 생각을 뒷받침하며, 반면 영국의 조사는 그 외의 무형자산들이 약 3년간 유용한 수명을 갖고 있음을 확인시킨다. 요컨대 증거에 의하면 소프트웨어, 디자인, 마케팅 및 교육은 경제적 감가상각 비율이 아무래도 높은 것 같고(연간 약 33퍼센트), R&D는 중간이며(연간 약 15퍼센트), 엔터테인먼트와 예술품 원작 및 광물 탐사는 좀더 길다.

무형 투자는 무엇이 다른가? 무형자산의 4S

이번 장에서는 무형자산의 독특한 경제적 성격―무형자산이 풍부한 경제가 유형자산이 풍부한 경제와 다른 특성을 보이는 이유―을 살펴본다. 그 특성은 4S로 요약되는데, 즉 무형자산은 유형자산에 비해 확장 가능성이 높고, 비용이 매몰될 공산이 크며, 스필오버 현상과 상호 시너지 효과가 일어나기 쉽다.

투자는 항상 변한다. 창고와 선창에서부터 갱도와 제분소까지, 그리고 기계 공구와 발전기에서부터 냉각탑과 계산대, 서버 및 태양 전지판에 이르기까지. 그렇다면 2장과 3장에서 설명한 유형자산에서 무형자산으로의 변화에 왜 관심을 가져야 하는가?

뒤에서 얘기하겠지만, 무형자산은 여러 가지 중요한 측면에서 유형자산과 다르다. 이는 무형자산에 의존하는 기업이 유형자산이 주가 되는 기업과 다른 행태를 보일 거라는 뜻이다. 경영자들과 노동자들은 다른 인센티브와 보상에 직면할 것이다. 그리고 이런 다수의 기업으로 이뤄진 경제는 독특한 방식으로 작동할 것이다. 이번 장에서는 경제적인 관점에서 무형 투자의 독특한 성격과 그것들이 왜 중요한지 살펴보려 한다. 우리는 이런 특성을 4S, 즉 확장성(scalability)·매몰성(sunkenness)·스필오버(spillovers)·시너지(synergies)로 요약한다.

이 특성들을 고찰하는 좋은 방법은 기업 현장의 무형 투자 이야기로 접근하는 것이다.

EMI는 어떻게 조력자들로부터 작은 도움을 받았나

1960년대 중반 비틀스(Beatles)는 문화적인 파워만이 아니라 경제적 파워였다. 최전성기에 그들의 음반과 티켓 매출은 지금의 돈으로 치면 1초당 650달러를 생성하고 있었다. 그들이 해외 투어로 벌어들인 달러가 영국 정부를 통화 위기로부터 일시적으로 구했다고 여겨질 정도였다.

비틀스가 스타 반열에 오르자 수혜를 본 곳 중 하나는 그들의 음반사인 팔로폰(Parlophone)이었는데, 이곳은 1930년대부터 EMI로 더 많이 알려진 〔그리고 나중에는 몸소 섹스 피스톨스(the Sex Pistols)의 노래 제목이 되기도 한〕 일렉트릭앤드뮤지컬인더스트리스사(Electric & Musical Industries Limited)의 소유가 되었다. 1967년이 되면 EMI 수익의 30퍼센트는 오로지 비틀스의 매출에서 나오고 있었다.

긴 이름이 암시하는 바처럼 EMI는 그냥 음반회사가 아니었다. 이곳은 1960년대에 음악만큼이나 전기 관련 활동에도 관심을 뒀다. 1959년에는 에미텍(EMIDEC) 1100이라 불리는 상업용 컴퓨터를 출시한 바 있었고, 컬러TV 카메라, 레코닝 장비, 유도미사일 및 키피포트도 만들었다.

비틀스 마니아들로부터 벌어들인 돈뭉치는 EMI의 투자 문화를 창출하는 데 일조했다. 그들이 투자한 것 중 하나는 의료장비 연구였다. 에미텍의 숨은 연구자였던 고드프리 하운스필드(Godfrey Hounsfield)는 최초로 상업적 실용화가 가능한 의료 스캐너에 심혈을 기울이기 시작했다. 프로젝트가 진행되면서 그는 영국 정부로부터 상당한 후원을 받았는데, 정부는 지원금 60만여 파운드, 즉 2016년 물가로 치면 700만 파운드를 제공했다(Maizlin and Vos 2012). 4년간 하운스필드와 그의 팀은 최초의 컴퓨터 단층 촬영 스캐너〔CT 또는 'CAT 스캐너'—여기서 A는 'X선 체축(axial)'을 나타낸다〕를 발명하고 발전시켰다.

이것은 과학과 공학의 놀라운 개가였다. 의사들은 비로소 환자들의 연조직을 정확하게 3차원으로 보여줄 수 있게 됐다. 이는 진정 획기적인 의학사의 대전환으로, 뇌수술부터 암 치료에 이르는 전 분야를 송두리째 바꿔놓았다. 하운스필드에게는 산더미 같은 명예가 쏟아졌다. 노벨상과 기사 작위를 받았고, 왕립학회 회원(Fellow of the Royal Society)으로 위촉됐다. 그러나 상업적 견지에서 EMI에게 그것은 실패작이었다.

EMI는 기반 기술들의 특허를 취득하고, CT가 의사들에게 어떤 식으로 도움이 될지 파악하려고 병원들과의 협력관계를 형성하는 한편 미국 병원들에 스캐너를 판매할 영업 인력을 조직하고 사업을 구축하는 데 투자했다. 그러나 1970년대에 접어들자 다른 회사들이 CT 시장을 선점할 것이라는 게 분명해졌다. 제너럴일렉트릭과 당시 지멘스(Siemens)는 EMI로부터 일부 기술의 사용권을 얻어 발 빠르게 대규모 CT 스캐너 사업부를 구축했다. 1976년에 EMI는 CT 스캐너 사업에서 완전히 손을 떼기로 결심한다.

비틀스 노래를 듣거나 CT 촬영을 하는 사람한데는 이해가 안 갈지 몰라도, 이상은 모두 무형 투자에 관한 이야기다. 그리고 이 이야기에는 다양한 종류의 무형 투자가 물리적이고 유형적인 투자와 다르도록 만드는 요소들의 일면이 선명하게 드러난다.

우선 막대한 수익으로 EMI가 CT 스캐너를 지원할 수 있게 해준 비틀스의 곡들을 생각해보라. 음악에 대한 권리는 일종의 무형자산이다. 그것은 일단 소유하고 나면 대단히 낮은 비용으로 원하는 만큼 얼마든지 많은 싱글들을 찍어낼 수 있다(디지털 음원의 시대인 요즘 그 비용은 거의 제로까지 떨어졌다).

공장이나 가게나 전화선 같은 물리적 자산은 그렇지 않다. 이런 자산들은 일단 생산능력 한계에 도달하고 나면 당신은 새로운 자산에 투자해야 한다. 그러나 무형자산은 그와 같은 물리적 법칙을 따를 필요가 없다. 일반적으로 몇 번이고 사용할 수 있는 것이다. 이런 무형자산의 특성을 **확장성**이라고 부르기로 하자.

다음으로, EMI가 CT 스캐너 사업을 접기로 결심했을 때 벌어진 상황을 생각해보자. 그들은 무형 투자를 많이 해왔다. 가장 확연히 드러나는 것은 스캐너 설계 자체를 위한 R&D지만, 그 외에도 스캐너 사용법과 관련해 임상의들과 작업하는 데 쏟아부은 시간(3장에서 설명했던 틀에 따라 이것을 특별히 서비스 설계라 부르겠다), 사업부 신설(조직 개발), 그리고 미국 시장에서의 입지 확보(브랜딩과 마케팅)에도 투자했다.

이 중 일부에 대해서 EMI는 수익을 얻었다―제너럴일렉트릭(GE)과 지멘스로부터 특허 라이선스 사용료를 받은 것이다. 그러나 내부분은 손실로 처리한 듯하다. 영업 인력을 꾸리고 실패한 사업부나 브랜드를 구축하는 데 쏟은 자금은 회수하기가 어렵기 때문이다. 반면 물리적 자산은 통상 꽤 전문적인 것이라 하더라도 매각하기가 훨씬 수월하다. 이런 무형자산의 특성을 **매몰성**이라고 하자.

CT 스캐너 개발에서 제너럴일렉트릭과 지멘스가 한 역할은 무형자산이 갖는 또 하나의 차별화된 특성을 잘 보여준다. 다소 불공평하긴 하지만, 무형자산에 투자하는 개인이나 기업이 언제나 보상을 거두는 것은 아니다. 고드프리 하운스필드가 수행했던 앞날이 불투명한 R&D, 병원들과의 설계 작업 및 초기 판매실적을 올리려던 힘겨운 시간들이 EMI에게는 쌀은 수익을 냈지만, 경쟁업체들에게는 막대한 신규 시장을 안겨줬다. 대부분의 유형 투자는 정말 그렇지 않다. 분명히 제너럴일렉트릭은 자신들의 CT 스캐너를 만들려고 EMI의 공장에 잠입할 수 없었다—잠금시설과 경보장치가 있고 그런 종류의 행위를 막는 법규들이 있다. 하지만 그들이 비교적 저비용으로 EMI의 무형 투자를 이용하려고 애쓴 것은 사실이다. 경제학식 표현으로는 최초의 투자자가 무형 투자 수익을 전용하기 어려울 때가 있다고 말할 수 있는데, 바꿔 말해서 무형자산은 투자를 하는 회사 이외에 **스필오버**를 창출하는 경우가 흔하다.

마지막으로, 무형 투자의 가치는 자산이 결합할 때 극적으로 증대된다. EMI의 R&D 중앙실험실은 정보처리, 영상법 및 전기공학 연구의 용광로였다. 이렇게 다양한 종류의 지식을 스캐너를 처음으로 시험한 앳킨슨 몰리병원(Atkinson Morley Hospital) 의사들의 임상 전문지식과 합친 덕분에 진정한 도약을 이룰 수 있었던 것이다.

그러나 이처럼 결합했을 때 예기치 않은 수익으로 이어질 수 있는 것은 비단 R&D에서 탄생한 아이디어들만이 아니다. 제너럴일렉트릭이 CT 스캐너로 거둔 궁극적인 성공은 장치 자체의 기술적 투자와 제너럴일렉트릭의 브랜드 및 고객관계를 한데 합친 것이 관건이었다. 그리고 물론 비틀스의 성공은 새로운 음악적 아이디어〔엘비스 프레슬리(Elvis Aron Presley)부터 라비 샹카(Ravi Shankar)까지〕와 팔로폰 자체의 무형자산, 즉 밴드를 홍보하고 마케팅하는 능력을 한데 결합한 덕분이었다. 이상은 모두 무형자산들 간의 **시너지**—시너지는 규모가 클 때가 많지만 예측하기는 어렵다—의 사례다.[1]

무형 투자의 4S

아이디어, 상업적 관계 및 노하우처럼 우리가 만질 수 없는 재화가 기계와 건물 같은 물리적 자산과 근본적으로 다르다는 것은 하나도 놀랍지 않다.

이 사실이 경제학자들의 주목을 받지 않았던 적은 없다. 지난 세기 동안 경제학의 여러 하위 분야 연구자들은 무형자산의 다양한 특성을 조사해왔다.

데이비드 워시(David Warsh)는 매력적인 저서 《지식경제학 미스터리(Knowledge and the Wealth of Nations)》에서 경제학자 폴 로머가 지식을, 특히 R&D를 예측 불가능한 외생변수로 다루지 않고 오히려 포괄하는 수정된 경제성장 이론을 발전시킨 이야기를 들려준다. 로머·채드 존스(Chad Jones)·필리프 아기옹 등 이른바 내생적 성장이론 선구자들의 연구는 아이디어란 실행에 옮긴다 해도 소모하는 게 아니기 때문에 지식은 독특한 유형의 재화라고 지적했다. 그들은 아이디어처럼 다수가 사용할 수 있는 '지식재(knowledge good)'를 샌드위치처럼 단 한 사람만이 사용할 수 있는 '경합재(rival good)'와 대비하면서 '비경합성(non-rivalry)'이라는 용어를 사용했다. 이 비경합성을 우리는 확장성이라고 표현한다.

아이디어가 한 회사에서 다른 회사로 파급되는 방식을 고찰한 아주 유사한 전통도 있다. 19세기 말에 앨프리드 마셜(Alfred Marshall)은 동종업계의 여러 회사 간에 벌어지는 이러한 스필오버를 최초로 언급했다. 이것을 1960년대에 노벨상 수상자인 케네스 애로(Kenneth Arrow)는 수학적으로 표현했고, 20년 뒤 폴 로머는 이론으로 확장시켰다(Arrow 1962; Romer 1990). 경제학자 에드워드 글레이저(Edward Glaeser)는 이런 유의 스필오버를 지칭하는 '마셜–애로–로머 스필오버(Marshall-Arrow-Romer spillovers)'란 용어를 만들고 같은 논문에서 스필오버가 전체 산업에서 갖는 중요성을 입증했는데, 이는 즈비 그릴리헤스의 연구를 계승한 것이었다(Glaeser 2011; Griliches 1992).

비슷하게 브로닌 홀(Bronwyn Hall)과 조시 러너(Josh Lerner)처럼 혁신기업들의 재무를 탐구하는 연구자들은 R&D와 제품개발 같은 자산 투자가 물리적 투자보다 대출로 자금을 조달하기 어렵다는 점을 주시했다(Hall and Lerner 2010). 브라이언 아서(Brian Arthur 2009)처럼 혁신의 과정 및 성격을 연구한 학자들은 다양한 유형의 지식을 결합하는 것의 중요성을 강조해왔다. 그리고 바루크 레브 같은 무형자산 학자들은 스필오버에 대한 견해를 피력했다(Lev 2001).

이제 무형 투자가 유형 투자와 어떤 측면에서 다른지 좀더 자세히 살펴보자. 다음 절에서 우리는 무형자산의 네 가지 특성―확장성, 매몰성, 스필오버, 시너지―을 각각 살펴보고, (a) 무형자산들이 왜 이런 식의 행태를 보이는지, 그리고 (b) 각각의 특성이 왜 전반적인 경제에 중요한지 논의할 것이다. 그에 앞서 '아이디어', '지식', '데이터'처럼 문헌에서 다양하게 사용하는 긴밀히 연관된 여러 개념이 있으므로 상자 4.1에서 그것부터 짚고 넘어가고자 한다. 그리고 나서 4S 각각을 상세히 논의한 뒤, 불확실성과 옵션가치처럼 새롭게 떠오르는 무형자산의 몇몇 특성이 어떻게 이 S들에서 파생하는지를 알아볼 것이다. 확실히 해둘 것은 우리가 이 특성들을 발견했다고 주장하려는 게 아니라는 점이다. 더 정확히 말하면, 이런 표제들 아래 다른 사람들의 발견물을 간편하게 요약할 수 있다는 게 우리의 생각이다.

상자 4.1 지식, 데이터, 정보 및 아이디어: 몇 가지 정의

'데이터', '정보', '지식'이란 단어는 서로 바꾸어 사용해도 무방할 것 같다. 굿리지와 해스컬(Goodridge and Haskel 2016)이 지적했듯이 영국**데이터**보호법(UK Data Protection Act)은 "당신의 개인 **정보**가 어떻게 사용되는지를 통제하고", 영국**정보**위원회(UK Information Commissioner)는 "개개인의 데이터 프라이버시를 향상시키고", **정보**자유법(Freedom of Information Act)은 시민들의 공공 **데이터** 세트 요청을 허용했다(강조한 부분을 전부 주목하라).* 로머(Romer 1991)는 무형자산에 대해 얘기할 때 '아이디어', '설계도' 및 '지침' 같은 용어를 사용한다. OECD는 '지식경제'에 관해 말하는가 하면, 경제학자들은 일반적으로 체화되었거나 분리된 '지식'을 거론한다. 한편 경제 사학자인 조엘 모키르(Joel Mokyr)는 뛰어난 산업혁명 관련 연구에서 '지식'을 명제적인 것과 처방적인 것으로 분류한다(Mokyr 2002). 어떻게 이 모든 것이 서로 들어맞는 걸까?

데이터에서부터 출발해보자. 원기록(raw records)과 변형 데이터(transformed data)라는 두 종류의 데이터를 정의해보자. 원기록은 아직 정리되거나 포맷되거나 변형되지 않은─분석의 준비가 안 된─날것의 데이터다. 거기에는 예를 들면 웹사이트에서 스크랩한 데이터, 대행사들 사이의 거래로 발생한 데이터, 기계나 장비에 내장된 센서에 의해 발생한 데이터('사물인터넷'), 또는 그 밖에 사업의 운영이나 과정의 부산물로 발생한 데이터 등이 포함된다. 변형 데이터란 데이터 분석론에 적합할 정도로 정리되고 포맷되고 결합되고 또는 구조화된 것을 말한다.

다음으로 **정보**로 넘어가면, 정보는 변형 데이터와 동의어로 생각해도 되겠다. 이를테면 허리케인 램프의 매출이라든가 날씨에 관해 분석이 가능한 데이터는 정보로 여겨진다. 칼 샤피로(Carl Shapiro)와 할 베리안(Hal R. Varian)(1998)은 디지털 정보로 전환할 수 있는 모든 것을 정보의 의미로 받아들였고, 그렇게 해서 암암리에 정보를 디지털화된 데이터로 정의했다.

우리는 **지식**을 여러 정보 가운데서 증거로 뒷받침되어 긴밀한 이해를 형성하도록 연결된 것이라고 정의한다. 지식은 정보 없이는 존재할 수 없으며, 정보를 완전히 이해하고 해석해야만 한다. 따라서 지식에는 이론, 가설, 상관관계 혹은 분석 가능한 데이터로 여겨지는 정보로부터 관찰한 인과관계가 포함될 수 있다.

조엘 모키르(Mokyr 2002)는 '명제적(propositional)' 지식과 '처방적(prescriptive)' 지식이라는 다른 범주의 분류를 도입한다. 명제적 지식에는 과학과 발견이 포함된다. 자연과 그것의 특성에 대한 지식이다. 처방적 지식은 '비법'이나 '설계도'나 '테크닉'처럼 생산을 목적으로 한 작용을 가리킨다. 그러니까 이를테면 병에 조리한 음식을 밀봉하여 보존하는 방법으로 1806년에 니콜라 아페르(Nicolas Appert)가 발명한 아페르 병조림(Appert jar)은 단순히 발명가들이 시작한 '비법'이었을 뿐이다. 그들은 50년이 지나서야 도착할 미생물을 통한 음식물 부패에 관한 루이 파스퇴르(Louis Pasteur)의 연구에 대해서는 전혀 몰랐다. 따라서 그것은 명제적이 아닌, 처방적 지식에 기초한 혁신이었다. 산업화 이전의 경제성장이 멈칫거리다가 진행되고는 했던 이유가 우연한 발견들에 기반을 뒀기 때문이라는 것이 모키르의 논거였다. 산업화 이후에 꾸준한 성장이 가능했던 것은 바로 명제적 지식에 기반을 두고 있는 발견들 덕분이었다.

여객기 같은 유형자산은 금속으로 이뤄져 있지만, 이를테면 생산 과정에서 생겨난 많은 지식으로 구성되어 있기도 하다. 그렇다면 유형자산이 단순한 무형자산의 모음이 아닌 이유는 무엇일까? '체화된(embodied)' 지식과 '분리된(disembodied)' 지식을 생각하면 도움이 된다. 여객기를 생산하려면 (금속 같은) 유형자산과 (소프트웨어나 설계도 같은) 무형자산의 투입이 필요하다. 그 결과로 탄생한 여객기는 투입과 지식이 그 안에 '체화되어' 있으므로 유형자산이다. 그것들이 비행기와는 별개로 이를테면 코드나 설계도로 존재하는 한 소프트웨어와 디자인은 무형자산이다. 여객기로부터 '분리되어' 있기 때문이다(그리고 다른 여객기들에 몇 번이고 사용될 수 있기 때문이다).

그 밖의 지식 분류로는 지식이 경험을 기반으로 하느냐, 아니면 공식적으로 이를테면 설계도에 기록되느냐에 따라 '암묵지(tacit knowledge)'와 그 반대 개념인 '형식지(codified knowledge)'가 된다. 그리고 지식이 주로 특정한 실용적 목적을 겨냥하고 있느냐, 아니면 특별한 적용은 염두에 두지 않고 이론적이냐에 따라 '응용(applied) 지식'과 '기초(basic) 지식'이 된다(OECD *Frascati Manual* 2015). 마지막으로 '상업화된(commercialized)' 지식은 특정 사업 목적과 관계된 지식이다.

---

* 이 단락의 인용문들은 모두 영국 정부의 공식 웹사이트(.gov.uk)에서 가져왔다. 데이터 보호에 대해서는 https://www.gov.uk/data-protection/the-data-protection-act 참조. 정보위원회는 https://www.gov.uk/government/organisations/information-commissioner-s-office 참조. 정보의 자유에 대해서는 https://ico.org.uk/media/for-organisations/documents/1151/datasets-foi-guidance.pdf 참조.

확장성

무형자산은 왜 확장할 수 있는가

물리적 자산은 한 시점에 한 장소에만 있을 수 있다. 반대로 무형자산은 일반적으로 동시에 여러 장소에서 반복해서 쓸 수 있다.

스타벅스 운영 매뉴얼—조직 개발 투자—은 중국어로 한 번 작성하고 나면 전국의 1200개가 넘는 모든 매장에서 사용할 수 있다. 앵그리버드(Angry Birds) 앱—소프트웨어 투자—의 개발비는 얼마든지 많은 수의 다운로드로 확산될 수 있다(현재 20억 회를 한참 넘었다). 그리고 비행기 엔진 제조업체는 특정 유형의 제트 엔진을 단 한 번만 디자인하면—R&D와 디자인 투자—이후 얼마든지 대량의 엔진을 제조할 수 있다.

이런 확장성은 많은 종류의 무형자산에 해당된다. 일단 기업이 무형자산을 창출하거나 확보하고 나면 보통은 대부분의 물리적 자산들에 비해 비교적 저비용으로 그것을 거듭해서 사용할 수 있다.

일반적인 지식의 확장성은 경제학자들이 수십 년간 알고 있었던 사실이다. 경제성장에 대한 경제학자들의 사고방식에서 선구자 중 한 명인 폴 로머는 개발도상국 아동들이 설사로 사망하는 것을 방지하여 수많은 생명을 구해왔던 경구수분보충요법(oral rehydration therapy, ORT) 사례를 들고는 했다. ORT가 간파한 것은 단지 물을 마시는 것만이 탈수증의 좋은 해결책은 아니라는 점이었다. 나트륨과 그것의 체내흡수를 도와줄 설탕도 필요한 것이다.

지원 기관들이 탈수증으로 인한 사망에 대적하려고 투자할 대부분의 물리적 재화들은 확장되지 않는다. 물 펌프를 놓거나 우물을 파거나 물탱크를 구입하면 똑같은 투자를 되풀이할 필요가 생길 때까지만 많은 사람들의 수요를 충족시킬 수 있을 뿐이다. 그러나 ORT 아이디어는 한번 발견하고 나면 몇 번이고 써먹을 수 있다.

지식이 확장 가능하다는 생각은 로머가 창시한 경제성장의 새로운 접근법 '신성장이론(New Growth Theory)'의 핵심이다. 로머와 로버트 루커스 같은 동료 이론가들은 과학기술을 이따금 등장해서 경제를 더욱 생산적으로 만드는 외생적 힘이 아니라 경제 전반에 걸쳐 경제적 수익을 발생시키는 투자로 다뤘다.

경제학의 시각에서 보면 확장성은 많은 아이디어의 핵심적 특성, 바로 경제학자들이 '비경합성'이라 부르는 것에서 파생한다. 내가 물 한 잔을 마신다면, 당신은 똑같은 물을 마실 수 없다. 그것은 '경합'재다. 하지만 내가 어떤 아이디어를 사용한다면, 당신도 똑같은 아이디어를 쓸 수 있다. 아이디어는 비경합재다. 그렇다면 경합이 확장성의 배후에 있는 경제적 기본 요소가 될 수 있지만, 우리는 기억 증진의 편의를 위해 확장성을 사용할 것이다.[2]

확장성은 '네트워크 효과'로 더욱 강화된다. 네트워크 효과는 더욱 많은 자산이 존재하면 할수록 자산들의 가치가 커질 때 생긴다. 네트워크 효과는 유형자산과 무형자산 양쪽에서 다 발견할 수 있다. 그러니까 이를테면 전화기나 팩스기는 거의 모든 사람이 갖고 있을 때 가치가 훨씬 커진다. 실제로 현재 디지털 기술혁명에서 사람들의 주목을 끌어온 것은 휴대폰과 컴퓨터 네트워크로 대표되는 물리적 자산들의 잠재적 네트워크 효과였다. 그러나 좀더 가까이 들여다보면 현재의 디지털 기술 물결에서 진정으로 네트워크 효과가 큰 것은 실은 무형자산이다.

우버의 운전기사들과 에어비앤비의 집주인들과 인스타그램(Instagram) 사용자들(모두 조직 개발 투자)의 네트워크 또는 HTML과 수많은 웹 표준의 위력은 유형자산이 아닌 무형자산(소프트웨어, 디자인 및 조직 개발 투자 등 여러 가지)에 기초하고 있다.

실생활의 무형자산들은 대개 무한히 확장할 수 없다는 점도 언급할 필요가 있겠다. ORT를 위한 소금·설탕 배합률은 사실 탈수증 정도에 따라 수정해야 한다. 맥노날드의 메뉴 및 조리법은 나라별로 다양하고 가끔 상당히 다를 때도 있다. 소프트웨어는 패치와 업데이트가 필요하다. 대부분의 R&D 집약적 기업은 자신들의 설계를 끊임없이 수정한다. 직장교육의 확장성은 당신이 훈련시켜온 직원이 하루에 일할 수 있는 시간 때문에 제한된다.

그러나, 그럼에도 우리는 평균적으로 무형자산이 유형자산보다 확장 가능성이 훨씬 더 크다는 것을 예상할 수 있다.

확장성은 왜 중요한가

경제에서 확장성이 높은 투자들이 더욱 늘어났을 때 세 가지 독특한 상황이 벌어질 것으로 예상된다.

첫째, 대단히 무형 집약적인 기업이 엄청나게 성장할 것이다. 스타벅스는 효과적인 브랜드와 운영과정 및 회사가 전 세계로 뻗어나가게 해준 공급망을 활용할 수 있었다. 구글, 마이크로소프트, 페이스북은 지난날의 제조업계 거인들에 비하면 비교적 적은 유형자산을 필요로 한다. 그들은 일단의 무형자산이나 소프트웨어와 평판을 확장할 수 있고 그렇게 해서 비대해진다. 물론 이런 종류의 확장성은 네트워크 효과로 인해 증진된다.[3]

두 번째, 이렇게 시장의 전망이 커지면서 점점 더 많은 회사가 이 시장에서 자신들의 운을 시험해볼 용기를 낼 것이다. 유망한 시장은 거대할 테고 그들에게 한번 도전해보라고 부추기겠지만, 그럼에도 경쟁이 너무 심해서 의욕을 상실할 것이므로 그들은 어려운 선택에 직면하게 된다. 이것의 최종 결과를 1990년대 초반에 경제학자 존 서턴(John Sutton)은 이렇게 기술했다. 확장 가능한 투자(R&D나 브랜딩)가 중요한 시장에서는 "산업집중(industry concentration)"—비교적 소수의 지배적인 대기업—이 나타날 것으로 예상된다.

세 번째, 확장성을 가진 자산을 소유한 기업들과 경쟁할 것을 경계하는 업체들은 어려운 입지에 처하게 된다. 한편으로는 보상이 높다. 어쨌든 한때는 구글도 누구나 아는 이름이었던 검색엔진 업체 무리에게는 일개 경쟁업체로 출발했으니 말이다. 그러나 확장성이 대단히 큰 자산을 가진 시장에서는 차점자에 대한 보상이 일반적으로 빈약하다. 구글의 검색 알고리즘이 최고이고 거의 무한정 확장할 수 있다면 왜 야후(Yahoo)를 쓰겠는가? 승자독식의 시나리오가 표준이 되기 쉽다.

매몰성

무형자산의 비용은 왜 매몰되는가

어떤 기업이 무형 투자를 하고 나중에 그것을 철회하기로 결정한다면, 애초의 결정을 번복하고 창출된 자산을 매각하여 투자비용을 회수하려고 시도하기가 보통은 어렵다—그리고 일반적으로 유형자산의 경우보다 더 어렵다. 경제학자들은 이런 종류의 회수 불가능한 비용을 '매몰됐다'고 표현한다.

어떤 상업적 재난이 가상의 커피숍 체인—타벅스(Tarbucks)라고 부르기로 하자—을 강타하여 회사가 파산하는 상황을 상상해보자. 청산인들은 미불채무를 정산하기 위해 어떤 자산을 팔 수 있을까?

1순위는 회사가 보유하고 있거나 임대하는 점포들일 것이다. 활발하고 유동적인 상업용지 시장이 있으므로, 적정가격에 구매자를 찾는 것은 분명 가능할 터이다. 커피 기계와 매장의 내부시설과 운송 차량과 계산대 역시 건질 수 있을 것이다. 이런 유의 물건이 매매되는 유통시장이 있기 때문이다. (1장에서 살펴봤듯이 실제로 원유 탱크부터 터널 보링기에 이르기까지 온갖 종류의 특이한 공장 및 기계류 시장이 존재한다.)

그러나 이곳의 무형자산들은 팔기가 더 힘들다. 브랜드는 가치가 있을 수도 있지만, 어쩌면 없을 수도 있다―그리고 있다고 해도 그것에 대해 돈을 받는 것은 특별히 그것을 목적으로 하여 협상해야 할 업자 간 매매에 달려 있기가 쉽다. 타벅스의 문서화된 운영 절차와 신속한 고객 응대를 위해 사용하는 공정들은 사업이 잘 돌아갈 때는 회사에 매우 가치 있는 것이었을지 몰라도 다른 업체에 팔아넘기기는 어렵다는 게 드러날 것이다. 특히나 그것이 타벅스의 설계나 상품 제공에 특화되어 있다면 말이다. 만일 타벅스가 어떤 값나가는 지식재산권, 이를테면 로스팅 기술 특허를 보유하고 있다면, 청산인들은 이것을 팔 수도 있다. 그러나 만일 그 지식이 공식적인 지식재산권의 통제를 받지 않는다거나(예를 들어 커피 원두의 효과적인 구입과 연관된 노하우) 회사 직원들에게 분배된 것이라면(이를테면 업무교육을 통한 분배) 사실상 매각은 불가능해진다.

자, 물론 유형자산들도 일부는 회사나 프로젝트가 실패하면 팔기 어렵다. 매우 특화된 기계류는 원래의 소유주를 제외하고는 누구에게도 가치가 없을 것인데, 이는 비용에서 일정 비율이 매몰된다는 뜻이다. 현지의 발전소에나 팔아넘길 수 있는 고립된 장소에 판 탄광은 그 지역의 발전소가 석탄 구입을 원하지 않을 경우 무용지물이 된다. 영불해협 터널이나 나리타(成田) 공항은 그것들이 현재 위치에서 더 이상 필요하지 않다 하더라도 포장해서 이시를 갈 수가 없다. 그러나 전반적으로 무형자산에 관한 한 문제는 더 심각해진다.

특히 유형자산은 팔기가 더 용이하고 투자비용이 매몰될 가능성을 더 낮게 만드는 두 가지 특성을 갖고 있다.

첫 번째는 대량생산과 표준화 현상이다. 대량생산의 경이로움 중 하나는 많은 유형자산이 다른 유형자산의 복제품이라는 사실이다. 전 세계 기업들은 많은 포드의 유개 화물차와 많은 윈도우 서버와 많은 ISO-668 화물 컨테이너를 갖고 있다. 이렇게 되면 그것들을 팔기가 더 쉬워진다. (흔히 중고 유형자산들에 대한 공개 시장가격이 존재하므로 가격 추정이 더 수월해지기도 하는데, 이 주제는 뒤에서 다시 다룰 것이다.) 표준화 역시 기업들 간의 유형자산들이 대체 가능하도록 만드는 데 일조한다. 공통된 전원 콘센트와 전압 덕분에 기계 공구들을 한 공장에서 다른 공장으로 이동시키기가 더 쉬워진다. 중형 승합차들은 어느 정도 교체가 가능하다. 그러나 무형자산은 표준이 훨씬 적은 데다 대부분 대량생산도 되지 않는다.

유형자산의 판매가 더 쉬운 두 번째 이유는 그것을 소유한 회사와 그 사업에만 특별히 연결되어 있을 가능성이 낮기 때문이다. 건물부터 토지까지의 많은 유형자산은 여러 종류의 사업에 유용하다. 특허권이나 지혜로운 운영규정이나 브랜드는 그것들을 맨 처음 개발했던 회사에 주로 쓸모가 있을 공산이 크다. 심지어 무형자산 시장이 존재하는 분야─이를테면 특허─에서도 대부분의 자산은 다른 누구보다 원소유자에게 훨씬 더 유용하다.

매몰성은 왜 중요한가

회수가 불가능한 고비용 투자는 자금 조달, 특히 대출을 받기가 어려울 수 있다. 은행이 담보대출을 좋아하는 이유의 하나가 채무자가 갚지 않더라도 압류해서 팔 수 있는 귀중한 고정자산으로 대출금이 보증되기 때문이다.

반면 무형자산이 많은 회사들은 전부 잘못되어버리면 은행에게는 완전히 골칫거리다. 첫째, 이런 자산은 압류할 수 있는가? 어떤 경우—이를테면 직원의 머릿속에 들어 있는 지식과 노하우—에는 그냥 회사 문을 열고 걸어 나가기만 하면 끝이다. (이는 재산권이 부재한 결과인데, 이로 인해 우리가 잠시 후 논의할 스필오버가 유발된다.)

두 번째로, 그것들은 팔 수 있는가? 비용이 매몰되었으므로 그럴 수 없을 것이다. 이 자산들은 흔히 특정 상황에 맞춰져 있기 때문에 주택과는 달리 거래시장이 출현하기 어렵다. 시장이 없으니 자산의 가치를 매길 다른 방법을 찾아야 할 텐데 그게 또 어렵다. 당신은 특허 개발에 들어간 비용으로 특허의 값을 매길 것인가(그렇다면 그 비용을 정확하게 할당해야 한다), 아니면 전문 감정인의 추산으로 매길 텐가(여기에 대해 당신은 돈을 지불해야 하는데, 어쨌든 전문가들이 틀릴 수도 있다), 아니면 향후 소득 잠재력에 기초한 수치로 가치를 매기겠는가(당신은 이 대출자의 말을 믿을 수 있겠는가)?

말할 것도 없이 많은 소기업 대출은, 특히 영국과 미국에서는 회사 중역들의 주택에 대한 선취특권을 담보로 요구한다—그것은 복잡하고 골치 아픈 무형 대출을 간단한 담보에 훨씬 근접한 것으로 변형시킨다.

매몰성은 또한 무형자산을 둘러싼 불확실성의 원인이기도 하다. 비용이 매몰되는 부분적 원인은 무형자산이 보통 매우 특화된 상황에 맞춰져 있다는 것이다. 자산은 특정 업계나 공급업체만이 갖는 특유의 공급망 관계가 될 수 있다. 매우 특별한 분야의 제품 품질에 대한 평판이 될 수도 있다. 이 모든 이유로 인해 이런 자산의 가치를 매기는 일은 갈수록 어려워진다. 매몰성이 이러한 자산을 위한 시장의 형성을 가로막기 때문이다. 시장의 부재는 곧 가치를 부과하기가 매우 어렵다는 뜻이다.

게다가 무형 투자의 매몰성은 기업의 행동 방식에도 영향을 미칠 수 있다. 인간에게는 매몰된 비용에 지나치게 집착한 나머지 그것이 무가치하다는 것을 인식하지 않으려는 경향이 있음을 심리학자들이 안 지는 오래됐다(Kahneman, Lovallo, and Sibony 2011). 예를 들어 제임스 매킨지(James McKinsey)[4]가 지적하듯이 밴쿠버 엑스포 86의 기획자들은 1978년에 처음 7800만 캐나다달러였던 비용이 20배가 불어났는데도 프로젝트 철회를 한사코 거부했다. 이 '매몰 비용 오류'는 확증편향(confirmation bias) 같은 또 다른 인지편향, 이 경우 엄청나게 부풀려진 예상 방문객 수와 연결될 때 제대로 된 의사결정을 내리는 데 특히 치명적일 수 있다.

R&D나 사업부 신설 같은 무형 투자에 많은 돈을 날려버린 기업 경영자는 자신의 가치를 과대평가하여 더더욱 그 프로젝트를 접으려 들지 않을 것으로 예상된다. 사실 이런 행태가 보편화된 세상에서는 불안정한 심리 변화가 나타날 수 있다. 그쯤 해서 종결짓는 편이 훨씬 나았을 잘못된 투자를 매몰 비용 오류 때문에 계속 밀고 나가는 기업들은 늘어날 것으로 보인다. 게다가 대부분의 무형자산은 시장이 부재하므로 경영자들이 자신들의 자산 가치가 실제로 얼마인지에 대해 외부의 판독을 확보하기가 더욱 어려워질 것이다. 단기적으로 이것은 지나치게 낙관적인 과잉투자—그리고 더욱 빈번해진 버블—로 귀결될 수 있다.

무형 투자의 매몰적 성격은 버블을 부풀리는 데 일조할 뿐만 아니라 그것이 마침내 터졌을 때 고통을 가중시킬 수 있다. 우리는 시장이 붕괴할 경우 다른 기업들도 거의 다 팔기를 원할 것이므로 기업들이 통상 자산을 아주 싸게 처분해야 한다는 사고에 익숙해 있다. 이것은 자산이 부동산이나 광섬유 케이블처럼 어느 정도 대체 가능할 경우에도 충분히 끔찍한 상황이긴 하다. 가격은 급락하지만, 보통은 잔존가치가 최소한 약간은 있다. 그러나 비용은 매몰되고 회사에 특화되어 있는 무형자산에 기반을 둔 버블이 터질 경우 자산은 거의 아무런 가치도 없게 될 위험이 있다.

이것에 비추어 회사들이 도대체 왜 이런 종류의 투자 결정을 내리는지 당신은 당연히 의문을 가질 것이다. 우선, 일부 수익이 아주 높을 수 있기 때문에, 이 모든 위험 요인을 보상하고도 남을 만큼 높을 수 있기 때문이다. 두 번째, 유형 투자의 중고 시장에서만큼 비용을 회복하기는 어렵겠지만, 그 밖에 시장 외의 혜택들이 있다. 지식 투자는 시장성 있는 자산을 즉각 창출하는 데는 실패한다 하더라도 회사의 불확실성을 해결하는 정보를 생성할 경우 여전히 가치가 클 수 있다. 많은 회사는 동시적 연구 프로젝트를 수행한다. 즉, A프로젝트의 실패는 시장성 있는 자산(이를테면 특허권)을 직접적으로 창출하지 않겠지만, 하지 말아야 할 일이 무엇인지를 드러냄으로써 B프로젝트의 성공에 충분히 기여할 수 있다. 이렇게 무형 투자는 회사가 직면하는 기회, '옵션가치(option value)'라 불리는 것에 관한 매우 소중한 정보를 회사에 제공함으로써 아주 높은 수익을 가져다줄 수 있다(Dixit and Pindyck 1995). 우리는 이런 가치를 자산의 회수 불가능성/매몰성으로부터 생겨나는 창발성(emergent property)으로 취급한다. 뒤

에 등장할 창발적 특성에 관한 절을 참조하기 바란다.[5]

스필오버

무형자산은 왜 스필오버를 생성하는가

일부 무형 투자는 유난히 스필오버가 많이 생긴다. 다시 말하면, 다른 기업들이 직접 하지도 않은 무형 투자에 편승하기가 상대적으로 쉽다.

대표적 사례가 R&D다. 특허권이나 저작권을 통해 법으로 막지 않는 이상 다른 사람들의 아이디어를 베끼기는 비교적 쉽다. 경제학자들의 표현을 빌리자면, R&D로 창출된 아이디어는 비경합적이다—내가 어떤 지식을 사용한다고 해서 당신이 똑같은 지식을 쓰지 못하게 만들지는 않는다. 토머스 제퍼슨(Thomas Jefferson)은 이렇게 말했다. "내게서 아이디어를 받는 사람은 내 아이디어를 덜어내는 것이 아니라 스스로 가르침을 얻는 것이다. 내 불로 자신의 양초에 불을 붙이는 사람이 마치 나를 어둡게 만들지 않고도 빛을 얻는 것과 같다."[6]

또한 아이디어는 어느 정도 '비배제성(nonexcludable)'이 있다. 다시 말해 내가 내놓은 아이디어를 비밀에 부치지 않는 이상, 혹은 내가 특허같이 당신을 저지할 법적 수단을 동원하지 않는 이상, 당신이 그것을 못 쓰게 하는 것은 비교적 어렵다. 비경합적이고 비배제적인 투자의 이익은 그것을 창출하는 회사의 외부로 유출될 가능성이 높은데, R&D에서 생겨난 아이디어 같은 경우가 아주 좋은 사례다. 경구수분보충요법은 완벽한 사례다.

하지만 스필오버가 R&D에서만 발생하는 것은 아니다. 애플이 아이폰 (iPhone)을 출시하고 난 후 거의 모든 스마트폰이 아이폰과 똑같아 보이기 시작했다. 애플의 소프트웨어, 디자인 및 공급망 투자(이를테면 우리가 앱스 토어라고 부르는 소프트웨어 공급망 창출)는 애플처럼 휴대폰을 만들려는 경쟁사 들에 의해 차용되고 모방되었다. 애플은 마케팅 전문가들이 스마트폰이 라 부를 '범주'를 창시함으로써(아니, 좀더 정확히 말해서 그 범주를 상당히 키움으 로써) 자사는 물론이고 여타 스마트폰 제조업체에게도 이익을 줬다.

아이폰은 또한 마케팅 스필오버의 사례도 제공한다. 아이폰의 성공은 어떤 면에서는 애플이 자사 브랜드의 영향력을 아낌없이 발휘하여 신제 품을 지원하고자 했던 열정의 결과였다. 예전의 스마트폰은 다소 투박했 지만, 애플은 디자인이 세련되고 사용자 친화적인 장치를 만든다는 평판 을 얻었다. 마케팅 전문가들은 애플이 그 범주를 창시함으로써 스스로 막 대한 수익을 창출했을 뿐 아니라[아이폰은 현재 애플 총수입의 약 66퍼센트를 차지 한다(Miglani 2016)] 삼성, HTC, 구글, 그 외 경쟁사들이 수익성 있는 스마 트폰 업체를 일구는 데도 일조했다고 말하고는 한다. 아마도 덜 명백하겠 지만, 우리는 조직설계, 교육 훈련 및 브랜딩과 마케팅의 스필오버 사례 들도 찾아볼 수 있을 것이다. 1950년대와 1960년대에 컨설팅회사 매킨지 앤드컴퍼니(McKinsey & Company)는 비즈니스 조언을 제공하는 새로운 방 법을 개척했는데 본질적으로 조직 혁신이었다.

매킨지는 과거에 경영 컨설팅의 주류를 이뤘던, 기업들에게 개선방법 을 조언해줄 업계의 베테랑들이 아닌, 엘리트 경영대학원 졸업생들을 고 용한 뒤 그들을 소규모의 집중된 컨설팅 팀에 집어넣어 함께 일하게 했 다. 이 팀들은 복제 가능한 방법론을 사용해 문제를 부분적 요소로 분해했고, 명석하고 근면하지만 상대적으로 전문성이 떨어지는 컨설턴트들이 비교적 복잡한 비즈니스 문제를 해결하기 위해 공동 작업을 할 수 있게 했다. 공격적인 성과관리와 승진 문화는 야망을 품은 젊은이들을 당연히 끌어들였고 높은 작업속도를 보장하기에 충분할 만큼 그들이 계속해서 성공을 갈구하고 비열하도록 만들었다.

이러한 조직 혁신 세트는 현재 경영 컨설팅 업계에서 표준이 되었다. 변화는 복제를 통해서였다. 실은 매킨지도 조직 혁신의 측면을 법조계에서 베낀 것이었다(당시 매킨지의 경영 파트너는 전직 변호사였다).

마지막으로 직장교육의 스필오버는 교육받은 직원이 회사를 나가 그 교육이 쓸모가 있는 다른 회사에서 일할 때마다 발생한다.

이제 유형자산도 스필오버가 생길 수 있다는 말을 해야겠다. 만일 당신이 항구를 갖고 있는데 내가 그곳으로 이어지는 화물철도를 하나 건설한다면, 교통이 좋은 항구가 그렇지 않은 곳보다 유용하고 수익성이 있는 한 내가 하는 투자는 아마도 당신에게 이익을 줄 것이다. 유명 백화점이 쇼핑센터에 분점을 낸다면, 행인을 더 많이 끌어들임으로써 다른 매장들에도 혜택을 줄 수 있다.

그러나 유형자산의 물리적 성격 때문에 배제성 문제의 해결이 훨씬 더 쉬워진다. 만일 내가 버스 여러 대를 보유한 버스회사를 운영한다면, 경쟁업체들은 절대 내 차고에 잠입해 버스를 쓸 수 없다―버스에는 키와 잠금장치가 있고, 차고에는 경보장치가 있으며, 내게는 권리를 시행할 수백 년 된 재산법이 있다.

당신은 재산권만 제대로 설정할 수 있다면 스필오버들이 사라질 것이라는 견해를 갖고 있을지 모른다. 그러나 수백 년간 시도했음에도 불구하고 실제로 그렇게 되기는 매우 힘들어 보인다.

이견이 분분한 무형자산의 성격을 설명하기 위해 다시 버스회사로 돌아가 보자. 우리는 어떤 회사가 유형자산의 이익을 도용한다는 게 비교적 얼마나 간단한 일인지 보여주는 사례로 버스회사를 들었다. 그러나 우리는 은근슬쩍 그 버스회사가 근거지를 두고 있는 국가는 명시하지 않았다. 선진국의 버스회사들은 다른 사람들이 자사의 버스를 그냥 빌릴 수는 없다고 꽤 확신할 수 있지만, 세계의 어떤 지역에서는 꼭 그렇지만도 않다.

2014년 뉴스에는 학생 수십 명이 납치된 후 멕시코 게레로(Guerrero)주의 경찰과 범죄조직 간의 모종의 결탁에 의해 살해된 것으로 보이는 끔찍한 사건이 등장했다. 이 사건의 부수적인 세부사항 중 하나는 납치될 당시 학생들이 멕시코시티의 시위까지 데려다줄 자신들이 동원한 많은 버스들 중 한 대에 타고 있었다는 점이다. 버스 동원은 지극히 '일상'이었고 흔하게 용인되던 일이라서 버스회사들과 그 기사들은 이럴 때 어떻게 해야 할지에 대한 보충협약을 설정했을 정도였다는 사실이 드러났다.

선진국에서는 버스 같은 귀중한 재화를 빼내 소유주의 바람과는 달리 사용할 수 있는 사람들이 있다는 데 익숙하지 않다. 사회통념과 법률 집행의 공모로 그것은 관습을 거스르는 일이자 희귀한 사건이 된다. 게레로 납치사건의 배경은 이것이 사회적 맥락에 따라 얼마나 다른지를 상기시킨다.

그러나 무형자산에 관한 한 소유권과 통제를 둘러싼 규칙은 심지어 선진국들에서도 논란이 훨씬 많다. 특허권과 저작권은 대체적으로 농장의 권리증서 또는 선적 컨테이너나 컴퓨터의 소유권보다 안전하지 못하고 더 많은 도전을 받는다.

이렇게 된 중요한 원인 하나는 역사다. 약 4000년 전 지금의 이라크 남부에 살았던 한 필경사는 점토판 위에 목록 하나를 썼다. 고대 메소포타미아 사람들은 수백 년간 목록부터 전설에 이르는 모든 것을 기록할 때 점토판을 사용했다.

그런데 이 점토판은 뭔가 달랐다. 그것은 우르남무(Ur-Nammu)라 불렸던 우르(Ur), 수메르(Sumer), 아카드(Akkad) 등을 통치한 왕의 법률 목록이었던 것이다. 이것이 현존하는 최초의 법전이다. 우리의 목적에 비춰봤을 때 흥미로운 점은 거기에 고대 법령—살인, 신체손상, 간음을 다루는—의 표준요금과 더불어 많은 재산권 언급이 내포되어 있다는 것이다. 법전에는 토지, 은, 곡식, 그 밖의 불특정 재화 및 노예를 소유한 사람들이 기술되어 있다.

다른 식으로 말하면, 인간은 규칙이란 것을 만들어온 오랜 세월 동안 유형 재화의 소유권에 대한 규칙도 마련해왔다는 것이다. 우르남무 이후 4000년이 흐르는 동안 인류 사회에는 물리적 재화의 소유권이 무엇을 의미하는지, 그리고 복잡한 쟁점들을 어떻게 풀어낼지를 고민할 시간이 많았다.

이 과정은 지적 관점에서 보면 그리 어렵지 않다. 그것은 정치적이며, 두뇌작업뿐 아니라 사회적·구조적 갈등으로 해결되는데, 여기에는 시간이 소요된다. 미국이 다른 인간들을 소유한다는 게 옳은 일인가라는 문제를 두고 남북전쟁을 벌였을 때 100만 명 중 과반수는 목숨을 잃었다. 재산을 소유한다는 것이 사실은 도둑질이 아닌가 하는 의문에 동의하지 않는 나라들 간의 냉전 속에서 세계는 핵 전멸의 위기까지 갔다. 그러나 시간이 지나고 재화를 소유한다는 것이 무엇을 뜻하는지에 대한 사람들의 이해는 특히 안정적인 법률제도가 있는 선진국들에서 더 커지고 명확해졌다.

이제 무형자산을 생각해보자. 최초로 무형자산의 소유권에 관한 법이 언제 제정됐는지는 논란의 여지가 있다. 유리 제조 기술에 관한 중세 말 베네치아의 법과 산업화 이전 16세기의 프랑스 및 영국의 기술 독점 허용을 언급하기가 쉽다. 그러나 어쨌거나 우르남무 법전 이후 수천 년이 지난 뒤였다.

당시 무형재산법은 경제 역사가인 조리나 칸(Zorina Khan)이 지적했듯이 느린 진화의 과정을 거쳤다(Khan 2008). 근대 초기의 일부 영국 독점기업들은 우리가 신기술이라 부를 것들의 운영권을 누렸지만, 그 외의 기업들은 교역권(소금 등 무엇이건 팔 수 있는 권리)을 보장받았다. 독점은 점차 새로운 아이디어로 제한됐고, 입법자들은 바람직한 특허법이나 저작권법이 어떤 것일지에 관해 좀더 체계적으로 사고하기 시작했다.

18세기에 영국의 특허는 점점 상세해지고 있었다. 정부는 증기동력 기계를 가동시키는 특허보다는 기술하고 공개해야 하는 특정 프로세스에 대해 특허를 부여했다. 같은 시기에 1709년 앤여왕법(Statute of Anne)은 영국 저작권법의 출발을 알렸다.

새로이 형성된 미합중국은 지식재산권을 매우 진지하게 받아들였다. 사실 미국 헌법에는 특허권과 저작권에 대한 조항이 들어 있다.[7] 미국의 제도는 처음부터 현대의 영국이나 프랑스보다 더 간단하고 합리적이며 근본적으로 저렴했다.

이 개발과정은 계속됐다. 국가들은 더 많은 발명을 촉진하기 위해 특허권 및 저작권 제도를 조정하기 시작했다. 상표권은 19세기에 여러 나라에서 법적 승인을 받아 브랜딩 및 마케팅 자산의 아이디어에 대한 법적 기초를 형성했다.

1920년대에 에드기 라이스 버로스(Edgar Rice Burroughs)는 자신이 창작한 소설 중 한 편인 《타잔(Tarzan)》의 저작권과 함께 상표권을 확보했다. 스타워즈(Star Wars) 도시락 통부터 엘사 공주(Princess Elsa) 의상에 이르기까지 오늘날 미디어 프랜차이즈들이 감사해야 하는 게 바로 이 창조적 무형자산과 상업적 무형자산의 융합이다. 그리고 물론 오늘날에도 무형 재산권에 대한 쟁점에 관해서는 계속 이견이 분분하다. 저작권 침해와 공정한 사용을 둘러싼 미국과 중국 간의 분쟁으로 국제무역 협상들은 좌초된다. 특허괴물들은 텍사스 동부나 모스크바의 법정에서 계속 논란 많은 해명을 하고 있다. 논란은 회사가 새로운 방식으로 지식재산권의 한계를 밀어붙이려 할 때 발생한다. 2015년에 트랙터 제조업체 존디어(John Deere)가 미국 디지털밀레니엄저작권법(Digital Millennium Copyright Act)에 의거해 자사의 트랙터를 구입한 고객들한테는 트랙터를 수리할 권리가 없다고 주장했던 때처럼 말이다.

규범과 규칙에 합의하는 오랜 과정 속에서 유형재산권은 무형재산권보다 3000년 하고도 반의 세월이라는 유리한 고지를 점했다. 만일 이것이 무형자산에도 해당한다면, 그것은 소유권의 세부내용과 윤리를 둘러싼 법률이 통과되고 토론이 이뤄지고 논쟁이 벌어지는 데 3500년이 걸릴 것이며 불확실성이 더 커질 것이란 뜻이다.

이렇게 무형 투자가 다른 회사들로 유출되는 경향은 두 가지 수준에서 작동한다. 한편으로 그것은 지식으로 구성된 자산들의 고유한 특성이다. 지식은 비경합적이기 때문이다. 동시에 유형 및 무형 투자의 스필오버의 차이는 역사로 인해 악화된다. 선진국들에서 무형자산보다는 유형자산을 누가 소유하는지를 결정하는 제도가 더 낫다는 사실은 부분적으로 역사의 결과이며, 제도가 진화해온 방식이다.

스필오버는 왜 중요한가

스필오버는 세 가지 이유에서 중요하다. 우선, 자신들의 투자로 이익을 얻을 거라는 확신이 없는 분야라면 회사는 투자를 줄일 것으로 예상된다. 두 번째, 스필오버 관리능력에는 프리미엄이 있다. 자사의 무형 투자를 최대한 활용할 수 있는 회사, 또는 다른 회사의 투자로부터 스필오버 효과를 빼먹는 데 남달리 뛰어난 회사가 특히 성공을 거둘 것이다. 세 번째, 스필오버는 현대 국가들의 경제 지리학에 영향을 미친다.

스필오버 문제의 대표적 해결책은 정부 지원금이다. 만일 기업이 자신들의 무형 투자, 특히 R&D를 최대한 활용할 수 없다면, 정부가 개입하여 연구에 직접 자금을 대거나(예를 들어 대학이나 정부의 실험실) 기업이 자금을 조달하도록 뒷받침해야 한다. 그런데 사실 이런 일은 빈번히 일어난다. 미국 정부는 국내에서 진행되는 R&D의 30퍼센트를 지원한다(Appelt et al. 2016). 공공 R&D는 기초 연구와 신규사업 분야에서 특히 중요하다(1950년대 미군의 반도체 부문 개발처럼).

스필오버는 또한 개별 기업들의 행태에도 영향을 준다. 기업은 자신들이 만들어내는 무형자산의 가치를 정말로 극대화하려고 하기 때문이다. 사실 무형자산이 풍부한 회사가 취하는 전략의 상당 부분은 스필오버를 최소화하고 그들이 자산으로부터 얻는 이익을 최대화하는 방식으로 무형자산들을 결합시키고 관리하는 것이다.

기업은 자신들이 심혈을 기울여 창출한 무형자산으로부터 다른 기업이 이익을 취하지 못하게 하기 위해서라면 뭔 짓이든 할 거라고 유난히 솔직하게 말하는 사람이 있으니, 바로 멘처 자본가이자 사업가로 이른바 실리콘밸리(Silicon Valley)의 페이팔 마피아(PayPal Mafia) 두목이라 불리는 피터 틸(Peter Thiel)이다. 기업가 정신에 대한 참신하고 진솔한 틸의 저서 《제로 투 원(Zero to One)》은 막대한 가치를 지닌 스타트업들을 키우는 방법은 거대 시장에서 최대한 독점적 지위를 갖는 기업들을 창출하는 것이라고 딱 잘라 말한다.

틸의 경영철학으로 봤을 때 이렇게 방어할 수 있는 기회를 만들어내려면 적절한 소프트웨어, 마케팅, 고객 및 공급회사 네트워크에 투자해야 하며 아울러 경쟁업체들이 베끼기 어렵겠다고 생각할 방식으로 그것들을 결합시켜야 한다.

더욱이 다른 회사들이 투입한 무형 투자의 스필오버를 끌어들이는 능력도 자사의 이익을 최대화하는 역량만큼이나 어쩌면 중요할 것 같다. 투자 유출이 심해진 기업에는 인맥관리를 유지하고, 같은 분야의 중요한 신개발 정보를 파악하고, 공동 작업을 한데 모으고 호의를 구하고 파트너십을 조직한다는 평판을 얻는 것이 더욱 중요해진다. 어쨌든 다른 회사의 투자로부터 스필오버를 이용하는 것은 어떤 면에서는 공짜 점심이다.

회사가 자사의 지식을 혼자서만 갖는 가장 원초적인 방법은 법을 통하는 것이다. 제임스 와트(James Watt)와 라이트 형제는 각각 다른 사람들의 증기기관과 비행기 연구를 저지하는 특허를 시행하겠다는 의지로 동시대인들을 성가시게 했다. 특허괴물이 이런 전략의 집중투자 형태라고 생각하면 된다. 특허괴물들은 흔히 말소된 회사들로부터 특허권을 사들여 그러지 않았다면 최초 투자의 스필오버로 이득을 볼 모든 이들에게 법석 권리를 행사하며 돌아다닌다. 특허괴물들의 낚시질을 개탄하는 데는 합당한 이유가 있다―하지만 그것은 무형자산의 스필오버 특성에서 비롯된 꽤 직접적인 결과다.

만일 법의 위력으로도 충분하지 않다면, 회사는 법이 바뀌도록 로비를 할 수 있다. 저작권 변호사들은 가끔 미키마우스 곡선(Mickey Mouse Curve)―디즈니의 상징인 쥐가 공유 저작물 부문으로 들어가는 것을 막을 정도로 미국 법의 저작권 보호기간이 대단히 빨리 증가하는 것―을 거론한다. 월트 디즈니(Walt Disney)가 미키를 처음 창조했을 때 그의 저작권은 1984년 만료 예정이었다. 1976년과 1998년에 저작권이 연장됨에 따라 2023년까지는 만료되지 않을 것이다. 그런데 그때까지 또 어떤 새로운 법이 만들어질지 누가 알겠는가.

특허괴물과 저작권 소송은 뉴스 가치가 있어 우리의 주목을 끌지만, 무형 투자의 스필오버를 포착하는 그 밖의 방법들이 더욱 일반적이다―사실 그것은 일상의 비즈니스에 존재하는 보이지 않는 구조의 일부다. 거기에는 종종 강요나 법적 위협보다는 상호성이 수반된다. 소프트웨어 개발자들은 코드를 공유하는 깃허브 같은 온라인 저장소를 사용한다. 깃허브에서 활발한 기부자와 유효한 사용자가 되는 것은 개발자들에게는 명예의 훈장이다. 회사들은 특허를 공동출자하기도 한다. 그러고 나면 가 회사의 기술에서 생겨난 스필오버들이 가치가 있으며 모든 회사의 개별적인 법적 권리를 강행하는 게 무가치하다는 사실을 깨닫는다. 〔사실 미국 정부는 특허 풀인 항공기제조업협회(Manufacturers Aircraft Association)를 설립하게 함으로써 1910년대에 미국 항공산업을 가로막고 있던 라이트 형제와 커티스 항공회사(Curtiss Aeroplane and Motor Company) 사이의 특허권 전쟁을 종식시키는 데 일조했다.]

마지막으로, 사람들은 스필오버의 혜택을 누리기 위해 다양한 방식으로 스스로를 준비시킬 수 있다. 이 중 가장 확실한 방법이 도시로 가는 것이다. 도시를 연구하는 선구적인 경제학자 에드워드 글레이저가 말한 대로, 도시화의 수수께끼 중 하나는 매우 비싼 임대료를 지불하는 다른 사람들 옆에 살기 위해 매우 비싼 임대료를 지불하려는 사람들의 의지가 증가했다는 점이다(Glaeser 2011). 이는 근접성의 중요도가 확실히 하락했을 우리의 접속된 세상에서는 특히 수수께끼로 보인다. 한 가지 해답은 도시 생활의 스필오버 혜택이 증대해왔다는 것이다. 사실 의심할 여지 없는 **불이익**—혼잡, 물가, 대기오염—의 증가를 고려할 때 틀림없이 그것을 상쇄하는 이익이 있을 테고, 그 이익은 분명 더 많은 상호작용과 협업의 기회와도 맞닿아 있을 것이다.

이상은 모두 무형 집약적인 경제에서 스필오버의 문제를 벌충하는 능력이 매우 중요해진다는 것을 뜻한다. 여기서 특히 다양한 범위의 능력이 요구된다. 바로 과학적 지식이나 공학적 지식 같은 무형자산 자체를 이해하는 전문적 기술, 어떨 때는 법률적 전문성이나 협상력, 또 어떨 때는 리더십과 인맥 같은 좀더 부드러운 능력이다. 그리고 도시에서의 공생은 더더욱 필요하다. 우리는 6장에서 이러한 기술이 불평등에 미치는 영향을 탐구할 것이다.

시너지

무형은 왜 시너지를 발휘하는가

아이디어는 다른 아이디어와 잘 어울린다. 특히 과학기술 분야가 그렇다.

전자레인지를 예로 들어보자. 제2차 세계대전이 끝나갈 무렵 미국의 방위산업체인 레이시언(Raytheon)은 영국이 전쟁 초반에 개척했던 방어 레이더의 중요한 부품으로 일종의 진공관인 공동자전관(空洞磁電管)을 대량생산하느라 정신이 없었다. 레이시언에서 일하던 공학자 퍼시 스펜서(Percy Spenser)는 자전관에서 나오는 마이크로파가 금속 상자에 전자기장을 형성함으로써 음식을 가열할 수 있다는 사실을 발견했다.

몇 년 내에 그 기술은 뉴욕 그랜드센트럴역(Grand Central Station)의 신규 상품 가판대에서 '스피디 위니(Speedy Weeny: 자동판매기-옮긴이)' 전자레인지로 가열한 핫도그를 살 수 있을 정도로까지 발전했다. 몇몇 회사는 가정용 전자레인지 판매를 시도했지만 어느 한 곳도 성공을 거두지 못했다. 그러던 중 1960년대에 레이시언은 백색 가전 제조업체인 아마나(Amana)를 인수했고, 자사의 전자레인지 전문기술과 아마나의 주방용품 지식을 결합해 더욱 성공적인 제품을 만들었다. 같은 시기에 또 다른 방위산업체인 리튼(Litton)은 현대적인 전자레인지 모양을 발명했고 자전관을 더욱 안전하게 변경했다.

1970년에 전자레인지 4만 대가 팔렸다. 1975년에는 100만 대였다. 이를 가능하게 만든 것은 아이디어와 혁신의 점진적인 축적이었다. 자전관 자체는 고객들에게 별로 쓸모가 없었지만, 그 외에 R&D의 조그만 성과들이 쌓이고 리튼 및 아마나의 디자인과 마케팅 아이디어가 결합하면서 그것은 20세기 말의 결정적 혁신 상품이 되었다.

전자레인지 일화는 신기술이 어떻게 진화하는지에 관한 완전히 전형적인 이야기다. 산타페(Santa Fe) 연구소의 브라이언 아서는 기억에 남을《과학기술의 본질(The Nature of Technology)》이라는 책을 썼는데, 거기서 과학기술 혁신이 '조합'임을 역설했다. 다시 말해 어떤 주어진 기술이건 기존 아이디어들과의 결합이 관건이라는 얘기다. 아서의 말을 빌리자면, "모든 새로운 과학기술은 기존의 기술로부터 창조되며 따라서 …… 모든 과학기술은 인간이 포착한 최초의 현상까지 거슬러 올라가 연속적으로 그것을 가능하게 만든 다른 과학기술들의 피라미드 위에 서 있는 것이다".

과학저술가 매트 리들리(Matt Ridley)는 그 사고에서 한 걸음 더 나아가 아이디어의 진화적 성격을 강조했다. "교환과 문화적 진화는 성(性)과 생물학적 진화의 관계와 같다." 리들리는 혁신을 "아이디어들이 성관계를 가질 때" 일어나는 일로 설명했다(Ridley 2010, 453).

여기에 대한 또 다른 시각은 무형자산—R&D의 결과물 같은 아이디어, 신형 디자인, 또는 새로운 방식의 기업구조나 제품 마케팅—이 상호 시너지를 갖는다고 말한다. 그것들은 결합했을 때 가치가 더 커진다는 것이다. 자, 유형자산에도 시너지가 있긴 하다. 버스와 버스 정류장, 전기 공급과 마셜 앰프, 그리고 PC와 프린터가 그렇다. 하지만 다양한 아이디어가 상호작용하는 범위, 그리고 아이디어는 서로 결합해도 소모되지 않는다는 사실은 잠재적 시너지를 훨씬 더 높게 만든다.

전자레인지 이야기는 여러 아이디어 간의 시너지가 갖는 또 다른 양상을 반영하기도 한다—그것이 보통은 예측할 수 없고 영역들을 초월한다는 것이다. 이 경우 군사적 정보기술이 주방가전을 탄생시켰다. 이런 유의 굴절적응(exaptation: 원래는 다른 기능을 갖고 있던 생물의 일부분이 또 다른 기능에도 사용되는 것—옮긴이)은 아이디어의 세계에서는 끊임없이 발생하는 듯하며, 이로 인해 무형자산들 간의 시너지가 어디서 생겨날지 예측하는 일은 상대적으로 어렵게 된다.

무형 투자는 또한 특정 정보기술, 특히 컴퓨터 네트워크와 스마트폰의 경우 유형자산과의 시너지를 보여준다. 이런 대표적 사례가 1990년대에 미국 경제를 구한 월마트(Walmart)의 역할이다. 1980년대에 미국 경제는 실질 생산성 증가의 침체를 겪고 있었다. 사람들은 이것이 '새 표준'이 되고 있으며 생산성은 절대 회복되지 않을 거라고 우려했다. 그러나 1990년대로 접어들자 생산성이 상승했다. 2000년에 매킨지글로벌연구소는 이 생산성 증가의 원인을 분석한다. 예상외로 그들은 생산성 증가의 대부분이 대기업 체인의 소매점들, 특히 월마트가 공급망을 재정비하고, 업무효율을 향상시키고, 단가를 낮추기 위해 컴퓨터와 소프트웨어를 사용하고 있었던 방식에서 비롯된 것임을 찾아냈다. 어떤 점에서 그것은 기술혁명이었다. 그러나 이득은 저차원 기술(low-tech) 부문의 조직 및 영업 관행을 바꿈으로써 실현됐다. 아니, 바꿔 말하면, 그것은 월마트의 컴퓨터 및 과정들에 대한 투자와 그것들을 최대한 활용하기 위한 공급망 개발 사이에서 일어난 커다란 시너지였다.

이는 MIT의 경제학자이자 디지털 경제학의 권위자인 에릭 브린욜프손이 상술해온 관계다. 브린욜프손의 연구는 조직 투자와 기술 투자가 대단히 보완적임을 밝혀냈다. 다시 말해 최신 기술로 만든 소프트웨어로 가장 많은 이익을 얻은 기업들은 조직 변화에도 투자했던 곳들이었다는 것이다(Brynjolfsson, Hitt, and Yang 2002). 니컬러스 블룸(Nicholas Bloom)·라파엘
라 사둔·존 반 리넨(John Van Reenen)(Bloom, Sadun, and Van Reenen 2012)은
IT에 투자한 미국과 유럽 기업들의 생산성을 비교한 뒤 유럽 업체들이 미
국과 동일한 수준의 이익을 컴퓨터로부터 얻지 못했음을 발견했는데, 그
만큼 조직 및 경영의 관행을 변화시키려 들지 않았고 그럴 역량도 없었기
때문이다.

IT와 무형자산 사이의 시너지는 두 가지 수준에서 작동한다. 먼저 컴퓨
터 하드웨어는 무형자산의 한 종류와 직접적이면서도 어떤 점에서는 사
소한 시너지를 갖는다. 바로 소프트웨어다. 그것이 소프트웨어의 요점이
다. 이를 다른 식으로 표현하면 컴퓨터란 유용하고 **무형**인 정보로 그것을
채울 때 쓸모 있고 가치가 생기는 물리적 장치다.

컴퓨터와 컴퓨터 네트워크는 정보를 다루기 때문에 그 외의 무형자산
을 더 용이하거나 효율적으로 만드는 데 도움을 주기도 한다. 우버나 에
어비앤비 같은 거대 공유경제 회사들의 네트워크를 생각해보라. 그들의
비즈니스 모델에서 절대적으로 컴퓨터와 인터넷을 필요로 하는 것은 없
다. 모두가 스마트폰을 갖기 전에는 런던의 컴캡(ComCab)이나 라디오택
시(Radio Taxis)처럼 일부 무소속 운전기사들을 활용하는 택시 네트워크
회사들이 있었다. 에어비앤비 이전에는 안내책자와 전화예약 시스템을
갖춘 숙소 공유 회원조직들이 있었다. 숙소 공유 회원조직과 택시 네트워
크는 둘 다 자기만의 공급자 네트워크를 개발하기 위해 시간과 돈을 투
자했다.

그러나 양쪽 모두 인터넷과 스마트폰 덕분에 방대한 네트워크를 구축
하고 더욱 저렴한 비용으로 작업을 했으며 네트워크 회원이 되는 것의 가

치를 강화(이를테면 고객평가와 검색 기능을 통해서)할 수 있었다. 역시 IT 정보와 네트워킹을 다루는 첨단기술—와 무형 투자 사이에는 강한 시너지가 있는데, 무형 투자는 대부분 정보 및 연결에 대한 투자다.

그러므로 무형 투자는 아이디어(그것들은 결합할 때 새로운 아이디어를 창출하는 경향이 있다)와 관련된 것이건 아니면 새로운 구조(신기술을 보완하는 것 같다)와 연관된 것이건 상호 시너지를 갖는 듯하다. 게다가 보통은 이 조합이 어떻게 일어날지 예측하거나 계획하기가 어렵다. 뜻밖의 발견과 운이 중요한 역할을 하는 듯하다.

무형자산의 시너지는 왜 중요한가

무형자산의 스필오버로 인해 회사가 자신들의 투자를 혼자만 갖고 있거나 기껏해야 자기 본위의 방식으로 공유하게 된다면, 무형자산의 시너지는 역효과를 보일 것이다.

당신의 아이디어가 다른 아이디어와 결합하여 가치가 더 커진다면, 가능한 한 많은 아이디어에 접근하려는 강력한 인센티브가 생길 것이다. 이를 분명하게 보여주는 사례가 현저하게 증가하고 있는 개방형 혁신(open innovation)이다.

가장 단순한 형태의 개방형 혁신은 한 회사가 의도적으로 회사 밖에서 생긴 새로운 아이디어를 연결하고 거기에서 이익을 얻을 때 발생한다. 대기업의 R&D 실험실에서 즉흥적으로 아이디어를 생성하는 것은 개방형 혁신이 아니다. 신생 벤처기업을 인수함으로써 아이디어를 얻거나, 학계의 연구자들과 협력관계를 갖거나, 다른 회사와 합작투자를 감행하는 것은 개방형 혁신이다.

적어도 1970년대 이후 여러 연구자가 개방형 혁신에 주목해왔고 그보다 한참 전부터 회사들이 몸소 실천해오긴 했지만, 헨리 체스브로(Henry Chesbrough)가 (동명의) 베스트셀러 경영서 《개방형 혁신(Open Innovation)》을 펴내면서 대중화한 이후 2000년대에 업계의 유행어가 됐다.

옥스퍼드 대학의 로버트 앨런(Robert Allen)이 아주 상세한 현대의 기록들을 활용해 분석한 것으로 유명한 19세기 용광로 사례를 생각해보자(Allen 1983). 용광로의 효율성을 결정하는 핵심요인은 높이와 온도였다. 그러나 당대의 물리학은 엔지니어가 최적의 용광로 설계를 추정하기에는 충분치 않았다. 그렇다면 그들은 어떻게 그것을 설계했을까? 지역 사업가들은 여러 높이와 온도를 가지고 수많은 실험을 했다. 클리블랜드 공학연구소(Institution of Cleveland Engineers), 사우스웨일스 공학연구소(South Wales Institution of Engineers), 기계공학연구소(Institution of Mechanical Engineers), 1869년의 철강연구소(Iron and Steel Institute) 같은 지방 및 국립 단체가 정보를 교환했다. 최종 결과물은 어땠을까? 앨런이 기술했듯이 '개방형' 혁신은 산업을 환골탈태시켰다.

1850년과 1875년 사이에 영국의 클리블랜드 지역에서 용광로의 관행에 몇 가지 중요한 변화가 진행됐다. 가장 극적인 변화는 용광로 높이가 50피트—과거의 표준—에서 80피트 이상으로, 용광로 온도가 화씨 600도(약 섭씨 204도—옮긴이)에서 화씨 1400도(섭씨 760도—옮긴이)로 늘어난 것이었다. 이런 개선은 낮은 높이에 저온이던 원래의 용광로들을 긁어내고 새로운 디자인으로 교체하는 작업을 정당화할 만큼 선철(銑鐵) 제조에 들어가는 연료량을 감소시켰다(Allen 1983, 3).

오늘날 개방형 혁신을 둘러싼 수사학의 대부분은 거의 도덕적인 어조를 취한다. 그것은 지식 공유다, 협업이다, 심지어 겸손이다, 하는 식이다. 이러한 개방형 혁신의 도덕적 양상은 무형 투자의 시너지로부터 나온다―그것은 아이디어 공유를 서로에게 득이 되게 만든다. (개방형 혁신이 다른 회사들의 투자에서 나오는 스필오버를 이용하는 데 대해 훨씬 자기 본위적이라는 느낌도 있지만, 거기에 대한 논의는 거의 없는 편이다.)

특히 흥미로운 점은 아이디어 간의 시너지의 존재가 앞서 거론한 스필오버와의 긴장을 생성한다는 것이다―무형자산이 풍부한 기업에는 딜레마다. 세상으로부터 스스로를 차단하고 강력한 지식재산법에 의존하는 것은 회사의 무형자산이 유출되는 것을 방지하는 데는 도움이 될 수 있지만, 다른 이들의 아이디어와의 시너지가 일어날 가능성을 감소시키므로 치명적인 고립이 된다―게다가 대부분의 아이디어는 다른 사람들의 것이다. 빌 조이(Bill Joy)가 말했듯이 "당신이 어떤 사람이건 현명한 사람일수록 대부분 자기가 아닌 사람을 위해 일한다"(Lakhani and Panetta 2007).

또한 무형자산들의 시너지 효과는 국가와 지역 경제의 차원에서도 중요하다. 만일 당신의 기업과 그 밖의 수십 개 기업이 멋지고 시너지가 있는 아이디어를 내놓을 때 내 기업의 연구나 과정의 혁신 또한 가치가 증폭된다고 한다면, 경제는 결국 선순환 아니면 악순환으로 끝날 수 있다. 만일 다른 기업들이 일제히 연구를 진행하거나 새로운 과정을 개발하고 그것이 내 투자를 더욱 가치 있게 만든다면, R&D 투자는 내 관심사에도 들어가게 된다. 하지만 아무도 그러지 않는다면, 내게도 마찬가지로 가치가 없을 수 있다.

이러한 상호보완적 노하우(complementary know-how)라는 생각이 경제학자인 게리 피사노(Gary Pisano)와 윌리 쉬(Willy Shih)가 발전시킨 '산업 공유지(industrial commons)' 개념의 핵심이다. 피사노와 쉬는 미국의 제조업 부문이 악화되고 있는 것은 공유 지식 기반을 형성하는 데 필요한 기초산업 과정들에 대해 충분한 전문지식과 연구가 더 이상 없었기 때문이라고 주장했다.

아이디어들 간의 시너지는 또한 의외의 발견과 협력 사이의 긴장을 생성한다. 한편으로는 아이디어들이 유용해지도록 결합할 수 있는 방식이 어마어마하게 많다는 점이 중앙에서의 계획을 어렵게 만든다. 새로운 기술 자산의 우연한 발견—자전관이 전자레인지가 된 경위처럼—은 보편적 현상인 듯하다.

이런 논리를 바탕으로 했을 때, 아이디어 투자의 생산성을 증대하려면 우리는 '학제 간 교류(interdisciplinarity)', 즉 상이한 분야와 다양한 장소에서 일하는 사람들 간의 격식 없는 교류를 장려해야 한다. 이런 교류가 많이 발생할 수 있는 곳은 공적 공간이 많고 사회적 상호작용의 기회가 있으며 걷기에 적합한 대도시다.

다른 한편으로는 특정 분야의 지속적인 연구도 중요하다. 여러 아이디어 간의 시너지 중에서 최소한 일부는 특정 분야에서 가장 효과가 크다. 전자레인지가 성공을 거둔 것은 군사 통신에서 요리로의 극적인 도약 때문만이 아니라 아마나, 리튼 및 몇몇 일본 경쟁업체의 수많은 연구자가 디자인에 공을 들이고 자전관 기술을 향상시켰기 때문이다.

이런 협력은 가끔 자발적으로 일어나기도 한다. 그러나 우리는 그것을 촉진시키는 방안도 생각해볼 수 있다. 18세기의 경도상(Longitude Prize)이나 민간 우주선을 위한 21세기의 안사리 X 프라이즈(Ansari-X Prize) 같은 상들은 등한시했던 분야에 투자를 몰고 올 수 있다. 과학기술 전문지들이 사물인터넷이나 태양 에너지 같은 신기술을 대대적으로 홍보하는 이유는 흥미진진한 스토리에 도움이 될뿐더러 전도유망한 분야에 관심을 쏟게 하고 공동투자를 독려하는 기능적 역할도 있기 때문이다. 어쩌면 대대적인 홍보의 대상이 잘못됐을 수도 있다. 그럼에도 협력을 도모하는 역할은 중요하다.

마지막으로 무형자산들 사이의 시너지는 개별 회사에 귀중한 경쟁력 전략이 될 수 있다. 에피펜(epipen)—아니, 그보다 EpiPen®—을 생각해 보자. 에피펜은 에피네프린(epinephrine, 여기서 이름이 나왔다) 주사를 놓을 수 있는 펜 모양의 장치로 초과민반응 쇼크로 고통받는 사람들의 목숨을 구해왔다. 에피펜은 단연 시장의 선두에 선 에피네프린 장치다. 그러나 공유 저작물인 에피네프린에 특허를 갖고 있어서가 아니다. 복제가 불가능한 디자인을 갖고 있는 것도 아니다. 몇몇 경쟁업체가 대안적 주사기 디자인을 내놓았고, 그중 어떤 것들은 분명 에피펜보다 더 나았다. 그러나 무형자산들의 조합은 그것이 계속해서 시장의 선도 제품이 되게 해왔다. 이름과 브랜드, 디자인, 그리고 많은 응급처치 요원이 장치 사용법을 숙지하고 있다는 것이 한꺼번에 작용해 경쟁업체들의 성공을 힘들게 만든다(우리는 5장에서 에피펜에 대해 좀더 논의할 것이다).

이런 시너지는 회사에 경쟁업체들보다 유리한 고지를 제공할 뿐 아니라 회사와 그곳의 유능한 직원들 사이의 역학에도 영향을 미친다. 훌륭한 디자인으로 유명하고 어느 정도는 거기에 의존하고 있는 애플사의 한 전문 디자이너를 생각해보자. 경제적 관점에서 봤을 때 그 디자이너가 경쟁업체로 이직하거나 디자인 주도의 스타트업을 창업하지 않는 대가로 점점 더 많은 돈을 요구하지 않게 만드는 것은 무엇일까?

이 질문에 대한 한 가지 해답이 바로 시너지다. 애플의 디자인은 회사가 소유한 전체 무형자산 세트의 맥락에서, 즉 그들의 기술력, 고객 서비스 및 브랜드 파워와 마케팅 채널 속에서 특히 값어치를 발휘한다. 이 모든 것 때문에 그 애플 디자이너는 다른 고용주보다 애플에 있을 때 더 가치가 있으며, 그것이 애플을 떠날 인센티브를 감소시킨다.

자, 시너지는 회사와 정부가 다양한 무형자산, 특히 새로운 아이디어들을 결합하려는 강력한 인센티브를 창출하기 때문에 중요하다. 시너지는 이렇게 스필오버와 정반대 방향의 효과가 있으며, 도용보다는 개방성과 공유를 촉진한다. 그것은 또한 회사가 경쟁에 맞서 자사의 무형 투자를 보호할 대안적 방안을 창출하기 때문에 중요하다. 바로 개별적으로 자산을 보호하기보다는 시너지 효과가 있는 무형 투자의 클러스터를 구축하는 것이다.

4S에서 비롯된 무형자산의 창발적 특성

자, 우리는 무형 투자가 유형 투자와 많은 측면에서 다르다는 것을 알았다. 그것은 확장할 가능성이 더 높고, 매몰 비용이 발생하기 쉬우며, 스필오버를 발생시킬 공산이 크고, 상호 시너지를 발휘할 가능성이 높다.

이 특성들이 결합하여 그 밖에 더욱 일반적인 무형자산의 두 가지 특성을 생성한다는 사실을 언급하면서 이 장을 마무리하려 한다. 바로 **불확실성**(uncertainty)과 **논쟁성**(contestedness)이다.

유형이건 무형이건 모든 투자는 미지의 세계로 들어가는 것이다. 어떤 기업도 수익이 얼마나 날지는 확실히 알 수 없다. 그러나 무형 투자는 우리가 얘기했던 4S 때문에 더욱 불확실해지는 경향이 있다. 무엇보다도 무형 투자는 그것이 가진 **매몰성** 때문에 만에 하나라도 잘못되면 가치가 떨어지기 쉽다. 그것을 단순히 매각하는 것으로 가치를 회복하기는 더욱 어렵다. 두 번째, **확장**(그리하여 작은 투자로 큰 수익을 거둘 수도 있다)이나 **시너지**(직접적으로 가치를 증대시킨다)로부터 이익을 얻을 가능성이 크기 때문에 무형 투자의 긍정적 측면은 잠재적으로 훨씬 더 높다. 따라서 무형자산은 상황이 잘못되면 가치가 떨어지고 잘되면 가치가 훨씬 더 커지는 경향이 있다.

그러나 이는 그저 가능한 결과의 좁은 분포를 더욱 넓은 분포로 대체하는 문제가 아니다. 무형 투자의 **스필오버**를 발생시키는 경향 탓에 투자하는 회사의 향후 수익 예측은 극도로 어려워진다. 그리고 많은 무형자산 시장이 존재하지 않는 까닭에(무형자산의 매몰성에 기여한다) 그것들의 가치를 현실적으로 추정하는 것도 더욱 힘들어진다.

그렇다면 다른 조건이 동일하다고 했을 때 무형자산이 풍부한 경제의 회사가 불확실성을 더 많이 드러낼 것으로 예상할 수 있을 것이다. 그리고 이 불확실성의 일부는 무형자산 회사에 그들의 투자에 대한 **옵션가치**를 제공할 때 나타난다. 비용이 매몰되며 단계를 나눠 진행되는 어떤 무형 투자를 생각해보자. 회사는 단계별로 이를테면 투자의 실현 가능성에 관해 뭔가를 알게 될 것이다. 이 정보는 특히 지출이 매몰될 경우라면 그 회사에 가치가 있다. 따라서 무형 투자는 그것과 연관된 옵션가치가 있기 쉽다(앞의 논의 참조).

무형자산은 또한 **논란이 많을** 소지가 있다. 사람들과 기업들은 흔히 누가 그것을 통제할 수 있는지, 소유할 수 있는지, 또는 거기서 누가 이득을 볼 수 있는지 알려고 경쟁을 벌인다. 이것은 부분적으로 **스필오버**의 작용이다. 앞에서 살펴봤듯이 기업은 종종 다른 회사의 무형 투자에서 나오는 이익을 취하려 든다. 이런 일은 상호 합의에 의해 일어날 때도 있다(예를 들어 기업들이 개방형 혁신을 실행할 때). 그러지 않을 때도 있다(이를테면 구글의 안드로이드 운용체계 개발이 그런 경우로, 이것이 애플의 스티브 잡스를 격분하게 만들었다).

무형자산들 사이의 **시너지** 역시 논쟁성을 가중시킨다. 무형자산들의 특정 조합이 유난히 가치가 클 때 충분한 연줄이 있거나 이런 인맥을 중개하는 방법을 잘 아는 사람들의 권력이 증대되는데, 우리는 6장에서 이 주제로 되돌아갈 것이다.

논쟁성은 누가 무형 투자를 소유하느냐를 둘러싼 규칙들의 모호함으로 더 악화된다. 무형자산의 소유권은 정착이 덜 되어 있고 유형자산 소유권보다 명확하지 않기 때문에 회사들은 특허를 놓고 아주 빈번하게 분쟁을 벌인다.

결론: 무형자산의 4S

무형자산은 네 가지 고유한 경제적 특성을 갖고 있다. 이 특성들은 유형 투자에도 있을 수 있지만, 대개는 무형자산에 더 많이 나타난다. 이 특성들은 다음과 같다.

- 확장성
- 매몰성
- 스필오버
- 시너지

이 네 가지로부터 세 가지 특성, 즉 불확실성, 옵션가치, 논쟁성이 등장한다. 이 책의 남은 부분은 갈수록 무형자산이 풍부해지는 경제에서 이런 특성들로부터 비롯되는 영향을 논의한다.

2부
무형 경제의 부상이 미친 영향

무형자산, 투자, 생산성 및 장기 불황

이 장에서는 장기 경기불황에서 무형자산의 역할, 당혹스러운 투자 저하 및 최근 몇 년간 주요 경제국에서 나타난 생산성 증가를 살펴본다. 우리는 갈수록 커져가는 무형 투자의 중요성이 이 골치 아픈 현상에서 중요한 역할을 하고 있을 것으로 본다.

현재 경제학에서 최대 골칫거리이자 가장 널리 거론되는 추세 중 하나는 장기 불황이다. 그러면 안 된다는 모든 징후에도 불구하고 기업 투자는 고집스럽게 저조한 것이 현실이다. 통화정책 실패부터 기술진보의 둔화에 이르기까지 기업 투자의 문제가 무엇인지를 놓고 다양한 설명이 제기되어왔다.

이번 장은 무형 투자가 부상하면서 미친 영향을 논의하는 맨 첫 번째 장이다. 우리는 장기 불황이라는 수수께끼의 일부 원인이 기업 투자의 저울이 무형자산 쪽으로 기울었기 때문임을 입증할 것이다. 그뿐만 아니라 4장에서 언급한 무형자산의 네 가지 특성을 기초로 하여 그 논거를 제시하려 한다. (a) 무형자산은 확장될 수 있기 때문에 선도 기업들이 후발주자들로부터 이탈하고 있으며, 또한 (b) 그것들이 측정되지 않은 탓에 생산성과 수익성 측정치는 높아 보인다. 그리고 대침체(Great Recession) 이후 그랬던 것처럼 무형 투자의 속도가 느려질 때 무형자산은 스필오버 효과가 발생하기 때문에, 무형자산의 성장이 주춤하면서 스필오버가 줄어듦에 따라 생산성은 떨어진다.

장기 불황: 징후들

장기 경기불황과 무형 투자 사이의 연관성을 들여다보기 전에 장기 불황의 실체가 무엇인지 검토할 필요가 있다. 장기 불황은 수많은 징후로 특징지어진다.

첫 번째는 투자 저하다. 그림 5.1에 나타나듯 미국과 영국의 경우 투자는 1970년대에 하락했고, 1980년대 중반에 약간 회복된 다음, 금융 위기때 가파르게 떨어졌다. 그때 이후로는 회복되지 않았다.

자, 이것은 두 번째 징후가 없었다면 그다지 놀랍지 않을 것이다. 바로 낮은 금리다. 그림 5.2에 나타나듯, 1980년대 중반 이래 장기적 실질이자율은 하락해왔고 금융 위기 이후로는 특히 낮아졌다. 그러나 이렇게 투자비용이 굉장히 낮은데도 불구하고 그때 이후로는 투자 회복이 없었다.

낮은 투자와 낮은 이자율의 동시적 발생은 경제학자들에게는 수수께끼

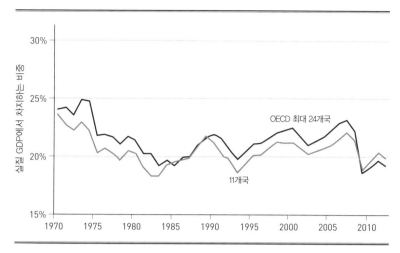

그림 5.1 OECD 24개국의 실질 GDP 중 실질투자의 퍼센티지와 11개국의 제한된 표본(오스트레일리아, 오스트리아, 덴마크, 핀란드, 독일, 이탈리아, 일본, 네덜란드, 스웨덴, 영국, 미국). 출처: Thwaites 2015.

다. 옛날에 중앙은행 총재들은 투자 저하의 대응책을 알고 있다고 생각했다. 이따금 그랬듯이 기업이 미래에 대한 불안으로 투자를 줄이면, 중앙은행은 기준금리를 인하하여 대응하고는 했고, 이것이 금리를 저렴하게 만들었다. 저리자금은 기업이 융자를 늘리고 소비자들이 대출을 하는 비용이 덜 들도록 만들었다. 따라서 기업과 소비자들은 돈을 빌렸고, 투자와 소비는 다시 상승했다.

그러나 이 전략이 먹히지 않는 듯했다. 중앙은행 총재들에게 이것은 바위투성이의 여울을 향해 가다가 조타기가 말을 안 들어 더 이상 배를 돌리지 못하는 선장이 된 격이었다. 매우 저렴한 대출과 명백히 투자를 꺼리는 기업들의 이러한 동시 발생은 2013년 국제통화기금(IMF) 강연에서 래리 서머스(Larry Summers)가 "장기 경기불황"이란 말을 대중화했을 때 말하고자 한 바였다.[1]

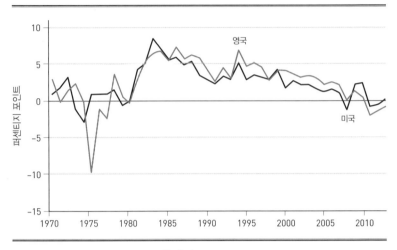

그림 5.2 미국과 영국의 장기적 실질이자율. 출처: Thwaites 2015.

이 저리자금과 투자 저하의 괴상한 혼합에 대한 즉각적인 한 가지 설명은 그냥 투자 수요가 감소했기 때문이라는 것이다. 경제학자 타일러 코웬 (Tyler Cowen)은 2011년 베스트셀러 《거대한 침체(Great Stagnation)》에서 선진국들은 새로운 땅에 정착하거나 아동들이 학교교육에 더 많은 시간을 보내게 하는 것 같은 좋은 투자의 손쉬운 출처들을 다 써먹었는지도 모른다고 했다. 가장 기억에 남는 것으로 그는 기술의 진보가 둔화되었을 수도 있고, 또는 좀더 구체적으로 새로운 발견에서 발생하는 경제적 효익이 과거보다 줄어들었다고 주장했다. 경제학자이자 경제사가인 로버트 고든 (Robert Gordon)은 자신의 영향력 있는 2016년 저서 《미국 성장의 흥망성쇠(The Rise and Fall of American Growth)》에서 이 주제를 발전시켜 전기, 실내 화장실 등 20세기 발명품들은 반복되지 않을 "혁신의 큰 물결"의 일부였다고 주장했다.

장기 불황에 대한 이 설명은 논란의 소지가 많은 것으로 밝혀졌는데, 특히 기술진보가 둔화되었는지를 측정하기가 매우 어렵기 때문이었다. 데이터를 활용하여 확인하기가 쉽지 않은 완전히 난데없는 과학기술 둔화는 어떤 이들에게는 지나친 데우스엑스마키나(deus ex machina: 이야기에서 가망 없어 보이는 상황을 해결하려고 갑자기 동원하는 획기적인 사건—옮긴이)로 보였고, 장기 불황에 관심 있는 대다수의 사람들은 다른 원인들을 탐색해 왔다.

그리고 나니 현재의 장기 불황과 연관된 징후가 세 가지 더 남았는데, 이것들은 모두 설명이 필요하다.

첫 번째 징후는 미국 및 다른 나라들의 기업 이익 평균이 수십 년간 그래왔던 것보다 더 높고 꾸준히 증가하고 있는 듯하다는 사실이다. 회사들의 수익은 압박을 받기는커녕 이보다 더 좋았던 적이 없다. 여기에 대한 일부 측정치가 그림 5.3에 나와 있다.[2] 가장 즉각적으로 비교할 수 있는 측정치는 평균 자본수익(그림 5.3B)으로, 1990년대 이래 가파르게 증가해 왔다. 그렇다고 투자할 만한 대상이 없어서 투자가 하락한 납의 시대(Age of Lead)를 시사하지는 않는다.

얼핏 봐도 좋은 투자기회가 거의 없어서라는 생각과는 맞아떨어지지 않는 것 같다. 오히려 반대로 만일 수익성이 높다면 기업들은 고수익을 내고 있는 모든 매력적인 사업기회에 투자하려고 저리자금을 이용해 더 많이 투자하려고 들 것으로 예상할 수 있다.

두 번째 흥미로운 사실은 수익성에 관한 한 기업들이 동등하지 않다는 것이다—그리고 더 중요한 사실은 그들이 점점 더 불평등해지고 있다는 것이다. 그림 5.3C에 나타나듯 상위권 회사들의 수익은 호황을 맞고 있

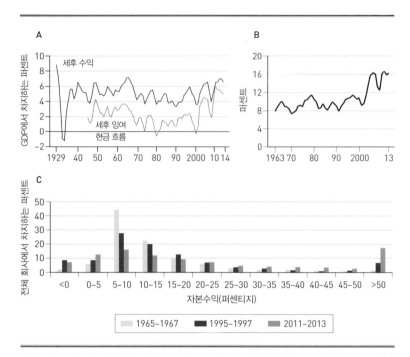

그림 5.3 수익 및 수익 확산의 측정치. A: 미국 내 기업수익. B: 미국 회사들의 글로벌 자본수익(영업권 제외). C: 미국 회사들의 수익 분포. 출처: *Economist*, March 2016, https://www.economist.com/news/briefing/21695385-profits-are-too-high-america-needs-giant-dose-competition-too-much-good-thing.

다. 상위권 회사들은 투자 기회가 사라지지 않은 것처럼 보인다. 이는 경쟁―우리는 보통 경쟁으로 인해 선두 그룹의 이윤폭이 평균으로 회귀하고 후발 기업들은 파산함에 따라 선두 및 후발 기업들의 각축장이 공평해질 것으로 예상하고는 한다―이 줄어들었는지 여부를 둘러싸고 활발한 논쟁을 불러일으켜왔다.

수익성 그림이나 생산성 그림이나 비슷해 보인다. 그림 5.4는 OECD의 댄 앤드루스(Dan Andrews)와 키아라 크리스쿠올로(Chiara Criscuolo), 피터

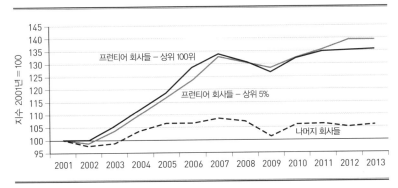

그림 5.4　노동 생산성 확대. 데이터는 노동자 1인당 부가가치다. '프런티어'는 Orbis 데이터베이스의 24개국 표본 중 각각 두 자릿수 제조업계 또는 사업서비스 업계에서 세계적으로 가장 생산성이 높은 100위권 회사 또는 상위 5퍼센트 회사들이다. 출처: Andrews, Criscuolo and Gal(2016), quoted in OECD, Economic Outlook, 2016, http://www.oecd.org/eco/outlook/OECD-Economic-Outlook-June-2016-promoting-productivity-and-equality.pdf.

갤(Peter Gal)이 수행한 영향력 있는 연구 프로젝트의 결과물을 나타내는데, 이들은 OECD-ORBIS 데이터베이스의 회계 데이터를 활용하여 다양한 산업의 상위권 회사들과 경쟁회사들 간의 생산성 격차가 어떻게 전개되고 있는지를 살펴봤다. 물론 언제나 격차는 존재했지만―일부 회사는 항상 다른 회사들보다 실적이 좋았다―그 격차가 금융 위기 이전부터 시작해 상당히 벌어져온 것 같다.

장기 불황을 둘러싼 마지막 사실은 선진국들에 나타난 지속적인 생산성 증가의 부진이 단지 투자 저하 탓만은 아닌 것 같다는 점이다. 노동 생산성 증대[노동 생산성, 수익성, 총요소 생산성(TFP) 등에 관한 좀더 완벽한 설명은 상자 5.1 참조]는 일반적으로 두 가지 이유 때문에 하락할 수 있다. 그것은 투자 감소 때문에 하락할 수 있으며, 이로써 노동자들의 과업에 필요한 자본은 줄어든다. 아니면 자본의 양과는 무관하게 노동자들의 작업 효율

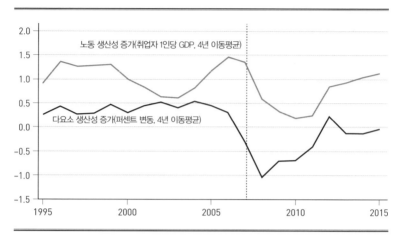

그림 5.5 노동 생산성 및 다요소 생산성의 증가(OECD, 1995~2016년, 4년 이동평균). 출처: The Conference Board Total Economy Database™, May 2017.

성이 떨어져서 투자가 하락할 수도 있는데, 이를 다요소 생산성 또는 총
요소 생산성의 하락이라고 한다. 자, 금융 위기 이후 투자는 하락세였지
만, 노동 생산성의 모든 손실을 설명할 만큼 떨어진 것은 아니다. 사실 생
산성 증가 둔화는 대부분 총요소 생산성의 하락이었다. 그림 5.5는 대략
2000년대 중반 이후 OECD 다요소 생산성 증가가 하락했음을 보여준다.

상자 5.1 생산성과 수익성 설명

생산성은 투입 단위당 '실질'산출이다. 이 무미건조한 정의의 이면에는 엄청난 생산
성 측정과 난해한 개념적 쟁점들이 포진하고 있고, 따라서 그중 일부를 검토해볼 필
요가 있다.

먼저 우리가 '실질'산출이라고 할 때 그것이 무엇을 뜻하는지 설명해보자. 영국 철
도를 예로 들겠다. 2010년에는 13억 5000만 건의 승객 운송이 있었고, 1건당 평균

거리는 40킬로미터였다. 이렇게 해서 영국 철도회사들은 541억 승객 킬로미터(즉 승객 수 곱하기 각 승객이 여행한 평균 거리)의 운송 서비스를 제공했다. 2015년에 그 수치는 641억 승객 킬로미터였다. (당신이 영국 철도가 왜 그리 붐비는지 의아해하고 있었다면, 1986년 수치는 300억 승객 킬로미터로 그 절반도 되지 않았다.)

승객들은 얼마나 지불했는가? 2010년에는 평균 1킬로미터당 12.2펜스(pence)를 냈고, 2015년에는 1킬로미터당 14.4펜스로 올랐다. 따라서 승객 수익(승객 킬로미터 곱하기 1승객 킬로미터당 지불한 가격)은 연 6.8퍼센트 상승했다(2010년의 66억 2000만 파운드에서 2015년 92억 파운드로).

그러나 분명히 수익은 두 가지 이유에서 올랐다. (a) 철도회사들은 더 많은 킬로미터에 더 많은 승객을 실어 날랐고, (b) 승객들에게 더 많은 요금을 부과했다. 이상의 데이터를 활용하면, 당신은 수익의 6.8퍼센트 상승을 차지하는 것이 승객 킬로미터의 3.5퍼센트 증가와 요금의 3.3퍼센트 인상임을 알게 된다.

그렇다면 생산성 목적에 적합한 산출의 기준은 무엇인가. 승객 킬로미터인가, 아니면 수익인가? 생산성 분석가들은 가격보다는 산출량의 변동을 얻기 위해 가격 상승을 배제하는 쪽을 선호한다. 이렇게 하는 이유는 그들이 회사의 '생산성 효율', 즉 회사가 투입을 산출로 얼마만큼 즉각 전환할 수 있는가에 관심을 두기 때문이다. 회사가 높거나 낮은 운임가격을 부과할 수 있는 정도가 흥미롭긴 하지만 그것은 생산성이 아닌 수익성 분석가들의 영역이다. 다음을 보라.

여기서 '실질'산출량 개념이 나온다. 통계학자들은 산출에서 나오는 수익을 '명목'산출량(즉, 가격 곱하기 양)이라고 부르는 반면, 가격 변동을 배제한 것(따라서 양만 남는다)을 '실질'산출량이라 부른다. 그러니까 이 경우 '명목'산출량 증가분은 3.5퍼센트의 '실질'산출량 증가와 3.3퍼센트의 운임이 상승 때문에 6.8퍼센트였다.

이는 생산성과 수익성 간의 차이를 부각시킨다. 생산성은 산출량을 투입량에 비교하고 실질산출량을 사용한다. 수익성은 산출량을 비용에 비교하며, 양쪽 모두 명목 측정치가 된다. 따라서 만일 한 회사가 가격을 올리는 것 외에 아무것도 하지 않는다면, 수익성은 증가하지만 생산성은 그대로 유지된다. 생산성이 흔히 효율성과 연계되는 것도 이런 이유에서다. 이 사례에서 회사의 효율성은 전혀 달라지지 않았다. 사실 어떤 회사가 충분한 가격결정력을 갖고 있는 한 생산성은 아주 낮은데 (혹은 아주 비효율적인데) 수익성은 대단히 높은 상황은 완벽하게 가능하다. 그리고 소비자도 이것을 안다. 소비자가 대부분의 독점기업에 갖는 불만도 결국은 이것 때문이다. 수익성은 지극히 흥미로운 주제이긴 하지만 생산성과 가격결정력 양측의 조합이다. 대부분의 생산성 분석가는 특히 생산성과 수익성이 반비례하는 경우가 완벽하게 발생할 수 있기 때문에 스스로를 생산성 쪽으로 국한시킨다.

우리의 주요 주제로 다시 돌아가서, 투입 측정을 살펴보자. 철도망이 산출을 생산하기 위해서는 기차, 선로, 직원, 연료 등 많은 투입이 필요하다. 그러므로 두 가지 생산성 척도를 정의해보자. 단일요소 생산성은 단일 구성단위당 실질산출량이다. 다요소 생산성[MFP, 혼란스럽겠지만 '총요소 생산성(TFP)'이라고도 한다]은 여러 개의 투입 요소당 실질산출량이다. 예시가 도움이 될 것이다.

농업을 생각해보자(Pardey, Alston, and Chan-Kang 2013). 1961년과 2009년 사이에 세계 인구는 30억 명에서 127퍼센트 상승한 68억 명으로 증가했다. 어떻게 이 모든 인구를 먹여 살렸을까? 1961년에 세계는 7460억 미국달러어치의 농산물을 생산했는데 2009년에는 물가상승률을 통제했을 때 2조 2600억 미국달러로 늘어나 실질산출이 203퍼센트 상승하면서 인구 증가를 훨씬 앞질렀다. 식량 생산을 증대시키기는 쉽다. 그냥 농경지만 더 있으면 된다. 그럼 그런 일이 일어났을까? 아니다. 1961년에 세계에는 44억 6000만 헥타르(hectare)의 농경지가 있었는데, 2009년에는 10퍼센트 상승한 48억 9000만 헥타르로 약간만 늘어났을 뿐이다. 이렇게 해서 세계 농업의 단일요소 생산성―즉 1헥타르당 실질산출량― 은 놀랍게도 176퍼센트 증가했다. 그 밖의 단일요소 생산성 측정치들도 올랐다. 더 많은 사람들이 농경지에서 일하게 되면서(15억에서 26억 명으로 증가) 농업노동력은 70퍼센트 증가했는데, 실질산출량은 한층 더 빠르게 증가했고, 그에 따라 농업노동자 1인당 실질산출량은 78퍼센트만큼 상승했다.

다요소 생산성 증가는 어떨까? 여기서 분석가들은 어느 정도 업계와 그들이 비교하고 있는 산출량에 따라 그들이 입력할 투입 수('멀티'비트)를 선택하는 경향이 있다. 그렇다면 실질산출량이 수 톤의 농작물인 농업을 생각해보자. 한 농장의 전형적인 투입으로는 (a) 농지, (b) 노동, 즉 농장에서 일하는 사람들의 수, (c) 자본, 즉 농장에서 사용하는 기계, (d) 중간재, 즉 씨앗, 비료, 가축사료 등처럼 생산에서 소모되는 투입 요소들이 있을 것이다. 자, 더 많은 토지, 더 많은 노동력, 농부들이 사용하는 더 많은 트랙터, 또는 아마도 더 나은 비료 때문에 농업 산출량이 증가했을 가능성이 충분히 있다. 따라서 이 경우 다요소 생산성은 토지, 노동, 자본 및 중간재의 단위당 실질산출량이다(이 투입 요소들의 조합 방식은 잠시 뒤에 설명하겠다). 그런데 만일 거기에 이 모든 투입으로 설명되는 것을 넘어서는 증가가 있다면 투입 요소들 자체를 더욱 잘 활용하고 있는 셈이다. 이렇게 다요소 생산성 증가는 농장이 얼마나 더 많은 투입을 사용하고 있는지가 아니라 농장이 그 투입들을 어떻게 잘 조합하고 있는지를 측정한다.

그렇다면 다요소 생산성 증가는 (적어도) 두 가지 이유에서 매우 유용한 지표가 된다. 첫 번째, 그것은 단일요소 생산성 증가를 더 잘 이해하게 해준다. 만일 노동자 1인당 혹은 1헥타르당 산출량이 증가했다면, 우리는 자연스럽게 이것이 노동자들이 더 많은 트랙터(자본) 그리고/또는 더 많은 비료(중간재)를 가지고 일했기 때문인지 여부가 알고 싶어진다.

두 번째, 다요소 생산성 증가는 그 증가의 출처를 알 수 있게 해준다. 경제가 농장과 트랙터 제조업체 들로 이루어져 있다고 가정해보자. 한 농부가 농장의 생산성(노동자 1인당 산출량)이 2배가 됐다고 주장한다 치자. 만일 그 농부가 (다른 투입은 변화시키지 않고) 단지 더 많은 트랙터를 들여왔을 뿐이라면, 다요소 생산성 증가는 그대로일 테고, 전체 경제의 생산성 증가는 전부 트랙터 산업의 발전 때문일 것이다. 만일 그 농부가 예를 들어 윤작의 혁신을 감행했다거나 농장의 작업관행을 개선하여 운영의 효율성을 향상시켰다면, 농업의 다요소 생산성 증가는 상승할 것이다. 사실 연구자들은 세계 농업의 다요소 생산성 증가가 오랜 기간 동안 생산성 증가의 약 45퍼센트라는 것을 알아냈다. 다시 말해 기계 및 비료 개량은 생산성 증가에서 약 55퍼센트를, 농업 관행 개선은 45퍼센트를 차지한다. 이 개선된 농업 관행들은 특히 과거 소련과 중국의 집단농장 재정비에 집중되어 있다.

마지막으로 짚고 넘어갈 몇 가지 요점이 있다. 첫 번째, 대부분의 산업 혹은 서비스 업계에서 토지는 통상 가변 투입 요소가 아니므로 단일요소 생산성의 분석은 노동자 1인당 실질산출량이기가 쉽다. 두 번째, 노동자들의 투입은 개인마다, 그리고 그들의 노동시간에 따라 달라질 수 있으므로, 노동 생산성을 검토하는 단일요소 생산성 분석자들은 종종 노동자 1인당 산출량, 또는 1인당 시간당 산출량을 가지고 작업한다. 세 번째, 다요소 생산성 증가 계산에서 투입 요소들은 총비용에서 그것들의 지불 비중을 사용하여 결합되므로 매우 노동 집약적인 과정이라면 노동에 큰 비중을 두고 자본에는 적은 비중을 둘 것이다(여기에 대한 경제 이론은 Solow 1957에 정리되어 있다). 이 지불 비중에 따라 결합된 투입은 투입 서비스(input services)라 불리는데, 예를 들어 자본 서비스는 정보통신기술, 건물 및 차량 같은 자본자산을 결합한 투입으로 그것들의 지불에 의해 가중치가 정해진다.

마지막으로, 많은 통계청은 두 가지 방식으로 실질산출량을 계산하는데, 중간재를 포함하면 실질총산출량(real gross output)(이를테면 밀의 톤 수), 중간재를 제외하면 실질부가가치(중간재들을 제외한 밀 산출량)라고 부른다. 따라서 총산출량 다요소 생산성은 일반적으로 노동, 자본 및 중간재의 1투입 요소당 실질총산출량이고, 부가가치 다요소 생산성은 노동과 자본의 1투입 요소당 실질부가가치다. 〔전자는 후자의 (복잡한) 가중 평균인 것으로 밝혀졌는데, 이것은 에브시 도마(Evesy Domar)와 찰스 헐튼의 뛰어난 두 편의 논문(Domar 1961; Hulten 1978)에 등장한 이후 도마-헐튼 가중치(Domar-Hulten weighting)라 불린다.〕

무형의 설명

장기 불황의 원인을 제대로 밝히려면 이상적으로는 다음 네 가지 사실을 설명해야 한다.

1. 이자율 하락 및 같은 시기에 나타난 측정된 투자의 감소
2. 강력한 수익
3. 생산 및 수익 불평등의 증가세

4. 총요소 생산성 증가의 부진

무형자산은 이 중 어느 것을 설명할 수 있을까? 이 장의 나머지 부분에서 우리는 다음의 이유들로 인해 그것이 일조한 부분이 있을 거라고 제의한다.

첫 번째, 이 책의 앞 장들에서 우리는 기업이 하고 있는 투자의 성격이 유형에서 무형으로 전환되고 있으며, 몇몇 선진국에서는 현재 무형 투자가 우세하고, 이런 무형 투자들이 국가 회계에는 제대로 측정되어 있지 않다는 증거를 내놓았다. 그렇다면 우리가 모든 투자를 측정하지 않은 이상 적어도 부분적으로는 아마 투자가 저조해 보일 수 있을 터이다.

두 번째, 4장에서 우리는 무형자산이 독특한 경제적 특성을 갖고 있다는 것도 알았다. 그중 하나는 회사가 자신들의 영업활동 이상으로 무형자산을 확장하는 능력이었다. 그렇다면 회사들은 어쩌면 무형자산에 투자하면서 매출을 늘리고 있는 셈이다. 우버나 구글, 마이크로소프트를 생각해보라. 그들은 비교적 적은 인력을 고용하고도 그렇게 거대한 규모를 달성할 수 있다. 따라서 그들의 생산성(직원 1인당 수익)은 필시 어마어마하게 증대할 것이다. 게다가 측정한 바에 의하면 그들은 유형자본이 비교적 적기 때문에 고용자본의 단위당 수익도 막대하게 증가할 것이다. 따라서 대규모 확장을 이뤄낸 성공한 회사들은 선두가 되고 그들만큼 확장하려고 애쓰지 않았던(최소한 현재 그러지 않은) 업계의 뒤처진 기업들로부터 이탈하게 된다.

세 번째, 무형자산의 또 다른 특성은 스필오버다. 회사는 경쟁 기업들의 공장을 사용할 수는 없지만 잠재적으로 경쟁사의 디자인이나 조직 구조나 아이디어는 써먹을 수 있다. 이는 두 가지 영향을 미친다. 한편으로는 회사가 무형 투자를 줄일 경우 스필오버 발생이 줄어들 것으로 보인다. 스필오버는 총요소 생산성 증가에 나타나기 때문에 총요소 생산성이 감소할 것으로 예상할 수 있겠다. 두 번째 쟁점은 자신의 투자 이익을 전용할 수 있을 거라고 확신하기가 더 힘들어지는 상황에서 회사는 투자를 줄이기로 결정할 수 있다는 것이다.

우리는 이런 가능성들을 하나씩 살펴보고자 한다.

측정 오류: 무형자산과 저조해 보이는 투자

2장에서 살펴봤듯이 미국과 영국 같은 나라에서는 현재 무형 투자가 유형 투자를 추월했다. 그것의 대부분은 국가 회계에 포함되어 있지 않다―따라서 장기 불황을 입증하는 데 쓰이는 수치들에도 들어가 있지 않다. 그렇다면 우리가 제대로 집계하고 있어서 투자가 저조해 보이는 것일까? 아니면 다르게 표현해서 세계 경제는 무형 투자의 가치를 포함하지 않았기 때문에 우리가 생각했던 것보다 빠르게 성장할 수 있는 것일까?

이런 투자 집계가 투자/GDP 비율에 미치는 효과는 수많은 요인에 달려 있다. 우선, 그것은 국립통계청이 무형자산을 어느 정도까지 집계하느냐에 따라 달라진다. 3장에서 봤듯이 통계청들은 표 3.1에 정리된 무형자산들을 점점 더 많이 계산에 포함하고 있다. 두 번째, 우리가 국가 회계에 새로운 투자를 집어넣을 경우 GDP도 올라가므로, 그에 따라 투자/GDP 비율에 미치는 효과가 모호해질 가능성이 있다.

그림 5.6이 보여주듯 예전에 측정하지 않았던 무형자산을 포함하자 투자/GDP 비율을 상승시키는 효과가 나타나지만, 부분적으로 방금 언급

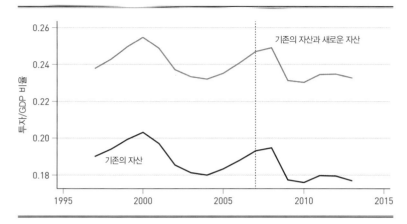

그림 5.6 EU 11개국 및 미국의 새 무형자산 유무에 따른 투자/GDP 비율. 데이터는 전체 경제다. GDP는 새로운 자산 투자를 포함하느냐 제외하느냐에 따라 조정된다. 출처: INTAN-Invest(www.intan-invest.net)의 데이터베이스를 바탕으로 저자들이 산출.

한 효과와 비교적 짧은 기간 때문에 그 추세에는 대단한 영향을 미치지 않는 것으로 보인다. 따라서 집계 누락은 대세에 큰 영향을 미치는 것 같지 않으며, 특히 적어도 대침체 이후로는 그렇다. (투자 누락은 GDP의 성장에도 영향을 주며, GDP가 더 느리게 성장하는 것처럼 보일 가능성이 있다. 우리는 부록에서 이것이 실제로는 큰 효과가 아님을 밝히려 한다.)

수익성과 생산성 격차: 확장, 스필오버 및 투자 인센티브

무형자산이 투자에 미치는 영향은 측정의 문제로 국한되지 않는다. 4장에서 봤듯이 무형 투자는 많은 측면에서 독특하다. 이런 특이한 성격이 기업의 투자 인센티브에 영향을 미칠 수 있다는 말은 그럴 법해 보인다. 여기서 특히 관련 있는 것은 무형자산의 **확장성**과 **스필오버** 효과다. (우버의 소프트웨어나 스타벅스의 브랜드처럼 확장 가능한 자산은 엄청나게 많은 지역으로 확산될 수 있다. 스필오버를 이용하는 데 능숙한 회사—예를 들면 개방형 혁신에 능숙해서—는 자사의 무형 투자뿐 아니라 다른 회사들의 투자로부터도 이득을 얻을 수 있다. 애플이 노키아(Nokia)와 에릭슨(Ericsson) 같은 초기 스마트폰 제조업체들의 실패담과 수십 년간의 정부 연구로부터 어떻게 아이폰을 개발할지 배웠다는 것을 떠올려보라.]

확장성은 무형 투자의 매력을 배가시킨다. 어떤 회사가 대규모 사업으로 투자를 확장할 수 있다는 확신이 선다면 투자 인센티브는 증가한다. 만일 어떤 회사가 자사의 최신 프로젝트가 차기 구글 페이지랭크(PageRank)나 차기 블록버스터 치료약이 될 수 있다고 진정으로 믿는다면, 거기에 전부를 거는 것도 정당화될 것이다. 확장 가능한 무형자산의 투자 수익이 대단히 높기 때문이다.

스필오버의 존재는 일반적으로 회사의 투자 의지를 위축시킬 것으로 보인다. 우리가 4장에서 언급했던 EMI와 CT 스캐너의 사례연구를 떠올려보자. 대부분의 회사는 수백만 파운드를 급진적인 신제품에 투자했으나 고작 경쟁업체들이 이윤을 착복하는 것을 지켜보기만 했던 EMI의 전철을 밟을까 봐 몸을 사릴 것이다(그리고 실은 EMI도 상당한 액수의 R&D 정부 보조금을 받지 않았더라면 CT 스캐너에 투자할 결정을 내리지 않았을지도 모른다).

스필오버는 평범한 회사들의 무형 투자 열의를 꺾을지는 모르지만, 물론 모든 회사가 전부 다 평범한 것은 아니다. 4장에서 얘기했듯이 무형자산의 이익은 완전히 무작위로 스필오버되지는 않는다. 사실 경영의 귀재들은 다른 회사들의 투자로부터 스필오버를 도용하는 기술을 연구해왔고 거기에 이름까지 부여했다. 바로 개방형 혁신이다. 모든 기술이 그렇듯 어떤 곳은 다른 곳들보다 개방형 혁신에 더 능숙하다. 업계 뉴스를 훑어보면 몇몇 회사는 타사의 좋은 아이디어를 흡수하여 도용하는 데 특별한 수완을 갖고 있다는 평판이 있음을 알 수 있다. 〔극단적인 사례가 독일의 전자상거래 창업 인큐베이터 업체인 로켓인터넷(Rocket Internet)으로, 우수한 온라인 아이디어들을 체계적으로 발굴해 창시자들보다 더 신속하고 뛰어나게 시행한다.〕

이런 특성은 회사 실적에 영향을 준다. 무형자산을 창조하고 조작할 수 있는 회사는 막대한 이익을 거둘 수 있다. 무형 투자가 매우 중요한 세상에서 '최고' 회사들—다시 말해 (a) 가치 있고 확장 가능한 무형자산을 보유하고, (b) 다른 기업들로부터 스필오버를 빼내는 데 뛰어난 회사들—은 생산성과 수익성이 대단히 높고, 그들의 경쟁업체들은 손해를 볼 것임을 예상할 수 있다.

자, 그림 5.4에 나타나듯이 생산성이 최고인 회사들과 최저인 회사들 사이의 격차는 벌어지고 있다. 여기에 대한 일반적인 설명 하나는 아마도 경쟁 정책이 약화되고 있어서 강력한 터줏대감들이 자신들의 시장 입지를 굳힐 수 있도록 하기 때문이라는 것이다. 하지만 전 세계적으로 경쟁 정책 약화 같은 것이 있었는지는 명확하지 않다. 사실 대부분의 정부는 경쟁 정책을 꽤 진지하게 고려하고 있는 듯하다. 그렇다면 선도 기업들이 경쟁에서 벗어나 자신들의 유리한 고지를 견고하게 다질 가능성을 만들어온 것은 아마도 확장성과 스필오버가 아닐까?

무형자산이 풍부한 회사들이 극적인 규모로 확장하고 있다는 생각은 사례들을 근거로 한다면 그럴 법해 보인다. 바로 우버, 구글, 마이크로소프트 등이 있다. 그 점을 정말로 확실히 해두기 위해 각 회사로부터 무형투자 데이터를 수집하고 그 데이터가 수익의 불평등과 어떤 상관관계가 있는지 알아볼 필요가 있을 것이다. 그러나 회계 관행 때문에 이 작업은 아직 불가능하다(10장 참조). 당장 산업 차원에서는 살펴볼 수 있는데, 여기에 대한 데이터가 실제로 우리에게 있다. 자, 만일 회사들이 무형자산을 이용하고 있다면, 그들은 무형자산이 중요한 업계에 자리를 잡는 것이 최상일 것이다. 예를 들어 공공 상하수도 시스템도 잠재적으로 무형자산을 이용하여 확장할 수는 있겠지만, 제약이나 금융 서비스 같은 무형 집약적 산업들보다는 그럴 여지가 아마 훨씬 적을 것이다. 따라서 생산성 확산은 좀더 무형 집약적인 산업 및 국가에서 더 크게 증가할 것으로 예상된다. 그림 5.7은 이것을 검토해본다.

그림 5.7은 2001~2007년(금융 위기 이전에 중단했다)의 평균적인 생산성 확산 추이(최상인 회사들과 최악인 회사들 간의 생산성 격차)와 2001년 무형자산 강도 사이의 관계를 보여준다. 두 패널은 각각 제조업과 마케팅 서비스업을 나타낸다. 그러니까 이를테면 제조업에서는 이탈리아와 오스트리아가 무형자산에 별로 투자하지 않으며, 생산성 확산의 증가가 적었다. 반대로 영국, 스웨덴, 프랑스는 무형자산에 굉장히 많이 투자하고 있으며, 생산성 확산에서도 증가폭이 컸다. 서비스업도 마찬가지다.

수익은 어떤가? 우리에게 직접적인 수익 데이터는 없지만, 만일 R&D 그리고/또는 특허를 무형자산의 대체자료로 쓸 용의가 있다면, 이런 생산성 확산 견해를 뒷받침할 증거는 더 많다. 경제학자 브로닌 홀, 애덤 제프(Adam Jaffe), 마누엘 트라첸버그(Manuel Trajtenberg)(Hall, Jaffe, and Trajtenberg 2005)는 일단의 미국 회사에 관한 재무 및 R&D 데이터를 수집하고 이 데이터를 그들의 특허와 그 특허들이 얼마나 많이 인용되었는지와 연결 지었다. 그들은 다른 여러 요인을 통제했을 때 회사의 주식시장 가치와 그곳의 R&D 지출 및 많이 인용된 특허 사이에 강한 상관관계가 있음을 발견했다. 주식시장의 가치가 회사의 전망에 관한 최상의 기준은

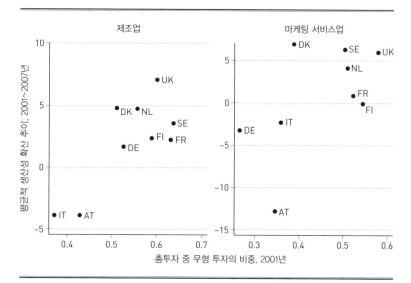

그림 5.7 무형자산의 강도 및 생산성 확산 추이. 생산성 확산의 추이는 2001~2007년 노동 생산성 부문에서 하위 사분위수를 뺀 상위 25퍼센트의 변동이다. 국가들은 오스트리아(AT), 덴마크(DK), 핀란드(FI), 프랑스(FR), 독일(DE), 이탈리아(IT), 네덜란드(NL), 스웨덴(SE) 및 영국(UK)이다. 출처: ESSLait (http://ec.europa.eu/eurostat/cros/content/impact-analysis_en)의 생산성 확산 데이터와 INTAN-Invest(www.intan-invest.net)의 데이터베이스를 바탕으로 저자들이 산출.

아닐지 모르지만, 이것은 실제로 회사 실적과 무형자산들(의 한 차원) 사이의 연관성을 시사하는데, 이는 무형자산이 많은 회사가 경쟁업체들보다 실적이 좋을 거라는 생각과 일치한다.[3]

그러니까 생산성 확산은 업계에서 무형자산 투자를 많이 하는 나라들에서는 크게 증가했다. 분명 이 문제에 대해서는 더 많은 연구가 필요하지만, 만일 그런 말이 더 많은 연구 후에도 계속 나온다면, 무형 투자의 증가는 실적/생산성 확산이 증가한 이유를 부분적으로 설명할 수 있을지도 모른다. 결국 이는 투자 행동이 양분되는 것을 설명할 수 있을 것이다. 확장 가능한 자산들을 창출하고 거기서 나온 이익 대부분을 자사로 흡수하는 능력을 확신하는 선도 기업들은 투자를 계속할 터이다(그리고 높은 투자 수익률을 누릴 것이다). 그러나 자신들의 투자로부터 개별 수익이 저조할 것이라고 예상하는 후발 기업들은 그러지 않을 것이나. 소수의 선도 기업과 다수의 후발 기업이 존재하는 업계에서 이것의 순 효과는 실제로 진행되는 투자의 수익은 높고 총투자율은 감소하는 상황을 초래할 수 있다.

스필오버: 무형자산과 총요소 생산성 증가의 둔화
무형자산의 성장 속도가 떨어졌나

무형 투자의 측정 오류는 대부분의 투자 문제는 설명하지 못하는 반면, 장기 불황이라는 수수께끼의 한 가지 양상을 설명하는 데는 도움이 될 수 있다. 바로 최근 몇 년간 저조한 총요소 생산성이다.

무형 투자는 그림 2.4가 보여줬듯이 대부분의 나라에서 지난 몇 십 년간 꾸준히 증가해왔다. 좀 거슬러 올라가 2007년 이후로는 무형과 유형 투자가 둘 다 둔화했다. 현재는 회복됐지만, 증가 속도는 예전만큼 빠르지 않다. 그림 5.8은 무형자산 및 R&D의 자본 서비스 증가율이 결과적으로 2007년 이후 둔화해왔음을 보여준다. (자본 서비스는 투자와 감가상각 양쪽을 설명하므로 단지 투자만이 아니라 무형자산 서비스의 흐름을 보여주기에 더 나은 척도다. 3장의 부록과 상자 5.1 참조.)

다음으로 무형자산의 경제적 특성 중 두 가지인 스필오버와 확장성을 생각해보자. 어떤 회사가 일부는 유형자산에, 일부는 무형자산에 투자한다고 치자. 그들은 양쪽에서 이익을 거둬야 하지만, 무형자산은 그 자산이 **확장**될 수도 있을 테니 그쪽의 생산성이 더 높아야 한다. 거기에 덧붙여 만일 무형자산의 이익이 스필오버 효과를 일으킨다면, 다른 회사들의

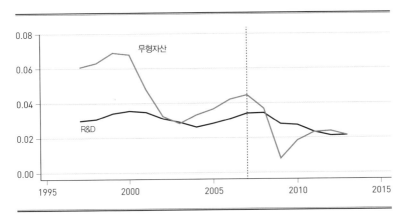

그림 5.8 무형자산 및 R&D의 자본 서비스 증가: 모든 나라(구매력 지수(PPP) 기준 GDP를 사용해 가중치 적용). 출처: INTAN-Invest(www.intan-invest.net)와 SPINTAN(www.spintan.net)의 데이터베이스를 바탕으로 저자들이 산출.

생산성도 증가할 수 있어야 한다. 이러한 부가 효과들은 총요소 생산성에 나타날 것으로 기대된다.[4] 이 말을 뒤집으면 만일 무형자본 증가가 감소할 경우 그림 5.8에서 살펴보듯이 총요소 생산성 증가도 하락할 것이라는 얘기가 된다.

그림 5.9는 대침체를 전후로 하여 10개국의 총요소 생산성 및 무형자본의 증가를 시각화하면서 이것을 살펴본다. 대침체 이전에 대부분의 나라는 그림의 오른쪽 상단에 있었는데, 이는 무형자산의 플러스 성장과 총요소 생산성의 증가를 나타낸다. 2008년 이후 에스파냐를 제외한 모든 나라는 무형자산 성장과 총요소 생산성이 둘 다 하락함에 따라 왼쪽 하단으로 하향이동했다. 우상향의 기울기를 갖는 최적선은 이를 요약해준다. 바로 무형자본 증가의 둔화와 총요소 생산성 증가의 둔화 사이에 확실히 연관성이 있어 보인다는 것이다. 이는 더 많은 기간을 포함하는 더욱 정교

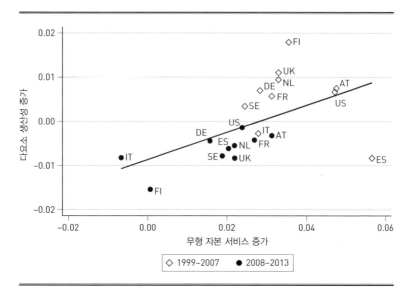

그림 5.9 다요소 생산성 및 무형 자본 서비스 증가. 그림은 1999~2007년(열린 다이아몬드)과 2008~2013년(닫힌 원)의 연평균 증가율을 나타낸다. 데이터는 전체 경제다. 국가들은 오스트리아(AT), 핀란드(FI), 프랑스(FR), 독일(DE), 이탈리아(IT), 네덜란드(NL), 에스파냐(ES), 스웨덴(SE) 영국(UK), 미국(US)이다. 출처: INTAN-Invest(www.intan-invest.net)와 SPINTAN(www.spintan.net)의 데이터베이스를 바탕으로 저자들이 산출.

한 조사를 통해 확인되었다. 그리고 그림 5.10은 R&D 자본 증가에서도 유사한 패턴이 있음을 분명히 드러낸다.

두 그림 모두 산만하고 뭔가 다른 상황들이 진행되고 있을 법하다는 것을 인정한다. 여기에 대해서는 향후 연구에서 탐구해야 할 것이다. 그러나 그림은 총요소 생산성 증가의 둔화를 부분적으로 무형자산 증가의 둔화로 설명할 수 있음을 시사한다.

무형자산들은 더 적은 스필오버를 생성하고 있는가

총요소 생산성 증가가 둔화할 수 있는 또 다른 이유는 무형자산의 스필

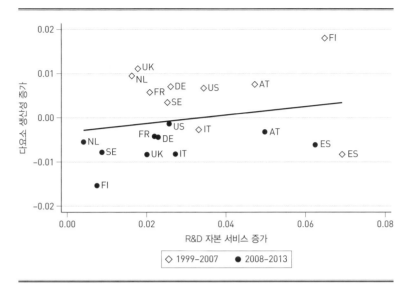

그림 5.10 다요소 생산성 및 R&D 자본 서비스 증가. 그림은 1999~2007년(열린 다이아몬드)과 2008~2013년(닫힌 원)의 연평균 증가율을 나타낸다. 데이터는 전체 경제다. 국가들은 오스트리아(AT), 핀란드(FI), 프랑스(FR), 독일(DE), 이탈리아(IT), 네덜란드(NL), 에스파냐(ES), 스웨덴(SE) 영국(UK), 미국(US)이다. 출처: INTAN-Invest(www.intan-invest.net)와 SPINTAN(www.spintan.net)의 데이터베이스를 바탕으로 저자들이 산출.

오버가 왜 그런지 몰라도 덜 발생하고 있기 때문이다. 어쩔 수 없이 이것은 다소 추측에 근거한 것이긴 하지만, 왜 그럴 가능성이 있는지 생각해 보자.

후발 기업들이 스필오버들을 흡수하는 데 덜 효과적이게 되었다는 것이 한 가지 가능성이다. 만일 무형자산 스필오버의 이익이 무작위로 아무 기업에나 생긴다면, 이것은 회사의 수익에는 확실한 영향을 절대 미치지 않을 것이다. 어떤 회사든 다른 회사의 무형 투자로부터 뜻밖의 횡재 같은 이익을 얻을 가능성과 경쟁업체에 자기들의 투자 수익을 빼앗길 가능성은 똑같을 테니 말이다. 그러나 업계 언론이나 경영학 연구를 조금만 아는 사람들마저도 세상은 그렇게 돌아가지 않는다고 말한다.

어떤 기업들은 다른 회사들의 아이디어에서 이익을 뽑아내는 수완이 유난히 좋다고 여겨진다. 스티브 잡스가 애플의 iOS 아이디어를 훔쳤다고 생각한 안드로이드(Android) 체제를 사들인 다음 그것을 키우고 판매한 구글의 능력은 이 계통에서 유명한 사례다. 그러나 그것은 경제 전반에 걸쳐 나타나는 추세다. 경영의 귀재들은 '개방형 혁신' 및 '신속한 팔로워십(followership: 리더십의 대비 개념으로 수동적인 추종자가 아닌 리더와 추종자들 간의 효과적인 상호작용을 강조한다ー옮긴이)에 대해 조언한다. 대중은 일찍 일어나는 새가 벌레를 잡지만(Early bird catches the worm: 부지런한 사람이 성공한다는 교훈적인 영어 속담ー옮긴이), 한편으로 치즈를 차지하는 것은 바로 두 번째 쥐(The second mouth gets the cheese: 먼저 나서봤자 좋을 일이 없다는 뜻으로 앞의 속담을 비튼 영어 표현ー옮긴이)라는 점을 흔히 알고 있다. 〔경제학자이자 블로거인 크리스 딜로(Chris Dillow)는 활발한 기술진보를 경험하고 있는 부문에서 '신속한 팔로워'가 되는 인센티브가 더 클 것이라는 견해를 밝혔다. 기다리는 것은 한 회사로 하여금 원래 투자했던 회사의 스필오버뿐 아니라 소프트웨어 같은 투자의 가격 하락에서도 이익을 얻게 해줄 것이다.〕[5]

무형 투자의 확장성과 시너지는 또한 선도 기업들이 더욱 적극적으로 투자하게 만드는 역할도 한다. 선도 기업들은 더 크고 더 빠르게 성장할 가능성이 높고, 따라서 무형자산의 확장성을 이용하게 될 공산도 크다. (스타벅스가 무형자산을 더 투자하지 않고도 어떻게 신규 개장하는 모든 카페에서 자사의 브랜드와 운영 절차를 효율적으로 사용할 수 있는지 생각해보라.) 그들은 자신들의 신규 투자와 시너지 효과를 일으키는 다른 가치 있는 무형자산들을 소유하고 있을 가능성이 높다. (이전의 스마트폰들은 사용하기가 힘들었는데도, 매력 있고 직관적인 애플 제품들에 대한 기존의 평판이 어떻게 소비자들로 하여금 아이폰을 기꺼이 써보고 싶게 만들었는지를 생각해보라.)

후발 기업들의 투자가 줄어들고는 있지만, 전반적인 투자 하락은 업계의 구조에 달려 있다. 소수의 선도 기업은 무형 투자의 이익을 내부화할 수만 있다면 자신들의 투자 수준을 이론상 얼마든지 높일 수 있을 것이며 그 결과 모든 후발 기업의 고삐를 단단히 쥘 것이다—소수의 기업들만 투자할 테지만, 일단 하는 곳은 엄청나게 투자할 것이다. 전반적으로 투자와 성장이 저하된다는 것은 여전히 기분 좋게 무형자산에 투자하고 있는 선도 기업들의 투자 수준이 후발 기업들의 투자 부족 추정액을 완전히 벌충하기에는 틀림없이 충분하지 않다는 얘기일 것이다.

왜 이런 부족액이 발생할 수 있는지에 관해서는 두 가지 이유가 있다. 첫 번째는 일반적으로 무형자산이 투자로서 갖는 근본적 특성에 관해 우리가 앞에서 했던 논의로 다시 돌아간다. 개방형 혁신에 강한 상호보완적인 자산을 많이 갖고 있는 대기업조차도 일부 무형 투자의 이익을 확보하려고 고군분투할 수 있다. 다수의 장기적 R&D와 디자인에 막대한 투자를 하는(대규모 유형 투자는 물론이고) 테슬라 같은 회사를 두고 언론과 주식시장 분석가들은 하나같이 특이하다고 여긴다.

두 번째 가능성은 어떤 선도 기업이 이론상 대규모 무형 투자를 할 의향이 있다 하더라도 어쩌면 경영상의 관심과 전달의 어려움이 걸림돌로 작용할 거라는 점이다. 압도적인 규모에다 가치 있는 무형자산들이 가득한 시장의 선두주자 아마존(Amazon)을 생각해보라. 그곳은 실행력이 뛰어나고 도전기업들의 아이디어를 차용해 그들의 판에서 상대를 압도해버린다는 평판이 있으며, 장기적 시각에서 투자하고 수익성을 추구하려 한다.

아마존은 확실히 신사업 개발에 많은 투자를 해왔고, 본래의 도서판매 사업에서 일반 소매업, 컴퓨터 하드웨어 및 클라우드 컴퓨팅으로 확장했으며, 현재 식품사업 쪽으로 움직이고 있다. 그러나 이런 투자들은 시간이 걸렸다. 어쩌면 시장의 선두주자라 할지라도 경영진은 너무 많은 우선순위에 주의를 기울여야 하기 때문에 개별 회사가 대규모의 전략적 투자를 할 수 있는 속도에는 제한이 있는 것 같다. 경영진의 주의라는 개념과 회사가 무리수를 두지 말아야 한다는 생각은 경영도서들과 업계지에서 확실히 인기가 있다. 만일 이것이 사실이라면, 극소수의 회사만이 투자의 보상을 거둘 것이라는 자신감을 가진 부문들에서는 주의를 집중해야 한다는 인식된 필요성이 오히려 총투자를 제한할 수 있다.

마지막으로, 우리는 무형 투자의 진정한 본질이 달라졌을 가능성을 고려해야 한다. 어쩌면 그것은 겉으로는 생산성을 증대하는 것처럼 보이지만 실제로는 전혀 그렇지 않은 지대추구 활동들을 은폐하고 있을지도 모를 일이다.

유형이건 무형이건 회사가 하는 투자는 좋은 것도 있고 나쁜 것도 있는 게 상식이다. 그것이 사업의 본질이다. 시간이 흐르면 전체 경제의 차원에서 좋은 투자와 나쁜 투자는 균형 상태가 되고, 보통 회사의 한계 투자는 시장수익률을 제공한다.

물론 투자한 회사로 돌아오는 개인 수익이 전체 경제의 전반적인 수익과 항상 같지는 않을 것이다. 우리가 앞서 논의했듯이 무형 투자로부터 수익을 얻는 스필오버들이 있을 때 사회적 수익률은 개인 수익률을 초과하며, 다른 회사들 또한 이익을 본다. 애플이 휴대폰 사용자들을 스마트폰으로 전환시킬 정도로 충분히 투자하자 삼성과 HTC가 이득을 봤듯이 말이다.

그러나 무형이건 유형이건 사회적 수익을 서의 혹은 전혀 생산하지 않는 투자를 상상해볼 수도 있다. 투자를 한 회사에 그 투자가 발생시키는 개인 수익이 다른 곳에서 이미 창출된 적이 있는 가치를 전환한 결과물일 때다.

최근 화제가 됐던 두 기업을 생각해보자. 에피펜을 판매하는 제약사 밀란(Mylan)과 글로벌 차량 공유 기업인 우버다. 4장에서 언급했듯이 에피펜의 성공은 서로 맞물려 있는 한 세트의 무형 투자에 달려 있었다. 설계는 의약품 규제기관의 승인을 받았고, (법의 보호를 받는) 이름은 외우기 쉬우며, 응급처치 요원들은 사용법을 숙지했고, 중요 고객들에게 시판할 학교 같은 채널[그중 일부는 2013년 미국 비상 에피네프린 학교접근법(US Schools Access to Emergency Epinephrine Act of 2013) 같은 법의 지원을 받는다]이 있다. 에피펜의 성공에는 또한 좀더 어두운 측면도 있다. 에피펜 제조업체들은 경쟁제품 제조업체들을 고발하여 그들의 시장 접근을 늦추거나 가로막았다. 에피펜을 수익성 있게 만드는 것들은 개인 수익만큼이나 사회적 이익을 창출한다. 응급처치 요원들이 에피펜 사용법을 안다는 사실 혹은 많은 과민반응 환자들이 에피펜 브랜드를 인지하고 있다는 사실은 소비자들과 밀란사 양측에 유리하다. 그러나 경쟁제품들에 대한 소송이나 까다로운 자기주사기 신제품의 승인 과정이 밀란사를 제외한 누구에게 이득을 주는지는 확실하지 않다.

우버 또한 유사한 질문을 제기한다. 소프트웨어 및 브랜드와 더불어 우버에 수익의 원천이 되는 소중한 무형자산 중 하나는 운전기사 파트너들의 대규모 네트워크다. (이 네트워크가 우버에 얼마나 값진 것인지 보여주는 한 증거는 우버가 새로운 도시에 오픈할 때 이따금 서비스에 등록하는 신규 운전기사들에게 관대한 계약과 회원비를 제공한다는 사실이다.) 자, 어떤 측면에서 이 무형자산은 개인의 이익뿐 아니라 공공의 이익을 제공한다. 품질을 보증받은 운전기사 네트워크의 정보망 구축은 우버의 고객들에게 가치 있는 서비스다. 그러나 비평가들은 우버의 운전기사 네트워크에 대한 '투자'가 적어도 어떤 측면에서는 제로섬 게임이라고 주장해왔다. 우버가 운전기사 네트워크를 유지하는 목적은 고용법이나 최저임금을 준수하지 않고도 많은 직원을 고용하는 장점을 갖게 해준다는 게 그들의 주장이다. 그만큼 우버의 운전기사 네트워크 투자는 최소한 어느 정도까지 새로운 가치를 창출해서가 아니라 (그렇지 않았다면 최저임금 등의 혜택을 얻을) 운전자들로부터 가치를 빼냄으로써 가치를 갖는다.

밀란과 우버에 제기된 혐의는 그들의 무형 투자 일부가 전체 경제에 도움을 주지 못하고, 기존의 경제 파이를 쪼개 무형 투자자가 수익을 독점하도록 한다는 데 있다.

이러한 사례는 그 밖에도 생각해볼 수 있다. 신규 자회사 설립을 위해—조직 개발 투자의 사례—법적 수수료와 기업 구조조정 비용에 돈을 쓰는 굿코(GoodCo)와 배드코(BadCo)라는 두 기업을 생각해보자. 굿코가 자회사를 내는 목적은 고객들에게 새롭고 수익성 있는 서비스를 제공하기 위해서다. 그것은 회사에 플러스가 되는 개인 수익임은 물론이고 사회적 수익도 될 것이다(다시 말해 GDP가 상승할 것이다).

반면 배드코가 자회사를 내는 유일한 목적은 회사의 조세 회피를 돕는 것이라고 가정해보자. 이 경우 저렴해진 납세고지서의 형태로 배드코에는 개인 이익이 떨어질 테지만 사회적 수익도 GDP 증가도 없을 것이다.

회사의 개인 수익은 그렇지 않았다면 정부로 들어갔을 돈을 전용하는 것일 뿐이다.

이런 식의 지대추구 지출이 이뤄지고 만일 그것이 투자로 집계된다면 투자는 증가할 것이다. 아마 선도 기업의 지위도 상승할 테지만, 총산출량은 전혀 늘지 않을 것이다. 이것은 노동 및 투자가 성장에 끼친 기여도 및 관측된 성장률 간의 잔여분인 총요소 생산성의 하락으로 나타날 것이다. 스필오버가 있다 해도 그 스필오버는 마이너스다.

이와 같은 다른 종류의 지출도 생각해볼 수 있다. 오로지 특정 연구 분야에서 경쟁업체들을 제거하려고 개발한 이른바 상호저촉특허(blocking patent) 혹은 오로지 다른 회사들의 시장점유율을 빼앗는 게 목적인 광고 캠페인(이미 4장에서 살펴봤듯이 비록 대부분의 광고가 이렇지 않다는 증거가 있긴 하지만 말이다)이 그렇다. 무형 투자에는 그 밖에도 더욱 측정하기 힘든 부정적인 외인성(externality)이 있을 수 있다. 그것은 관료주의적 원칙을 추종하는 것이 인간성을 말살하고 노동자들을 우울하게 한다는 자본주의에 대한 오랜 비판이다―어떤 부류의 조직 개발 투자는 노동자들의 자율성을 제거함으로써 그들을 덜 행복하게 만들 가능성이 높다. 상반된 사례도 일어날 수 있긴 하다. 린 과정 같은 일부 조직 개발 투자는 노동자들의 선택 의지를 줄이는 게 아니라 키우는 것을 전제로 한다. 일부 유형 투자 역시 제한된 사회적 수익을 발생시킬 수 있다. 오로지 거래 횟수에서 마이크로 초(microsecond: 100만 분의 1초, μs로 표시한다―옮긴이)의 몇 분의 몇을 깎을 목적으로 초단타매매 회사가 설치한 광섬유 케이블을 생각해보라(John Kay 2016에 생생하게 적혀 있다). 그리고 지대추구에 투입된 모든 돈이 무형 투자를 발생시키는 것은 아니다. 적어도 무형자산 측정에 사용되는 주요한 방법으로는 그렇다. 그러나 지대추구나 제로섬 투자는 유형보다는 무형 투자에서 더욱 흔해 보이는 게 사실이다.

이것은 투자 및 생산성 수치와 관계가 있을 수 있다. 무형 투자의 증가가 GDP를 상승시키지 않는 지대추구 투자의 증가를 은폐하고 있을 가능성도 있다. 이것은 우리가 경제에서 관찰해왔던 투자 저하의 원인을 규명하지는 않더라도, 생산성과 총요소 생산성의 하락을 설명하는 데는 도움이 될 것이다. 관리가 부실한 경제에서 지대를 끌어내는 게 목적인 무형자산의 양이 늘어나는 것도 상상해볼 수 있다. 그렇게 되면 주어진 무형 투자 수준이 어떻든 산출량은 줄어들 것이고 총요소 생산성도 떨어질 것이다. 이러한 위험은 갈수록 무형화되어가는 경제에서 정책 입안자들이 지대추구 행위를 경계해야 할 충분한 사유가 된다.

무형 투자의 증가가 지대추구를 더 조정하고 있을 가능성도 있다. 이것이 우리가 앞서 논의했던 선도 기업들과 후발 기업들 사이의 격차를 늘리고 있는지도 모른다.

제임스 베슨(James Bessen)의 한 논문은 구체적으로 미국의 비금융권 기업들 가운데 벌어지고 있는 선도 기업들과 후발 기업들 사이의 격차가 무형 투자의 증가 때문인지 아니면 선도 기업들의 지대추구 행위가 늘어난 때문인지 질문을 던진다. 베슨은 (규제지표와 정치 로비활동비로 측정된) 산업 규제와 상장기업 가치평가 사이의 관계를 살펴본다. 그는 1980년 이래 주가 상승의 상당 부분이 (R&D로 측정된) 무형자산 때문이었기는 하지만, 규제 및 로비 지출이 가치평가에 한층 더 강한 영향을 미친다고 결론 내린다(Bessen 2016).

자, 아마도 우리가 4장에서 논의했던 무형자산의 **논쟁성**은 회사들로 하여금 무형자산에 대한 자신들의 권리를 주장하고 보호하는 데 돈을 쓰도록 부추기는 듯하다. 최근 미국에서는 첨단기술 기업들이 수행하는 로비 활동의 비중이 점점 더 커져왔다. 일반적으로 이 회사들은 가치가 큰 데이터 및 소프트웨어를 특별한 방식으로 사용할 구글의 권리 또는 가치가 큰 운전기사 및 집주인 네트워크에 대한 우버와 에어비앤비의 권리처럼 자신들이 보유한 귀중한 무형자산들과 관련해 로비를 하고 있다. 로비 활동이 성공했을 때 보상은 굉장히 크다. 이 모든 무형자산들은 대규모로 확장할 수 있고 그 가치는 소유주의 비즈니스 모델에 내재해 있다. 그것들은 또한 소유주를 후발주자가 아닌 리더로 만드는 원천이기도 하다— 이것 자체만으로도 뒤처진 경쟁업체들의 미래에 대한 투자를 좌절시킬 수 있다.

그러므로 무형 지출의 측정이 잘못되었고 실제로는 로비활동 지출이기 때문이 아니다. 아마도 무형 경제로의 이행이 무형자산의 본질적인 논쟁성을 해결할 새로운 제도를 요구하는 그런 단계에 우리가 접어들었기 때문인 것 같다.

이에 대한 낙관적 해석은 무형 집약적 경제로의 전환의 이면에서 법적·제도적 장치가 마련되고 있는 중이며 그것들이 해결될 때까지는 회사가 무형 투자와 관련한 지대추구에 더 많이 지출하는 불균형한 인센티브가 있을 거라는 것이다. 예를 들어 스필오버 및 확장의 효과가 더욱 중요해짐에 따라, 기존의 세금과 경쟁 및 지식재산법이 무효로 검증되면서 로비활동, 법적 공방 및 제도적 재부팅을 요구하는 것이다. 이러한 신형 경제에 적응하자면 즉각적으로 생산성을 높일 수 없는 회사와 정부는 많은 지출이 필요할 것이다. 따라서 기업의 특정 무형 지출액이 미치는 생산성 증대 효과는 감소한다. 더욱 골치 아픈 해석은 이런 종류의 지대추구가 무형자산의 고유한 특성, 특히 논쟁성과 연관되어 있다는 것이다. 이는 정부가 지대추구를 예방하고 무형 경제에 필요한 제도를 설계하는 과제를 훨씬 제대로 수행하는 법을 익힐 때까지는 총요소 생산성 증가가 계속 부진할 것임을 시사한다.

결론: 장기 불황에서 무형자산이 하는 역할

분명 장기 불황은 잠재적 원인이 광범위하게 존재하는 복잡한 현상이다. 우리는 유형에서 무형 투자로의 장기적 전환이 어떻게 불황을 초래하거나 악화할 수 있는지 네 가지 가능한 방식을 알아봤다.

첫 번째, 측정 오류는 이 수수께끼의 일부를 설명하게 해준다. 상승세에 있는 무형 투자를 포함하자 투자 가뭄이 그렇게 나쁘지만은 않다는 것이 드러난다. 그것은 또한 GDP 성장을 조금씩 향상시킨다. 그러나 장기 불황 문제의 대부분은 여전히 남는다.

두 번째, 무형자산의 확장성은 거대한 고수익 기업의 출현을 가능하게 하고 있다. 이 회사들은 아울러 다른 회사들의 무형 투자에서 스필오버를 전용하기에 더 유리한 위치에 있기도 하다. 그것이 선도 기업들과 뒤처진 기업들 사이의 생산성 및 이윤 격차를 키우며, 동시에 후발 기업에게는 투자 인센티브를 감소시킨다. 이것은 어떻게 투자 저하가 실제 이뤄지는 투자의 고수익률과 공존하는지를 설명해준다.

세 번째, 무형 자본의 구축 속도는 대침체 이후로 느려졌다. 이것은 스필오버 발생을 감소시킬 수 있는데, 이로 인해 회사들은 예전보다 규모를 덜 확장하게 되고 총요소 생산성은 둔화된다. 이를 뒷받침할 증거가 있다. 총요소 생산성 증가가 거의 최고로 둔화된 곳은 R&D 및 무형 자본 증가가 가장 둔화된 나라들이라는 사실이다.

마지막이면서 가장 추측에 근거한 부분인데, 후발 기업들은 선도 기업들로부터 스필오버를 흡수할 능력이 떨어진다. 아마 선도 기업들이 후발 기업들보다 다양한 종류의 무형자산들 사이에서 시너지를 훨씬 더 많이 이용할 수 있기 때문일 것이다. 아니 어쩌면 경제가 무형자산에 내재된 논쟁성을 해결할 새로운 제도들을 필요로 하는 무형 경제로의 이행 단계에 접어들었고 그것이 투자를 로비활동, 법적 공방 및 제도적 재부팅 쪽으로 편향되게 해왔기 때문일 것이다. 이 중 어느 것도 즉각적으로 생산성을 높이지는 않는다.

부록: 측정에서 누락된 무형자산이 GDP 성장에 미치는 효과

측정되지 않은 무형자산들이 GDP 성장에 미치는 효과는 약간 복잡하다. 측정된 GDP 수준에는 측정된 투자가 포함되므로, GDP 성장에는 측정된 투자의 증가분(GDP에서 투자가 차지하는 비율을 곱한다)이 포함된다. 따라서 측정 오류는 누락된 투자가 GDP 증가보다 더 빠르거나 느리게 증가하고 있는 경우에만 일어난다. 만일 그것들이 정확히 똑같은 속도로 증가하고 있다면 우리가 얻은 GDP 수준은 틀리겠지만 증가율은 맞는다. 따라서 누락된 무형 투자가 측정된 GDP 증가분보다 빨리 증가한다면 측정

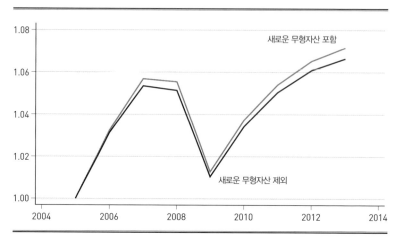

그림 5.11 무형자산을 포함할 때와 제외할 때의 산출량 증가(모든 나라. 2005년까지의 지수=1). 출처: SPINTAN(www.spintan.net)의 데이터베이스를 바탕으로 저자들이 산출.

된 GDP 성장률은 너무 낮을 것이고, 장기 불황처럼 보일 수 있다(저성장의 의미에서). 그림 5.11은 EU 11개국 전체와 미국의 성장에 미친 순 효과를 정리했는데, 다소 적은 것으로 나타난다. 2008년 이후로 GDP 증가는 아주 경미하게 상승했지만 비율은 겨우 연간 1퍼센티지 포인트밖에 되지 않는다.

06

무형자산과 불평등 확대

이 장에서는 무형 투자의 중요성이 커진 것과 최근 몇 십 년간 많은 선진국에 나타났다고 널리 알려진 여러 종류의 불평등 확대 사이에 관계가 있다는 얘기를 하려 한다. 우리는 무형자산 증대가 부와 소득 양쪽의 불평등을 확대할 것으로 예상된다는 점을 입증할 것이다. 갈수록 무형 집약적이 되고 있는 회사들은 자사의 다른 무형자산, 즉 더 유능한 관리자, 더 뛰어난 영화계 스타, 그리고 더 훌륭한 스포츠 영웅 등과의 시너지를 창출할 더 우수한 인재들을 필요로 할 것이다. 회사는 그들을 더욱 철저히 걸러낼 테고, 그들에게 더욱 후하게 지불할 것이다. 부의 불평등에 관해서는 무형자산의 스필오버 효과가 도시 생활을 훨씬 더 매력 있게 만들 것이며, 집과 부를 소유할 만큼 충분히 운이 좋은 사람들의 재산을 증대시킬 것이다. 좀더 추측해보건대, 무형 경제에서 성공하는 데 필요한 문화적 특성은 선진국의 포퓰리즘 정치의 기저에 있는 사회경제적 긴장을 설명해줄 것으로 본다.

2010년대에 가장 논란이 많았던 경제 쟁점의 하나는 불평등이다. 토마 피케티, 앤서니 앳킨슨(Anthony Atkinson) 및 그 외 연구자들이 심혈을 기울인 연구에 따르면, 과거 몇 십 년간 부자들(소득과 부의 관점에서)은 더욱 부자가 되었고 가난한 사람들은 더욱 가난해졌다. 게다가 불평등의 다른 차원들이 더욱 두드러졌다. 세대 간 불평등, 장소 간 불평등, 그리고 엘리트들과 현대 사회로부터 소외되고 차별받는다고 느끼는 이들 사이의 불평등이다. 어쩌면 불평등의 이런 다차원적 요소가 그토록 엄청난 대중적 공감을 일으키는 이유일 것이다. 뉴스는 런던과 맨해튼에서 1억 5000만 파운드짜리 아파트를 사들이는 갑부에 대한 이야기와 함께 아편 중독의 희생양이 되고 정치적 극단주의를 받아들이고 젊은 나이에 죽어가는 '낙후' 지역 주민들에 대한 보도를 끊임없이 쏟아낸다.

첨단기술부터 신자유주의 정치와 세계화에 이르기까지 많은 원인이 불평등 확대의 원흉으로 지목되어왔다. 그러나 우리가 앞서 몇몇 장에서 살펴봤듯이 선진 경제국에서는 본질적으로 무형자산의 증가로 인해 심각하고 장기적인 이행이 진행되고 있다. 이것은 현대 사회에 나타나는 불평등의 수준 및 다양한 차원에도 기여했을까?

이 장에서 우리는 새로운 무형 경제의 성장이 우리가 현재 목격하고 있는 종류의 불평등을 설명하는 데 정말로 도움이 된다는 것을 입증하려 한다.

불평등: 현장 안내서

경제적 불평등은 히드라(hydra: 그리스 신화 속의 머리가 아홉 개 달린 뱀 형체의 괴물, 목 하나를 자르면 바로 머리가 자라나므로 근절하기 힘든 문제를 비유할 때 쓰임-옮긴이)의 머리를 한 짐승이다. 공공토론에 등장하는 몇 가지 다른 종류의 불평등을 구분하는 것이 도움이 될 텐데, 이것은 상자 6.1에 정리되어 있다.

상자 6.1 불평등 측정

불평등의 유형을 명확히 하기 위해서는 두 가지 경제 개념을 구별하는 것이 필요하다. 바로 소득(income)과 부(wealth)다. 소득은 노동과 자본(자산)에 의해 얻어지며 '흐름(flow)'이다. 노동소득은 대개 수입으로 이뤄져 있다. 자본소득은 임대료 지불과 배당이며, 둘 다 일정 기간 동안 얻은 돈의 흐름이다. 부는 소유한 자산/자본의 가치로서 '스톡(stock)'이다. 부는 가구들의 경우 보통 집이며, 기업들에게는 소유하고 생산에 사용하는 무형자산과 유형자산이다. 흐름은 수익률에 의해 스톡으로부터 계산한다. 당신의 자본소득은 당신의 부 곱하기 당신이 부에서 얻고 있는 수익률이다. 노동소득 흐름을 수익률의 관점에서 생각할 수도 있다. 그것은 '인적 자본' 스톡에 대한 수익률이다. 부 자본은 보통은 저축과 상속의 결과물이고, 인적 자본은 교육과 재능의 결과물이다. 데이터에 의하면, 선진 경제국에서 노동소득은 통상 총국민소득의 65~75퍼센트이고 나머지가 자본소득이다. 부의 연간수익은 6~8퍼센트이므로, 총 부는 GDP/총소득의 약 400퍼센트다. 어떻게 부가 GDP보다 훨씬 더 클 수 있을까? 부는 스톡이고, 자산을 구축하는 잠재적으로 많은 세월 동안 축적된다. GDP/소득은 연간 흐름이다. 마지막으로 영국재정연구소(Institute for Fiscal Studies)가 기록한 것처럼, 부의 불평등은 소득 불평등보다 훨씬 크다. 가장 부유한 가구 10퍼센트가 부의 50퍼센트를 보유한다. 가장 가난한 25퍼센트 가구는 부를 거의 갖고 있지 않다. 분배가 얼마나 불평등한지를 요약해주는 척도로 0부터 1의 범

위에 있는 지니계수(Gini coefficient)에 의하면, 측정치 0은 평등을 뜻하고 1은 단한 사람이 전체 측정치를 차지할 때를 가리킨다. 부의 지니계수는 0.64이고, 순소득지니계수는 0.34이다(Crawford, Innes, and O'Dea 2016).

첫 번째이며 가장 확실한 범주는 **소득의 불평등**이다. 영국과 미국에서는 1980년대와 1990년대에 소득 불평등이 대대적으로 확대됐다. 이후 불평등은 이때의 높은 수준에서 유지되어왔다. 선진국에서는 1980년대 이래로 고학력 노동자들과 저학력 노동자들 간의 소득 격차가 벌어졌다. 그림 6.1은 미국의 데이터를 보여주는데, 전부는 아니지만 다수의 국가를 대표한다. 대학교육을 받은 사람은 고등학교 교육만 받은 사람보다 1979년에 소득이 약 1만 7000달러 더 많았다. 2012년에 그 격차는 (물가상승률에 맞춰 조정했을 때) 거의 3만 5000달러였다.

그러나 이는 단순히 대학 졸업자가 성공을 거둔다는 문제가 아니다. 월가를 점령하라(Occupy Wall Street: 2011년 빈부격차 심화와 금융기관의 부도덕성에 반발한 20대 청년들을 중심으로 그 상징인 미국 월가에서 일어난 시위―옮긴이) 운동의 슬로건인 '1퍼센트'가 힘을 가졌던 이유는 현재의 소득 불평등이 프랙털 (fractal: 부분의 구조가 전체 구조와 닮은 형태로 끝없이 반복되는 구조―옮긴이)처럼 보인다는 생각을 대중의 마음속에 각인시켰기 때문이었다. 최고 1퍼센트, 최고 0.1퍼센트, 최고 0.001퍼센트 부자의 소득은 더욱더 현기증 날 만한 수준으로 늘어났다(피케티의 《21세기 자본》 참조). 그리고 발전경제학 학자인 브란코 밀라노비치(Branko Milanović)가 지적했듯이 이것은 글로벌한 현상의 일부다. 지난 20년간 소득은 전 세계 대부분의 사람들 사이에서 가파르게 증대해왔고, 땅덩어리가 크고 예전에는 가난했던 중국 같은 나라들

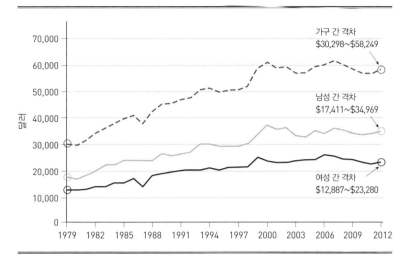

그림 6.1 미국의 고졸과 대졸 사이의 연평균소득 불평등(2012년 고정 달러 기준). 출처: 저자(2014).

에서는 특히 그랬다(Milanović 2005). 세계 최고의 부자들 역시 승승장구해 왔다. 그러나 한 대집단만은 그렇지 못했다. 바로 세계 소득의 75~95백 분위수에 속하는 사람들이다―선진국에서는 다수의 전통적인 노동계급 을 대표한다.

토마 피케티의 블록버스터 책은 그 혼합에 또 하나의 불평등을 추가했 다. 바로 **부의 불평등**이다. 피케티의 《21세기 자본》(2014)과 그것을 뒷받침 하는 연구의 눈부신 특징 가운데 하나는 일반적으로 측정하기가 어려운 부유층의 부를 조명했다는 점이다. 이 책이 미국, 영국, 프랑스 같은 나라 에서 최고 부자들의 부가 과거 몇 십 년간 극적으로 증가해왔음을 밝혔다 는 것은 크게 놀랍지 않을 터이다.

그 외에 불평등에 관한 주류 경제학 논쟁에서는 주목을 덜 받았지만 세 가지 유형의 불평등 역시 사람들에게 중요한 것 같다.

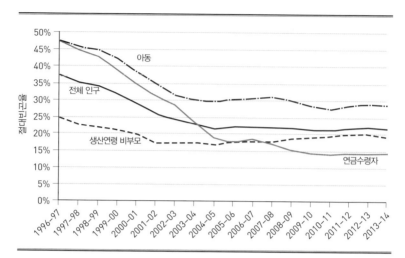

그림 6.2 영국의 세대 간 불평등. 데이터는 주택 가격에 따른 절대빈곤율이다(2010~2011년 실질평균소득의 60퍼센트 미만을 차지하는 집단의 비중). 출처: Institute for Fiscal Studies, Belfield et al. 2014, http://www.ifs.org.uk/uploads/publications/comms/R107.pdf.

첫째, **세대 간 불평등**이 확대되어왔다. 영국에서는 그런 상황이 데이비드 윌렛츠(David Willets)의 영향력 있는 저서 《핀치(The Pinch)》(2010)에 특히 선명하게 잘 기록되어 있다. 예를 들면 그림 6.2가 보여주듯이 1950년대에 빈민층은 (비교적 소수의 실업자와 저임금 소득자 들도 있긴 했지만) 압도적으로 연금수령자들이었다. 현재는 상황이 완전히 바뀌었다. 특히 부의 관점에서 봤을 때 연금수령자들은 이 나라에서 최고의 부유층 중 일부가 된 반면, 빈민층의 지위를 차지하는 이들은 저임금 노동자들이다.

또 하나의 차원은 부상 중인 **지역 간 불평등**으로, 이는 선진국 내에서도 존재한다. 산업적 쇠퇴가 한때 풍족했던 지역들을 더 가난하게 만들고 있다는 얘기는 새롭지 않다. 20세기 내내 그것이 문제가 됐던 영국에서는 더더욱 그렇다. 특정 지역이 경제활동의 온상이 된다는 사실도 역시 새로울 게 없다. 그러나 번영 중인 도시들과 영국의 나머지 도시들이 서로 반대편에 표를 던졌던 영국의 2016년 브렉시트 국민투표와 미국의 잘나가는 연안 도시들로부터 동떨어진 이른바 낙후 지역들에서 나온 몰표의 결과인 도널드 트럼프(Donald Trump) 선거 같은 사건들은 이러한 격차를 더욱 부각시킨다.

영국의 브렉시트 투표와 도널드 트럼프 선거로 드러난 분열은 또한 불평등의 또 다른 형태, 경제학자들이 보통 좀처럼 주목하지 않는 **존경의 불평등**을 시사하기도 한다. 미국의 트럼프 지지자들부터 영국의 영국독립당(United Kingdom Independence Party)과 이탈리아의 오성운동(Movimento 5 stelle: 기성 정치권의 부패를 강력히 비난하며 인기를 얻은 이탈리아의 신생 정당—옮긴이)에 이르기까지 전 세계에 포퓰리즘 정치의 움직임이 부상한 이유는 많고도 다양하다. 그러나 그들의 지지자들 다수가 거듭해서 언급하는 한마디는 세상사에 어둡고 기술관료적이며 심지어 타락까지 했다고 여겨지는 기득권층으로부터 자신들이 무시당하고 있다는 데 대한 분노다. 아울러 이러한 움직임의 지지자들 중 일부는 소득이나 부의 관점에서 봤을 때 의심할 바 없이 빈민들이다—그렇다고 해서 모두 그런 것은 아니다. 그들의 분노가 활활 타오르게 만드는 불평등은 돈만큼이나 존중에 관한 것인 듯하다.

표준 설명들

경제학자들은 불평등 확대의 원인을 두고 많은 설명을 발전시켜왔다. 가장 두드러진 세 가지는 현대의 과학기술 향상, 세계화의 확대, 부의 축적하려는 기본 경향이다.

첫 번째 설명은 불평등이 **과학기술 향상**의 결과라고 주장한다. 신기술이 노동자를 대체하며, 이는 임금 하락과 수익 상승을 뜻한다. 이 이야기의 현대판은 우리 시대의 굵직한 기술 트렌드인 컴퓨터와 정보통신기술에 초점을 맞춘다. 내용은 이런 식으로 돌아간다. 직장에서 컴퓨터는 특히 전화교환국의 교환, 생산라인의 반복적 과업, 은행의 현금 인출 같은 틀에 박힌 업무를 대체하는 데 위력을 발휘한다. 그리고 컴퓨터는 최근 몇 년간 더 똑똑해졌다. 탑승권을 발부하고, 슈퍼마켓에서 계산도 하고, 반복되는 질문에는 전화응답도 한다. 이 컴퓨터들의 가격이 점점 내려가고 있으므로, 회사가 저숙련 노동자들을 컴퓨터로 대체하는 것의 가치가 점점 더 커졌다. 그런 노동자들에 대한 수요는 하락했고, 그들의 임금 역시 마찬가지다.

그보다 최근에 에릭 브린욜프손과 앤드루 맥아피(Brynjolfsson and McAfee 2014)는 정보통신기술의 발전 속도 때문에 우리가 익숙해진 것보다 컴퓨터는 훨씬 더 빠르게 인간을 대체하기 시작할 수 있다고 경고해왔다. 이 "기계와의 경쟁" 혹은 "로봇들의 득세"는 빈민층 노동자들을 쓸모없게 만들고 부유한 자본가들에게 이익을 줄 것이라 예상할 수 있다.

이런 이야기는 산업혁명 자체만큼이나 역사가 오랜 것으로, 당시 네드 러드(Ned Ludd: 산업혁명기의 기계 파괴 운동을 지칭하는 '러다이트 운동'의 어원이 된 가상의 인물—옮긴이)와 캡틴 스윙(Captain Swing: 1830년 영국 시골의 기계 파괴 운동을 주도했다고 여겨지는 가상의 인물—옮긴이)이라는 신화적 인물을 탄생시켰다. 뭔가 흥미진진한 것을 가져다가 거기에 따분한 이름을 붙이는 데 존경스러울 정도로 재간을 발휘하는 현대 경제학자들은 이런 경향을 "숙련 편향적 기술 변화(skills-biased technical change)"라고 한다. 노동시장 경제학자들, 특히 마틴 구스(Martin Goos) · 앨런 매닝(Alan Manning) · 데이비드 오토(David Autor)는 컴퓨터가 특히 틀에 박힌 반복 업무를 대체하는 데 뛰어나다는 이 이야기에 일대 전환을 제기했다. 컴퓨터가 고임금 지식노동자를 대체하지는 않지만 그렇다고 꼭 저임금 노동자를 대체하지도 않는다는 것이다. 서빙을 하거나 욕조를 닦거나 노인을 돌보는 현대의 많은 저임금 노동이 확실하게 판에 박힌 노동은 아니라는 게 이유였다. 오히려 컴퓨터가 잘하는 반복 업무는 중간소득 직업군들의 것이기 쉽고, 따라서 컴퓨터는 중간소득 노동자를 대체함으로써 노동시장을 '공동화'시킨다 (Goos and Manning 2007; Autor 2013).

현대의 불평등에 대한 두 번째 설명은 **무역**에 초점을 맞춘다. 그것은 경제학자 리처드 프리먼(Richard Freeman)이 '엄청난 배가(Great Doubling)' (Freeman 2007)로 생생하게 설명했다. 그가 지적하듯 소련 공산주의가 붕괴하고 중국과 인도가 시장개혁에 돌입하기 전인 1980년대에 세계의 무역경제는 선진국과 일부 중남미, 아시아 및 아프리카 지역의 약 14억 6000만 명의 노동자로 구성되어 있었다.

그 후 1990년대가 되면서 약간은 갑작스럽게 엄청난 배가가 찾아왔다. 중국, 인도 및 과거 소비에트 블록이 세계 경제로 편입한 것이다. 이 변동은 전 세계 노동인력 풀의 규모를 거의 정확하게 2배인 약 29억 3000만 명의 노동자로 증가시켰다. 어떤 재화의 공급이 증가하고 그 외의 모든 요소가 동일할 때 경제학자들은 가격 하락을 예상한다.

그런데 정말 그런 일이 일어났다. 이렇게 글로벌 노동시장에 새로이 합류한 이들은 비교적 기술을 거의 필요로 하지 않는 제품(예를 들어 비행기 엔진과 반도체보다는 옷감과 철근)의 생산에 고용됐다. 이는 선진국에서 같은 제품을 만들고 있던 저숙련 노동자들에게 압력을 가했고, 많은 이들이 실직하거나 급료 정체를 경험했다. 이는 밀라노비치(Milanović 2005)의 연구가 밝혔듯이 가난한 나라의 국민들에게는 놀랍도록 좋은 성과다. 지난 20년간 개발도상국들에서는 오랫동안 고대해왔던 어마어마한 부의 증가가 일어났다. 그러나 선진국의 노동계급이 그 비용의 대부분을 감당했을 것으로 알려져 있다. 이민 또한 저숙련 직종의 경쟁을 증가시키면서 비슷한 역할을 할 수 있다(최근의 신규 이민자들이 특히 그렇다).

현대의 불평등에 대한 세 번째 설명은 부의 불평등에 초점을 맞춘 것으로 좀더 근본적이다. 바로 길항력(countervailing force: 자본주의 경제에서 지배적인 힘을 발휘하는 특정 경제주체에 대항하는 새로운 경제주체 또는 그들의 힘—옮긴이)이 불평등을 막지 않을 경우 **자본은 축적되는 경향이 있다**는 개념이다. 지금은 유명해진 피케티의 r 〉g 불평등(상자 6.2에 설명되어 있다)은 만일 자본수익(r)이 전체 경제의 성장(g)을 초과한다면 부자들이 소유한 경제 파이의 조각은 일반적으로 증가할 것임을 암시한다. 피케티는 전후 시기의 정치적 선택이 r을 감소시켰다고 주장한다. 특히 부자들에게 매긴 높은 세금과 완전고용, 그리고 노조의 권리를 키워준 정부의 정책이 그렇다. 그러한 정책의 반전과 경제성장 하락으로 인해 세계는 이제 r이 g를 초과하고 계속 그 상태를 유지할 경제로 이행해왔다.

피케티의 논거에 대한 경제학자 로버트 솔로(Solow 2014)의 탁월한 논평을 스케치하면 다음과 같다. 우리는 경제 파이에서 자본으로 가는 몫, 즉 자본/소득 비율이 오르고 있는지 아니면 떨어지고 있는지를 알고 싶어 한다. 국민소득이 100이고, 이를테면 2퍼센트 비율로 오르고 있다고 치자. 그러면 소득은 100에서 102로 증가하고 있는 셈이다. 동시에 저축과 그에 따른 투자도 자본을 증가시킨다. 올해 저축이 소득의 10퍼센트라고 가정하자. 그러면 자본은 10(100의 10퍼센트)만큼 증가하고 있는 셈이다. 자본/소득 비율을 변함없이 유지하는 유일한 자본 수준은 자본이 500인 경우다(그러니까 첫해에 자본/소득 비율은 500/100=5이고, 이듬해에는 510/102=5이다). 저축률 's'가 경제성장률 'g'와 같은 s=g일 경우 자본/소득 비율은 그대로 유지된다는 결론이 나온다. 더 나아가서 만일 어쩌면 과학자들의 아이디어가 고갈되어서 g가 하락하고 s가 똑같은 상태가 된다면 자본/소득 비율이 증가하는 경우인 s>g가 된다는 결론이 나온다. 피케티는 이런 상황이 다음 세기 동안 일어날 것이라고 주장한다. r>g와의 관련은 우리가 상자 6.1에서 언급했듯이 자본가들의 소득은 수익률(피케티가 'r'이라고 나타낸)에 그들이 소유한 자본을 곱한 값이라는 것이다. 따라서 만일 자본/소득 비율이 상승하고 수익률이 하락하지 않는다면 자본가들은 경제 파이에서 갈수록 더 큰 몫을 얻을 것이다. 이렇게 해서 이 차원의 불평등은 상승한다. 피케티를 비판하는 이들은 대부분 자본이 더 늘어난다면 자본 수익은 분명 하락할 것이라고 주장해왔다.

네 가지 문제점 이야기

과학기술, 무역, 부의 축적 경향. 현대의 불평등 수준에 대한 이러한 세 가지 설명은 전부 그럴듯해 보이지만, 현대의 분배에는 적어도 단순한 버전으로는 설명되지 않는 듯한 측면이 존재한다.

불평등의 표준 설명과 함께 하기 어려운 네 가지 현상을 생각해보자. 바로 과학기술과 임금 사이의 예측 불가능한 관계, 1퍼센트의 계속되는 상승, 부의 불평등에서 집값이 하는 불균형적 역할, 그리고 회사들 간 임금 격차의 중요성이다.

과학기술을 우선 생각해보자. 우리는 앞에서 과학기술이 직업을 대체하고 노동자들을 빈곤에 빠뜨릴 것이라는 생각이 전혀 새롭지 않은 것임을 알았다. 역사가 우리에게 보여주는 또 다른 사실은 이 생각이 항상 옳지만은 않다는 것이다.

19세기 중반 영국에서 경제학자들이 걱정한 것은 로봇과 컴퓨터가 아니라 뮬방적기(mule)였다. 뮬방적기는 면 섬유조직을 실로 만드는 기계였고, 이 작업은 산업혁명의 핵심인 섬유산업에서 중요했다.[1] 처음에는 방적기를 작동시키는 데 다양하고 복잡한 과업이 수반됐다. 축의 속도를 제어하고, 실이 적절한 모양으로 감겼는지 확인하고, 주기적으로 실을 적당히 풀어주어야 했다. 이것은 실잣기를 비교적 숙련된 노동으로 만들었다―적어도 처음에는 그랬다.

1824년 리처드 로버츠(Richard Roberts)란 이름의 한 웨일스 사람이 이른바 자동식 방적기를 발명했다. 이것은 기존의 뮬방적기보다 훨씬 사용하기 쉬웠고, 로버츠에게 19세기의 가장 유명한 공학자들 중 한 명이 될 발판을 마련해줬다. 공장주들도 좋아했다. 19세기의 경영 이론가라 할 수 있는 앤드루 유어(Andrew Ure)의 말을 빌리자면, "일반 방적기를 자동방적기로 대체한 결과는 성인 방적공 대부분을 해고하고 청소년과 아동을 존속시키는 것이다"(Lazonick 1979). 이런 관찰은 유어로부터 카를 마르크스의 《자본론(Capital)》으로 넘어갔다. 마르크스는 "노동의 도구가 노동자를 무너뜨린다"고 선언했다. 뮬방적기는 기술진보가 지닌 위험성의 상징이었다. 새로운 과학기술은 일자리를 줄이고 악화시키며, 부자들만이 이익을 볼 것이었다.

그러나 이 이야기는 완전히 마르크스가 예측한 대로만 흘러가지는 않았다. 미숙련 아동들로 대체되기는커녕 성인 뮬방적공들은 번영을 누렸다. 1979년에 경제 역사가인 윌리엄 라조닉(William Lazonick)은 뮬방적공들이 공장에서 훈련, 운영 및 감독 역할을 담당하는 '관리자'로 진화했다고 지적했다. 그리고 영국의 섬유무역이 팽창하면서 이런 숙련직들은 줄어든 게 아니라 더 많이 생겨났다. 랭커셔(Lancashire) 면직공장의 관리자들은 20세기까지도 비교적 높은 임금을 누렸다.

뮬방적공 이야기가 주는 교훈은 과학기술 증대가 꼭 일자리 축소나 임금 인하와 동의어는 아니라는 것이다. 은행의 현금자동입출금기(ATM) 도입도 똑같은 교훈을 준다. 제임스 베슨(Bessen 2015)이 지적했듯이 현금인출 기계의 도입으로 실제 미국에서는 은행원 수가 **증가**했다. 지점 비용이 줄고 직원들한테는 고객들과 대화하며 금융상품을 판매할 시간적 여유가 늘어났다(현금을 인출해주는 업무로부터 해방됐다)는 것은 은행들이 더 많은 지점을 개설한다는 의미였다.

사실 과학기술이 고용의 종말을 불러와 사회적 위기가 이어질 거라는 이야기는 한 세기가 넘도록 경제 전문가들의 견해에서 주류를 차지해왔다. 적극적인 기자였던 루이스 앤슬로(Louis Anslow)는 1920년대까지 거슬러 올라가 이런 효과를 일으키는 뉴스 기사들을 엄청나게 수집했는데, 거기에는 대공황을 기계 탓으로 돌리는 알베르트 아인슈타인(Albert Einstein)의 1931년 연설과 마거릿 대처(Margaret Thatcher)에 의해 축출되기 직전

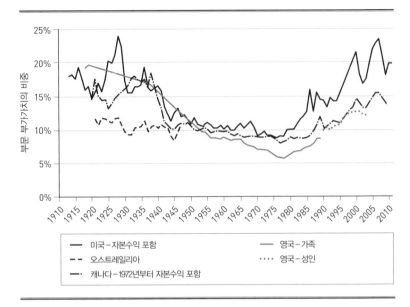

그림 6.3　영어권 국가들의 상위 1퍼센트 소득 비중. 출처: Alvaredo et al. 2013.

제임스 캘러헌(James Callaghan) 영국 총리가 자동화로 인한 일자리 위협을 검토하라고 다우닝가(Downing Street) 공무원들에게 요청했던 일이 포함되어 있다.[2]

　이 모든 것은 과학기술이 일자리를 대체하고 불평등을 창출할 잠재력이 있긴 하지만 반드시 그렇지만은 않다는 생각을 드러낸다.

　불평등의 주류적 해설에 대한 두 번째 이의제기는 **임금 불평등의 증가가 최상위층에 매우 집중되어 있다**는 피케티의 관찰에서 비롯된다. 미국에서 맨 처음 숙련편향적 기술 변화에 기초한 설명을 탄생시켰던 숙련 노동자와 비숙련 노동자 사이의 소득 격차는 2000년쯤에는 확대를 멈췄다. 그때부터 큰 증가는 대부분 최상위 1퍼센트에서 생겼다. 그림 6.3을 참조하라.

선진국의 저숙련 노동자들이 컴퓨터를 다루는 기술이 없거나 외국의 저임금 노동자들 때문에 일자리를 위협받는다고 할 때 얼마나 손해를 볼지는 상상하기 쉽다. 그러나 이러한 변동이 어떻게 최고 부자들에게만 이익을 준다는 것인지는 덜 명확하다.

일부 최고 부자들은 첨단기술 때문에 또는 값싼 해외 노동인력을 고용한 덕분에 더욱 부유해졌다. 그러나 물론 모두 그랬던 것은 아니다. 실리콘밸리의 거물들이나 양적 헤지펀드(quant hedge fund: 재량이나 주관적 판단을 배제하고 객관적·계량적 분석으로 투자하는 펀드—옮긴이) 소유자들 중에는 우리가 보통 신흥 엘리트에 속하는 기업이라고 생각하는 곳들의 간부가 많다. 이를테면 피케티는 상위 0.1퍼센트 중 60~70퍼센트는 기업의 최고경영자 및 그 밖의 고위간부들이라고 추정한다.

세 번째로 혼란을 주는 사실은 부의 불평등에서 **주택의 역할**이다. 피케티의 《21세기 자본》이 출판된 지 얼마 안 되어 프랑스의 경제학자 오드랑 보네(Odran Bonnet)·피에르앙리 보노(Pierre-Henri Bono)·기욤 샤펠(Guillaume Chapelle)·에티엔 와스메르(Etienne Wasmer)는 미국과 프랑스 양국에서 확대된 부의 불평등의 상당 부분이 주거용 자산의 가치 증가에서 기인했다는 데 주목했다. 피케티를 비판해 유명해진 매사추세츠 공과대학(MIT) 대학원생 매튜 론리(Matthew Rognlie)도 같은 사실을 발견했다(Bonnet et al. 2014; Rognlie 2015).

이는 부의 불평등이 왜 증대하고 있는지 알기 위해서는 주택의 부가 왜 극적으로 상승해왔는지 이해할 필요가 있음을 시사한다. 이런 추세는 과학기술이나 세계화의 확대와는 거의 무관해 보이며, 자본축적만의 특성도 아니다.

네 가지 중 마지막 현상인 회사들 간의 임금 격차는 소득 불평등의 놀라운 원천이 되고 있다. 경세학자들은 최근 들어서야 고용주와 고용인 양쪽의 데이터를 결합시킨 새롭고 풍부한 데이터 세트들을 탐구하기 시작했고, 재 송(Jae Song)·니컬러스 블룸·데이비드 프라이스(David Price)·파티흐 구베넌(Fatih Guvenen)·틸 폰 바흐터(Till von Wachter)(Song, Bloom, Price, Guvenen, and Wachter 2015)가 수행한 최신 연구는 미국 회사의 노동자들의 소득이 1981년과 2013년 사이에 어떻게 달라졌는지를 살펴봤다. 자, 만일 관리직과 청소부 사이의 격차가 벌어지고 있다면, 당신은 **모든** 회사에서 격차 확대를 관찰할 수 있으리라고 생각할 것이다. 즉, 국제 법률회사에서의 격차도 커지고, 당신 나라의 현지 법률회사의 격차도 커지는 것이다. 그러나 이는 사실이 아님이 드러났다. 오히려 선도 기업들은 관리자와 청소부 **양쪽**에 다른 회사들에 비해 높은 급료를 지불하고 있다. 직종들 간의 격차가 여전히 벌어지고 있긴 하지만, 그에 덧붙여 이 선도 기업들과 그 외 기업들 간의 격차가 커지고 있다. 사실 필자들은 "1981년부터 2013년까지 소득 불평등 증가의 3분의 2 이상은 회사들 간의 소득 증가 변동량으로 설명할 수 있으며, 회사 내의 증가 변동량으로 설명할 수 있는 것은 단지 3분의 1뿐"임을 발견했다. (그들은 여기서 한 가지 예외에 주목했다. 바로 대기업들의 최고경영자 및 기타 고위간부들이 회사의 주가와 상관관계가 있는 것처럼 보이는 방식—친숙한 발견이다—으로 훨씬 더 많은 돈을 받고 있다는 사실이다.)

무형자산은 어떻게 소득, 부 및 존경의 불평등에 영향을 주는가

그러므로 새로운 과학기술이건 세계화건 단순한 자본축적이건 우리가 선진국들에서 현재 목도하고 있는 불평등의 수준과 유형을 완전히 설명하지는 못하는 것 같다. 무형 투자의 증가가 부분적인 대답이 될 수 있을까? 어떻게 무형 경제가 사람들이 관찰해온 여러 종류의 불평등에서 많은 것을 초래할 가능성이 있는지 들여다보자.

무형자산, 기업 그리고 소득 불평등

우선 무형 투자의 증가가 어떻게 회사들 간의 격차로부터 발생하는 소득 불평등의 증가를 초래해왔는지부터 생각해보자. 4장에서 봤듯이 무형자산의 핵심 특성들에는 확장성과 스필오버가 있다. 따라서 무형 투자가 매우 중요한 업계에서는 최고의 회사들, 즉 가치 있고 확장 가능한 무형자산을 보유하고 있으며 다른 회사들로부터 스필오버를 빼내는 데 뛰어난 회사들이 생산성과 수익성도 아주 높을 것으로 보이며 그들의 경쟁업체들은 손해를 입을 것으로 예상된다.

5장에서 살펴봤듯이 이것은 정말 사실이다. 상위권 회사들과 하위권 회사들 간의 격차 증가가 무형자산이 많은 업계에서 존재하는 듯하다. 표면상으로는 이것이 불평등 확대의 주요 후보로 보인다. 그러나 좀더 신중해야 한다. 단지 어떤 회사가 수익이 높다고 해서 청소부들에게 더 많은 급료를 지불하고 있음을 의미하지는 않는다. 어쨌든 그들이 만일 급료인상을 요구한다면 회사는 다른 사람을 고용할 가능성도 있는 것이다. 따라서 회사 실적의 격차가 커지는 것과 임금 불평등의 확대가 관련이 있으려면 분명히 그 이상의 무언가가 일어나고 있어야 한다.

무형자산에 기초한 회사의 불평등으로 누가 이익을 보는가

이것을 알기 위해 질문을 던져보자. 어떤 부류의 사람들이 회사 실적의 격차가 확대되는 데서 이익을 보는가?

한 집단은 우리가 '슈퍼스타'라고 부르는, 엄청나게 확장되는 가치가 큰 무형자산과 개인적으로 연관된 사람들일 것이다. 이런 계통의 분석은 경제학자 서윈 로젠(Sherwin Rosen 1981)에 의해서 발전했다. 대부분의 경우, 한 사람의 업무는 다른 사람들에 의해 혹은 다른 일들의 조합으로 수행될 수 있다(따라서 손이 빠른 사람의 햄버거 서빙은 그보다 느린 사람 둘이 하면 된다). 하지만 이른바 슈퍼스타 시장에는 이것이 적용되지 않는다. 최고의 오페라가수나 최고의 축구선수를 그다지 실력이 뛰어나지 않은 두 사람으로 대체할 수는 없으니 말이다. 이를테면 방송 같은 기술이 이런 일을 하는 사람들의 영향권을 높이면 그들의 소득은 아주 가파르게 상승할 가능성이 높다. 무형자산의 관점에서 이것을 이야기해보자면, 많은 슈퍼스타들은 막대한 보상을 거두는 가치가 높고 확장 가능한 무형자산들에 대한 특권적 접근성을 갖는다. 이것은 전면적 소유권에 의해서일 경우가 있다―이를테면 자신들이 설립한 회사의 주식 지분을 상당히 소유하고 있는 하이테크 억만장자들이 그런 예다. 슈퍼스타가 특정 유형의 무형자산을 더 많이 창조할 특전을 누리는 경우도 있다―예를 들어 해리 포터(Harry Potter) 신간을 쓸 수 있는 사람은 J. K. 롤링(J. K. Rowling)뿐이다.

그러나 물론 대부분의 부자들은 스타도 아니고 하이테크 사업가들도 아니다. 최고 부자들 상당수는 그냥 고위간부다. 불평등 확대의 이런 측면은 어떻게 설명할 수 있을까?

회사 간 불평등에 관한 문헌들에 일부 실마리가 있는 것으로 알려졌다. 우리가 앞서 논의했던 송과 그 밖의 필자들에 의한 논문은 세계가 왜 저임금 회사들과 고임금 회사들로 양분되고 있는 것처럼 보이는지 알기 위해서 현명한 기법을 사용했다. 그들은 고임금 또는 저임금의 경향이 있는 회사들로 옮겼을 때 직원들의 급료 수준에 어떤 변화가 있는지 살펴봤다.

그들은 저임금자가 고임금 회사에 합류할 때 상당한 급료인상을 받는 경향이 있을 거라는 증거를 찾고 있었다. 만일 그게 사실이라면, 이는 회사 자체가 정말로 중요하다는 것—회사가 돈 찍어내는 기계 위에 앉아 그곳에 취직할 만큼 행운이 따르는 사람들에게 수익금을 배분하고 있다는 것(신흥국가들의 국영 석유가스 회사들을 다뤄본 이들에게는 익숙한 현상이다)—을 시사할 터이다. 그들은 이런 증거를 찾지 못한 것으로 알려졌다. 대신 그들은 고임금 회사들에 합류하는 사람들은 이미 높은 급료를 받는('선별(sorting)'이라 불리는 현상〕 편이었고 그 역도 마찬가지였으며, 이런 경향은 1980년과 2008년 사이에 더욱 강해졌음을 알게 됐다.

송의 연구는 높은 연봉을 지급하는 회사들에 고용되는 노동자 유형에 대해서는 아무 정보도 주지 않는다. 그러나 스웨덴 노동자들을 검토한 크리스티나 호칸손(Christina Håkanson), 에리크 린드크비스트(Erik Lindqvist), 요나스 블라코스(Jonas Vlachos)(2015)의 유사 연구에 약간의 증거가 나온다. (연구자들에게는) 천만다행이게도, 스웨덴 청년들은 병역의 일부로 표준화된 검사를 받는다. 이 검사는 징집자들의 인지적·비인지적 역량을 개괄적으로 알려준다. 그것을 스칸디나비아 정부가 생산하는 고품질의 고용인·고용주 데이터와 합치면 노동경제학 학자들에게는 금광이나 다름 없다. 호칸손의 연구는 고임금 회사들로 옮겨간 노동자들이 인지적·비인지적 역량 검사에서 높은 점수를 받은 이들임을 입증했다.

이것이 불평등에 대해 시사하는 바는 무엇일까? 고임금 회사들은 자신들의 직원들을 선별하고 거르는 데 아마도 좀더 신중을 기하고 있는 것처럼 보인다. 우리에게 이런 노동자 선별은 두 가지 측면에서 무형자산과 연관되어 있는 듯하다. 첫째, 그것은 무형자산의 중요성에 대한 반응이다. 둘째, 그것은 무형자산—아니, 적어도 특별한 종류의 무형자산—의 증대로 가능해진다. 이것을 하나씩 차례대로 살펴보자.

노동자 선별: 상징 분석가들의 귀환

4장에서 무형자산의 특성 중 하나가 그것이 갖는 **논쟁성**이라고 한 말을 기억할 것이다. 그것을 사용할 권리와 그것들 간의 시너지를 최대한 활용하는 역량은 물리적 자산과 다른 방식으로 흔히 누구에게나 열려 있다. 이 특성은 특별한 부류의 고용인이 자사의 귀중한 무형자산을 최대한 활용하고 싶어 하는 회사에서 특별한 가치를 갖게 만든다.

이것을 입증하기 위해 19세기에서 20세기로의 전환기로 시간을 되돌려 한 걸음 물러나 생각해보자. 1900년경 빅토리아 시대 말기의 영국 회사들 중 약 4분의 1은 귀족이나 의원을 고용해 경영진에 앉혔던 것으로 알려졌다. 자, 영국의 회사기록보관소들은 철저하기 때문에 역사가들은 이 엘리트 이사들이 누구였고 그들을 고용한 회사들에게 어떤 도움이 되었는지를 어느 정도 상세히 들여다볼 수 있었다. 경제사가 파비오 브라지온(Fabio Braggion)과 린든 무어(Lyndon Moore)(2013)는 정치적·사회적 인맥이 두터운 임원을 두는 것의 혜택을 알아보기 위해 1900년을 전후로 10년간 명단에 있는 467개 기업의 기록들을 살펴봤다. 대부분의 회사에는 엘리트 이사진의 이득으로 측정할 만한 것은 없었던 것으로 밝혀졌다—그들을 고용한 회사들은 주가 상승, 융자, 기금조성 및 기타 실적의 척도로 봤을 때 평균적으로 그렇지 않은 회사들과 거의 비슷한 성공을 거뒀다.

그러나 의원들이나 귀족들을 이사진에 앉힌 것이 상당한 이득을 가져온 한 무리의 회사가 있었다. 바로 합성화합물, 자동차와 자전거 제조, 전력 발전과 배급 등 당시 부상하던 과학기술 부문의 회사들이었다. 브라지온과 무어는 상류층 임원을 보유한 신기술 회사들은 주가 상승을 경험했고, 혹시 기존의 임원이 의회에 의원으로 당선되기라도 하면 주가는 특히 급등했다고 밝혔다. 회사들은 또한 자금을 모으기도 더 쉽다는 것을 알고 있었다.

새로운 과학기술, 새로운 시장 및 불명확한 재산권이 수반되는 불확실성이 높은 업계에서 이 연줄 좋은 이사진은 우리가 무형 투자에 영향을 준다고 알고 있었던 일부 문제를 수습하는 데 쓸모가 있었다. 문제에는 소유권의 불명확성, 가치평가의 애로사항 및 광범위한 잠재적 파트너들과의 원만한 관계에 대한 필요성이 들어 있었다.

의원은 그 회사가 반드시 투자이익을 확실히 거두도록 해줄 수 있었고(이를테면 특허가 확실히 존중되도록 영향력을 행사하는 것), 그들의 존재는 투자자들에게 기업이 자사의 권리를 실행하기에 유리한 입지를 갖고 있다는 신호로 작용했다.

신생 기술회사들에서 이사직을 확보한 의원들은 기술 전문가여서가 아니라 신기술 사업들이 종종 무형자산(R&D부터 신제품을 시장에 내놓는 데 필요한 조직 및 브랜딩 투자에 이르기까지)에 의존하기 때문에 유용했다. 이 무형자산들은 논란 많은 불확실성을 발생시키며(특히는 보호빌을 수 있을까? 회사의 배급권이 존중될까?), 이사진에 거물급들을 영입하는 것은 이 불확실성을 관리하는 데 일조하는 동시에 그것들이 관리될 것이라는 확신을 투자자들에게 안겨줬다.

현대에도 브라지온과 무어의 빅토리아 시대 명사들 같은 사람들이 있다. 무형 투자가 증가세에 있긴 했지만 유형 투자를 압도하는 수준까지 도달하기 전이었던 1990년대 초에 경제학자들은 막 경제의 변동에 주목하고 있었다.

장차 미국 재무장관이 될 로버트 라이시(Robert Reich)는 미래의 노동력의 힘은 그가 '상징적 분석가'라고 부르는 이들, 즉 상품기획 매니저, 변호사, 사업개발자, 설계감리자, 마케터, 헤드헌터 등의 수중에 있을 것이라고 예측했다. 호칸손의 연구에서 더 높은 연봉의 혜택을 받았던 스웨덴 노동자들처럼 상징적 분석가들이란 비인지적 역량(관리상의 스필오버들은 종종 사회적 상호작용을 수반하기 때문이다)과 인지적 역량(무형자산은 일반적으로 지식자산이기 때문이다)을 두루 갖춘 고학력의 명석한 인재들이다.

그것은 또한 우리가 특정 부문의 회사들을 조사하면서 알게 된 것을 반영하는 듯하다. 데이터 및 분석론을 집중적으로 사용하는 회사들을 위한 혁신재단 네스타의 질적 연구는 이런 회사들이 특히 고급 데이터 분석력과 자사 안팎의 관계 협상에 필요한 소프트 스킬(soft skill: 생산, 재무, 회계 등의 경영전문지식인 '하드 스킬'에 대비되는 것으로 조직 내의 소통, 협상, 팀워크 등을 활성화할 수 있는 능력—옮긴이)을 결합시키는 인재들을 고용하고 싶어 한다는 것을 보여줬다(Bakhshi, Mateos-Garcia, and Whitby 2014).

이는 무형자산 증대와 소득 불평등 확대 사이의 뚜렷한 연관성을 제공한다. 무형 자산의 확장성, 그리고 무형자산의 스필오버들을 전용할 수 있는 회사들에 돌아가는 이익 때문에 선도 기업들은 생산성 관점에서 뒤처진 기업들을 더욱더 앞서게 된다. 특히 무형 집약적 산업이 그러하다. 생산성이 대단히 높은 이 회사 직원들은 더 높은 임금으로 이익을 본다. 경쟁이 치열한 만큼 회사들은 특히 그것들을 차지하는 싸움에 능숙한— 다른 회사들로부터 스필오버들을 도용하거나 시너지를 발견하고 극대화하는—인재들을 고용하고 싶어 한다. 이들은 라이시의 상징적 분석가들, 브라지온과 무어의 영향력 있는 엘리트들, 또는 호칸손의 실력 있는 징집자들이다. 이미 잘하고 있으며, 무형자산의 중요도가 나날이 높아지고 확장 가능한 업계에서 훨씬 더 잘해낼 사람들이다.

노동자 선별: 무형자산과 노동자 가려내기

무형자산이 소득 불평등을 부추기는 두 번째 방식은 회사들 사이, 그리고 회사 내부 양측에 위계질서가 등장하도록 하는 것이다.

경제학자 루이스 가리카노(Luis Garicano)와 토머스 허바드(Thomas Hubbard)(2007)는 1977년부터 1992년까지 미국 변호사들의 연봉을 연구했다. 그들은 초고소득 변호사들의 연봉이 이 기간 동안 극적으로 인상했음을 발견했다(그 이후 20년간 지속된 것으로 보이는 추세다). 특히 재미있는 것은 그들의 급료가 인상된 이유였다. 그들은 다수의 동료들(junior lawyer, 하급 변호사)과 함께 일하고 있었기 때문에, 혹은 논문에서 표현한 대로 "위계적 생산의 협업비용"이 감소했기 때문에 더 많이 받고 있었다. 최고의 변호사들은 그들이 '영향력(leverage)'이라고 부르는 것—가장 복잡하고 보수가 큰 과제에 초점을 맞추는 능력—을 향상시킬 수 있도록 일을 분배하는 새로운 방식에 투자했다.

이런 유의 추세는 무형자산, 특히 조직 개발, 소프트웨어 및 어느 정도까지는 서비스 디자인에 투자한 결과다. 거기에는 새로운 작업방식을 설계하고, 회사 내부의 위계서열을 발전시키고, 그것을 관리할 소프트웨어와 시스템을 적절하게 배치하는 것이 포함된다.

우리는 경영 컨설팅 분야에서 이와 유사한 일이 진행되고 있음을 알 수 있다. 4장에서 우리는 1950년대와 1960년대의 컨설팅 회사들이 어떤 식으로 한 명의 일반 사원에 소수의 고임금 파트너들이 가세한 프로젝트 팀들을 꾸리게 하는 조직 혁신을 생각해냈는지 살펴봤다. 이후 20세기에 경영 컨설팅 업계는 한 걸음 더 나아간 조직 혁신을 통해 더욱 분화되었다. 1980년대에는 매킨지 프로젝트가 전략적 조언을 시작하기에 앞서 몇 주간의 데이터 수집—시장 규모와 점유율을 알고 고객을 파악하는 것 등—부터 시작하는 것이 전형이 된다. 결과적으로 프로젝트 기간은 더 길어졌다. 2000년대에 들어서면 시장 규모 조사 작업의 대부분은 시장기밀에 특화된 외부 회사들에 위탁되는데, 이들은 수십 개의 산업과 부문에 대한 상세한 보고서와 추산들을 준비하며, 그것은 다시 고정가격으로 컨설턴트와 은행장에게 팔려나가게 된다. 컨설팅 회사들은 이 보고서를 주문하고 관장할 지식관리 부서에 투자했다. 이 시장기밀 보고서 시장은 꽤 경쟁이 치열해서 컨설팅 팀들이 고객 맞춤형 시장 규모 조사를 수행하는 것보다 훨씬 더 저렴해졌다(Bower 1979).

경영 컨설팅 업계에서 가리카노와 허바드가 기술한 종류의 제도적 혁신은 회사들 간의 불평등으로 이어졌고, 산업은 더 높거나 더 낮은 비용의 서비스를 제공하며 상이한 부류의 직원을 고용하는 회사들로 분할됐다—정확히 송과 그 외 필자들이 미국에서 관찰했던 종류의 분화다.

무형자산의 신화들

우리가 지금까지 봐왔던 무형 투자의 증가세가 소득 불평등에 미친 효과는 어떤 면에서는 합리적이었다. 무형 집약적 경제에서 고용주들에게 특정 노동자들이 근본적으로 가치가 더 높기 때문이든, 아니면 무형 경제가 그들이 다른 직원들보다 고용주들에게 더욱 유용하도록 만든 노동 분화를 부추기기 때문이든 그들이 더 많은 급료를 받고 있음을 보여준다.

그러나 비합리적 요인들도 작동하고 있을지 모른다. 송과 그 외 필자들이 회사들 간의 불평등 증가와 함께 지적했듯이, 대기업에서 최고 연봉을 받는 직원들, 특히 CEO와 나머지 전 직원들 사이의 불평등은 엄청나게 증가해왔다. CEO에 대한 높은 보상과 회사 실적 사이의 상관관계는 미약해 보인다. 그렇다면 도대체 어떻게 된 걸까?

한 가지 가능성은 풍부한 무형자산이 불확실성을 가중시키고 있고 능력 있는 직원들이 회사가 이 불확실성을 극복해내는 데 어느 정도 일조할 수 있는 업계에서는 회사의 최고위층이 더 높은 연봉을 요구하기 위해 써먹을 수 있는 인재 숭배 분위기를 형성하기가 훨씬 수월해진다는 것이다.

경제 전문 필자인 크리스 딜로[3]가 즐겨 지적하듯이, 인간에게는 특히 심리학자들이 '기본적 귀인 오류(fundamental attribution error)'—(회사가 얼마나 성공을 거두었느냐 같은) 성과가 뜻밖의 행운이나 복잡하고 관찰하기 어려운 요인보다는 (CEO의 능력 같은) 가장 눈에 띄는 투입과 관련이 있다는 그

룻된 가정―라고 부르는 경향이 있다. 무형 투자 증가로 인해 전문 경영자들이 좀더 중요해진 업계는 기본적 귀인 오류에 쉽게 불을 지필 수 있고, 이는 CEO 같은 권력자들이 경제적 기초 여건의 변화로 정당화될 수 있는 수준 이상으로 임금을 올릴 근거를 제공한다.

마지막 가능성은 주주들이 CEO의 연봉에 충분한 주의를 기울이지 않고 있고, 따라서 연봉 인상을 방치한다는 것이다. 브라이언 벨(Brian Bell)과 존 반 리넨(Bell and Van Reenen 2013)은 이와 관련해 몇 가지 재미있는 증거를 갖고 있는데, 지분 소유권이 (그들의 표본에서는 기관투자자들에) 더욱 집중되어 있을수록 CEO의 연봉과 회사 실적 사이의 상관관계가 더 크다는 것을 보여준다. 분산된 주주들은 CEO의 연봉을 감시할 인센티브가 더 적은 듯한데, 우리는 8장에서 이 문제를 다시 짚어볼 것이다.

집값, 도시, 무형자산 그리고 부의 불평등

피케티의 《21세기 자본》의 많은 업적 가운데 하나는 전문가들과 정책 입안자들에게 불평등이 소득뿐 아니라 부에도 존재한다는 것을 상기시킨 점이다.

우리에게는 무형 경제의 부상이 소득의 불평등뿐 아니라 부의 불평등의 장기적 확대도 설명해줄 수 있을 것 같다. 이것이 발생하는 두 가지 주요 방식이 있다. 우선 무형자산은 부동산 가격의 인상을 부추기는 데 일조해왔는데, 이는 세계 최고 갑부들의 부가 왜 대폭 증대했는지를 설명한다. 두 번째, 무형 자본이 지리적으로 이동하기 쉽다는 사실은 1950년대와 1960년대와 1970년대에 정부가 했던 방식대로 조세를 통해 부를 재분배하는 것을 더욱 어렵게 만들어왔다.

우선 부동산 가격을 생각해보자. 물론 주택이나 아파트는 철저한 유형 자산이다. 부동산이 그런 이름을 갖게 된 것도 본래 움직이지 않기 때문이다. 그것은 진짜 거기에 움직이지 않고 있다. 그러나 사실 부동산의 가치는, 특히 지난 30년간 가장 극적으로 가치가 증가해왔던 종류의 부동산 가치는 대부분 무형자산들로부터 생긴다.

앞에서 언급했듯이, 다수의 피케티 연구 해설자들은 미국 최고 부자들의 증대된 부의 상당 부분(그리고 프랑스 최고 부자들에게 추가된 부의 거의 대부분)은 그들이 소유한 부동산의 인상된 가치에서 생겼다고 지적해왔다. 론리 (Rognlie 2015)가 지목했듯이, 그들이 더 많은 땅을 사들이고 있기 때문은 아닌 듯하다. 그들이 소유한 집과 아파트의 값이 지난 30년간 꾸준하고 강력하게 올랐기 때문이다.

자, 집값 인플레이션은 분배가 고르지 않다. 미국의 몇몇 도시에 관한 그림 6.4와 영국의 지방들에 관한 그림 6.5가 보여주듯이 주택 가격은 어떤 곳에서는 실질적으로 2배 이상 뛰었고 어떤 곳에서는 거의 그대로 머물렀다.

집값이 대폭 상승한 도시들은 경제가 번성하는 곳이기 쉬운데, 이런 곳에서는 신규주택 건설이 쉽지 않다. 그러나 이 설명은 또 다른 질문을 제기하게 할 뿐이다. 이 몇몇 도시의 경제는 무슨 이유로 번성하고 있는가?

여기서 우리는 에드워드 글레이저의 연구에 기댈 수 있는데, 그의 영향력 있는 작업은 경제성장이 도시에서 어떻게 발생하는지에 초점을 맞춰왔다(이를테면 Glaeser 2011 참조). 도시에 스필오버가 풍부하다는 사실은 오랫동안 알려져왔다. 인구 밀집은 사람들이 서로 아이디어를 교환하고 관찰하고 복제한다는 것을 의미한다. 당초 경제학자들은 산업 내부의 스필

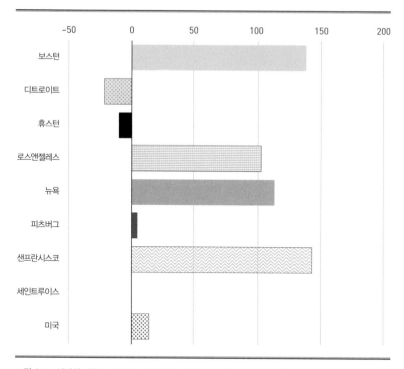

그림 6.4　선정된 미국 도시들의 집값 인상. 1980년 1/4분기~2015년 2/4분기, 실질가격. 출처: Zillow, the Bureau of Labor Statistics, and *Economist*.

오버에 초점을 맞춰왔다. 우리가 4장에서 언급했던 마셜-애로-로머 스필오버가 그것이다. 글레이저의 연구는 다른 효과의 중요성을 강조했다. 바로 산업들 간의 긍정적 스필오버다. 실제로 그는 미국의 뉴욕처럼 번영한 도시들은 한 부문의 아이디어나 가능성이 다른 부문으로 넘어가면서 발생하는 이런 유형의 스필오버가 더욱 중요했다고 주장한다. 글레이저가 내놓은 사례는 속옷 제조업체들이 아니라 드레스 제조업자들이 개발한 브래지어의 발명이었다(Glaeser 2011; Glaeser et al. 1992).

　사실 현대에는 철강을 제조하는 오하이오주의 영스타운(Youngstown)

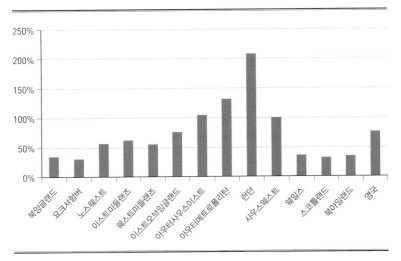

그림 6.5 영국의 실질적인 집값 인상, 1973~2016년, 출처: ONS.

이나 타이어를 생산하는 애크런(Akron)이나 가장 유명하게는 자동차 도시인 디트로이트(Detroit)처럼 단일 산업에 의존하는 도시는 다양한 산업을 가진 도시보다 성공하지 못하는 경향이 있다. 글레이저는 도시계획 전문가이자 어수선하고 무계획적인 도시들의 옹호자인 제인 제이컵스(Jane Jacobs)에게 경의를 표하며 이것을 '제이컵스 스필오버(Jacobs Spillover)'라고 했다.

이 효과는 여전히 강하게 나타나고 있는 듯하다. 크리스 포먼(Chris Forman), 에이비 골드파브(Avi Goldfarb), 셰인 그린스타인(Shane Greenstein)(2016)의 최근 논문은 샌프란시스코만 지역이 지난 몇 십 년간 점점 더 중요한 발명의 장소가 되어왔을 뿐 아니라 소프트웨어와 반도체에 국한되지 않고 여러 가지 다양한 영역에서 발명의 출처가 되어왔음을 입증했다. 사실 그곳은 굳이 IT를 거론하지 않더라도 수많은 특허의 중요한 탄생지다.

글레이저의 도시 스필오버 모델은 우리가 4장에서 기술했던 무형자산의 특성들과 따 맞아떨어진다. 도시는 스필오버(다시 말해, 다른 회사들의 무형 투자로부터 이익을 얻는다)와 시너지(상이한 무형자산들이 조합되어 예기치 않게 커다란 이익을 창출한다) 양쪽에서 수익을 낼 기회를 제공한다. 이런 관점에서 봤을 때 이른바 창조 계급(creative class)과 도시 사이에 관련이 있다는 것은 놀랍지 않다.

무형자산이 점점 더 풍부해지고 기업들의 가치 창출 방식에서 더욱 중요한 일부가 되어가고 있는 업계에서는 스필오버와 시너지를 이용해 생기는 이익이 커진다. 그리고 이런 이익이 증가함에 따라, 기업과 직원 들은 시너지와 스필오버가 풍부하며 다채롭고 성장 중에 있는 도시들에 자리 잡고 싶어 할 것이라고 예상할 수 있다. 이렇게 됐을 때 나타날 법한 결과는 사람들이 대도시에 더 많은 집과 사무실을 짓도록 부추기는 것일 터이다. 그러나 물론 대부분의 도시에는 토지사용제한법부터 지역이기주의(Not In My Back Yard, NIMBY: 님비 현상)로 비롯된 법적 행동에 이르기까지 커다란 건축 규제 장벽들이 있다. 따라서 대신 집값이 치솟고, 이런 유의 최고의 부동산을 소유하고 있을 가능성이 높은 부자들은 피케티가 말한 대로 더욱 부자가 되는 것이다.

세금, 유동적 무형자산 그리고 부의 불평등

또한 무형자산의 중요성 증가는 피케티의 부의 불평등 확대 이야기에 등장하는 또 다른 요소, 구체적으로 말하면 정부가 과거와 달리 자본에 과세하기를 눈에 띄게 꺼려하는 데 기여하고 있는 듯하다. 피케티는 재분배 과세가 (높아진 물가상승률과 더불어) 전후 몇 십 년간 부자들의 부의 축적을 약화시키는 데 일조했으나, 1980년 이후 정부한테는 이런 유의 세금을 부과하는 대담함이 실종됐다고 주장한다.

정부가 과세를 통한 부의 재분배에 얼마만큼 의욕적인가의 측면에서 커다란 이념적 전환이 있었던 것은 분명 사실이다. 그러나 무형자산의 증대도 어쩌면 한몫했을 것 같다.

1990년대 이래로 미국과 영국 같은 나라는 자본수익에 소득보다 더 낮은 세율을 과세해왔다. 이것은 특히 부자가 자본을 소유할 가능성이 훨씬 높아서 자본수익을 얻는 이들도 바로 주로 부자인 관계로 정치적 걸림돌이 된다. 이렇게 세율이 낮은 이유는 자본이 유동적이기 때문이며, 대규모 경제 연구에 따르면, 자본에 세금을 매기게 되면 자본 소유자들이 세율이 더 낮은 조세관할권으로 자산을 옮기도록 만드는 꼴이 될 것이기 때문이다. 고용소득에 대해서는 마찬가지 혹은 최소한 같은 수준이라고 말할 수 없는 것이, 대부분의 직업이 특정 장소에서 벌어지는 데다 이동이 훨씬 더 어렵기 때문이다. 따라서 재분배의 시각에서는 고용소득보다 자본수익에 크게 과세하는 것이 더 공정해 보일 수 있겠지만(정부가 '불로소득' 등에 대한 별도의 세율과 함께 1950년대와 1960년대에 그랬던 것처럼), 대부분의 정부는 그게 가능하지 않다고 결론 내렸다. 자본은 변덕이 너무 심하다는 것이다.[4]

이제 무형자산 증대의 효과를 생각해보자. 요즘 보통 회사들은 과거 1990년대의 회사들보다 무형자산에 훨씬 많이 투자한다. 그리고 무형자산은 대개 유형자산보다 지리적으로 더 유동적이다. 석유회사가 자사의 물리적 정유시설을 영국에서 네덜란드로 이동시키는 것은 절대적으로 필요할 때가 아니고서는 대부분의 회사가 감행하지 않을 어마어마한 10년 짜리 프로젝트가 될 터이다. 하지만 만일 스타벅스가 자사의 브랜드나 영국 전포 운영의 이면에 있는 시식재산권을 네덜란드나 아일랜드나 룩셈부르크로 옮기려고 한다면 몇 가지 간단한 법률 업무로 처리할 수 있다.

이것은 정책 입안자들이 '조세경쟁'이라 부르는 것을 강화한다. 기업과 자본 소유자가 가장 유리한 조세정책을 찾아 돌아다닌다는 개념이다. 이 것이 정부의 세금 인상을 더욱 어렵게 만들고, 당장은 자본에 부과하는 세금부터 인하한다.

요약해보자. 무형 투자의 증가는 두 가지 측면에서 부의 불평등을 설명해준다. 기업이 무형자산과 연관된 스필오버와 시너지를 이용하고자 도시로 몰려드는 것이 도시의 주요 부동산의 가치가 상승하는 최대의 원인이며, 이 부동산들이 부유층의 새로운 부의 대부분을 차지한다. 또한 무형자산은 보통 국제적으로 유동적이기 때문에 조세경쟁을 가중시키며, 이로 인해 정부가 자본에 더 많이 과세하여 불평등을 감소시키기가 더욱 힘들어진다.

개방성, 낙후 지역, 무형자산 그리고 존경의 불평등

이번 장의 서두에서 우리는 경제적인 것만큼이나 사회적이고 태도와도 관련이 있는 종류의 불평등을 언급했다. 바로 미국, 영국 및 그 외 유럽 국가들에서 점점 만연해지고 있는 존경의 불평등이다─다시 말하면, 인구가 더 범세계적이고 학력이 높고 진보적인 한쪽과 더 전통주의적이고 엘리트의 견해나 도시적 가치관에 회의적인 다른 한쪽으로 양분되고 있다는 의식이 커지고 있다.

정치에서 극단적으로 느껴져왔던 것이 바로 이런 분열이다. 도널드 트럼프, 브렉시트 및 유럽에서 늘어나고 있는 많은 포퓰리스트 정당의 지지자들은 자신들과 가치관이 다른 자국의 지배 엘리트들로부터 소외되고 멸시당하고 있다는 공통된 감정을 갖고 있다.

이 집단이 가난하기 때문에 소외된 것이라고 추측할 사람도 있을 것 같다. 그러나 EU에서 탈퇴하기로 한 영국 국민투표의 증거는 그 이상의 다른 이유가 존재함을 시사한다.

정치학자 에릭 카우프만(Eric Kaufmann)은 어떤 사람이 EU 탈퇴에 찬성 표를 던질지 아닐지를 예견하게 해주는 것은 계층과 부가 아니라 오히려 사회적 보수주의 및 권위주의를 향한 태도라고 지적했다. 카우프만의 표현대로 "물질적 상황이 아닌 문화와 성격이 유권자들을 잔류 또는 탈퇴로 가른다. 이것은 계층 갈등이라기보다는 연령, 소득, 학력 및 심지어 정당의 구분을 넘어서는 가치관의 분열이다". 카우프만은 탈퇴 쪽 유권자들은 탈퇴하고 싶을 뿐만 아니라 그 외에 사회적으로 보수적인 견해들, 이를테면 체벌 옹호 같은 것을 고수하고 싶어 하는 경향이 있다고 피력했다. 애슈크로프트 경(Lord Ashcroft)이 수행한 여론조사는 이런 결론을 뒷받침했다(Kaufmann 2016a; Kaufmann 2016b).

심리학자 바스티안 예거(Bastian Jaeger)[5]는 EU 잔류 쪽에 표를 던진 지역들과 심리적 특성 사이의 상관관계를 들여다봄으로써 이 문제를 탐구했다. 심리학자들은 인간 본성의 차원을 포착한다고 여겨지는 다섯 가지 심리적 특성을 결정했다. 예거는 세계주의와 새로운 것에 대한 관심과 관

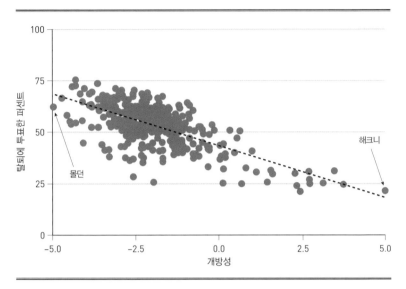

그림 6.6 '경험에 대한 개방성'과 EU 탈퇴 투표. 출처: Krueger 2016 after Bastian Jaeger.

련 있는 '경험에 대한 개방성(Openness to Experience)'이라는 특성을 살펴봤다. 그림 6.6이 보여주듯 새로운 경험에 개방적인 사람은 잔류 쪽에 투표하고, 좀더 전통주의적인 사람은 소득이나 계층과는 무관하게 탈퇴 쪽에 투표한 듯했다.

자, 무형자산이 더욱 풍부해지고 중요해진 경제에서 어떤 부류의 사람이 이득을 얻는지 생각해보자. 우리는 무형 경제에서 스필오버를 전용하고 시너지를 최대한 활용하는 능력이 보상받는다는 것을 알고 있다. 심리학자들의 연구에 따르면 새로운 경험에 좀더 개방적인 사람은 이 방면에 더 능하다. 아마도 이는 에드워드 글레이저와 제인 제이컵스가 지적한 대로 그들이 도시에서 지속되고 있는 경제의 마술에서 너무나도 중요한 다양한 아이디어와 사람들을 연결하는 데 더욱 뛰어나기 때문일 것이다. 창의성과 혁신에는 아마도 아이디어에 대한 개방성이 요구되는 것 같다(경험에 대한 개방성이 혁신적이고 창의적인 일에서 유용하다는 증거가 있다).

이는 트럼프, 브렉시트 및 비슷한 경향의 지지자들과 그 각각을 지지하지 않는 자들 간의 분열이 왜 심화되고 있는지에 관해 새로운 설명을 제기한다. 지지자들은 전통주의와 경험에 대한 낮은 개방성 같은 특정한 기본 태도를 공통적으로 갖는 경향이 있다. 그러나 그들은 무형자산의 중요도가 커지는 바람에 점점 더 자기들과는 다른 심리적 특성들과 가치체계를 가진 사람들을 선호하는 경제 속에 자신들이 놓여 있음을 깨닫게 된다. 브렉시트와 트럼프 현상의 문화적 원인은 경제적 원인-무형 경제의 등장에서 비롯되는 원인-으로 인해 악화된다.

결론: 무형 경제가 불평등에 미치는 영향

우리는 무형자산의 증가가 장기적 불평등 확대의 여러 측면을 설명한다는 것을 논증했다.

첫 번째, 소득의 불평등이다. 무형자산이 창출하는 시너지와 스필오버는 경쟁 관계에 있는 회사들 간의 불평등을 키우고, 이 불평등은 직원 급여의 격차 확대로 이어진다(최신 연구에 의하면 이런 회사들 간의 격차가 소득 불평등 확대에서 큰 비중을 차지한다고 한다). 게다가 무형자산을 관리하는 데는 특별한 능력과 교육이 필요한데, 이런 역량을 가진 사람들(이를테면 라이시의 상징 분석가들)은 무형 집약적 회사들의 고연봉 일자리로 몰리고 있다. 결국 무형자산을 관리하는 사람들의 경제적 중요성이 커지면서 특히 최고 경영자들의 과다한 연봉을 정당화하는 데 이용될 신화들이 출현하는 분위기가 조성된다.

두 번째, 부의 불평등이다. 번영하는 도시들은 스필오버와 시너지가 풍부한 공간이다. 무형자산의 증가는 도시를 점점 더 거주하고 싶은 매력적인 장소로 만들며, 그것이 주요 부동산의 가격을 치솟게 한다. 이런 종류의 물가상승이 최상층 부자들의 부가 증대된 주요 원인의 하나라는 사실이 입증됐다. 덧붙여 무형자산은 흔히 유동적이다. 그것은 회사와 국경을 넘어 이동할 수 있다. 이는 자본을 더욱 유동적으로 만들고, 이로써 과세는 더욱 어려워진다. 자본의 소유가 부자들에게 편중되어 있으므로 부의 불평등을 감소할 재분배 과세가 더욱 힘들어지는 것이다.

마지막은 존경의 불평등이다. 포퓰리즘 움직임(영국의 브렉시트 및 미국의 트럼프)의 지지자들은 전통주의적 시각을 갖고 있고 경험에 대한 개방성이라는 심리적 특성 검사에서 낮은 점수를 받을 가능성이 높다는 증거들이 있다. 무형자산이 더욱 보편화되면서 급증하고 있는 상징 분석가 유형의 직업들에서는 경험에 대한 개방성이 중요할 듯하다. 그렇게 무형자산의 중요성이 커지면서 현대의 포퓰리즘 움직임을 주도하는 정치적 분열이 부각되고 그것은 경제적 압박으로 이어진다.

무형자산을 위한 인프라와 무형 인프라

불충분한 인프라 투자가 경제성장을 가로막고 있다는 생각은 널리 퍼져 있다. 특히 미국과 영국이 그렇다. 이번 장에서는 경제가 무형 투자에 더욱 의존하게 되면서 인프라 공방이 어떻게 변화했는지 살펴보려 한다. 무형자산이 풍부한 경제에서는 다른 종류의 물리적 인프라가 필요하다. 아울러 표준, 규칙 및 기업들의 무형 투자를 뒷받침하는 규범 같은 무형 인프라의 필요성도 더욱 커진다.

인프라만큼 무형자산과 먼 것도 없다. 교량, 고속도로, 발전소, 댐은 거대하고 육중하다. 다시 말해 그것들은 안 보고 지나칠 수 없도록 물리적으로 존재한다. 현대 경제는 강철, 콘크리트, 구리 및 광섬유로 세계를 둘러싼 수십 억 톤의 물리적 인프라에 의존한다. 인프라가 다수의 경제학자들과 정치인들의 열렬한 관심 주제라 해도 놀랍지 않다. 자국의 인프라가 충분하지 않을 거라는 생각 혹은 우리가 가진 인프라가 충분히 현대적이

지 않다는 생각은 공개토론의 흔한 주제다. 특히 앵글로색슨 세계에서는 그렇다.

이 장에서는 어떤 유형의 인프라가 무형 집약적 경제에 특히 도움이 되는지 질문할 것이다. 여기서는 물리적 인프라와 그 자체가 무형인 인프라—규칙, 규범 및 경제가 제대로 돌아가도록 돕는 과정들—양쪽을 모두 살펴볼 것이다.

인프라의 정의

인프라는 어느 시대나 경제를 지배하는 생산양식과 긴밀하게 연결되어 있다. '인프라(infra)'는 '하부(below)'를 의미하므로, 인프라(infra+structure)는 사회가 돌아가는 방식을 뒷받침하는 구조(structure)로 구성되어 있다. 인프라를 고찰하는 한 가지 방식은 기업과 가정이 이용하는 자본을 보완하는 내구성 있는 자산들의 집합으로 보는 것이다. 그러니까 예를 들면 전기시설망은 기업과 소비자가 많은 전기제품을 사용하기 때문에 중요하다. 주유소와 고속도로는 자동차와 트럭이 엄청나게 이동하므로 유용하다. 인프라는 공적 소유(이를테면 공영 고속도로)일 수도 있고 기업 소유(이를테면 민영 공항이나 전화 케이블)일 수도 있다—그러나 누가 소유하건 인프라는 다수의 타인들이나 다른 기업들의 경제활동을 활성화한다는 점에서 공적인 성격을 띤다.

인프라의 이런 **활성화** 성격 때문에 경제에서 생산양식과 자본 스톡이 변화하면 인프라의 요건도 달라지게 마련이다. 운하용 보트와 말이 끄는 마차의 경제는 운하와 정기 기착지를 필요로 한다. 전기 기계와 자동차의 경제는 전기시설망과 주유소를 필요로 한다.[1]

무형 투자에 대한 고찰은 우리를 인프라 이야기의 다른 측면으로 안내한다. 교량, 도로 및 공항이 인프라에 대한 정치적 공방을 지배하기는 하지만, 인프라라는 말에는 그 자체가 무형자산인 것들, 즉 규칙, 규범, 상식 및 제도 등을 가리키는 또 다른 의미가 있다. 물리적 인프라처럼 그것을 만들어내려면 돈이 들고, 오래도록 지속되며, 공적·사회적 성격을 갖는 편이고, 전반적인 경제의 생산성을 높이는 경향이 있다.

과장과 잘못된 전망

무형 투자 증가가 경제가 필요로 하는 인프라 유형을 근본적으로 바꿔버릴 것이라는 생각은 특히 1998~2000년 닷컴버블의 와중에 이른바 지식경제(knowledge economy) 문헌들의 다소 유토피아적인 결말에 푹 빠져봤던 이들이라면 누구나 익숙할 터이다. 평론가들은 '거리의 소멸(death of distance)'을 예측했다. 즉, 디지털 기술과 결합한 지식이 우리의 인프라 대부분이 해결하려고 시도하는 공간과 장소의 제약들을 중요하지 않게 만들 거라는 것이었다. 전자통신 인프라의 투자는 지극히 중요한 것으로 여겨졌고, 이는 3세대 이동통신 주파수의 라이선스를 따내려는 입찰 광란과 2001년 미국의 텔레컴 버블 및 붕괴로 이어졌다.

사실 전통적인 물리적 인프라가 한물간 것은 아니었다. 과학사 학자인 데이비드 에저턴(David Edgerton 2011)은 이른바 현대 세계에서 관개수로부

터 골함석 지붕에 이르기까지 구식 인프라의 중요성을 입증해왔다. 환경
과학자인 바츨라프 스밀(Vaclav Smil)은 식량체계부터 에너지 시스템에 이
르는 전 분야에서 20세기 초의 과학기술에 기반한 인프라가 중요하다고
지적한다(Smil 2005). 무형 투자의 증가가 어떻든 에너지, 승객 수송 및 물
류 투자는 계속 중요할 것 같다.[2] 제스 가스파(Jess Gaspar)와 에드워드 글
레이저(Gaspar and Glaeser 1998)는 거리 개념의 소멸이 처음 나왔을 때보
다 더 복잡해졌음을 밝혔다. 향상된 정보기술이 일부 대면회의는 대체할
지 모르지만, 다른 회의들의 필요성을 창출할 것이다—따라서 사람들을
만나기가 더 쉬운 도시에 산다는 것의 가치를 증대시킬 것이다. 증기 기
관차는 19세기 초부터 '철마(iron horse)'라는 비유로 기술됐지만, 말을 대
체하거나 심지어 말의 수요를 감소시키지 않았다. 사실 말의 수요는 철도
시대에 증가했다—미국에서 '말 수요 최절정기(peak horse)'는 최초로 증
기철도가 개통된 지 80년이 지난 1910년에 일어났다.

그러나 무형 경제와 지식 경제에 관한 일부 초기의 주장이 과장으로 판
명 났다는 사실은 사회가 요구하는 인프라가 예전과 똑같다는 의미는 아
니다. 혁신학자인 카를로타 페레즈(Carlota Perez)는 경제가 과학기술을 어
떻게 사용하는지에 대한 획기적인 주요 변화는 주기적으로 발생하는데,
우선은 과장과 추측(지식과 재정 양면에서)의 짧은 기간이 있고, 위기가 찾아
왔다가, 그다음 그것을 장기간 활용하고 정착시키는 단계가 수반된다는
도발적인 주장을 펼쳤다. 철도의 비유를 계속해보자면, 증기 기관차가 말
을 쓸모없게 만들지는 않았지만 결국 그 후손인 자동차는 그렇게 했다.
이 생각의 귀결은 2000년 무렵 등장했던 거리의 소멸 수사학에 대한 비
판이 반드시 그것이 전적으로 틀렸음을 의미하는 게 아니라 오히려 초기

의 과열 단계에서 좀더 능숙한 시기로, 신기술이 더욱 익숙한 인프라의 대용이 아니라 그것과 함께 적용되고 면밀히 검토받고 출시되는 시기로 이행한 점에 주목했다는 것이었다.

우리는 무형 투자가 증대된 시대에는 특정 유형의 인프라가 더욱 중요해질 것임을 예측할 수 있다. 특히 우리가 4장에서 정리했던 무형자산 고유의 특성들, 즉 확장성·매몰성·스필오버·시너지를 최대한 활용하도록 해주는 인프라가 중요해질 것이다.

이 장의 남은 부분에서 우리는 무형자산이 풍부한 경제가 활발히 돌아가도록 만들어주는 다양한 종류의 인프라를 살펴볼 것이다. 먼저 물리적 인프라, 다음은 기업이 투자하는 종류의 무형자산에 대해 공공 투자의 형태를 취하는 인프라, 그리고 난 뒤 표준, 규범 및 체계처럼 가장 동떨어진 의미의 인프라 순으로 진행하려 한다.

물리적 인프라, 시너지 그리고 스필오버

우리가 살펴봤듯이 무형 투자는 스필오버를 발생시키고, 무형 투자들을 적절히 결합하면 놀랍도록 가치 있는 시너지를 창출할 수 있다. 이런 추세를 최대한 활용할 수 있는—다른 사람들의 투자에서 스필오버를 흡수함으로써, 그리고 새로운 아이디어들 간의 시너지를 포착하고 활용함으로써—개인과 조직은 융성할 것이다. 인프라는 특히 여기서 발생하는 관계들의 양과 질을 높임으로써 그들이 이런 일을 하는 데 도움을 줄 수 있다. 사실 전통적 인프라 사례를 들자면, 허브 공항 운영자들은 공항 운영사가 당신에게 더 많은 노선을 연결시켜줄 수 있을 때 공항의 접근 수요가 증가하기 때문에 오랫동안 스필오버에 관해 알고 있었다.

이렇게 하는 한 가지 방법은 역동적인 클러스터―혁신적인 기업들 및 사람들이 한곳에 모여 있어 아이디어를 공유할 가능성이 더 높은 장소―의 구축이나 육성을 시도하는 것이다. 우리가 4장에서 살펴봤듯이 클러스터는 경제 사상사에서, 특히 앨프리드 마셜·케네스 애로·폴 로머·에드워드 글레이저의 연구에서 가끔씩이지만 중요한 역할을 해왔다.

그러나 정책 입안자들과 전문가들에게 클러스터는 절대적인 캐트닙 (catnip: 독특한 향기로 고양이를 매료시키는 식물로, 우리나라에서는 '개박하' 또는 '가짜 대마초'라고 한다. 이유 없이 끌리는 매력적인 대상을 비유해 쓰였다―옮긴이)이다. 현대의 정부치고 특히 고도 혁신 부문에서 지역 클러스터를 지원하거나 구축하는 전략이 없는 곳은 드물다. 〔캘리포니아 북부의 첨단 클러스터에 대한 오마주로 작명되어온 실리콘 비슷하게 들리는 수십 개의 명칭들―런던의 실리콘 라운드어바웃 (Silicon Roundabout)과 이스라엘의 실리콘 와디(Silicon Wadi)부터 다른 지역에서 얼마든지 발견할 수 있는 좀더 야심 찬 변형들에 이르기까지―을 보라.〕 클러스터 정책이 관심을 끄는 이유 하나는 실리콘밸리 및 이스라엘의 첨단 부문 같은 장소들의 화려하고 잘 알려진 성공이다―자국이 기술 혁명의 최전선이 되는 것을 어떤 정치가가 원하지 않겠는가? 또한 클러스터 정책은 정치적으로 편리할 수 있다. 이념적 이유 때문에 지나치게 경제에 개입하는 것처럼 보일까 봐 염려하는 정부의 경우 자신들이 기존의 클러스터를 지원하는 것뿐이지 클러스터를 처음부터 만들려는 건 아니라고 말하면 된다. 많은 돈을 쓸 수 없거나 그럴 의욕이 없는 정부더라도 클러스터 정책에 관한 한 도덕적인 설득과 비용 효과적인 네트워킹 모임들이 큰 도움이 된다는 사실을 알게 될 것이다. 각자 경제성장에서 클러스터 측면의 중요성을 강조해왔던 마이클 포터(Michael Porter)와 리처드 플로리다(Richard Florida) 같은 평론가의 글들이 지난 30년간 정책 입안자들에게 매우 인기가 좋았던 것도 놀랄 일은 아니다. 저렴하고 손쉽게 다룰 수 있는 클러스터 정책들의 이면은 그것들이 효율적이었는지 입증하기가 어렵다는 것이다. 보조금이나 감세조치나 인프라 투자의 경제적 효과를 평가하는 비교적 엄격한 방법들이 있긴 하다. 그러나 이미 생성 중인 클러스터를 가속할 의도였던 지속적이고 미묘한 정책들에 대해서는 정책 자체가 과연 변화를 일으킨 것인지 여부를 검사하기 어렵다. (일부 정책 입안자한테는 정책 평가가 어렵다는 게—세계에서 가장 유명한 첨단 클러스터 사람들의 말대로—결함이 아닌 특징이었다.)[3]

수십 년간의 클러스터 정책을 비방하는 위험을 무릅쓰더라도 우리는 클러스터의 중요도가 점점 커지고 있는 이 시대에 정말로 중요한 인프라가 두 종류 있다는 것을 말하려 한다.

첫째는 기존 클러스터에서 구할 수 있는 적당한 가격대의 주거 및 작업 공간이다. 2016년 8월 케이트 다우닝(Kate Downing)은 자신과 배우자가 더 이상 그곳에 살 형편이 되지 않는다면서 실리콘밸리의 심장부에 위치한 저층 도시인 팰로앨토(Palo Alto)의 기획교통위원회(Planning and Transportation Commission)에 사표를 냈다. 그들은 결코 최저임금 노동자들이 아니라 변호사에 소프트웨어 엔지니어였다.[4] 자, 우리가 6장에서 봤듯이 번창하는 도시들의 부동산 가격은 지난 40년간 가차 없이 상승해온 듯하다. 이렇게 된 한 가지 이유는 세계에서 가장 잘사는 많은 도시들에 새집과 사무실을 짓는 것은 비용이 많이 들고 시간 소모가 크다는 것이다.

이 비용의 일부는 안전하게 짓거나 붕괴를 최소화해야 할 필요성을 반영한다―다시 말해서 도시는 건설업체들로 하여금 건물 신축에 수반되는 비용의 일부를 부담하도록 강요하는데, 이는 타당해 보인다.

그러나 일부 비용은 기존의 부동산 소유자들이 자신들의 부동산 가치를 유지하거나 높이는 능력을 나타낸다. 이를테면 팰로앨토의 집주인들은 이 도시가 세계에서 가장 유명한 첨단 클러스터의 중심부에 위치해 있고 많은 사람은 아무 집이건 새집이 지어지기만 한다면 구입하고 싶어 하는데도 정원 딸린 1층이나 2층 주택으로 된 교외 도시라는 지역적 성격을 보존하기 위해 도시계획법을 사용한다(그에 따라 매우 높은 가격을 요구한다). 더 많은 건물이 더 빨리 더 싸게 생기도록 허용하는 규칙과 규제가 있다면 이 도시는 오히려 무형 투자를 최대한 활용하는 데 필요한 기초 인프라―주택과 사무실―를 제공할 텐데 말이다.

그러나 아파트와 사무실뿐인 도시는 사실 따분할 것이다―그리고 무형의 시대에 이것은 경제적으로 중요하다. 무형 투자를 위해 중요한 두 번째 유형의 도시 인프라는 사람들이 모여서 상호작용할 수 있는 장소들이다. 얼마 전 필자 중 한 명은 영국의 EU 국민투표에 나타난 정치적 태도들을 생각해보는 라디오 프로에 출연한 적이 있다. 진행자는 런던 중심가에서 멀지 않은 다채로운 지구인 램버스(Lambeth)의 유권자들을 인터뷰해오던 참이었다. 지나가는 말로 그는 자신이 방문한 기업들이 열이면 열 모두 카페로서의 기능을 겸하고 있는 듯했던 것이 얼마나 이상했는지를 언급했다. 사실 그것은 보기보다 덜 이상하다. 17세기 런던의 커피하우스 시대 이래로 사람들이 만나고 어울리는 장소는 새로운 생각들이 결합하는 데 중요했던 것 같다. 문화적이고 예술적인 장소들은 무형 투자가 발효되는 데 특별한 역할을 담당하는 듯하다. 혁신재단 네스타의 연구에 따르면, 창의적인 조직과 기관이 집중적으로 몰려 있는 장소는 일반적으로 더욱 높은 수준의 혁신을 보여준다(Higgs, Cunningham, and Bakhshi 2008). 중립적인 공간, 아마도 특히 예술적이거나 창의적인 성향을 가진 곳이 조합적 혁신의 기회를 창출하는 듯하다.

이것이 정책 입안자들에게는 딜레마가 된다. 건축규제를 완화하면 더 많은 주택과 사무실을 짓게 되고, 이는 그 밖의 모든 조건이 동일하다고 할 때 도시 클러스터들이 번성하고 성장하는 데 일조한다. 그러나 건축규제를 풀면 의도하지 않은 결과가 생길 수 있다. 지난 10년간 선진국의 대도시에 살아본 사람들이라면 누구나 런던 캠던(Camden)의 블랙캡 펍(Black Cap pub) 얘기 같은 사연에 익숙할 터이다. 블랙캡은 수년간 런던 동성애자 문화의 중심이었고 중요한 예술 공간이었다─그곳은 현대 카바레(cabaret)의 발전에 지대한 역할을 했다. 만일 그곳의 문화적·역사적 중요성은 제쳐두고 환원주의자의 경제적 렌즈를 통해서만 바라본다 해도, 그곳은 정확히 우리가 도시생활의 시너지와 스필오버를 확대할 거라고 예측할 수 있는 그런 장소였다. 그러나 2015년에 그곳은 폐쇄됐고 아파트로 변경하는 계획이 예정됐다. 바쁘고 혼잡한 도시에서 사람들은 음료와 카바레펍 입장료보다는 기꺼이 호화 아파트에 더 많은 돈을 내고 싶어 했다. 아마도 이것은 전체 경제를 위해서는 옳은 결정일 듯하지만─어쨌든 향후 문화적 공간 한 곳에서 생겨날 미래의 생산수익을 측정하기는 매우 어려우니까 말이다─블랙캡 같은 장소가 주는 활력과 상호작용을 시장이 제공하기는 역부족일 것이라 생각하는 건 어렵지 않다. 이로써 도시계획자들이 직면한 딜레마로 우리는 다시 돌아가게 된다. 그렇다면 당신은 어떻게 해서 도시가 대단히 효율적인 클러스터가 되기 위해 우선은 없어서는 안 될 장소와 제도를 무심코 서둘러 폐쇄하지 않으면서도 동시에 무형 경제의 번영에 필요한 건물 신축을 지역이기주의가 가로막지 못하도록 규제를 없앨 것인가?

도시 클러스터 지원으로 무형 투자 촉진을 기대하는 정책 입안자들은 더 큰 도전에 부딪힌다. 즉 언제 기존의 클러스터보다 성장세에 있는 클러스터의 요구를 우선시할지의 문제와 그 결정에 영향을 주는 부류의 편향들이다. 이런 문제는 영국처럼 정치적 의사 결정이 잘사는 지역들에 고도로 집중되어 있는 나라에서 심하다. 만일 어떤 나라의 수도가 마침 경제적으로 성공하고 번화한 곳이기도 하다면, 그 외 지역들의 경제 잠재력은 과소평가하기가 매우 쉽다. 한 연구는 바로 영국에서 이런 일이 일어나고 있다면서, 런던 기반의 정책 입안자들 사이에는 번영할 수 있는 경제 잠재력을 가진 곳이 런던뿐이고 따라서 다른 곳에 공공자금을 투자한다는 것은 파도를 멈추려 했던 크누트 왕(King Cnut: 11세기에 영국에서 스칸디나비아에 걸친 대제국을 다스린 황제. 해변에서 자신의 옷이 젖지 않도록 파도에게 다가오지 말라고 명령했다는 일화가 전한다—옮긴이)과 같은 격이라는 태도가 만연해 있음을 내비친다(Forth 2015). 이는 런던 이외 지역의 투자를 과도하게 꺼리는 경향으로 이어져서, 런던의 민간 R&D 기금 대비 공공 R&D 기금 비율은 기타 지역들보다 높으며, 편익비용비율(benefit-to-cost ratio)이 높을 것으로 추정되는 운송 투자도 런던 이외의 지역에서는 구축되지 않지만 런던에서는 편익비용비율이 낮아도 자금을 따낼 정도다.

기술적 인프라와 스필오버

이쯤에서 과학기술에 관심 있는 독자라면 소프트웨어와 반도체가 인간의 의사소통 방식을 변화시키고 있는 시대에 무엇 때문에 아이디어를 교환하는 네트워크 구축과 관련된 이 절에서 대면(對面) 상호작용의 인프라에 주로 초점을 맞췄는지 의문을 제기할 것이다. 2001년 텔레컴 버블의 전제는 사람들이 상호작용을 위해 곧 광섬유와 모바일 데이터에 의존할 것이며 '사이버공간(cyberspace)' 때문에 '실제생활공간(meatspace)'을 버리게 될 것이라는 것이었다.

텔레컴 인프라가 경제 전반은 물론이고 무형 투자를 최대한 활용하게 해주는 부류의 사회적 상호작용을 가능하게 하는 데서도 중요하며 계속 중요할 것이라는 말은 분명 옳다. 광섬유 케이블, 4G 및 5G 이동전화 기지국, 점점 더 많은 장치 속에 연결된 칩 등의 계속되는 출시는 머지않아 우리의 상호작용 능력을 향상시킬 것이다.

텔레컴 인프라 투자와 연결성 및 생산성 사이의 관계를 무너뜨리는 두 가지 복잡한 요인이 있다. 첫째는 인프라 자체의 기술 변화 속도다. 현재 이동전화 기지국이나 광라우터에 대한 투자 결정은 그저 투자를 하느냐 마느냐 사이의 선택이 아니다. 그것은 내일, 아니 내년까지 투자를 연기할지 말지, 언제쯤 되면 인프라 비용이 훨씬 내려갈 수 있을지, 또는 새롭고 더 나은 기술이 가능할 것인지 아닌지에 대한 결정이다.

두 번째 문제가 아마도 미래의 인프라 투자자에게는 더 까다로울 것 같다. 바로 새로운 기술 인프라는 새로운 작업방식과 결합할 때 가장 유용하며, 그렇지 않을 때는 별로 쓸모가 없을 수 있다는 것이다.

1990년에 경제학자 폴 데이비드(Paul David 1990)는 미국의 전력 도입을 연구하던 중 그런 결론에 도달했다. 데이비드는 공장이 최대한 전력을 활용하기 위해서는 공장의 작업방식을 근본적으로 재구성해야 한다고 지적했다. 증기를 동력으로 하는 공장에서는 모든 기계 공구가 단일 회전축에 연결된 벨트로 전력을 공급받아야 했던 반면, 전기는 공구마다 자체의 모터를 갖도록 했다. 이것이 결과적으로 20세기식 생산라인을 가능하게 만들었다. 데이비드는 또한 최초의 중앙식 발전시설이 개발된 지 거의 40년이 지났음에도 불구하고 전기로 움직이는 부분은 여전히 공장 기계 구동 용량의 50퍼센트가 약간 넘을 뿐이라는 점을 발견했다. 그때까지 전력발전에서 일어난 주목할 만한 혁신이 생산성 향상의 측면에서 공장주들에게 가져다준 것은 놀랍게도 거의 없었던 셈이다.

21세기의 고대역(高帶域) 보편적 통신 서비스 체계들이 데이비드의 전력 발전시설과 비슷할 수 있다. 이런 신형 커뮤니케이션 기술들을 사용하는 진정으로 효율적이고 경제적으로 혁신적인 방식들을 고안하는 데는 시간, 실험과정 및 (무형의) 투자가 필요할 것이다. 새로운 기술이 으레 그렇듯, 미래는 여기 우리들 가운데 이미 와 있는지도 모른다. 소프트웨어 개발자들은 지금까지 수년간 슬랙(Slack)과 깃허브 같은 온라인툴을 사용해 협력해왔다. 〔페이션츠라이크미(Patientslikeme)나 23앤드미(23andMe) 같은〕 의료 연구에서부터 〔네이선 미어볼드(Nathan Myhrvold)의 인텔렉추얼벤처스 (Intellectual Ventures) 같은〕 기업 간 지식재산권 중개와 〔최근 구글이 인수한 캐글(Kaggle) 같은〕 데이터 분석에 이르는 분야에는 인터넷으로 가능해진 새로운 협력방식을 실험해보는 회사들이 많다. 과학기술 옹호자들이 실현되지 못할 앞일을 예언할 때 비웃는 것은 쉽다. 종이 안 쓰는 사무실이 어디 있더라? 사물인터넷은 어디 있고? 그러나 효과적인 원격근무가 널리 확산됐어도 대면 의사소통의 중요성이 대폭 감소하지 않았다는 사실은 그것이 결코 일어나지 않을 거라는 징조가 아니라 복잡한 형태의 변화이며 시간이 소요된다는 조짐일 수 있다.

따라서 텔레컴 인프라는 관계를 조성하고 스필오버를 최대한 활용하는 방법으로서 무형 경제에서 더욱 중요해질 것이다. 그러나 이 인프라에서 가장 중요한 측면은 광섬유, 라우터, 프로세서 및 기지국이 아닐 수 있다—그것들을 진짜로 가치 있게 만드는 것은 새로운 도구 개발, 그리고 그것들을 연결하고 협업하는 데 사용하는 습관이다.

이러한 추세가 사람 대 사람, 기업 대 기업 간의 소통과 연결 및 이것을 가능하게 만드는 인프라의 중요성을 증대시킨다.

표준, 체계 그리고 규범

효과적인 규칙과 제도와 규범이 투자를 장려할 수 있다는 것을 경제학자들이 안 지는 오래됐다. 반대로 에르난도 데소토(Hernando de Soto)는 나쁜 제도들—특히 취약한 재산권—이 어떻게 해서 개발도상국의 빈민들이 집에 투자하고 기업을 발전시키고 그것을 통해 빈곤에서 탈출할 수 있는 길을 가로막았는지 인상적으로 보여줬다(Soto 2001). 유한책임회사의 발명은 회사가 도산하더라도 압류로부터 기업주의 자산을 보호함으로써 기업의 투자에 힘을 실어줬다.

무형 투자는 또한 공식적으로도 비공식적으로도 제도적 인프라의 영향을 받는다.

이를 보여주는 가장 간단한 사례가 재산권이다. 수 세대의 권리 보유자들이 지적해왔듯이, 지식재산권법이 강력하면 무형자산에 영향을 주는 스필오버 문제를 감소시키므로 특허나 저작권이나 상표권으로 보호받을 수 있는 종류의 무형자산에 대한 기업 투자를 촉진한다. 그런가 하면 지식재산권이 너무 광범위하거나 너무 강하거나 너무 모호할 때는 경쟁을 방해할뿐더러 회사들이 무형자산들 간의 시너지를 이용하는 것을 더욱 어렵게 만들므로 장기적으로 혁신을 차단할 수 있다. 예를 들어 1906년 라이트 형제가 허가받은 대단히 광범위한 비행 통제 특허는 1917년에 정부의 요청으로 업계 전반에 특허가 배치되기 전까지는 미국의 항공 부문 발전을 지연시켰다고 여겨진다. 지식재산권이 얼마나 강해야 할지, 그리고 거기에 어떤 종류의 지식을 포함해야 할지를 놓고 활발한 논쟁이 벌어지고 있다―그러나 투자를 위해서는 그것들이 잘 돌아가도록 만드는 것이 중요하다는 일반적 합의가 있다.

그러나 무형 투자에 영향을 주는 제도들은 공식적 지식재산권에 국한되지 않는다. 앞서 살펴봤듯이 무형 투자들은 결합했을 때 시너지를 발생시키는 경우가 많으므로, 대규모 무형 프로젝트들에는 흔히 다수의 투자자와 회사가 참여하여 장기간에 걸쳐 투자한다. 투자를 조율하고 다양한 기업 및 조직 간의 힘겨루기를 관리하는 일은 복잡하다. 제도와 규범은 투자자들이 이런 복잡성을 처리하여 단순화하는 데 도움이 될 수 있다.

신약 개발 및 출시를 생각해보자. 보통 거기에는 기초과학 기반, 신약 발명 과정 그리고 그 약이 안전하면서도 기존의 약들보다 효과가 더 좋은 지 알기 위한 몇 차례의 검사가 수반된다. 그러고 나면 그 약을 시장에 내놓고 판매해야 한다—지급인(건강보험 기관과 정부의 혼합), 임상의, 규제기관, 환자 사이의 복잡한 장단에 맞춰 춤을 추는 과정이다. 이것은 매우 자본 집약적일 뿐 아니라 현기증이 날 정도로 복잡한 프로젝트다.

신약 발명 과정의 복잡성을 감소시키는 것 중 하나가 무엇을 언제 해야 하는지에 관한 널리 합의된 규범 및 원칙의 세트다. 예를 들어 약물시험은 단계별로 하게 되는데, 미국 식품의약국(Food and Drug Administration) 같은 규제기관은 그것의 목적과 기간을 명시한다. 공공기관과 의학자선단체가 어떤 종류의 연구를 지원하고 어떤 종류는 하지 않는지에 관해서도 규칙이 있다. 많은 약품이 의존하는 학술연구는 엄격성, 동료평가 및 출판 관행과 관련해 여러 가지 유서 깊은 규범의 지배를 받는다.

시장에도 규칙이 있는데, 그것은 가격 책정과 판매를 둘러싼 복잡한 결정들을 단순화해준다. 많은 정부와 보험회사는 어떤 종류의 약을 지원하고 어떤 것은 하지 않을지에 관한 규칙들—보건 경제학자들이 삶의 질 보정 수명(quality-adjusted life-year: 어떤 의학적 처치로 추가적으로 얻게 되는 삶을 질적·양적으로 평가하는 수치—옮긴이)이라 부르는 것을 공인된 가격보다 적은 비용으로 환자들에게 제공할 수 있는 약들만 인정하겠다는 영국 국립임상보건연구원(National Institute for Health and Clinical Excellence)의 규칙들처럼—을 갖고 있다. 그리고 불문율도 있다. 이를테면 생물공학 스타트업들은 보통 자신들이 최초의 혹은 초기 몇 차례의 임상실험을 통과할 수 있다면 자사 제품을 시장에 내놓으려고 훨씬 더 큰 자금을 마련하기보다는 돈 많은 제약회사에 인수될 거라는 기대를 갖고 작업한다. 약물검사는 주로 계약하에서, 생명과학 회사 설립을 고려 중인 사람이라면 누구라도 알기 쉽고 이해가 갈 합의하에서 대학의 실험실이 수행한다. 그리고 생명과학 벤처기업의 자금을 유치하는 일에도 고유의 규칙과 전문 투자자들, 그리고 공통된 규범과 이해를 가진 전문 서비스 회사들이 있다.

현재 이런 많은 규칙은 제한적인 경제적 기능을 하는 것이 사실이다. 이를테면 정부가 약에 지불하는 금액의 상한선을 책정하는 규칙은 납세자의 이익을 보호하고, 벤처캐피털(VC)이 여러 단계로 나눠 자금을 조달하는 것은 투자자들이 리스크를 관리할 수 있게 해주는 것 등등이다. 그러나 제약 혁신 시스템의 규칙도 미묘한 역할을 한다. 즉 그것들의 존재로 인해 엄청나게 복잡한 신약 개발, 막대한 불확실성과 비용이 들어가는 프로젝트는 그것을 달성하기 위해 모여야 하는 다양한 당사자들(연구자, 사업가, 규제기관, 금융업자, 기업 경영진 등)에게 관리 가능하고 이해할 수 있는 것이 된다. 혁신 이론가 폴 나이팅게일은 규범과 규칙을 그것들이 없었다면 예측 불가능하고 복잡했을 프로젝트에 '일부 예측가능성(local predictability)'을 창출하는 '보이지 않는 인프라(invisible infrastructure)'라고 표현했다(Nightingale 2004).

여러 다른 기업이 더욱 용이하게 상호보완적 투자를 하도록 만드는 비슷한 제도가 다른 분야에도 존재한다. 그중 하나가 각각 인터넷과 월드와이드웹의 기초를 형성하는 인터넷 프로토콜 수트(Internet Protocol Suite)와 하이퍼텍스트 전송 규약(Hypertext Transfer Protocol) 같은 공식 정보기술 프로토콜이다. 그 밖에도 첨단 스타트업을 위한 벤처캐피털의 단계화 및 구조 같은 사회규범, 또는 규제 제도나 국제 표준 같은 공공기관이 고안하거나 시행하는 규칙들이 있다.

물론 규칙과 표준은 유형 투자에도 적용된다. 철도에는 게이지가 있다.

콘센트에는 표준화된 형태와 전압이 있다. 자동차에는 약간 표준화된 규제가 있다. 그러나 무형 투자는 일반적으로 시너지를 유발하고 효과적인 협력이 보상을 받을 가능성이 높으므로, 무형 인프라가 무형 경제에서 더욱 중요할 것으로 예상된다. 그것은 시너지를 일으키는 자산을 가진 여러 회사들 사이(예를 들면 장래가 촉망되는 약을 보유한 생명공학 스타트업과 그 약이 임상시험을 통과해 시판될 수 있게 할 마케팅적·조직적 자산을 보유한 거대 제약회사)에서 명확한 인터페이스를 창출함으로써 시너지를 최대한 활용하도록 해준다.

또 다른 종류의 소프트 인프라는 다른 사람들의 투자 정보를 공급하는 것이다. 만일 무형 투자가 결합되어 예기치 못한 시너지를 창출할 수 있다면, 다른 회사들이 잠재적으로 연관된 프로젝트와 아이디어 중에서 무엇에 투자하고 있는지를 아는 것은 기업에 큰 가치일 수 있다. 이런 종류의 정보를 제공하는 확실한 방법은 다양한 이들과 얘기할 기회가 많고 그들을 만나기 쉬운 편안한 장소가 널린 클러스터에서 사람들에게 말을 걸고 일하는 것이다. 그러나 더욱 공식적인 정보 출처도 유용할 수 있다. 대규모 무역박람회[5]에 참가해본 사람이라면 누구나 무역박람회는 회사가 고객들에게 전시하는 게 다가 아님을 입증할 수 있다. 그곳은 회사들이 서로서로 무슨 일을 하고 있는지 파악하고, 아이디어를 얻고, 파트너십과 계약을 논의하는 자리이기도 하다. 산업 안내책자와 지도에 대해서도 같은 얘기를 할 수 있겠는데, 그것들은 해당 부문 안팎에 있는 회사들 모두가 새롭게 부상하는 부문을 알기 쉽게 해준다.

소프트 인프라 중에서 가장 소프트한 것: 신뢰와 사회적 자본

이 장에서 우리는 운송과 주택처럼 가장 유형적인, 가장 물리적인 종류의 인프라에서부터 제도, 규칙 및 정보처럼 그 자체가 무형인 인프라로 점차 이동해왔다. 이 기세를 밀고 나가 물리적인 것과는 가장 멀고 가장 실용적이지 않은 형태의 인프라를 고찰하는 것으로 마무리해볼까 한다. 바로 신뢰, 그리고 사회학자들이 사회적 자본이라고 불러온 것―사회 구성원들 간 관계의 강도, 수, 질―이다.

사람들과 회사들 간의 신뢰는 두 가지 측면에서 무형 투자의 중요한 전제조건이 된다. 먼저 신뢰는 다양한 무형자산 사이에 시너지를 창출하는 상호작용을 촉진한다. 사람들은 폐쇄적이고 경계가 설정된 사회에서는 아이디어를 덜 공유하는 편이다. (경험에 대한 개방성과 낮은 수준의 위계서열 같은 그 외의 사회적 특성들도 아마 중요할 텐데, 둘 다 전체 인구 차원에서 측정할 때가 있다.)

두 번째, 신뢰는 무형자산 투자의 규칙들 주위에 확실성을 제공하는 데 도움이 된다. 우리는 앞에서 불확실한 규칙들이 투자에 안 좋다는 것을 알았다. 만일 어떤 회사가 고객 데이터를 수집할 수 있을지, 그리고 이 데이터를 상업적 목적에 사용할 수 있을지 확신이 서지 않는다면, 우선은 그 데이터 수집에 돈을 쓸 가능성이 낮다. 사실 회사가 특히 특정 주제의 데이터 사용이 불가능하다는 것을 알기만 해도 전부가 불확실한 것보다는 투자를 위해 더 나은 기초가 될 수 있다. 더욱 높은 수준의 신뢰와 사회적 자본이 있다면 훨씬 수월하게 이런 종류의 규칙에 관해 안정적인 합의에 도달할 수 있는데, 이를 통해 규칙 자체를 더욱 믿을 수 있게 된다.

결론: 무형 세계의 인프라

거리의 소멸은 발생하지 않았다. 사실 스필오버와 시너지의 중요성은 사람들이 모여서 아이디어를 공유하는 장소, 그리고 도시가 돌아가게 만드는 운송과 사회적 공간의 중요성을 증가시켜왔다.

그러나 거리의 소멸은 철회됐다기보다는 지연된 것일 수 있다. 정보 기술은 천천히 점진적으로 대면 상호작용의 몇몇 양상을 대체하고 있다. 이것은 공장들의 전력화처럼 느린 변화일지도 모른다 — 만일 그렇다면, 물리적 인프라의 중요성은 근본적으로 바뀔 것이다.

소프트 인프라는 또한 갈수록 중요해질 것이다. 무형자산들 간의 시너지는 무형 투자를 위한 일종의 사회적 인프라를 함께 구성하는 표준과 규범의 중요성을 증대시킨다. 그리고 표준과 규범은 무형 경제에서 특히 중요한 신뢰와 사회적 자본으로 뒷받침된다.

우리는 10장에서 이런 정책적 쟁점들을 더 많이 다룰 것이다.

무형 경제의 자금 조달 과제

금융 제도에 대한 공통된 비판은 그것이 기업 투자라는 임무에 적합하지 않다는 것이다. 금융시장은 단기적 성과에만 급급하고, 위험에 대한 이해도가 떨어지며, 경영진에게 비정상적으로 많은 인센티브를 부여한다는 게 이유다. 이번 장에서 우리는 4장에서 기술한 무형자산의 경제적 특성들에 비추어 현재의 금융 제도가 무형자산 기반이 나날이 커지고 있는 경제에 적합한지 질문할 것이다. 우리는 기업금융 시스템에 대한 일부 포퓰리즘 비평들이 과장되긴 하지만, 무형자산의 특성들이 기업의 자금 조달에 특별한 도전을 제기한다는 것을 보일 것이다.

오늘날 자본주의의 문제가 무엇이냐고 물으면 많은 이들은 금융시장을 가리킨다. 금융 제도가 실물경제의 니즈, 특히 기업 투자에 필요한 자금 공급의 필요성에 제대로 부응하지 못하는 것에 대한 우려다.

이것은 어떤 면에서는 해묵은 비판이다. 존 메이너드 케인스(John Maynard

Keynes)가 국가의 '자본 개발'이 주식시장의 한탕주의에 물들고 말았다며 불만을 토로한 때가 1930년대였으니 말이다.[1] 그러나 그것은 지난 10년 사이 새로운 긴박감을 띠어왔디. 금융 제도 체계의 실패로 하마터면 글로벌 경제가 붕괴할 뻔했기 때문이다.

기업금융에 대한 포퓰리즘식 우려에는 공통된 대본이 있다. 은행은 사업에 무관심하며 회사의 성공에 필요한 자금을 대주지 않는다고들 한다. 증권시장은 지나치게 단기적 성과에만 급급할뿐더러 경영자가 자사의 주가에 점점 더 관심을 쏟게 되면서 영향력만 갈수록 커지고 있다고 여겨진다. 따라서 경영자는 일확천금을 좇는 단기 투자자들을 만족시키기 위해 R&D 지출을 감축한다.[2] 이런 우려가 선진국 전역에서 공공 정책을 추진하게 한다. 대부분의 정부는 어느 정도 보조금을 주거나 은행에 기업 대출을 강요하며, 부채로 자금을 조달하는 회사에 세금 혜택을 준다. 많은 나라에서 주식 투자자들이 장기적 시각을 갖게 하려고 단기 주식 보유에 과세하거나 재무보고서 요건을 바꾸는 것 같은 조치를 고려하고 있다. 그리고 대부분의 정부는 대안적인 자금 조달 형태, 특히 기업 성장과 국부의 커다란 잠재적 공급원으로 여겨지는 벤처캐피털을 장려하는 데 돈을 써왔다.

이런 주장 중 어떤 것은 지지자들이 내비치는 것만큼 명쾌하지는 않다. 예를 들어 R&D 지출을 삭감하는 경영인들이 잘못을 저지르고 있다는 말은 반드시 확실한 것은 아니다. 그들이 삭감하고 있는 프로젝트가 성공을 거두지 못할 가능성도 얼마든지 있다. 성공할 가능성이 없는 프로젝트에 계속 지출하는 것이 과연 더 나을 것인가? 그리고 주식을 매각하는 주주들 역시 전적으로 명분이 있을 터이다. 어쩌면 그 회사의 전망이 나빠졌을 수도 있다. 최근 많은 비판의 대상이 되고 있는 자사주 매입(buyback)도 마찬가지다. 왜 그것들이 그렇게 나쁜지는 확실하지 않다―어쩌면 회사가 클 만큼 다 컸을 수도 있고, 기회가 줄어들었을 수도 있고, 주주들에게 돈을 돌려주는 것이 그들이 회사에 기여한 바에 대한 가치 있는 보상일 수도 있다.

이번 장에서 장기간에 걸친 이런 논쟁을 약간은 취급하겠지만, 우리는 상세히 재탕하기보다는 좀 다른 각도에서 다뤄보려 한다. 대신 '실물경제'의 자본 기반이 유형자산에서 무형자산으로 점차 이행한 것이 금융 부문의 기능에 영향을 미치는지 여부에 집중할 것이다. 우리는 두 가지 주요 사안을 입증하려 한다. 첫째, 무형자산으로의 점진적 전환은 금융 부문에 혐의가 있다고 인식된 많은 문제를 설명하는 데 도움이 된다는 것이다. 그 이유는 우리가 4장에서 개괄했던 무형자산의 경제적 특성들로 거슬러 올라가면 된다. 즉 확장성, 매몰성, 스필오버, 시너지와 그것들로부터 생기는 더욱 광범위한 특성인 불확실성과 논쟁성이다. 두 번째, 우리는 무형 경제의 자금 조달 문제를 더 잘 이해할 때 케인스가 국가의 자본 개발이라 불렀던 것의 개선을 모색하는 정부는 물론이고 더욱 높은 수익을 기대하는 금융 투자자들이 새로운 행동방침을 제시할 수 있을 것이라고 생각한다.

우리는 기업 투자에 중요한 영향을 미치는 세 가지 유형의 자금 조달을 차례대로 검토하려 한다. 바로 은행 융자, 주식 공모, 그리고 모험자본(risk capital)이다. 앞의 두 경우에 우리는 이런 형태의 자금 조달이 무형 경제에서 기업의 투자자금을 지원할 때 부딪히는 난관들을 알아볼 것이다. 모험자본의 경우에는 벤처캐피털 산업이 무형자산이 풍부한 경제에 부응하여 어떻게 진화해왔는지, 그리고 무형자산이 풍부한 회사들의 니즈를 얼마나 제대로 충족하는지 살펴볼 것이다.

금융시장과 기업 투자: 오래됐지만 시사적인 문제

하지만 먼저 기업재무에서 무엇이 잘못됐고 그것이 어떻게 악화되고 있는지에 관한 사회적 통념부터 개괄해보자.

금융 제도가 실물경제, 특히 기업 투자의 걸림돌이 된다는 비판은 아주 해묵은 것이면서도 지극히 현재 진행형이다. 그것은 두 부분으로 되어 있다. 첫째, 금융시장은 근시안적이고 어리석기 때문에 기업에 자금을 제대로 조달하지 못하고 있다는 것이다. 둘째, 비즈니스에서 점점 더 많은 양상들이 '금융화'되면서 이런 나쁜 영향이 더욱 강해지고 있다는 것이다.

그런 생각은 제2차 세계대전 이전에 이미 확고히 자리를 잡았다. 당시 케인스는 주식시장은 근본적으로 도박장이며 기업 투자 결정이 들어설 자리가 없다고 역설했고, 영국 정부는 영국의 금융 제도가 영국 경제의 요구를 충족시키고 있는지 조사하고자 1929년 맥밀런위원회(Macmillan Committee)를 발족했으며, 위원회 배후의 원동력이던 케인스는 금융자본과 자국의 열악한 자본 개발 사이의 관련성에 대한 견해를 피력했다.

사실 전 세계의 많은 정부 정책은 금융 제도가 비즈니스에 도움이 되지 않는다는 생각에 근거를 두고 있다. 금융 서비스 부문이 자유방임주의적 자본주의의 보루로 여겨짐에도 불구하고 선진국들 대부분은 기업금융시장에 깊고 넓게 개입한다. 독일 재건은행(Kreditanstalt für Wiederaufbau,

1948년 창립)과 미국 중소기업청(Small Business Administration, SBA, 1953년 장립)은 모두 기업 융자에 보증을 서준다. 1945년에 영국은 성장자본을 공급할 산업통상금융공사(Industrial and Commercial Finance Corporation)를 설립했다. 2016년 여름에 영국 정부 웹사이트를 검색한 결과 319개의 금융 기반 계획이 나왔다.

최근에는 '금융화' 및 그것과 결부된 단기 성과주의에 대한 우려가 있다. 금융화는 금융 부문에서 경제 전반에 이르기까지 규범, 척도 및 인센티브의 중요도가 커진다는 것이다. 몇 가지 표명된 우려로는 이를테면 경영자들이 주주들의 인센티브와 자신들의 인센티브를 맞추기 위해 갈수록 많은 스톡옵션(stock option)을 부여받고 있으며, 회사들은 대놓고 단기 주주가치를 높이기 위해 운영되기 일쑤고, 자사주 매입과 이익관리 같은 금융 공학이 고위간부들의 업무에서 더욱 중요한 부분을 차지해왔다는 것 등이 있다. 그 결과 금융이 기업에 도움이 되기보다는 기업이 금융에 기여하고 있다. 배보다 배꼽이 큰 것이다. 존 케이가 '우회(obliquity)'라고 표현했듯이, 돈을 번다는 것은 고객들에게 이바지하고 좋은 기업을 구축한 결과이거나 부차적 혜택이라는 사고는 퇴출됐다(Kay 2010).

금융의 세 번째 양상은 벤처캐피털이 미래의 경제에 매우 중요할 것이라는 인식이다. 주요 선진국치고 정부가 벤처캐피털 부문을 구축하거나 육성하려는 시도에 납세자들의 돈을 쓴 적이 없는 나라는 단 한 곳도 떠올리기 어렵다. 대부분의 선진국은 미국처럼 벤처캐피털을 시도하고 촉진하기 위해 공동투자 계획이나 절세 조치를 시행해왔다. 이 중 이스라엘의 요즈마(Yozma) 프로그램 같은 일부 계획은 효과를 보기도 했다―사실 미국 벤처캐피털 부문 자체도 중소기업청의 SBIC 프로그램(Small

Business Investment Companies Program)으로 시동이 걸린 것이었다. 회사 주식에 직접 투자하는 정부도 있는데〔이를테면 독일의 하이테크 그렌더펀드(High-Tech Gruenderfonds)나 핀란드의 테케스(TEKES) 벤처캐피털〕, 마리아나 마추카토(Mariana Mazzucato 2015) 같은 몇몇 혁신학자들은 정부가 훨씬 더 자주 이렇게 해야 한다고 주장한다. 또한 정부의 후원을 받아 초기단계 회사들을 위한 새로운 증권거래소를 개장함으로써 기업들의 공공 부문 자본이 아니라 (공개적으로 거래된다는 의미에서) 공공의 접근성을 좀더 용이하게 만들려는 시도도 간헐적으로 있어왔다.

앞에서 언급했듯이 이 중 어떤 주장은 얼핏 보기보다 훨씬 덜 명확하다. 그러나 갈수록 점점 무형의 성격을 띠는 경제를 고찰하는 일은 이런 우려를 조명하고 우리가 거기에 어떻게 대응해야 할지를 아는 데 도움이 된다. 이를 위해 기업 투자를 둘러싼 자금 조달을 (a) 금융, (b) 주식시장, (c) 벤처캐피털로 풀어보자.

금융: 무형 업계의 대출 과제

대부분의 중소기업주들을 결속시킬 법한 한 가지 주제는 은행이 고집불통에다 미덥지 못하다는 것이다. 그들의 주장에 따르면, 은행은 대출에 굼뜨고, 기업 실정에 무지하며, 관료주의적인 데다, 책임을 회피한다.[3] 기업 대출의 열의가 더욱 강한 정부 은행을 설립하자는 생각이 영국 정당들의 공약에 툭하면 등장하는 것도, 실제로 독일, 프랑스, 미국 같은 나라에서는 어느 정도 현실화된 것도 어쩌면 놀랄 일이 아니다. 무형자산이 이 문제를 악화한다는 생각도 보편화됐다. 이번 절에서 우리는 왜 이런 생각들이 존재하는지, 그리고 그것이 향후 은행의 기업 자금 조달에서 어떤 의미를 갖는지 살펴보려 한다.

햄릿(Hamlet)의 고지식한 폴로니우스(Polonius) 아서씨는 "돈은 빌려주지도 빌리지도 마라. 빚은 종종 빚은 물론이려니와 친구도 잃게 만드나니"라고 했지만, 그가 현대 경제를 목도했더라면 충격을 받았을 것이다.[4] 많은 기업이 조달받는 대부분의 외부 자금이 채무의 형태를 띠기 때문이다. 은행, 혹은 매우 드물지만 회사채 보유자들은 일정 기간 동안 돈을 빌려주고 중간중간 이자와 함께 만기 시 돌려받을 것을 기대한다. 만일 기업이 도산한다든지 해서 채무가 상환되지 않으면, 채권자는 보통 기업자산의 일부에 대해 비용 상환을 청구한다. 이것은 손실액 전체를 보상하지는 않을지 몰라도, 대출기관이 감수한 재정적 위험은 상당히 줄여준다.

만일 기업자산이 유형의 재화라면 이건 꽤 간단한 일이다. 버스를 생각해보자. 1986년에 영국은 장거리 버스 시장의 규제를 없앴다. 브리티시코치웨이(British Coachways)라는 장래가 촉망되는 한 신생 기업이 터줏대감인 내셔널익스프레스(National Express)와 경쟁해볼 기회를 잡았다. 그러나 이런 분열은 일어나지 않을 운명이었다. 브리티시코치웨이의 수명은 2년 뒤 끝이 났다. 그들이 파산한 뒤의 상황은 우리의 목적에 비춰봤을 때 유익하다. 바로 버스들이 임대 회사로 반환된 것이다. 비록 사업은 실패했지만, 그들의 최대 투자였던 버스는 상당히 큰 가치를 보유하고 있었다. 비슷한 예로, 2007년에 비즈니스석 전용 할인 항공사인 맥스젯(Maxjet)이 파산했을 때, 그곳의 보잉 767기 다섯 대는 임대 회사로 복귀했고 훗날 운항하는 날까지 건재했다.

건물이나 기계나 특정 부지의 땅 같은 자산들도 가치를 평가할 수 있으며 금융업자들은 비행기 엔진부터 유조선까지 모조리 담보로 잡아 자산담보부 대출을 제공할 것이다. 유형자산의 재활용 가능성으로부터 이익을 얻을 수 있다면 대출은 자산을 담보로 할 필요가 없다. 대출기관들은 종종 매각 가능한 자산이 있는 기업에 대해서는 일반담보를 잡으며(미국에서는 네거티브 유치권(negative lien)이라 알려져 있다), 심지어 기업 외 자산을 담보로 해서 돈을 빌려주기까지 한다. 실제로 이를테면 영국(과 미국)의 은행들이 하는 많은 기업대출은 담보대출의 위장된 형태다. 은행이 보통 사업주의 주택에 대해 유치권을 설정하기 때문이다(Fraser 2012; Black, de Meza, and Jeffreys 1996). 이 확립된 시스템들은 폴로니우스의 경고를 교묘하게 빠져나가게 해준다. 빌려준 돈은 여전히 잘못될 수 있지만, 만일 채무자가 유형자산을 갖고 있다면 당신의 돈은 사라지지 않을 테고, 빚을 떼어먹으려는 채무자와 더 이상 친구는 못 되겠지만 적어도 그들을 침착하게 다룰 수 있는 것이다.

하지만 주로 무형자산을 보유한 기업들은 폴로니우스가 상상했던 세상과 훨씬 더 비슷해 보인다. 4장에서 살펴봤듯이 무형 투자는 비용이 **매몰**되기 쉽다. 많은 무형자산은 어떤 이유건 당신에게 그것들이 필요 없다고 느꼈을 때, 특히 당신의 기업이 도산했을 때는 매각하기가 어렵다. 도요타는 린 생산 시스템에 수백만 달러를 투자하지만, 이 투자를 그들의 공장과 분리해서 어떻게든 팔아치우는 것은 불가능할 터이다. 스타벅스는 자사의 사업을 지점들과 프랜차이즈들이 따르는 방대한 안내서에 문서화해놓았고 그것이 창출하는 동질성과 고객 경험은 수익을 증대하는 것으로 보이지만, 그 안내서가 다른 기업에게도 그만큼 가치가 있을지는 상상하기 힘들다.

특허권이나 저작권처럼 매각될 수 있는 무형자산들조차도 채권자들에게는 문제를 야기한다. 어떤 특허권이나 저작권은 보통 승합차나 건물이나 많은 종류의 기계 공구와는 달리 유일무이하기 때문에 가치를 매기기가 어렵다. 승합차나 사무실 블록 같은 자산을 위해 존재하는 유동적인 시장 또는 광산이나 화학물질 운반선의 값을 매겨줄 전문 조언자들에 상응하는 것들이 지식재산권 세계에는 거의 없다. 새롭고 미개발 분야인 데다 개념적으로 더 어려운 것이다. 그 결과, 뚜렷이 명시된 무형자산이라 할지라도 대출 담보물로 제시하기는 훨씬 힘들다.

우리는 다양한 산업 분야에 있는 대기업들의 전형적인 레버리지 비율(leverage ratio: 기업이 타인의 자본에 의존하고 있는 정도를 나타내는 비율로 부채성 비율이라고도 함—옮긴이)에서 이런 불일치를 발견한다. 유형자산이 대부분인 산업은 레버리지가 높은 반면—다시 말해 주식보다는 채무로 조달받는 자금이 더 많다—무형 집약적 산업은 채무가 더 적고 주식이 더 많다.

이 문제는 경제가 전반적으로 더욱 무형 집약적이 될 경우 악화된다. 만일 은행이 무형 집약적 기업에 돈을 대출해줄 의지도 능력도 감소했는데 무형 집약적 기업들은 점점 흔해지고 있다면, 은행이 성공 가능한 기업들의 자금 조달을 거부한다는 불평은 더욱 늘어날 것으로 예상된다. 게다가 현재의 규정은 (거의 모든) 무형자산을 금융 위기에 대비해 은행이 보유해야 하는 자본준비금의 일부로 인정하지 않고 있다.[5]

팔 수 없는 무형자산의 수적인 우세는 언제고 금융 제도의 안정성에 점진적인 문제를 일으킬 수 있다. 예금인출 사태는 경제적인 파국을 초래하므로, 규제 당국은 은행에 회계장부상 모든 대출에 대해 일정액의 준비금을 보유하라고 요구한다. 준비금 액수는 대출 종류에 따라 다르다. 대체적으로 팔기 쉬운 값비싼 자산을 담보로 잡은 대출은 준비금이 덜 필요하고, 거의 담보가 없는 대출은 더 많이 필요하다. 자, 은행의 기업대출 대부분이 무담보라고 쳤을 때(네거티브 유치권을 통해 은행이 갖는 권리는 전반적인 회사 자산에 대한 것이지 특정 자산에 대해서가 아니다), 우리는 은행의 무담보 기업 대출 장부의 위험성이 시간이 흐르면서 증대할 것이라고 예상할 수 있다. 특히 기업 도산이 확산되어 자산매각이 필요할 경우 대출금의 가치가 하락할 것이다.

사실 무형자산이 풍부한 경제에서 은행 대출의 감소 문제를 해결할 방법이 세 가지 있다. 첫 번째는 전통적인 방법으로, 바로 정부의 조치다. 우리가 살펴봤듯이 은행에 대출을 늘리라고 압력을 넣거나 아니면 납세자의 돈을 사용해 공동출자하거나 은행 대출의 보증을 서주는 것은 대부분의 선진국에서 수십 년의 전통을 갖고 있다. 정부가 이런 맥락에서 더 많은 일을 해야 한다는 생각은 영국 좌파의 중심축이며, 정치적 스펙트럼의 다른 진영들에서도 들려온다. 그러나 갈수록 무형자산이 풍부해지는 경제에서 이런 접근법은 문제에 봉착한다. 만일 해마다 국가의 자본 스톡에 무형자산이 더 늘어난다면, 정부가 채우려는 격차는 더욱 커질 것이라는 점이다. 효과를 보려면 국립 투자은행이나 대출보증 프로그램의 규모를 해마다 키워야 할 것이다. 이게 근본적으로 불가능한 것은 아니지만, 대부분의 정부 대출 프로그램 옹호자들이 제안하거나 기대하거나 옹호하는 바는 분명히 아니다.

문제를 해결하는 두 번째 방법은 새로운 형태의 대출을 고안하는 것이다. 금융혁신은 금융 위기 이래로 금기어 같은 말이 되고 말았지만―전 연준 의장인 폴 볼커(Paul Volcker)는 금융 위기 이전 수십 년간 유익했던 금융혁신이라고는 현금자동입출금기뿐이라고까지 말했다―사실 대출기관들은 수년간 적어도 몇몇 종류의 무형자산을 담보로 사용하는 새로운 방식을 생각해냈다. 최근 한 조사보고서(Mann 2014)에 따르면 미국 특허상표청(Patent and Trademark Office)에 등록된 특허 중 16퍼센트가 어느 시점부턴가 담보로 제공되어왔다고 한다. 몇몇 연구는 미국의 금융 규제 완화가 혁신 투자에 미치는 영향을 고찰해왔다. 그중 한 연구는 주간(州間) 금융 규제 완화로 (특허의 양과 질에 근거하여) 혁신기업 대출이 증가했다고 밝혔는데, 이는 경쟁이 치열해지면서 은행들이 (적어도 한 종류의) 무형 투자를 하는 기업에는 더욱 적극적으로 대출하도록 밀어붙였음을 시사한다 (Amore, Schneider, and Zaldokas 2012).

또한 무형자산 담보대출에 초점을 맞춘 특정 금융혁신도 점점 늘어나고 있다. 2016년 데이비드 보위(David Bowie)가 사망했을 때 그의 음악적 혁신에 대해서는 수많은 헌사가 있었지만, 그가 자신의 향후 저작권 사용료를 담보로 5500만 달러의 채권을 발행함으로써 무형자산의 자금 조달에 끼친 공로에 대해서는 그보다 찬사가 적었다. 예를 들어 싱가포르와 말레이시아 정부〔특허청(Intellectual Property Office) 같은 영국의 기관들과 함께 일한다〕는 무형자산 담보대출의 가용성을 향상시킬 거라는 기대 속에서 보조금을 주거나 지식재산을 담보로 한 은행대출을 보증해주는 프로그램을 시작했다.

대체로 이런 종류의 대출은 특허권이나 저작권 같은 지식재산권 관련 무형자산에 가장 적합하다—이것은 일반적으로 대부분의 기업이 하는 무형 투자 중에서는 소수일 터이다. 그러나 이러한 부류의 무형자산 융자를 위한 더욱 발전한 제도들은 경제가 더욱 무형화할수록 점점 수요가 많아질 것이며, 그것들을 설계하고 제공하는 대출기관은 물론이고 다시 케인스를 인용하자면 국가의 자본 개발에도 모두 도움이 될 것이다.

　무형자산 담보대출의 어려움에 대응하는 마지막 방법은 가장 근본적이다. 기업들이 자본배합을 바꾸는 것, 구체적으로 말하면 주식에는 더 많이, 부채에는 더 적게 의존하도록 바꾸는 것이다. 기업이 도산한다 해도 주주들에게는 상환청구권이 없으므로—그들은 아무것도 못 건진다—기업자산의 청산가치에 대해 상대적으로 태평할 여유가 있다. 이런 이유 때문에 유형자산이 거의 없는 기업들의 자금 조달 방법으로는 주식이 더 낫다.

　그러나 경제에서 주식 금융의 양을 늘리는 것은 말처럼 쉽지 않다. 몇 년이 아니라 몇 십 년이 걸릴 프로젝트다. 일부 제도적 장벽도 있다. 벤처 캐피털(여기에 대해서는 나중에 더 자세히 얘기하겠다)이라는 아주 작은 세계 외에, 그리고 그보다 훨씬 더 작고 새로운 증권형 크라우드펀딩 분야 외에는 대부분의 기업이 주식을 늘리지 않으며, 대부분의 금융기관은 그것을 제공하지 않는다. 아주 작은 기업의 신용도까지 평가할 수 있는 기관들이 확립되어 있고, 은행이 그들에게 대출할지 말지를 신속하고 저렴하게 결정하도록 해주는 알고리즘이 있다. 주식 투자에는 이와 비슷한 것들이 전혀 존재하지 않으며, 그에 상응하는 분석과제(고정부채의 이자지불 가능성이 아닌, 회사의 예상되는 미래가치를 산출하는 것)는 더욱 복잡하다. 게다가 문화적 요인들 역시 걸림돌이다. 기업주들한테는 자기자본이건 타인자본이건 차이가 없을 것임을 증명하는 아주 고상한 재무경제학의 정리(定理)에도 불구하고, 많은 중소기업주들은 지분을 내주는 것에 대한 인지적·문화적 편견을 갖고 있는 것 같다.[6]

　그러나 커다란 규제 장벽 하나는 제거할 수 있다. 대부분 선진국들의 조세제도는 자기자본보다 타인자본에 유리하다. 즉, 회사는 대출이자를 경비로 처리하여 세금부담을 줄일 수 있지만, 자기자본 비용은 그렇지 않다. 이런 왜곡을 해결하는 것(예를 들어 자기자본 비용에 대해 세금을 공제해주거나, 아니면 부채에 유리한 조세 지위를 없애고 보상을 위해 전반적으로 세율을 낮추는 것)은 세무 전문가들의 오랜 목표였다. 영향력을 끼쳤던 재정연구소(Institute for Fiscal Studies)의 영국 조세제도에 관한 멀리스 보고서도 그 방법을 추천했으나(Mirrlees et al. 2011), 그것은 지금까지의 어떤 주요 법인세 개혁만큼이나 어려운 것으로 판명되었다―말하자면, 많은 기득권이 걸려 있어 매우 어렵다.[7] 그러나 무형자산의 중요성이 커지고 있는 만큼 이런 변화의 필요성은 시간이 흐르면서 커지고 있는 듯하다. 지금이야말로 정책 결정자들이 이를 악물고 감행할 적기인 것이다.

근시안적 시장

기업 투자를 저해한다고 비난받는 것은 비단 은행들만은 아니다. 주식시장과 주주들 역시 문제의 일부로 널리 알려져 있다. 한때 영국 화학산업의 대표주자였던 화학기업 ICI의 사례를 생각해보자. 빌링햄(Billingham)·렁컨(Runcorn)·블래클리(Blackley)에 있던 ICI의 공장들은 북영국 산업의 랜드마크였고, 그곳의 주식은 런던 증권거래소의 대들보였다. 수십 년간 그곳은 크림플린(Crimplene)부터 타목시펜(tamoxifen)과 퍼스펙스(Perspex)까지 다양한 혁신 제품을 연구하고 시장에 내놓는 데 투자했다. ICI는 다른 회사들이 채택하여 수익을 낸 새로운 사업방식을 개척했으며, 이곳에서 훈련받은 화학자·엔지니어·관리자는 영국 산업계의 고위직 자리를 채웠다. 그러나 1990년대에 상황은 바뀌기 시작했다. 한 행동주의 투자자의 인수 위협에 놀란 ICI는 단기적 주주가치를 추구하는 데 집중하기 시작했다. 이를 목표로 M&A(기업인수·합병) 시장에 의욕적으로 뛰어들었고, 수십억 달리 상당의 부서를 처분 또는 매각하고 몇몇 다른 부서는 매입했다. 집중과 효율 추구가 쉽지 않은 것으로 판명 났고, 회사는 늘어가는 부채 부담과 인수한 것들의 통합 문제에 직면했다. 2000년대 들어 ICI의 몰락은 자명해졌고, 2008년에 회사에 남아 있는 것들이 아크조노벨(Akzo Nobel)에 단돈 80억 파운드(회사의 과거 가치와 비교했을 때)에 팔렸을 때도 놀란 이들은 거의 없었다.

경제학자 존 케이(Kay 2003) 같은 비평가들에게 ICI는 주식시장들이 현재 기업 투자에 미치는 악영향의 사례다. 케이의 말에 따르면, ICI는 회사가 전성기일 때 "증권시장을 무시했다". 자사의 주가를 진지하게 생각하기 시작했을 때는 두 가지 측면에서 실패했다. ICI는 수익성 있는 혁신도, 자사의 주주가치도 더 적게 창출했으며, 경영 및 과학 인재들의 산실이자 업계 공급망의 핵심이자 훌륭한 관리방식을 위한 발언자로서 영국의 비즈니스 환경에서 스스로 담당했던 좀더 폭넓은 역할도 포기했다.

ICI의 사례에는 주식시장에 대한 핵심 비판의 모든 요소가 압축되어 있다. 주식시장은 장기적 투자보다 단기적 재무결과에 보상을 제공한다는 점, 그리고 금융화―비즈니스 생활에서 금융시장의 권력과 중요도가 확대되는 것―로 인해 관리자들이 주주들의 참을성 없는 변덕에 과도하게 반응하게 된다는 점이다. 다수의 걱정스러운 데이터가 이런 우려를 뒷받침한다. 레이첼 샘슨(Rachelle Sampson)과 위안 시(Yuan Shi)(2016)의 연구는 주식시장이 갈수록 미국 기업들의 현금 흐름을 무시하고 있다는 의견을 제기했다. 잉글랜드은행(Bank of England)의 수석 경제학자인 앤드루 홀데인(Andrew Haldane)(R. Davies et al. 2014)과 영국 정부의 경제자문위원회(Council of Economic Advisers) 위원장인 리처드 데이비스(Richard Davies)의 연구는 경제학자 데이비드 마일스(David Miles 1993)가 알아냈듯이 영국에서도 비슷한 결과를 얻었다. 2005년에 시작된 존 그레이엄(John R. Graham), 캠벨 하비(Campbell R. Harvey), 시바 라즈고펄(Shiva Rajgopal)의 연구는 이런 견해가 특이한 게 아니라고 지적했다. 그들은 경영진의 78퍼센트가 수익 목표를 맞추기 위해서라면 장기적 가치는 희생하겠다고 발언한 것을 찾아냈다.

비평가들은 한발 더 나아가 회사들이 투자 대신 주주들에게 돈을 돌려주고 있는 징후가 보인다고 주장한다. 2014년에 미국 스탠더드앤드푸어스(S&P) 500 지수의 기업들은 거의 자기들이 얻은 수익만큼을 자사주 매입에 썼다.[8] 최종 결과는 주식공개 상장기업들이 현금을 쥐고 있거나 주주들에게 돌려주는 쪽을 선호하고 그러지 않았다면 감행했을 투자를 자제하는 것이다.[9] 예를 들면 혁신 경제학자 마리아나 마추카토가 그와 같은 주장을 했다(Mazzucato 2013; 2015).

정책 입안자들과 전문가들은 시장의 단기 성과주의 문제에 많은 해결책을 제안하는데, 주식매매에 대한 차등세율을 통해 투자자들이 주식을 좀더 장기간 보유하도록 장려하거나, 자사주 매입을 제한 또는 금지함으로써 금융화 속도를 늦추거나, 옵션의 연한을 제한하거나, 아니면 그냥 주주들이 더욱 책임감을 갖도록 촉구하는 것 등이 여기에 속한다.

그런데 뒤에서 살펴보겠지만, 무형 투자의 중요성이 커지면서 단기 성과주의 문제의 본질이 바뀌고 있다. 무형자산의 독특한 특성들은 투자 저하의 특정 문제를 강조하지만, 동시에 다른 해결책을 필요로 하는 새로운 문제점들을 창출하는 듯하다.

단기 성과주의 논의에서 나오는 말들

이러한 주식시장 비판에는 중요한 세부사항이 두 가지 있다. 우선, 우리
가 앞서 논의했던 은행 금융에 대한 비판과 달리 주식시장 비판은 금융
제도가 자금 조달이 아니라 사업결정에 미치는 간접적 영향에 대한 비판
이다. 은행 대출은 직접적 자금 출처다. 즉, 은행의 대출 불가 판정은 기
업이 투자를 위해 필요로 하는 돈을 바로 허용하지 않음으로써 회사의 투
자를 중단시킨다. 반면 주식시장은 부차적 시장이다. 회사 주가의 움직임
이 회사가 보유한 금액에 직접적 영향을 미치지는 않는다. 오히려 투자로
인해 회사의 단기 주가가 하락할 것이 두려울 경우, 특히 고위 경영진이
주식이나 옵션을 소유하고 있을 경우, 시장은 경영진이 투자를 포기하도
록 부추길 수 있다.

두 번째, 주식시장에 과도하게 영향을 받는 회사들에는 확연히 다른 두
가지 고장 유형이 있다. 첫 번째 유형에서는 회사가 돈을 벌어다줄 거라
고 합리적으로 예상할 수 있는 투자들을 접는 바람에 회사 주주들이 결국
손해를 본다. 〔금융경제학 용어로 하면 그들은 0보다 큰 순현재가치(net present value,
純現在價値)를 지녔을 프로젝트들을 날린 것이다.〕 우리가 그 프로젝트들이 진정
으로 ICI에 돈을 벌어다 줬을 거라고 믿을 경우, 존 케이에 따르면, ICI의
신소재 투자 중단 결정이 이런 사례가 될 것이다.

또 다른 고장 유형은 주식시장의 압력으로 인해 회사가 일반적인 공익
성을 띠는 일들에 투자하지 못하게 됐을 때 발생한다—ICI가 회사를 떠
나서 다른 기업들을 운영할 미래의 관리자나 엔지니어를 교육하지 않는

다거나 다른 회사들이 사용하는 기초 연구를 수행하지 않는 경우처럼 말이다. 두 가지 고장 유형에는 중요한 차이가 있다. 두 번째의 경우, 회사는 경제 전반의 이익을 위해 일하지는 않더라도 틀림없이 회사 주주들의 최상의 이익을 도모하기 위해서 활동하고 있을 터이다(적어도 단기적으로는). 첫 번째 사례는 그것조차 하지 않고 있다. 이런 차이는 앞으로 살펴보겠지만 특히 무형 투자의 맥락과 관련이 있다.

주식시장이 무형자산과 조우할 때

주식시장이 너무 단기 성과에만 연연한다고 비판하는 사람들은 이 문제가 무형자산에 의존하는 회사들로 가면 더욱 심각하다고 주장하기도 한다. 예를 들어 R&D는 이익을 미리 예측하기 힘들고 비용은 일반적으로 대차대조표상에 자본으로 기재되는 게 아니라 회사의 손익계산서에 경비로 처리되는 장기적 투자다. R&D(그리고 그 외 대부분의 무형자산) 삭감은 대차대조표에 어떤 뚜렷한 영향도 바로 끼치지 않으면서 회사 수익을 증대시킨다.

더구나 우리가 4장에서 봤듯이 성공한 R&D라도 회사의 손아귀를 슬며시 빠져나가 결국 경쟁업체에 이익을 안겨주는 꼴이 될 수 있다. 연구 결과, 기업들은 주식시장이 등을 돌리면 R&D 지출을 삭감하는 것으로 나타난다. 또한 R&D 투자와 현금 흐름 사이에는 특히 강한 상관관계가 있기도 하다. 바꿔 말하면, 회사들은 이런 연구가 많이 이뤄지고 기업들의 현금 흐름이 더욱 컸던 1990년대에는 적어도 R&D에 더 많이 투자했다. 이는 기업들이 외부 자금에 접근할 기회가 부족하므로 내부 자금이 있을 때에만 비로소 투자할 수 있다는 생각과 일치한다(이를테면 B. H. Hall and Lerner 2010 참조).

주식시장은 다른 종류의 무형 투자들도 포기하게 만드는 것 같다. 윌리엄 라조닉은 휴렛팩커드(Hewlett Packard)와 IBM 같은 회사들의 전성기에 소프트웨어 엔지니어들이 평생직장을 가졌던 것과 페이스북, 구글 및 스타트업들 사이에서 자주 옮겨 다닐 현대 컴퓨터 귀재들의 방황, 그리고 그 결과로 사장이 직장교육 투자를 내켜하지 않게 된 상황을 비교하면서 금융시장의 압력이 오늘날 기업들의 직장교육과 직원 유지에 대한 투자를 가로막는다고 주장했다. 알렉스 에드먼스(Edmans 2011)는 최고의 직장 명단―이 명단은 연구자들과 언론인들이 편찬한 것인데, 우리가 조직 개발과 교육 훈련이라고 분류하는 경영 및 과정에 대한 투자가 반영되는 경향이 있다―에 뽑힌 회사들의 주가 실적을 들여다봤다. 에드먼스는 그들의 주식이 다른 회사들의 주식보다 집요하게 우세했고, 우월한 실적이 발생한 이유는 바로 직원들의 만족이며 그 역이 아니었다는 점을 발견했다. 이는 놀라운 결과다. 만일 시장이 우수한 경영 및 노동관행에서 생겨나는 조직자본을 꽤 가치 있게 여긴다면, 이런 종류의 명단에 뽑힌 것(그리하여 당신의 회사가 잘 운영되고 있다는 사실이 시장에 드러난 것)의 혜택은 선정된 즉시 회사 주가에 틀림없이 반영될 것이기 때문이다. 장기적 주가 상승이 있다는 사실은 훌륭한 경영 관행이 회사 실적을 향상시키기는 하지만(그리하여 장기적으로 주가는 오르지만) 주식시장은 이런 유의 무형자산 이득을 과소평가하고 있다는 것을 시사한다(주식 분석가들은 그 결과가 손익계산서에 나타나기를 기다리기보다는 포상이 수여된 시기에 우수 경영을 알아볼 수 있을 것이기 때문이다).

그러나 물론 상관관계가 곧 인과관계는 아니다. 단지 공개된 상장기업이 R&D, 직장교육 또는 그 밖의 무형자산에 덜 투자한다는 이유만으로 주식시장에 의해 잘못된 방향으로 이끌리고 있다는 것을 의미하지는 않는다. 경영자들은 그들이 이용 가능한 투자가 수익성이 있어 보이지 않는다는 것을, 아니 좀더 면밀하게 봤을 때 누군가한테는 수익성이 있을 수 있겠지만 자사에까지 반드시 그런 것은 아님을 알기 때문에 투자 감축을 선택할 수도 있다. 미디어들의 비즈니스 페이지는 신제품을 출시하거나 신규 서비스 라인을 설립했으나 결국은 과도한 낙관주의를 후회할 뿐이었던 회사들로 가득 차 있다. 만일 주식시장이 이런 종류의 무형 투자를 막고 있는 거라면 그것은 전혀 나쁜 게 아닐 터이다.

실상을 확인하기 위해서는 상장기업이 아마도 하고 있을 무형 투자의 품질을 바로잡거나, 아니면 일부는 상장됐고 일부는 그렇지 않은 비슷한 투자 전망을 가진 비슷한 회사들을 비교하게 해줄 데이터가 필요하다.

다행히도 바로 이런 유의 논문들이 최근에 쏟아졌다. 결론은 혼재되어 있다. 알렉스 에드먼스, 비비언 팽(Vivian Fang), 카타리나 르웰른(Katharina Lewellen)(Edmans, Fang, and Lewellen 2013)의 연구는 명백한 증거로 보이는 것을 제공한다. 그들은 회사의 R&D가 고위 경영진이 보유한 주식의 권한 확정기간에 따라 얼마나 차이가 나는지를 들여다본다. 상장기업 경영진은 종종 회사주(주식이나 스톡옵션)를 지급받는데, 그것은 일정기간(권한 확정기간)이 지난 후에만 행사할 수 있다. 일단 옵션 권한이 확정되면 경영진은 흔히 그것을 행사하여 주식을 판매하는데, 이로 인해 고용기업의 당시 주가에 특히 민감하게 된다. 보통 경영진이 수령할 주식이 많은 분기에는 R&D 지출을 삭감할 가능성이 유난히 높은 것으로 나타난다. 주식 권한 확정기간은 몇 년 전에 미리 정해지므로, 이는 언뜻 봐서는 관리자들이 가장 중요한 시점에 주가가 상승하도록 수익을 향상시키기 위해서 무형 투자를 줄이고 있다는 확실한 증거로 보인다.

　다음으로 샤이 번스타인(Shai Bernstein 2015)의 연구 역시 흥미로운 사실을 보여주는데 방법은 다르다. 번스타인은 비상장기업이 기업공개를 결정할 때 시간이 걸린다―그리고 창업부터 IPO(기업공개)까지는 많은 실패가 있기 마련이다―는 점을 관찰하는 것으로 시작한다. 어떤 회사는 경제적 여건이 순탄해 기업공개 작업에 들어간다. 하지만 어떤 회사는 진출도 하기 전에 주식시장이 붕괴할 수 있다. 보통 이런 회사는 기업공개를 하지 않는다. 유사한 다른 회사들 사이에서도 이런 자연실험이 발생하는데, 그중 일부는 주식을 상장하고 일부는 그러지 않는다. 더욱 중요한 점은 그들의 지위가 회사의 통제를 넘어선 어떤 것에 의해 생성된다는 것이다. 여기서 우리는 둘 다 상장기업이거나 둘 다 비상장기업인 회사를 비교하는 것이 아니라 자신들의 통제를 벗어난 난관으로 인해 상장하지 못한 회사와 상장기업을 비교함으로써 기업공개의 인과관계를 추론할 수 있다.

　번스타인은 두 가지 흥미로운 점을 발견한다. 첫째, 비상장에서 상장으로의 전환은 회사의 특허―성공한 무형 투자의 한 가지 지표로서 이 경우는 R&D 투자―에 영향을 주지 않는다. 상장기업은 그들의 비상장 '쌍둥이'와 비교했을 때 똑같은 수의 특허를 갖는다. 그러나 둘째, 상장기업이 보존하는 특허 종류는 바뀌는 경향이 있다. 상장기업 특허들은 비상장기업의 것들보다 인용이 덜 되며, 상장기업의 과학계 직원들은 퇴사하는 경향이 있다. 하지만 상장기업은 고품질 특허를 훨씬 더 많이 사들인다. 이는 우리가 4장에서 논의한 개방형 혁신과 일치한다. 자, 번스타인의 연구는 적어도 특허로 판단해보건대 상장기업들이 혁신 노력이 아닌 혁신 전략을 바꿀 수 있다는 견해를 제시한다.

그렇다면 여기서 무슨 일이 벌어지고 있는 걸까? 무형자산에 관한 한, 시장의 단기 성과주의는 사실인 것 같다. 경영진은 R&D를 줄인다. 하지만 상장기업들은 결국 더욱 높은 품질의 특허들을 보유하고 있다. 아마도 이런 혼란을 조정하는 한 가지 방법으로 회사의 투자자들이 **누구인지**가 영향을 미칠 수 있다고 제의하는, 금융 경제학자 알렉스 에드먼스가 개척한 다른 가닥의 연구를 거쳐야 할 것 같다.

상장기업 관리자들에게 목표수익의 달성이 왜 중요하냐고 물으면 그들은 보통 투자자들에게 올바른 신호를 보내 신뢰를 주기 때문이라고 이야기한다. 투자를 계획하는 동안 경영진이 하는 일은 대부분 외부인들에게 설명하기 어려울뿐더러 상업적으로도 민감하지만, 회사가 약속한 수익을 내느냐 마느냐는 상대적으로 보고하고 확인하기가 쉽다. 주주가 회사 신제품의 성공 가능성을 알려면 상당히 박식해야 하고 전문적이어야 할 수도 있지만, 손익계산서를 읽을 수 있는 사람이라면 누구든지 회사가 목표수익을 달성했는지 여부는 알 수 있다. 해박하고 전문적인 주주는 기업이 무형자산같이 위험도가 높고 복잡한 것에 투자할 수 있도록 시야를 더욱 넓혀주리라 예상된다.

당신은 회사 주주들의 전문성을 어떻게 측정하겠는가? 많은 연구자들은 대체자료를 활용해왔다. 특히 어떤 회사의 주식 중 (개인보다는) 기관이 소유한 주식이 얼마나 되는지, 그리고 이 보유주식이 얼마만큼 집중되어 있는지를 살펴봤다. 그 논리는 금융기관이 평범한 고객들보다는 더 전문적인 편이며, 어떤 회사와 그곳의 사업을 연구하고 이해하는 것의 인센티브는 한 기관이 소유한 주식지분을 오히려 늘린다는 것이다. (연구란 다른 모든 이들과 마찬가지로 증권 중개인들에게도 확장 가능한 무형 투자다!) 정보 수집을 위해 시간과 자원을 투여한 투자자는 한 주를 갖고 있더라도 이익을 볼 것이다. 하지만 그들이 100만 주를 소유하고 있다면 더 많은 시간과 자원을 들이지 않아도 한층 더 많은 이익을 얻을 수 있다. 이는 분산된 주주들은 정보를 모을 인센티브가 취약하다는 말로, 알렉스 에드먼스가 공식적으로 했던 주장이다(Edmans 2009).[10]

기관투자자가 더 많고 집중 투자자가 더 많으면 양쪽 모두 R&D 투자를 장려하는 것 같다. 아기옹, 반 리넨, 루이지 진갈레스(Luigi Zingales)(Aghion, Van Reenen, and Zingales 2013)는 S&P 500에서 막 제외된 회사들과 이제 막 들어간 회사들을 비교했다. 전반적으로 이 회사들의 특징은 유사했지만, 한 가지 큰 차이가 있었다. S&P 지수 기업에 포함되자 기관들의 주식 보유가 증가했다. 그들은 기관의 소유 지분이 커질수록 결과적으로 R&D 투자가 늘어났다는 사실을 발견했다. 에드먼스(Edmans 2014)는 주식 소유권의 집중도 비슷한 효과를 보인다는 것을 입증하는 논거를 요약한다. 즉, 상대적으로 많은 지분을 보유한 주주〔이른바 지배주주(blockholder)〕들이 있는 회사가 지분이 분산된 회사보다 R&D에 더 많이 투자한다는 것이다.

이는 주식시장이 무형 투자에 미치는 효과가 혼재해 있음을 시사한다. 경영진이 수익을 보존 또는 증대하려고 무형 투자를 줄여 회사의 주가를 상승시키거나 또는 자사주 매입을 위해 투자를 줄인 결과 시장이 단기 성과주의가 된다는 증거는 상당히 많다. 그러나 또한 경영자 인센티브가 선명해지고 있는 현상도 벌어지고 있는 듯하다. 경영자들이 주식을 소유하고 있는 상장기업들은 성공할 확률이 더 높은 무형 투자에 집중하기 때문이다. 그리고 시장에 대한 근시안 정도는 기업마다 각기 다르다. 집중적이고 수준 높은 투자자들이 더 많은 회사는 분산되고 수준 낮은 투자자들이 있는 곳보다 무형 투자 삭감에 압력을 느낄 가능성이 낮다.

집중 주주들 또는 지배주주들이 있으면 실적이 향상된다는 주장은 논리적으로 그럴듯하다. 어쨌든 주주들이 주식을 사고판다고 해서 그들이 단기 성과주의에만 급급하다고 비난할 수 없으니 말이다. 그 회사의 전망이 완전히 바뀌었을지도 모를 일이다. 그러니까 중요한 것은 주식의 보유 기간이 아니라 오히려 매매자들을 움직이고 있는 근거가 되는 정보다. 지배주주들은 회사의 장기 전망을 알아야 할 더욱 분명한 인센티브가 있고, 그 전망이 요즘은 무형자산에 기반을 두고 있다. 그러므로 그들은 장기 정보를 근거로 하여 거래할 가능성이 높고, 이렇게 해서 건전한 장기 투자를 하고 있는 경영자들을 뒷받침하고 단기 지평을 지닌 경영자들을 불리하게 만들게 된다. 대규모 주식 보유가 가져오는 주주 및 관리자 인센티브의 정렬은 무형자산에서는 한층 더 중요하다. 외부 투자자들의 시야에는 보이지 않을 때가 아주 많고, 따라서 그것들을 밝혀내려면 노력이 필요하기 때문이다. 우리는 9장에서 그것들이 왜 보이지 않는지 추가로 논의할 것이다.

벤처캐피털의 효용과 한계

무형 집약적인 기업들을 위한 은행 금융의 한계와 상장기업들에 영향을 주는 투자 저하 문제를 놓고 봤을 때, 많은 이들이 신형 경제의 자금 조달을 위해 벤처캐피털에 기대를 거는 것은 놀랄 일이 아니다.

어쨌든 벤처캐피털은 세계에서 가장 매서운 성장세를 보이며 무형 집약적 기업들과 더불어 발전해온 자금 조달 형태다. 무형자산이 풍부한 실리콘밸리의 대부분의 기업과 그 밖의 많은 고성장 기업은 샌드힐 로드(Sand Hill Road)에 있는 벤처캐피털 회사들로부터 초기 투자를 빌었다. 이런 자금 조달 형태는 인텔·구글·제넨테크(Genentech)·우버 같은 기업들과 함께 진화해왔고, 이들의 경쟁 우위는 가치가 큰 R&D, 참신한 제품 디자인, 소프트웨어 및 조직 개발 같은 무형자산에 달려 있다.

사실 특정 선인장을 먹기 위해 진화한 찰스 다윈(Charles Darwin)의 갈라파고스(Galapagos) 핀치새의 부리처럼, 벤처캐피털의 확연한 특징 중 많은 부분은 벤처캐피털로부터 자금을 지원받은 기업들이 일반적으로 하는 무형 투자의 독특한 특성들과 직접적으로 관련이 있다.

그러나 이 적응이 완벽하지는 않다. 벤처캐피털의 후원을 받은 최고의 기업들은 빠르게 성장하며 전 세계로 확장했지만, 자금 조달의 한 형태로서의 벤처캐피털은 훨씬 더 조심스럽게 확산되어왔다. 많은 정부가 자국 본토에 벤처캐피털 부문을 육성하려 해왔으나 성공을 거둔 곳은 극소수였다. 원대한 희망 속에서 벤처캐피털 모델을 적용했던 녹색기술과 에너지 같은 몇몇 부문은 지금까지 실망스러운 결과를 보였다. 아직까지 놀라운 성공 사례는 극히 드물다. 무형자산에 대해 잘 생각해보면 벤처캐피털의 한계와 그것을 만병통치약으로 보는 것이 왜 잘못된 것인지를 이해하는 데도 도움이 된다.

핀치의 부리: 벤처캐피털은 왜 무형자산에 효과가 있을까

벤처캐피털은 특히 무형 집약적 기업들에 적합한 몇 가지 특성을 갖고 있다. 벤처캐피털 회사들은 부채가 아닌 지분을 소유한다. 무형자산이 풍부한 기업은 도산할 경우 가치가 별로 없을 것 같기 때문이다―그 모든 투자가 매몰될 것을 생각해보라. 벤처캐피털 펀드들도 마찬가지로 자신들의 투자자들을 만족시키려면 구글의 알고리즘이나 우버의 운전기사 네트워크나 제넨테크의 특허처럼 자산의 확장성으로 가능해진 초대박 성공작들에 의존한다. 셋째, 벤처캐피털은 흔히 순차적이어서 수차례의 자금 조달이 단계별로 진행된다. 이는 무형 투자에 내재한 **불확실성**에 대한 대응이다. 신생 벤처기업들의 불확실성의 본질은 시간이 경과하면서 감소하는 경향이 있다. 피터 틸이 2004년에 페이스북에 처음으로 50만 달러의 외부 투자를 했을 때, 회사의 운명은 마이크로소프트가 2007년에 2억 4000만 달러를 투자했을 때보다 훨씬 더 불확실했다. 여러 차례에 걸쳐 자금을 조달하는 것은 사업의 진행상황을 단계별로 검토함으로써 불확실성을 해소시켜준다. 투자자들에게 그것은 '옵션가치', 즉 정보가 공개될 때까지 후속 투자를 지연시키는 가치를 창출한다. 이 옵션가치는 특히 혁신 비용이 상대적으로 높은 기업에서 크다.

벤처캐피털을 이해하는 한 가지 방법은 그것이 어떤 분야에 효과가 있고 어떤 분야에 없는지 살펴보는 것이다. 생명공학에는 많은 자금을 지원하는 여러 벤처캐피털 회사가 있다. 즉, 효과가 있는 것 같다. 자본시장으로 계속해서 되돌아가야 하고 단계별로 판매할 수 있는 자산이나 제품이 없는 산업의 경우에는 비용 매몰 이론 때문에 금융 위험이 더 높다. 그러나 생명공학에서 이 과정은 여러 단계로 확실히 구분되며, 공정의 단계마다 부분 승인된 특허 등을 판매할 수 있는 제도가 개발되어왔다. 게다가 여러 단계의 지식을 독점적으로 사용하고 시판할 수 있게 하는 지식재산권들도 발달했다. 반면 그린에너지는 벤처캐피털 활동이 훨씬 적다. 하지만 이것은 불확실성은 아주 큰데, 별도의 진행 단계는 거의 없고, 재산권도 제대로 구축되어 있지 않은 영역이다.

무형 투자의 본질은 또한 벤처캐피털리스트(venture capitalist)들이 자신들이 투자하는 기업에 가치를 더하는 방법도 설명할 수 있다. 벤처캐피털의 특이한 점 중 하나는 펀드들의 강력한 실적이 지속된다는 사실이다—다시 말해, 벤처캐피털 펀드들 중 최상위 25퍼센트는 해마다, 심지어 몇십 년간 같은 곳들인 경향이 있다. 이는 금융시장에서는 절대 흔한 일이 아니다. 영국의 한 최신 연구는 뮤추얼펀드(mutual fund) 업계에서 최고 실적을 보이던 펀드매니저들의 20퍼센트가 1년 후에는 최악의 실적을 내는 20퍼센트에 들어가 있음을 발견했다(Vanguard 2015). 사모펀드도 시간이 흐르면서 유사한 변동을 나타낸다. 그러나 성과가 높은 벤처캐피털 회사들은 매년 펀드마다 성공하는 경향이 있다.

벤처캐피털리스트들이 투자 선택에 능숙하거나 회사 이사진의 일원인 고소득 전문가들이기 때문이라고 생각할 사람도 있을 것이다. 그렇긴 하지만 뮤추얼펀드 기업 및 사모펀드를 운영하는 사람들 역시 높은 보수를 받는 전문가들인데도 이런 펀드들의 우수한 실적은 지속되지 않는다.

한 가지 가능성은 이런 지속성이 벤처캐피털의 지원을 받는 기업들이 투자하는 무형자산의 특성들에서 비롯된다는 것이다. 우리는 무형자산들이 종종 서로서로 상당한 **시너지 효과**를 일으킨다는 것을 알고 있다. 예를 들면 구글의 검색 알고리즘과 이메일 앱의 결합은 지메일(Gmail)을 탄생시켰고, 2004년 출시됐을 당시 지메일은 경쟁사들보다 근본적으로 뛰어났고 수익도 훨씬 컸다. 우리는 또한 종종 무형자산들이 **논란이 분분하다**는 것도 알고 있다. 우버가 자사의 운전자 파트너 네트워크를 '소유'하는 것은 택시회사가 차량을 소유하는 것보다 어려우며, 우버의 자산 가치는 자동차 함대들과는 달리 누구나 차지할 수 있다.

성공적인 벤처캐피털 펀드들과 그들의 파트너들을 가만 보면 자신들의 투자 분야에서 인맥이 대단히 좋을뿐더러 개인적으로도 신뢰할 만한 사람들이라는 것을 알게 된다. 일본 경제의 인기가 떨어지기 전인 1980년대에 베테랑 벤처캐피털리스트인 존 도어(John Doerr)는 자신의 회사 클라이너 퍼킨스(Kleiner Perkins)가 미국의 '게이레츠(Keiretsu, 계열)', 즉 일본산업을 지배했던 연동 비즈니스 네트워크를 구축했다고 말하고는 했다. 다른 식으로 표현하면, 이 회사는 포트폴리오 회사들(portfolio companies: 하나의 사모펀드의 지배하에 제휴한 여러 투자회사—옮긴이) 사이의 비공식적 유대를 구축하여 그들이 무형자산의 시너지 효과를 활용하도록 했다.[11] 요즘 들어 일본의 계열사를 찬양하는 이들은 거의 없지만 게이레츠 캐피털(Keiretsu Capital)이라 불리는 벤처캐피털 회사는 실리콘밸리의 자랑이며, 미국·이스라엘·런던·스톡홀름의 최고의 펀드들은 하나같이 기업들의 스테이블(stable: 같은 조직에서 훈련받았거나 일한 사람들의 집단—옮긴이)을 앞다퉈 양성하고 그들 사이의 공통점을 활용하려 한다.

최고의 벤처캐피털 회사들이 누리는 사회적 인맥과 평판은 그들이 시너지 효과를 활용할 네트워크 구축에 도움이 될 뿐만 아니라 **논란이 많은** 자산의 가치를 높이는 데도 유용하다. 특히 소프트웨어와 인터넷 서비스 같은 분야에서 무형 투자의 가치는 더 넓은 기술 생태계에 얼마만큼 들어맞는지에 따라 좌우된다. 신규 앱은 구글 캘린더와 통합될 경우 가치가 훨씬 커질 수 있다. 분석 소프트웨어 기업은 온라인 광고 배급사와 협력관계를 발전시킬 수 있을 때 더 많은 가치가 생길 수 있다. 또한 인맥이 넓은 벤처캐피털 회사들은 자신들의 신생 기업들이 개방형 혁신 네트워크와 연결되는 것을 보장한다. 이것은 신생 기업들이 업계의 구매자들에게 좀더 쉽게 팔리도록 만들고 그럼으로써 벤처캐피털 펀드에는 수익을 올려주므로 회사로서는 직접적 재정 이득이 있다. 그것은 또한 출구 전략을 위해서도 펀드 자체가 모집해야 하는 자본의 양을 제한하는 데 도움이 된다. 벤처캐피털 펀드들과 협력업체들의 인맥과 평판은 그들이 투자하는 회사들의 무형 투자에 가치를 더해준다. 게다가 이러한 이점은 시간이 지나도 지속될 가능성이 높다. 그것은 협력업체들의 네트워크뿐 아니라 신생기업에 투자한 회사의 포트폴리오 회사들에도 달려 있기 때문이다.

사실 실리콘밸리의 벤처캐피털 부문과 그들이 지원하는 회사들의 다양성이 부족하다는 반복적인 비판은 사회적 자본의 중요성을 반영하는 것으로 볼 수 있다. 벤처캐피털 회사들이 패거리처럼 보일 수 있는 이유는 벤처캐피털리스트들이 유난히 나쁘거나 끼리끼리 근성을 가진 위인들이기 때문이 아니라, 벤처캐피털 사업의 기본 모델이 고밀도의 사회적 네트워크 위에서 번성하는 데다 그 네트워크란 것이 상쇄하려는 노력이 부재한 가운데, 아니 어쩌면 그런 노력이 있었음에도 불구하고 언제나 패거리 성향에 끌려가기 쉽기 때문임을 우리는 짐작할 수 있다.

벤처캐피털이 못 하는 일

그러므로 벤처캐피털은 무형자산이 풍부한 기업들의 투자에 적합하며 긍정적인 유형의 금융 혁신 사례로 치켜세우는 것이 마땅하다고 말할 강력한 근거가 있다. 그러나 벤처캐피털은 사업 투자의 만병통치약이 아니며

나름대로는 무형 경제의 자본을 개발하는 자금 조달 문제를 해결하느라 분투할 것이다.

벤처캐피털 회사들과 그로부터 지원을 받은 회사들이 직면하는 문제는 세 가지가 있는데, 그중 일부는 무형 투자 자체가 갖는 본질에서 비롯한다.

첫째는 스필오버 문제다. 벤처캐피털의 후원을 받은 회사 경영진에게는 가치가 높은 기업을 창출할 강력한 인센티브가 있다―엄청나게 성공한 창업자들은 어쨌거나 큰 부자가 될 수 있다. 그러나 우리가 상장기업의 맥락에서 살펴봤듯이, 경영진에 대한 강력한 인센티브는 수익이 십중팔구 다른 회사들로 갈 무형자산에는 투자를 꺼리게 만든다. 그러므로 벤처캐피털의 지원을 받은 회사들이 벨연구소(Bell Labs)식의 기초 연구를 할 거라고 기대하는 것은 비현실적이다. 대개 실리콘밸리(그리고 이스라엘에 있는 곳 같은 그 밖의 첨단기술 생태계)는 이런 기초 무형자산에 대해서는 정부의 지원을 받는 대학 연구에 의존한다.

필요한 무형 투자의 규모가 아주 크고 불확실성이 높은 경우도 마찬가지다. 이를테면 상용화가 가능한 4세대 원자로나 새로운 그린에너지 프로세스의 개발은 대부분의 벤처캐피털 펀드들이 하려는 투자보다 훨씬 막대한 자금이 필요하고 파급효과도 크다.

마지막으로 벤처캐피털 펀드들의 뛰어난 논쟁성 및 스필오버 관리 능력은 알고리즘이나 브랜드와는 달리 규모 확장이 매우 어려운 것으로 알려져 있다. 실리콘밸리의 벤처캐피털 부문은 상당액의 직접적(중소기업청의 SBIC 프로그램)·간접적(벤처캐피털 지원을 받은 기업들에게 수익원을 제공한 방위 계약들) 공공 보조금이 존재하는 속에서도 무르익기까지 40년이 걸렸다. 그토록 오랜 시간이 소요된 부분적 원인은 창업자들이 펀드를 찾아내고, 대기업들이 신생 벤처기업을 인수하고, 여러 세대의 기업가와 벤처캐피털리스트들이 서로 멘토가 되어주는 등 첨단산업 생태계에서 벤처캐피털이 자리 잡는 과정 때문이었다. 새로운 업계에서 이를 복제하려면 호의적인 정부의 도움이 있다 할지라도 시간이 걸릴 수밖에 없다. 조시 러너가 《부서진 꿈의 거리(The Boulevard of Broken Dreams)》라는 제목에 걸맞은 책에서 지적했듯이, 지난 30년간 자신들만의 실리콘밸리를 창조하려고 납세자들의 돈을 펑펑 써왔던 많은 선진국은 대부분 성공을 거두지 못했다.

만일 벤처캐피털이 무형 투자의 어떤 측면에는 딱 들어맞지만 규모 확장은 매우 어렵다면, 정책 입안자들은 이제 어떻게 해야 할까? 한편으로는 세계적으로 중요한 벤처캐피털 부문을 이미 갖춘 국가와 지역이 아니라면 그들은 벤처캐피털이 단기간에 자본 개발을 위해 할 수 있는 일에 대한 기대를 많이 접어야 한다. 벤처캐피털 부문을 키우는 것은 20년짜리 프로젝트이지, 선거 기간들 사이에 달성할 수 있는 게 아니다. 그리고 정부 보조금은 도움이 되기는 해도 세월을 대신할 수는 없다.

우리는 또한 벤처캐피털이 현재 견인력이 거의 없는 기존의 부문을 변화시킬 잠재력에 관해서도 신중해야 한다. 게다가 벤처캐피털이 기대고 있는 사회적 유대를 신규 업계에서 확립하자면 시간이 걸릴 듯하다. 에너지 생성(energy generation)같이 혁신에 훨씬 막대한 자본 투자가 따르는 부문에서는 도전이 수십 배는 더 어렵다. 벤처캐피털이 핵에너지 같은 분야에서 효과가 있을 리 없다고 하면 주제넘은 말이겠지만, 거기에는 개척자들이 그 과정에서 돈을 잃을 가능성이 다분한 전대미문의 대규모 펀드가 필요할 것이다. 또한 잘 돌아가고 있는 벤처캐피털 부문이라도 스필오버 효과가 풍부한 무형자산의 경우 정부가 기금을 지원할 필요성과 안정적인 대기업들이 그들의 자금을 지원할 별도의 방법을 모색할 필요성은 지속적으로 대두할 것이다. 정부는 자금 조달을 직접적으로 할 수도 있고, 아니면 아마도 다른 정부지원 기관들, 이를테면 대학 같은 곳을 통해 할 수도 있다.

결론: 무형 경제의 자본 개발

보다 장기적인 관점에서 결론을 내려보자. 무형 투자가 갈수록 기업에 중요해질 것이라고 가정한다면, 그것을 지원하기 위해서는 어떤 종류의 금융기관과 자금 조달 메커니즘이 필요할 것이며, 이것은 투자자들에게 어떤 기회를 창출할 것인가?

우선, 기업 자금 조달 수단으로 은행 대출에서 탈피하는 변화가 있을 것으로 예상된다. 지식재산을 담보로 한 새로운 채무상품의 창출로 일부분은 기강이 잡히겠지만, 대개는 중소기업들의 자금 조달 수단으로 주식을 사용하는 방향으로 전환이 있을 것이다. 이는 상당한 추가 세제개혁—이를테면 부채에 대한 유리한 세제 폐지 및 신생 기업에 대한 세제 혜택 도입—과 소규모 주식투자를 활성화하고 자산실사를 용이하게 할 새로운 금융 제도의 진화 여부에 달려 있다.

상장주식 투자에서는 기관들이 더욱 우세할 것으로 예상되는데, 그중 일부 기관이 무형자산이 풍부한 기업들의 대규모 지분을 차지하는 데 전념할 테고, 이는 더 큰 투자를 가능하게 할 것이다. 그러자면 주식의 대량

보유를 가로막는 일부 규제의 폐지가 필요할 테고, 아울러 기관투자자들이 무형 투자를 평가하고 가치를 매길 개선된 툴이 중요해질 것이다. 이러한 툴 중에서 일부는 이윽고 상장기업들의 대차내조표가 (이제는 주로 무형인) 그들의 투자를 더욱 잘 반영할 수 있도록 재무회계기준의 변경을 초래할지도 모른다(Lev 2001; Lev and Gu 2016). 적어도 현재 일부 무형 투자가 저평가된 것처럼 보이는 것을 감안하면, 펀드들이 무형자산이 풍부한 회사들의 주식을 매입하고 보유함으로써, 그리고 추가적인 무형 투자를 위한 경영계획을 지원함으로써 초과수익을 창출할 기회가 한동안은 있을 것이다. 또한 대주주들이 있는 일부 회사가 기업공개의 손실이 이득을 초과한다고 판단함에 따라―스필오버가 풍부한 무형자산의 시대에 그것은 더 높을 수 있다―규모가 큰 비상장기업들의 수가 증가할 것으로 보인다.

최대 기관투자자들이 써먹을 수 있는 전략으로 다른 것도 있을 수 있다. 바로 스필오버가 대량으로 발생하더라도 무형 투자에 대한 관리계획을 승인할 가치가 있을 정도로 생태계 전반에 광범위하게 투자하는 것이다. 이런 대형 투자자들은 산업 전반에 걸쳐 지분을 보유하고 있으므로 설사 다른 회사가 그것을 이용한다 하더라도 투자를 통해 이익을 얻을 것이기 때문이다. 특정 산업 전반(이를테면 에너지 산업)에 걸쳐 투자하는 이런 전술은 어쩌면 더욱 광범위하게 적용될 수 있을 것이다―특히 국부펀드(Sovereign Wealth Funds)처럼 매우 큰 투자자들에 의해서 말이다. 이것은 차세대 벨연구소가 민간 금융하에서 출현할 수 있는 가장 그럴듯한 방법인 것 같다.

진지한 벤처캐피털 부문이 여기저기서 생겨날지 아니면 완전히 새로운 분야로 돌파구를 찾을지 여부는 그다지 확실하지 않지만, 우리는 또한 벤처캐피털들의 팽창을 아마 보게 될 것이다. 어느 방향이건 그들은 성공을 위해서 기존 회사들과의 관계는 물론이고 (장기적 과학 연구개발 같은) 정부지원 무형 투자와의 긴밀한 관계에도 계속 의존할 것이다.

벤처캐피털은 특정 유형의 무형 집약적 기업들과 함께 공진화(共進化)했으므로, 서로 잘 적응할 것으로 보인다. 무형 투자와 벤처캐피털의 장점 및 도전 과제 사이의 이러한 연계는 그저 쓸데없는 호기심의 문제가 아니다. 그것은 무형 투자가 표준이 되는 세상에서 어떤 종류의 금융 제도를 기대할지, 그리고 무형자산이 풍부한 다른 기업들에 투자하려면 어떤 종류의 제도가 필요할지에 대한 단서를 제공하기 때문에 현실적으로 중요하다.

끝으로 만일 민간 부문 기관에 대한 공공 보조금이 충분한 공공의 스필오버를 창출하지 못한다면 정부 보조금을 받는 지식 발전소, 바로 대학의 중요성이 커질 수 있을 듯하다. 그러나 향후 지원을 위해서는 대학이 진정한 공공 지식의 생성 기관이 되어야 하며, 조직적 형태의 실험도 어쩌면 필요할 것이다. 아마도 그것을 가장 잘 수행할 곳은 전통적인 대학들보다는 연구기관들일 텐데, 어쩌면 역설적이게도 지원을 받아야 할 연구는 확실히 즉각적으로 상업화할 수 없어야 한다. 그것은 민간 부문의 손에 맡기면 되기 때문이다.

무형 경제의 경쟁, 경영 및 투자

무형자산이 풍부한 경제에서 성공하는 기업들은 어떤 곳들이며 경영인들과 투자자들은 어떻게 그런 기업들을 창조하고 투자하는가? 이 장에서는 기업과 경영자에게 새로운 경제가 가지는 의미에 대한 사람들의 생각과, 우리가 생각하기에는 무형자산의 특징 때문일 텐데, 그것이 어떻게 예상했던 대로 돌아가지 않았는지를 살펴볼 것이다. 그다음으로 우리는 만일 경영이 더욱 중요해지고 있다면(중요해지고 있다) 경쟁 우위의 유지를 위한 규칙들이 달라졌는지(달라지지 않았다), 그리고 현행 회계측정은 투자자들이 이러한 이점을 확인하는 데 얼마만큼 적합한지(적합하지 않다)를 살펴볼 것이다.

전문가들이 일제히 신경제에 흥분하기 시작했던 1990년대 말의 의기양양한 시대에는 기업이 신경제에서 성공하려면 무엇을 해야 할지와 그것이 경영진과 직장인들의 삶에 무엇을 의미하는지에 대한 공유된 비전 같은 것이 있었다.

찰스 핸디(Charles Handy)의 1994년 저서 《노동의 미래(The Future of Work)》는 고학력자들은 포트폴리오 직업과 커리어를, 그 외 사람들은 불안정한 하도급 일자리를 얻는 미래를 선견지명으로 예견했다. 닷컴버블이 정점을 찍을 때 발간됐던 찰스 리드비터의 《보이지 않는 것들로 먹고 사는 법(Living on Thin Air)》은 포트폴리오 지식노동자로서의 저자의 초상으로 시작해 신경제에서 성공한 기업들이 갖추었을 여덟 가지 특성을 찾아낸다. 그들은 무선통신으로 연결되어 있고, 자율경영을 추구하며, 기업가 정신에 투철하고, 통합적일 것이다. 직원들에게 소유권 지분을 제공할 것이며, 지식, 공적인 정당성 및 협력의 리더십을 깊이 축적해야 할 것이다. 기업들이 어떻게 성공하느냐에 대한 견해는 노나카 이쿠지로(野中郁次郎)와 히로타카 다케우치(竹内弘高)가 〔동명의 책(*The Knowledge-Creating Company*, 1995)에서〕 말한 '지식 창조(knowledge-creating)' 기업 개념 같은 일본의 경영이론과 당시 실리콘밸리 기업들에서 관찰한 사업 혁신 연구를 조합한다.

핸디와 리드비터의 책—두 책 모두 꽤 오래됐다—에 담긴 많은 내용처럼, 이런 예측은 전부 어느 정도 실현됐다. 전 세계의 대도시라면 어느 곳이든 한번 커피숍에 들어가 보라. 그러면 핸디가 1990년대 초에 기술한 종류의 순회하는 지식노동자들이 보일 것이다. 세계에서 가장 존경받는 기업들에 관해 사람들이 얘기하는 걸 가만히 들어보라("구글이라면 어떻게 할까?"). 그러면 1990년대의 캘리포니아나 일본이었더라도 어색해 보이지 않을 지식 집약적이고 협력하며 네트워크로 연결된 기업혁신에 대한 찬사를 포착하게 될 것이다.

그러나 어떤 측면은 지식 집약적이고 모듈식인 기업과 유목민적이고 사업가적인 마인드가 있는 지식노동자라는 추세를 뒤집기 때문인지, 아니면 단순히 1999년에는 덜 두드러져 보였기 때문인지 예측과는 다소 딴판인 것으로 드러났다.

이를 선명하게 보여주는 것이 아마존의 창고다. 2013년 〈파이낸셜 타임스(Financial Times)〉에 기고한 글에서 사라 오코너(Sarah O'Connor)는 영국 웨스트미들랜즈의 루즐리(Rugeley)에 있는 아마존 창고의 작업과 관리를 생생하게 묘사했다.[1] '자율적 지식노동'이란 말만으로는 직원들의 직무 내용을 정확히 파악하기가 쉽지 않다. 창고 직원들은 주문상품을 포장하는 경로를 최적화하는 GPS 추적기를 갖고 있다. 만일 그 상품이 책 한 권이라면 비교적 간단하지만, 책과 진공청소기와 모노폴리주니어 보드게임(Junior Monopoly)과 스키 한 벌이라면 GPS 추적기는 엄청난 기술적 업적이다. 물론 추적기는 노동자들이 어디 있으며 얼마나 신속하게 움직이고 있는지를 관리자들이 감시하게도 해준다. 오코너는 직원들에게 서두르라고 문자를 보내고, 걸어 다니다가(교대당 최대 15마일이라고 인용되어 있다) 물집이 생기지 않도록 발에 바셀린 연고를 바르라고 충고하는 관리자들을 묘사한다. 그러니까 실제로 존재하는 신경제에서는 모든 이들이 〔풍자가 찰리 브루커(Charlie Brooker)가 1990년대 말에 지식노동자들을 비꼬며 기술했던 대로〕 '자기활성 미디어 노드(self-facilitating media node)'가 되지는 않는 것으로 밝혀졌다. 무형 경제는 런던의 쇼디치(Shoreditch)와 뉴욕 윌리엄스버그(Williamsburg) 거리의 멋쟁이들 혹은 일본에서 영감을 받은 공장들의 자율권을 행사하는 간반 시스템 생산노동자들과 관계가 있기도 하지만, 그에 못지않게 아마존의 창고와 스타벅스의 운영 매뉴얼과도 관계가 있다.

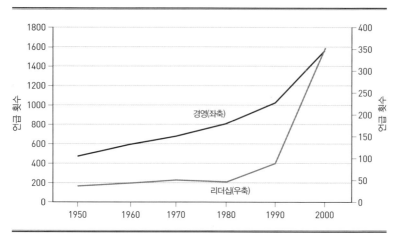

그림 9.1 〈하버드 비즈니스 리뷰〉의 '경영'과 '리더십' 언급. 출처: 저자들의 〈하버드 비즈니스 리뷰〉의 기사 제목들을 통한 산출.

아마도 신경제에서 예기치 않게 나타난 두 번째 측면은 경영자 숭배주의의 출현일 것이다. 경영자에 대한 칭찬 일색의 책들이 끝도 없이 공항의 서가를 장식한다. 경영자들은 다보스(Davos) 포럼에 초대된다. 제너럴일렉트릭의 전 CEO인 잭 웰치(Jack Welch)는 자신의 이름을 딴 연구소를 갖고 있다. 게다가 물론 CEO들은 익히 알려진 대로 높은 보상을 받는다. 현재 이것은 '리더십'에 대한 새로운 숭배로 대체되었다. 그림 9.1에는 〈하버드 비즈니스 리뷰(Harvard Business Review)〉의 기사 소재로 '경영(management)' 대비 '리더십(leadership)'이 언급된 횟수가 10년 단위로 정리되어 있다. 경영의 언급 횟수는 꾸준히 증가해왔다. 그러나 리더십 언급 횟수는 2000년대 이래 폭발적으로 늘어났다.

이런 우상숭배는 여러 면에서 거대한 수수께끼다. 우리는 훨씬 덜 정중한 시대에 살고 있지 않았던가? 우리는 누구한테 지시받는 것을 전보다

싫어하고 권위적인 인물들을 덜 신뢰하게 되지 않았던가? 틀림없이 사회 규범의 변화가 사람들에게 경영자 및 리더에 대한 이런 숭배 태도를 안 좋게 생각하도록 선입견을 심었던 것 같은데 아니었나?

신경제에서 나타난 아마도 별로 예상하지 못했을 세 번째 측면은 '규모 전쟁'이라 불릴 만한 움직임이다. 우리는 소규모 포트폴리오 하청업체와 군살을 빼고 네트워크로 연결된 기업들과 더불어 일부 거대기업을 볼 수 있다. 엄청난 크기와 그보다 더 큰 야망을 가진 새로운 수십억 달러 규모의 기업들이다. 5장에서 살펴봤듯이 선도 기업들은 더 앞서가게 된 것 같다. 수익성도 생산성도 더 높아졌다. 페이팔의 공동창립자인 피터 틸은 상업적 성공의 기반은 네트워크 효과 및 규모의 경제를 활용하는 것이라고 강조하면서 자신의 저서 《제로 투 원》에서 이런 이슈들에 대해 매력적으로 썼다. 그의 지적처럼 트위터는 규모를 쉽게 확장할 수 있지만 요가 스튜디오는 그렇지 못하다.

우리는 모순적으로 보이는 이런 변동들이 모두 무형자산의 본질적인 경제적 특성에서 비롯한다는 것을 입증할 것이다. 이 이야기를 하기 위해 우리는 일의 진화와 경영자 숭배가 사회규범 등의 변화에서 생겨났을 뿐 아니라 기업들의 진화에서 발생한 것이기도 하다는 주장으로 시작하려 한다. 결국 이들 기업들은 시장에서 경쟁하려고 분투하고 있다. 따라서 우리는 회사가 경쟁에서 받는 압력과 무형자산 증가로 인해 기업의 과제가 어떻게 바뀌었는지를 정리하는 데서 출발하겠다. 뒤에서 살펴보겠지만, 무형자산이 풍부한 경제에서 경쟁이 주는 압박은 회사를 규모 확장과 경영진에 대한 중시의 방향으로 밀고 가고 있다. 이는 회사가 어떻게 경쟁하고 경영할지는 물론이며 투자자들이 어디서 수익을 기대해야 할지도 바꿔놓을 것이므로, 우리는 거기에 대한 몇 가지 충고로 마무리하려 한다.

경쟁

기업전략, 경영, 회계 및 경제학의 전문가들에게 던져진 가장 중요한 현실적 질문 중 하나는 **"어떻게 하면 우리 회사가 성공할 수 있겠습니까?"**이다. 당연하지만 이러한 질문은 많은 답변을 이끌어냈다.

시작점은 질문을 조금 바꿔보는 것이다. 모든 게 당신이 말하는 '성공'이 무엇인지에 달려 있기 때문이다. 성공하는 한 가지 방법은 회계 총액의 단기적 조작이다. 8장에서 관찰했듯이, 이를테면 R&D를 삭감하면 현재 지출이 줄고, 만일 회사의 이전 R&D로 인한 매출 흐름이 좋다면 향후 몇 년간은 수입에 부정적 영향을 미치지 않을 것이다. 수입은 여전하고, 비용은 줄고, 짠! 이익은 상승한다. 우리가 이 장의 후반부에서 살펴보겠지만, 바루크 레브와 구펑(顧峰, Feng Gu)이 지적했듯이(Lev and Gu 2016) 회계 관행 때문에 기업들이 이런 짓을 하고 있다는 것을 외부 투자자들이 알기는 매우 어렵다. 하지만 이상의 관찰에서 "회사가 어떻게 하면 성공할 수 있을까?"의 좀더 정교한 버전이 **"회사가 어떻게 하면 지속가능한 성과를 증진시킬 수 있을까?"**라고 묻는 것이라고 우선은 받아들이자―다시 말해 단기적 조작을 통한 방법은 아니라는 얘기다.[2]

회사가 어떻게 하면 지속적인 경쟁 우위를 창출할 것인지 알아내는 가장 쉬운 방법은 자기들이 우위를 창출할 수 없는 업계에 관한 생각에서 출발하는 것이다. 미국 농무부에 따르면, 2012년에 아이다호(Idaho)주에서는 농장 약 2만 5000개가 거의 1200만 에이커를 경작하고 있었고 평균 농장 규모는 474에이커였다(그중 60퍼센트는 100에이커 미만이었다).[3] 개별 농장 지역이 전체 경작지역의 0.004퍼센트 정도임을 의미했다. 아이다호가 특히 감자 생산에서 가진 지리적 이점에도 불구하고(아이다호 남부는 감자의 성장기 동안 낮은 따뜻하고 밤은 시원하다) 어떤 개별 농장이 다른 농장보다 많은 장점을 가지게 될 가능성은 희박하다. 그들의 산출은 똑같을 것이고, 그들의 투입, 기계, 토양 및 전문기술 역시 똑같을 것이기 때문이다.

이상은 회사가 확실히 차별화되는 뭔가를 할 수 있거나 또는 독특한 자산을 소유하고 있을 경우 지속가능한 경쟁 우위가 있을 것임을 시사한다. 아이다호 농부는 자기 이웃보다는 잘나가지 못해도 캐나다 농부보다는 성공할 수 있다. 아이다호의 땅이라는 독특한 자산을 소유하고 있기 때문이다. 물론 투입이 꼭 독특한 자산일 필요는 없다. 명성이나 고객 네트워크가 될 수도 있다(이를테면 스위스 시계나 페이스북). 경영서들은 이런 독특한 자산을 '전략적 자원(strategic resources)'이라 부르며, 거기에는 세 가지 특성이 있다고 말한다. 즉 (a) 가치가 크고(이를테면 특허), (b) 드물며(이를테면 붐비는 공항의 착륙장), (c) 모방하기가 힘들다(이를테면 스위스 시계의 명성).[4]

그러므로 경영인들에 대한 조언은 언제나 이랬다. 확실히 차별화되는 자산을 구축하고 유지하라. 그리고 투자자들에 대한 조언은 이랬다. 이런 유형의 자산을 가진 회사를 찾아라. 무형자산 업계라고 해서 조언이 다를까? 아니다. 오히려 무형자산이 풍부한 업계는 기업들이 갈수록 이 조언을 받아들이고 있다는 사실을 반영한다. 왜일까?

유형자산이 차별성의 원천이 되는 경우는 꽤 드물다. 특별히 맞춤화된 기계라면 그럴 수도 있겠다. 하지만 유형자산은 대부분 독특하지 않다. 어떤 은행이 치솟은 아트리움(atrium), 알록달록한 어항 및 로비의 미니멀리즘 디자인 책상들을 갖춘 웅장한 본사를 지을 수 있다. 그러나 어떤 다른 회사도 그건 할 수 있다. 이 책에서 우리가 말해온 종류의 무형자산, 즉 명성, 제품 디자인, 그리고 고객 서비스를 제공하는 훈련된 직원들이 훨씬 더 독특할 것이다. 사실 어쩌면 가장 독특한 자산이란 이 모든 자산을 한데 조직하는 능력일 터이다. 그러니까 특히 가치가 큰 무형자산은 조직 그 자체일 것이다.

이런 통찰이 피터 틸의 《제로 투 원》에 함축되어 있다. 상업적 성공은 네 가지 특성을 발판으로 한다는 게 그의 견해다. 바로 독점기술 개발, 네트워크 효과 활용, 규모의 경제 이용, 브랜드 구축이다. 이러한 추천사항은 우리가 4장에서 논의했던, 4S를 기반으로 한 무형자산이 풍부한 기업의 전략과 확실히 연결된다. 그러므로 이를테면 트위터는 쉽게 확장될 수 있다고 그는 제대로 집어낸다. 규모의 경제가 실제로 진행 중인 아주 좋은 사례다. 반대로 확장할 수 없기 때문에 소규모로 남을 운명인 사업체의 사례로 그는 요가 스튜디오를 든다. 앞에서 살펴봤듯이, 레스 밀스 인터내셔널은 지금의 규모만큼 키워내기 위해 전통적인 헬스클럽 업체들과는 매우 다른 사업 모델을 채택해야 했다.

네트워크 효과에 대한 강조는 향후 기업들의 성공에서 정부가 더욱 중요해질 것임을 시사하는 틸의 통찰이다. 피터 틸과 함께 페이팔의 공동창립자 중 한 명인 엘론 머스크(Elon Musk)는 현재 궁극의 네트워크 사업 중하나가 될 것에 몰두해 있다. 바로 배터리로 작동하는 자율주행 자동차다. 네트워크 효과는 19세기 사업가에게는 누구에게나 친숙했을 것 같다.

말이 끄는 마차는 말에게 사료와 물을 먹이고 마차를 수리할 어마어마한 마구간 네트워크를 필요로 했으니 말이다. 그 후 가스를 동력으로 하는 자동차는 차고와 주유소의 어마어마한 네트워크를 필요로 했다. 이제 전기차는 충전소 네트워크를 필요로 할 것이다. 이 모든 것을 시행하는 데는 정부의 도움이 필요하며, 머스크는 비즈니스에서 기술을 주도하는 것 못지않게 정부의 지원을 얻어낸 사업가였다. 우버와 에어비앤비가 겪는 법적 진통도 유사한 사례다.

그러나 틸이 누락한 듯한 성공한 기업들의 한 가지 특성이 있으니 바로 좋은 조직의 구축이다. 월마트와 케이마트(K-Mart)는 같은 업계에 있고, 매장에 거의 같은 종류의 트럭과 내부시설을 갖췄으며, 아주 유사한 제품을 진열해놓는다. 그러나 둘은 매일 보는 사람들에게도 많이 다르다. 그들을 다르게 만드는 것은 부분적으로는 그들의 평판이지만, 조직 자체이기도 하다. 그럼 조직, 특히 경영과 리더십의 역할로 넘어가 보자.

경영

경영자들이 왜 유명인의 지위를 얻었는지에 대한 한 가지 이유를 언제나 매력적인 블로거 크리스 딜로[5]가 제공해준다. 이른바 '근본귀인 오류'의 인지적 편향이다. 우리가 6장에서 논의했듯이, 만일 사람들이 회사의 성공을 기술의 전반적 향상이라든가 경기상황이라든가 회사 자체에 구현된 조직자본이 아니라 영웅적 경영자와 결부하는 경향이 있다면, 경영자에 대한 보상은 지나치게 높아질 수 있다. 이렇게 되면 경영자나 리더는 화물숭배(cargo cult: 제2차 세계대전 때 백인들의 비행기에서 화물이 내려지는 것을 보고 조상의 영혼이 비행기를 타고 돌아와 자신들을 해방시켜줄 거라고 생각한 남태평양 원주민들의 신앙—옮긴이)의 대상이 되어버린다. 시대의 사회통념에 젖은 이사회는 경영자에게 과도한 봉급을 부여하고, 부주의한 주주들은 아무런 논의도 없이 분명 이것을 흔쾌히 성사시킨다. 공공 부문의 최고 경영자 봉급마저 총리나 대통령이 받는 몫의 몇 배가 되자 외부 관찰자들은 비난을 퍼붓는다.

탁월한 경제학자이자 교육학자인 러셀 로버츠(Russel Roberts 2014)가 지적한 바처럼 유명인 숭배 연대기에는 아주 긴 족보가 있다. 1759년《도덕감정론(The Theory of Moral Sentiment)》을 집필하면서 애덤 스미스는 이렇게 꼬집었다. "세상 사람들의 경외적인 관심이 지혜롭고 도덕적인 사람들보다는 흔히 부자들과 유명인들 쪽으로 더 강력하게 향해 있는 것이 보인다." 이 말은 Z리스트(A리스트의 반대 개념으로 스타덤과는 거리가 먼 사람들의 명단—옮긴이)의 명사들을 둘러싼 현대판 숭배를 완벽하게 예측하고 있다. 그는 사랑받는 타인들에게 매료되는 것은 우리 스스로 사랑받고자 하는 자연스러운 욕망의 일부라고 주장한다. 그렇게 해서 그들이 가진 미덕과는 무관하게 유명인에 대한 자연스러운 집착이 경영자들에게 쏠린다.

경영과 감시

우리는 무형 경제가 비용이 매몰되고 시너지 효과가 있으며 확장 가능하고 잠재적 스필오버를 제공하는 자산을 더 많이 구축할 것임을 알게 됐다. 이런 특성들이 경영자 숭배를 설명할 수 있을까? 이 질문에 답하기 위해서는 한 걸음 물러나 훨씬 더 기초적인 질문을 던져야 할 것이다. 경영자들은 무엇 때문에 필요한가?

어쩌면 일상생활이 답을 줄 수도 있다. 그들은 경영을 한다는 것이다. 그들은 기업에 리더십과 전략적 방향을 제공한다. 직원을 격려하고 동기를 부여한다. 계획을 짜고 실행에 옮긴다. 하지만 잠시 생각해보니 그다지 확신이 들지 않는다. 그들은 쓸데없는 미팅에 시간을 허비한다. 그들은 자기 급여를 자기가 인상하고, 일이 잘못돼도 책임지지 않는다.

이상의 관찰은 질문에 대한 답변이 아니므로 도움이 되지 않는다. 위의 내용은 경영자들이 왜 필요한지가 아니라 그들이 하는 업무를 기술하고 있기 때문이다. 해답을 얻기 위해 창문 청소원과 당신의 관계를 생각해보자. 창문 청소원이 집에 오면 당신은 틀림없이 다른 이들과 똑같은 일을 할 것이다. 당신은 가격이 얼마냐고 묻는다. 창문 청소원은 창문을 닦는다. 당신은 창문을 얼핏 보고 깨끗하면 돈을 건넨다.

이 거래에 경영, 리더십 및 전략적 방향은 어디 있는가? 경영 컨설턴트들은 어디 있는가? 재무, 법률 및 의료와 안전에 관한 조언자들은? 경제학자들의 대답은 시장이 전 과정을 해결해왔으므로 그들이 필요치 않다는 것이다. 즉, 당신은 가격에 합의했고, 판매자는 물건을 전했고, 구매자는 돈을 지불한다.

그러나 창문 청소원을 고용하는 것은 회사 운영과는 달라 보인다. 기업의 근로자도 자신의 노동에 대한 가격에 합의를 본 것은 사실이지만, 가격과 책임에 관한 시간당 흥정은 없다(아니, 없어야 한다). 대신 기업 내의 경영자들에게는 다른 게 하나 있다. 바로 **권한**이다. 즉 그들에게는 업무수행 시 동료들에게 해야 할 일을 지시하고 그들이 수행하지 않으면 제거할 권리가 있다. 물론 당신은 일처리가 만족스럽게 되지 않았을 경우 창문 청소원에 대한 지불을 거부하고 그들을 집에서 쫓아낼 수 있지만, 그것은 단지 당신이 상업적 관계의 중단을 선택할 수 있다는 얘기다. 하지만 기업은 다르다. 기업에서 경영자들은 직원들이 회사의 자산을 사용하는지, 회사의 기계를 사용하거나 회사를 대표해 거래하고 그리하여 회사의 명성을 활용하고 있는지 여부를 선택할 권한을 갖는다. 당신에게는 권한이 없으므로 독립적인 창문 청소원이 양동이를 사용하지 못하게 할 수 없지만, 만일 당신이 창문 청소업체의 경영자라면 그렇게 할 수 있을 것이다.

따라서 경제학자들에게 **"경영자는 무엇 때문에 필요한가?"**라는 질문은 더욱 심오한 **"경제에서 권한의 역할은 무엇인가?"**라는 질문을 숨기고 있다. 사실 이는 보기보다 훨씬 더 복잡한 문제다. 왜 그런지 알기 위해 우리가 답을 알고 있는 한 경제에서 시작해보자. 바로 북한이다. 중앙계획 경제에서는 권한이 모든 것을 결정한다. 누가 음식을 얻을지, 전기는 언제 얻을지, 사람들이 할 일은 뭔지를 모조리 계획자들이 결정한다. 그렇게 권한이 간단히 결정해버린다.

그럼 비(非)중앙계획 경제에서는 누가 결정할까? 프리드리히 폰 하이에크(Friedrich von Hayek)는 뛰어난 해답을 제시하여 1974년에 노벨 경제학상을 받았다. 바로 아무도 결정하지 않는다는 것이다. 시장경제에서 연필 하나를 사려면 그냥 그것을 구하러 가게로 가면 된다. 연필 구매자들은 그 연필의 제조자들—흑연을 채굴하거나 나무를 자르거나 연필을 가게로 운반한 사람들—을 모르기 때문에 좀처럼 지시를 내릴 수가 없다. 그것을 생산하는 데 관여한 이들, 즉 광부·벌목자·트럭 기사에게 지시를 내리는 것은 개별 연필 구매자들이 아닌 가격제도다. 연필 가격이 오르면

흑연을 더 많이 채굴하고, 나무를 더 많이 베고, 목재를 더 많이 운송한다. 가격제도가 지시를 내리므로 개인의 권한은 전혀 필요치 않다.

이것에 비춰볼 때 1937년 로널드 코스(Ronald Coase)(또 다른 노벨상 수상자)는 믿을 수 없도록 단순하면서도 대단히 심오한 질문을 던졌다. 그럼 회사는 왜 존재하는가? 만일 시장이 경제를 제법 잘 조정하고 있다면, 회사는 왜 필요한가? 코스의 대답은 기업이 시장보다 조정업무를 더욱 저렴하게 한다는 것이다. 코스는 회사 내에서 내부 시장들에 의한 조정은 당신이 (a) 시장가격이 무엇인지 알아내야 하고, (b) 매 거래에 계약을 협상해야 하므로 매우 비싸다고 했다.

경영자가 개입하는 지점이 바로 여기다. 만일 시장이 활동을 조정하지 못하는데 권한은 그럴 수 있다면, 누군가는 그 권한을 행사해야 한다. 그런 사람이 경영자이며, 여기서 경영자란 기업에서 권한을 가진 사람으로 정의된다. 그것은 대단히 깔끔한 정의이며, 실제로 통계 당국이 직업에 관한 설문지를 돌리고 사람들에게 자신들이 경영자인지 스스로 보고하라고 요구할 때 이 정의가 사용된다.[6]

그러니까 기업 내에서 권한을 거치면 비용이 절감된다. 고용주는 시도 때도 없이 흥정을 벌이는 게 아니라 고용인에게 무엇을 해야 하는지 명령하고 고용인은 그것을 따른다. 이게 경영자의 역할이다. 그들은 시장이 할 수 없는 회사 내부의 조정활동을 수행하고, 그 일을 할 수 있는 것은 권한을 통해서다.

코스의 추론은 상당한 힘을 가진다. 2014년에 캘리포니아 법정들은 페덱스(FedEx)의 운전기사들이 페덱스의 계약자인지 아니면 직원인지에 관한 평결을 냈다.[7] 코스가 살아 있었다면(그는 그보다 1년 전 102세로 사망했다)

완벽한 전문가 증인이 됐을 것이다. 법원은 페덱스가 정확히 기사들에게 할 일을 지시했으므로 고용주라고 판결했다. 틀림없이 코스의 추론대로였다.

권한 행사는 앞에서 살펴봤던 아마존 창고를 잘 설명하는 것 같다. 신중한 공정공학(process engineering)이 다수 결합되면서 창고 내 최적의 경로를 대단히 효율적으로 계산할 수 있는 시스템이 가능해졌다. 경제학자 루이스 가라카노가 지적했듯이(Garicano 2000), 정보 기술의 향상은 조직의 정보 흐름을 개선했다. 정보의 가격 하락은 권한의 축소로 이어질 수도 있다. 이를테면 자율적인 근로자들이 사장에게 이메일로 자신들의 아이디어를 보낸다면 위계서열은 와해된다. 하지만 감시 또한 IT의 발전과 더불어 더욱 효율적이 되었고, 아마존의 경우 IT는 '명령과 통제' 유형의 조직 설계를 재강화한 셈이었다.

이렇게 매우 비자율적인 유형의 업무가 아무도 예상하지 못했을 성장을 보인 이유 중 하나는 조직 개발 및 소프트웨어라는 무형자산이 갈수록 효율적인 감시를 가능하게 하기 때문이다. 따라서 그것은 자율성을 대체한다. 적절한 상황에서(혹은 그것이 잘못된 상황이라면?) 무형자산은 기계가 육체노동을 자동화하는 똑같은 방식으로 자율적 노동을 자동화한다. 마르크스주의 경제학자들은 이런 추가적 감시 역할에 명칭을 붙였다. 바로 '권력 편향적 과학기술 변동'이다(이를테면 Guy 2014의 토론 참조). 다른 사례로는 계산대와 트럭 회전속도계('택시미터')가 있다. 전반적으로 업무가 어떤 식으로 바뀌고 그에 따라 경영진의 성격이 어떻게 변화하는지는 당신이 무형자산의 가치사슬(value chain: 기업이 제품 또는 서비스를 생산하기 위해 원재료, 노동력, 자본 등의 자원을 결합하는 과정—옮긴이)에서 어느 위치에 있느냐에 달려 있는 것이다.

무형자산이 풍부한 업계에서 경영이란

만일 경영이 그저 감시활동이라면, 당연히 IT 같은 모니터링 기술의 변동은 경영을 변화시킬 것이다. 사실 누군가가 추적 소프트웨어로 권한을 수행할 수 있다면, 경영진의 필요성은 줄어들 것이다. 무형자산의 특별한 역할은 없어 보이며, 경영자 숭배와 그들에 대한 보상이 더 커져야 할 이유도 없다. 그렇다면 무형자산이 풍부한 기업에서는 경영과 권한에 대한 필요성이 유형자산이 풍부한 기업보다 더 클까, 아니면 더 작을까?

코스의 뒤를 이은 두 번째 연구의 물결 속에서 올리버 윌리엄슨(Oliver Williamson) 같은 경제학자들은 코스가 기업 내에서 감시와 권한으로 해결할 수 있을 거라고 말했던 흥정 문제에 천착했다. 특히 윌리엄슨은 흥정의 당사자들이 비용을 매몰시키는 기업에서 흥정의 대가가 특히 클 것이라는 점을 주시했다. 예를 들어 철도회사는 일단 선로를 깔고 나면 전반적으로는 사업에, 특별하게는 노선에 자본을 투입한 셈이다. 이로써 그곳의 노동자들은 교섭에서 강력한 지위에 놓이게 될 가능성이 있다. 그러면 이런 불리한 지위의 전망 때문에 기업의 초기 투자가 막힐 수 있다. 경제학에서는 홀드업(hold-up) 문제라고 알려져 있다.

자, 만일 무형 투자가 기업에 특별히 중요하다면, 그리고 만일 그 투자 비용이 매몰된다면, 홀드업의 가능성은 잠재적으로 상당히 커진다. 그것은 흥정의 비용을 상당히 높일 수 있다. 만일 기업의 경영자가 권한을 행사하여 잠재적으로 고비용에 소모적인 이런 흥정을 피할 수 있다면, 그 경영자의 잠재적 가치는 매우 클 것이다. 그렇다면 무형 경제에는 더 큰 위험이 도사리고 있기 때문에 경영자들에 대한 수요가 한층 더 상승한다는 것이 어쩌면 높은 보상을 받는 경영자들이 부상하는 이유 중 하나일 터이다.

무형자산의 다른 특성들 역시 경영자들의 내부조정에 대한 수요를 높일 것이다. 시너지에 대해서도 아주 흡사한 추론이 통한다. 만일 무형자산이 잠재적 시너지를 많이 갖고 있을 경우, 이를 효과적으로 포착하려면 회사 내에서 흥정을 하고 비슷하게 비용을 매몰시키고 있는 다른 사람들과의 상호작용을 장려하는 것이 필요할 것이다. 더욱이 만일 그런 무형자산들의 조합이 규모를 확장할 수 있다면, 기업 역시 아주 커질 것이며, 경영자들에 대한 수요도 높아질 것이다.

따라서 권한과 조정은 모든 기업에서 필요하긴 하지만, 무형자산이 풍부한 기업으로의 전환이 이러한 조정의 수요를 증가시킬 것이므로, 경영자 수요도 마찬가지로 증가할 것이다. 그런데 그 경영자들은 정확히 무슨 일을 할 것인가?

이 질문에 답하는 한 가지 방법은 또 다른 질문을 제기하는 것이다. 만일 무형 경제가 스타 경영인의 뛰어난 조정을 특히 중시한다면, 왜 경제 전체는 이 위대한 경영자들에 의해 장악되지 않는 것인가? 수익으로 측정했을 때 무형자산은 거대기업의 출현을 정말로 예고한다. 무형자산은 확장될 수 있기 때문이다(페이스북의 수익을 생각해보라). 그러나 고용인 수로 측정했을 때 거대기업은 어떤가? 결국 무형자산을 활용하는 데 시너지 효과가 필요하다면, 분명 그 모든 혜택을 내부화하기 위해서는 직원이 많은 거대기업이 필요할 것이다.

한 가지 답은 라우팅(routing) 소프트웨어 같은 무형자산들이 감시를 더욱 용이하게 만들고, 따라서 기업들이 더욱 커질 수 있다는 것이다. 대항 세력이 있다면, 대기업 경영은 힘들고 무형 집약적 대기업의 경영은 훨씬 더 힘들 것이다. 물론 관심의 지속시간과 대역폭의 자연스러운 한계로 인해 거대기업에 대한 권한을 관리하는 일은 유형이건 무형이건 매우 어려워진다. 하지만 무형 집약적 기업들에는 특히 어려운 도전이 두 가지 있다.

첫 번째 도전은 무형자산이 고유하게 갖고 있는 시너지에서 비롯된다. 정보 공유는 매우 가치가 커질 것이다. 왜냐하면 무형자산들이 상호 결합할 때 전체는 부분의 합을 넘어설 수 있기 때문이다. 권한은 이런 조합들을 조직하는 방법인가? 그것은 기업의 정보구조에 달려 있다. 바꿔 질문하면, 경영자나 직원들은 무슨 일이 벌어지고 있는지 잘 알고 있는가?

많은 기업의 일반적인 반응은 직원들은 무슨 일이 벌어지고 있는지 안다는 것이다. 경영자는 동떨어져 있고 일상적 접촉이 없기 때문이다. 그러나 시너지가 있는 기업에서는 정확히 그 반대가 적용될지도 모른다. 어쩌면 무슨 일이 벌어지는지 아는 것은 경영자뿐일 수도 있다. 경영자만이 큰 그림을 보고 시너지가 어떻게 연결될지를 알아차릴 수 있기 때문이다. 이상의 모든 것은 양측에게 서로가 필요하다는 것을 시사하며, 권한이 정보 구축을 조직하는 올바른 방법인지는 명확하지 않다.

무형자산 기업을 경영하는 데에서 두 번째 문제는 고용이 갈수록 지식 집약적이 되면서 핵심 지식 노동자들의 지식이 암묵적일 경우 회사에서 그들의 중요도가 커진다는 사실이다. 게다가 그런 자산을 지키는 일은 물리적 자산을 지키는 것보다 어렵다. 유형자산은 자물쇠와 열쇠로 보호할 수 있다. 무형자산은 그렇지 않다.

이 모든 것은 무형 집약적 기업들에서 조직의 위아래 양쪽으로 정보를 공유할 수 있고 충직한 직원들을 회사에 계속 잡아둘 수 있는 경영자들에게 프리미엄이 있을 것임을 의미한다. 그것은 권한을 좋은 조직을 구축하는 방법으로 사용하는 것을 뜻한다.

좋은 조직의 구축

어떤 직장에서든 시간을 보낸 적이 있는 이들이라면 아마도 조직의 나쁜 점을 모조리 대표하는 인사과의 보편적인 평판에 대한 폴 밀그롬(Paul Milgrom)과 존 로버츠(John Roberts)의 관찰 내용을 인정할 것이다.

> 우리가 몸담았던 모든 조직에서, 그리고 우리가 들어본 대부분의 조직에서, 라인 관리자들과 직원들에게 인사과란 반응 없고 규칙에 얽매여 있으며 관료주의적인 곳으로 여겨진다. 인사과로부터 결정을 얻으려면 얼마나 걸릴지 알 수 없고, 그 결정도 조직을 위해 최상의 인력을 끌어들여 보상하고 유지하는 쪽보다는 인사과의 소중한 규칙, 절차 및 직무분류/소득과 경험/소득 곡선을 유지하는 쪽에 더 맞춰져 있는 듯하다. 게다가 이의제기는 무시된다. 인사과 사람들은 연락하려고 하면 항상 회의 중이고, 당신에게 회답 전화도 주지 않는다 (Milgrom and Roberts 1988, S176).

인사과가 해결책이 아니라 문제점이라고 할 때, 그렇다면 스타 경영자들은 어떤가? 보리스 그로이스버그(Boris Groysberg), 앤드루 매클레인(Andrew McLean), 니티언 노리아(Nitian Nohria)는 1989년과 2001년 사이에 제너럴일렉트릭을 그만두고 다른 기업의 CEO가 된 경영자 20명을 연구했다(Groysberg, McLean, and Nohria 2006). 알려진 대로 표본 기간 동안 미국 최대 기업의 CEO 중에는 3M의 제임스 맥너니(James McNerney)와 홈데포 (Home Depot)의 로버트 나델리(Robert Nardelli) 등 제너럴일렉트릭 출신이 많다. 그들은 신임 CEO가 취임하고 3년 동안 (합리적 비교측정기에 비례하는) 기업들의 매출을 연구했다. 그 결과는 경영자들의 획일적인 슈퍼스타 명성에 비할 때 실망스러웠다─그들은 경영자들의 성공이 결코 획일적이지 않다는 것을 밝혀냈다. 20개 사례 중 9개 기업은 경쟁업체들보다 훨씬 실적이 좋았지만(그들의 측정에 의하면 연간 초과수익률은 14.1퍼센트였다), 그 밖의 11개 기업은 사실상 더 나빴다(−39.8퍼센트만큼 나빴다).

그럼 좋은 조직을 만드는 것은 무엇인가? 아마존 창고가 한 가지 답을 시사한다. 바로 더 많은 조정이다. 더 많은 지시를 내리고, 더 빽빽한 고용계약서를 작성하고, 직원들의 퇴사 시 경쟁금지 조항을 시행하는 것이다. 함축적이긴 해도 이것이 어떻게 기업 혹은 기업 내 부서들을 좋은 방향으로 이끌지는 알 수 있다. 이를테면 아마존이라면 빠른 배송이라는 평판을 유지하기 위해 배송 담당자들에 대한 엄격한 감독이 필요하다는 관점으로 파악할 것이다. 스타벅스라면 자신들의 커피에 대한 명성이 곧 바리스타들에게 정확한 업무지시를 내리는 것을 뜻한다고 말할 것이다.

그리고 몇몇 제도적 증거도 이런 견해를 뒷받침한다. 경제학자 니컬러스 블룸과 존 반 리넨 및 그들의 공동저자들은 경영의 질에 대해 묻기 위해 대규모 기업조사를 실시했다. 이러한 품질을 측정하기는 매우 어려운데, 그들은 매킨지의 연구를 기반으로 해서 경영 관행에 관한 일련의 질문들을 사용한다(www.worldmanagementsurvey.org 참조). 질문은 모니터링 (회사 모니터링 및 개선), 목표(목표 설정과 거기에 의거한 행동), 그리고 인센티브

(실적에 기초한 직원 보상)로 나뉜다. 그들은 다음과 같이 멋지게 요약한다. "우리의 방법론에 의하면 부실경영 조직이란 실적을 추적하지 못하고, 실질적 목표가 부재하며, 직원들의 반복되는 실적 부진을 처리할 시스템은 전무한 채 근무기간에만 기초해 승진을 시키는 곳으로 정의된다. 반대로 경영우수 조직이란 끊임없이 모니터링하고 공정을 개선하려고 노력하며, 종합적이고 확장할 수 있는 목표를 설정하고, 실적이 우수한 직원들은 승진시키고 실적이 부실한 직원들은 (교육 또는 퇴출로) 해결하는 곳으로 정의된다"(Bloom et al. 2011, 7).

그러나 이것이 모든 상황에서 좋은 경영은 아닐지도 모른다. 이를테면 아마존 창고처럼 확장되는 목표를 설정한 기업을 생각해보자. 크리스마스에 단기간으로 여분의 현금을 벌려고 그곳에 온 근로자들이라면 아마 굉장히 열심히 일한 뒤 그만둘 것이다. (사실 오코너는 많은 근로자들이 크리스마스 대목이 끝나면 해고된다고 언급한다.) 그들한테도 좋고 아마존에도 좋다. 하지만 장기적으로 그곳에 있는 직원들이라면 어쩔 것인가? 만일 크리스마스 전에 창고에서 빠르게 움직이면, 경영자들은 목표치를 더 올려 잡을 테고 크리스마스 이후에는 훨씬 더 빨리 움직이라고 요구할 것이다. 이것은 '톱니효과(ratchet effect)'라고 알려져 있는데, 마틴 와이츠먼(Martin Weitzman)이 언급한 용어다. 그는 소비에트 계획경제에 관해 집필하면서 그것을 조지프 베를리너(Joseph Berliner 1957)의 공으로 돌렸다. 이런 이유로 배송 직원들은 애초부터 열심히 일하지 않으며, 인센티브 계획의 목표는 무산된다. 결국에는 그다지 좋은 경영이 아닌 것 같다.[8]

경영자들이 목표 설정, 실적 검토 등 많은 일을 하도록 할 경우 발생하는 또 다른 문제점은 정치활동(politicking)이다. 직원들이 생산이나 혁신이나 지원에 시간을 쏟을 게 아니라 경영자를 설득하는 데 공을 들여야 자기한테 더 도움이 될 것임을 알아차렸다고 쳐보자. 직원들은 업무가 너무 힘들다고 경영자를 설득할 수 있을 테고, 그렇게 해서 목표 설정이 완화된다면 좋은 일이다. 혹은 보너스가 정말로 필요하다거나, 실적이 사실 아주 좋았다고 설득할 수도 있다. 경제학자 폴 밀그롬과 존 로버츠가 고상하게 '영향력 활동(influence activity)'이라고 부르는 것에 투여된 이런 시간들은 생산적 활동과는 무관한 곳에 쓰인 시간이다(Milgrom and Roberts 1988). 이것 역시도 결국에는 그다지 좋은 경영이 아닌 듯하다.

이 두 사례를 보면 좋은 조직이란 **약속**과 관련이 있다. 톱니효과 사례에서 미래의 목표치를 지나치게 확장하느라 현재의 우수한 실적에 불이익을 주지 않겠다는 약속이 있을 때 좋은 조직이 된다. 이를 실행하는 한 가지 방법은 일상적인 실적에 근거해 높은 보상을 하는 게 **아니라** 오히려 장기간 꾸준한 보상의 궤적을 약속하는 것이다. 마찬가지로 정치활동을 감소시키는 방법은 계약 조건을 순간순간 조정하지 **않겠다**고 약속하고, 역시 장기간에 걸쳐 실적을 검토하는 것이다. 그리고 밀그롬과 로버츠의 견해로는 (희화화된) 인사과의 이런 설계도 그런 약속의 한 형태다. 만일 인사과가 직원들의 모든 요구에 반응하여 즉각 규칙을 바꾼다면, 전 직원은 로비하는 데 시간을 허비할 것이다. 규칙을 갖고 무반응으로 응수하는 것은 영향력 활동에 휩쓸리지 않겠다는 약속이며, 따라서 직원들은 그런 활동을 단념한다.

그렇다면 경영자들은 어떻게 해야 무형 집약적 회사에서 좋은 조직을 구축할 수 있는가? 이 질문에 대한 한 가지 답은 그에 적합한 조직 설계를 선택하는 것이며, 그 선택은 당신의 조직이 무형자산을 주로 사용하거나 생산하는지의 여부에 달려 있다.

자, 만일 당신이 주로 무형자산(소프트웨어 제작, 디자인 작업, 연구 생산)의 **생산자**라면 아마도 정보의 흐름을 허용하고 뜻하지 않은 것을 발견할 수 있는 상호작용을 지원하고, 핵심 인력을 유지하는 조직을 구축하고 싶을 터이다. 그것은 아마도 더 많은 자율성, 더 적은 목표, 그리고 영향력 활동의 대가를 감수하더라도 사장에 대한 접근성 확대를 허용한다는 뜻일 것이다. 이것은 찰스 리드비터 같은 초기 저자들이 염두에 뒀던 유형의 자율적 조직을 묘사하는 듯하다. 그리고 시스템 혁신가들의 중요성 증대를 기술하는 것 같기도 하다. 이런 혁신가들은 단일하고 고립된 발명품을 만들어내는 발명가들이 아니다. 오히려 그들의 역할은 이러한 혁신을 성공적으로 시장에 가져다줄 시너지를 도모하는 것이다.

마찬가지로 혁신 과정을 관리하는 기술도 과거와는 달라질 것이다. 우리가 살펴봤듯이, 무형 경제의 부상은 혁신 과정 자체를 더욱 중요하게 만든다. 경영 이론가인 마크 도지슨(Mark Dodgson)·데이비드 간(David Gann)·암몬 솔터(Ammon Salter)(2005)는 어떻게 그것이 '연구'와 '개발'이라는 전통적인 분류로부터 '생각', '놀이' 및 '실천'이 요구되는 '혁신 기술'의 과정이라는 기능적 설명으로 변해왔는지를 기술하고, 좀더 손쉽게 아이디어를 교환하고 실험을 거쳐 더욱 신속하게 아이디어를 실행하는 새로운 영역을 강조한다.

반대로 만일 당신이 오히려 무형자산 사용자라면 어떨까? 이를테면 라우팅 알고리즘 지식을 사용하는 아마존 창고나 프랜차이즈 매뉴얼을 사용하는 스타벅스라면? 이 기업들에게 조직과 경영은 다르게 보일 것이다. 당신은 아래로부터의 정보 흐름이 아니라 실적 부진과 영향력 활동을 중지시키는 데 더 관심이 있을 것이므로, 아마 위계질서를 심화하고 단기적 목표를 갖고 싶어 할 것이다.

리더십

지식경제에 관한 초기 필자들의 비전 대부분이 현실화하긴 했지만(이를테면 순환하는 자율적 노동자들이 있는 조직), 그들이 예견하지 못한 한 가지가 있었으니 갈수록 증대되고 있는 리더십의 중요성이다. 게다가 앞에서 살펴본 것처럼, 권한에 의한 경영은 정보의 흐름이나 약속을 장려하지 않는 등 몇 가지 단점이 있는 것 같다. 우리는 리더십이 권위에 의한 관계 및 조직 형태를 보완해주기 때문에 무형 집약적 기업에서 중요하다는 것을 입증하려 한다.

리더십은 경영과 왜 다른가? 한 가지 접근법은 '좋은' 리더와 '나쁜' 리더가 하는 일을 기술해보는 것이다. 그들이 인정이 많은지 냉혹한지, 거친지 부드러운지, 가족적인지 아닌지 등등이다. 사회통념과 경영의 일시적 유행은 대부분의 CEO들이 갈아치워지는 것보다 빠르게 달라지고 있으므로 이런 접근법은 그냥 끝없는 추측이다.

그렇다면 문제의 핵심에 도달하는 게 낫겠다. 바로 리더에게는 추종자들이 있다는 단순한 관찰이다. 리더와 추종자의 가장 확실한 사례인 군대에서는 추종자들이 강압에 따라 추종하기 때문에 설명이 쉽다. 한층 더 흥미로운 것은 추종자들이 **자발적으로** 리더에 대한 충성을 유지할 때다.

자발적 추종자들의 존재는 무형 경제에 **정말로** 도움이 된다. 추종자는 그 회사에 계속 충실할 테고, 그것은 회사의 암묵적인 무형 자본을 유지시킨다. 더욱 다행이게도, 만일 그들이 리더로부터 영감을 받고 그와 공감한다면 그들은 서로 협력하고 리더에게 정보를 공급할 것이다. 이것이 무형 경제에서 리더십이 그토록 큰 가치를 지니게 되는 이유다. 그것은 권한에 의한 경영에서 비용이 많이 들고 왜곡될 소지가 있는 측면을 잘하면 대체할 것이고 누그러뜨릴 가능성도 있다.

　무형자산 시대의 리더십이 얼마나 중요한지를 보여주는 좋은 사례는 시스템 혁신 또는 시스템적 혁신이라 불리기도 하는 현상에서 찾을 수 있다. 엘론 머스크는 시스템 혁신가로 이따금 묘사되며, 많은 관련 분야(전력 저장, 태양 에너지, 전기차) 혹은 복잡계(우주 물류, 탄소배출권)의 신제품 개발에 뜻을 두고 있다. 시스템 혁신은 특히 게이츠재단(Gates Foundation)과 블룸버그자선재단(Bloomberg Philanthropies) 같은 대규모 투자자들이 개발도상국이나 도시정부의 공공보건 같은 시스템 전체를 한 번에 바꾸려고 하면서 비영리 부문에서 널리 논의되기도 한다. 돈 많은 단체들조차도 대개는 주요 경제 시스템을 직접 통제할 만큼 크지는 않기 때문에 시스템 혁신은 리더십에 의존한다. 다른 단체들, 파트너들의 네트워크 및 심지어 시스템 혁신가들이 원하는 일을 하는 경쟁업체들을 설득하는 능력이 관건이다. 대부분의 투자가 무형인 시대에는 이런 종류의 체계적인 리더십이 더욱 중요해질 것으로 예상된다. 한 가지 이유는 무형 경제에는 상이한 투자들 사이에 활용할 수 있는 시너지가 풍부하기 때문이다 — 전기차 업계의 추세에 발맞춰 제품과 디자인 시스템을 개발하도록 배터리 업계를 설득할 수 있는 리더는 성공을 거둘 것이다. 마찬가지로 만일 무형 투자의 스필오버를 이용하기가 어려운 나머지 규모가 더 큰 공공 투자가 해결하는 쪽으로 귀결된다 하더라도(10장에서 우리가 제의할 내용이다), 공공 부문의 복잡한 시스템과 효율적으로 상호작용할 수 있는 능력은 역시 상업적 강점이 될 것이다. 이런 일을 할 수 있는 시스템 혁신가는 무형 경제에서 리더십의 중요성을 입증하는 사례다.

그렇다면 문제는 이것이다. 리더는 어떻게 추종자들이 자신을 추종하게 만드는가? 정확한 답은 당신이 생각하는 추종자들의 사고에 달려 있다. 우리가 도입부에서 언급했듯이, 만일 유명인 숭배가 회사 직원들 사이에서 보편적이라면, 직원들은 무조건 당신을 추종할 것이다. 또 다른 견해는 추종자들이 생각보다 훨씬 냉철해서 추종하는 게 자신에게 이득이 된다고 생각할 때만 추종할 거라는 것이다. 경제학자 벤저민 허말린(Benjamin Hermalin 1988)은 이것이 여러 가지 흥미로운 특성으로 이어질 수 있음을 밝혀왔다.

첫째, 리더는 추종자들보다 더 많이 알아야 한다. 아마도 이런 이유로 사훈의 중요성이 부각되는 듯하다. 어떤 경우는 순전히 과장인 것 같기도 하다. 그러나 그것이 잠재적 추종자들에게 리더가 자기보다 아는 게 더 많다는 확신을 준다면 충분한 가치가 있을 수 있다.

둘째, 리더는 단지 더 많이 알아야 할 뿐 아니라 자신이 더 많이 안다는 것을 추종자들에게 설득시켜야 한다. 리더는 여러 가지 방법으로 그렇게 할 수 있다. 물론 리더는 자신의 의사를 잘 전달할 수 있어야 한다. 그러나 더욱 재미있는 것은, 추종자들은 리더의 헌신을 볼 때 더욱 확신을 갖는다는 사실이다. 허말린은 리더가 두 가지 방법으로 헌신을 보여줄 수 있다고 제안한다. 첫째는 사례를 통해서다. 만일 리더가 사무실에 진짜 늦게까지 남아 있거나 자기 돈을 투자한다면, 추종자들에게 헌신을 보여준 것이 된다. 두 번째는 희생을 통해서다. 당신의 리더가 프로젝트가 성공할 거라고 생각하는지 알고 싶은가? 그가 그 프로젝트 때문에 야근하는 직원들에게 피자를 사주는지 확인해보라. 그렇다면, 그 일이 가치가 있다는 신호다.

요약: 무형 경제의 경영자와 리더

이상이 경영자들에게 주는 교훈은 무엇일까? 첫째, 무형 경제 자체가 좋은 조직과 경영에 프리미엄을 부여할 것이라는 점이다. 매몰 비용·스필오버·확장·시너지의 가능성이 더 많으므로 추가 조정의 필요성이 대두할 것이며, 따라서 좋은 조직과 경영에 대한 수요는 더욱 커질 것이다.

두 번째, 이런 경제는 어떤 종류의 조직을 요구하는가? 영향력 활동을 부추기지 않는 협력과 지식의 흐름이 필요하다는 경제적 통찰은 무형 경제에서 그 방면에 전문화된 부분들과 조화를 이루는 다양한 부류의 조직이 등장할 것임을 시사한다. 당신은 무형자산(소프트웨어 제작, 디자인 작업, 연구 생산)을 창조하고 있는가? 그러면 아마 더 많은 자율성, 더 적은 목표, 그리고 사장에 대한 더 많은 접근성이 있는 수평적 조직을 원할 것이다. 그 조직은 당신이 영향력 활동에 시간을 들이도록 하겠지만, 정보의 흐름을 허용하고 예기치 않게 발견한 상호작용을 지원하고 핵심 인력을 지키는 조직을 구축할 것이다. 당신은 무형자산(이를테면 스타벅스 프랜차이즈 매뉴얼에 적혀 있는 일과)을 사용하고 있는가? 그러면 아마 그 자산을 최대한 사용하고 영향력 활동을 중단시킬 더 많은 통제와 권한을 원할 것이다.

마지막으로, 무형 경제는 경영자뿐 아니라 리더를 필요로 한다. 무형자산이 풍부한 대부분의 기업에서는 단순히 권한의 의미로서의 경영으로는 충분하지 않을 것이다. 지식 집약적 노동자들로부터 시너지를 끌어내고 이런 기업들의 사업 규모를 확장하는 것은 단순한 권한 행사로 관리하기에는 너무나 힘들다. 충성과 노력의 동기를 유발한다는 의미에서 리더십이 필요할 것이다.

만일 과장과 자만으로 대다수의 직원이 설득된다면 리더들은 기꺼이 그것을 제공할 것이다. 그러나 우리는 오래도록 성공하는 리더들은 분명 희생을 통해 존경심을 얻어야 하는 게 아닐까 의심한다. 그들은 열심히 일하고 기업을 위한 헌신을 보여줘야 할 것이다. 그렇게 할 때 비로소 리더는 그들이 필요로 하는 형태의 좋은 조직과 어울릴 것이다.

이 모든 것은 우리가 이 장의 도입부에서 상세히 적었던 경영과 리더십에 대한 관심 증가가 사실이라는 것을 말해준다. 그것은 태도 변화와 사회적 수용만이 아닌, 경제의 근본적 전환의 결과다. 그러나 만일 늘어난 수요 때문에 진실한 이들과 사기꾼, 능력자와 장사꾼 모두가 꼬인다면, 태도는 바뀔 수 있다. 자질 없는 리더들이 정치에서 거부되고 있는 것처럼, 자질 없는 자들이 리더의 자리를 장악했다는 인식이 생긴다면 기업 리더에 대한 사회적 인정은 어쩌면 약화될 수 있다. 그로 인해 좋은 경영자의 리더십은 얻기가 더 힘들어질 테지만 지탱하기는 더 쉬워질 것이다.

투자

투자자들은 어떨까? 앞에서 언급했듯이 수익은 희소하다. 그리고 기업에 희소성이란 차별화되고 쉽사리 복제할 수 없는 강점을 구축하는 데서 나온다. 이런 강점은 유형자산에서는 거의 나오지 않는다. 누구든지 기계나 운송 트럭은 대여할 수 있기 때문이다. 하지만 무형자산에서는 많이 생길 수 있다. 그렇다면 첫 번째로 물어야 할 질문은 이것이다. 외부 투자자는 기업이 무형자산을 구축하고 있는지 어떻게 감지할 수 있는가?

투자 회계: 일반 원칙들

일련의 책과 논문에서 회계학자 바루크 레브와 그의 공동저자는 아주 중요한 질문을 던져왔다. 투자자들은 회계 데이터로부터 무형자산에 관한 정보를 얻을 수 있을까? 이 질문에 대한 답은 그들의 최신 저서인 《회계는 필요 없다(The End of Accounting)》(Lev and Gu 2016)는 제목에 강하게 암시되어 있다.

이익 및 손실 회계를 작성할 때(손익계산서라고도 알려져 있다) 회계사들은 회계연도의 매출 흐름과 관련 비용을 보고하는 데 관심이 있다. 그리고 정말로 재무 분석가들은 끔찍하게 많은 시간을 이익이나 소득─대체로 매출과 다양한 비용 측정치들 간의 차이─을 들여다보면서 보낸다.

그리고 나면 회계사들은 너무나 당연하게도 전년도 매출과 그것들을 생성하는 데 발생한 비용을 **맞추려** 한다. 예를 들어 신발을 생산한 가죽의 비용─즉, 생산에서 다 쓰인 원자재 비용─은 지극히 합리적이게도 비용('매출원가')으로 처리된다.

자산 투자로 발생한 비용과 매출을 맞추는 것은 어떻게 되는가? 정의상 이익은 비용이 발생한 특정 연도를 넘겨서 생길 것이고 따라서 그해의 매출과는 맞춰지지 않으므로 이 문제는 더욱 까다롭다. 그렇다면 이 지출과 수익은 어떻게 맞출 것인가? 답은 이런 비용을 자본화하는 것, 즉 유형의 지출이 자산을 창출한다고 인식하는 것이다. 일단 그렇게 하면, 해당 자산의 비용은 감가상각이나 할부상환에 반영될 수 있다. 즉, 1년 단위 금액은 비용으로 처리되고, 그 금액은 장기 보유 자산의 시간의 경과에 따른 사용료를 반영한다.

자산 투자의 자본화에 대한 대안은 그것을 '비용'으로 처리하는 것, 즉 자본화로 비용을 넌지시 없애는 게 아니라 1년간 자산에 쓴 전체 지출을 비용 항목으로 청구하는 것이다. 많이 알려졌듯이, 그리고 바루크 레브가 연달아 일련의 책과 논문에서 지적해왔듯이(이를테면 Lev 2001 참조), 장기 보유 자산의 지출을 비용으로 처리하는 것은 이익의 왜곡으로 이어지며, 그것은 매출과 비용의 '불일치'에서 비롯한다. 이 비용이 발생한 해에 회사는 수익이 별로 없는 것처럼 보인다. 비용은 아주 큰데 매출에 변함이 없어서. 하지만 만일 자산이 유용하고 매출을 발생시키는 데 일조한다면(트럭, 성공적인 특허로 귀결된 R&D, 소비자 네트워크 확대 등), 그 회사는 향후에 발생한 비용은 거의 없고 취득한 자산도 거의 없는데 수익은 대단히 높아 보일 것이다.

무형자산의 회계 처리: 비용화 대 자본화

이상은 투자자가 무형자산 지출을 감지하는 데 아주 관심이 많을 경우 결정적으로 중요하다. 그렇다면 그것은 어떻게 처리되는가?

회계 원칙은 이 경우 대부분 전 세계 어디서나 같다. 만일 무형자산이 회사 외부에서 구입한 것이라면—이를테면 현금으로 특허나 고객 명단을 사들였다면—그것은 지출이 아니라 자산이며, 따라서 자본화된다. 반대로 그것이 회사 내에서 생성한 것이라면—이를테면 사내 디자인이나 소프트웨어—그것은 자산 구입이 아니라 비용으로 처리된다. 이런 일반원칙에 예외가 있긴 하지만 매우 드문 편이다. 내부에서 생성한 소프트웨어나 R&D 지출은 자산 투자로 처리될 수도 있지만, 단 특별한 상황에서만 그렇다. 근본적으로 이러한 지출이 이미 검증된 R&D 프로젝트나 소프트웨어 툴의 최종 개발 단계에 있을 경우처럼 검증된 과정에 있을 때다.[9]

이 원칙들이 대단히 비대칭적이라는 사실은 주목할 만하다. 무형자산의 가치가 너무나 불확실하기 때문에 자본화되면 안 된다고 합리적으로 반대할 사람도 있겠지만, 그렇게 되면 그것이 내부에서 생성했건 구입했건 자본화되지 않는다는 것을 뜻한다.[10] 2015년에 브리티시아메리칸 타바코(British American Tabacco)는 거의 100억 파운드 가치의 무형자산이 있다고 보고했다(이 기업이 가진 유형자산, 즉 부동산·공장·시설 등은 단지 30억 파운드뿐이었다). 그해 증가분의 대부분은 다른 기업들의 인수로 생긴 영업권 가치—예를 들어 로스만(Rothmans)사의 인수로 얻은 상표명—를 통해 생긴 것이었다. 약간의 금액은 사내용으로 제작한 소프트웨어에서 온 것이었다. 하지만 만일 그들이 내부의 상표권 구축에 투자했다면 무형자산 추가분은 제로였을 터이다.[11]

결과적으로 많은 (적어도 내부의) 자산 투자는 숨겨져 보이지 않는다. 그것이 중요한가? 세 개의 조사는 그것이 중요하다고 말한다. 첫 번째 조사는 매우 개괄적이지만 많은 사실을 드러낸다. 레브와 구평(Lev and Gu 2016)은 1950년대부터 2000년까지 10년 단위로 상장기업들을 검토했다. 각 10년별/기업집단들에 대해 그들은 질문했다. 장부가치와 시장가치 대비 소득은 얼마나 상관관계가 있는가? 그 결과는 매우 놀라우며, 그림 9.2에 정리되어 있다. 막대그래프는 수십 년간 상관관계에 매우 명백한 하락이 있어왔음을 보여주는데, 이는 재무회계가 실제로는 기업 소득에 관한 유용한 정보를 훨씬 덜 준다는 것을 시사한다. 매출의 퍼센티지로서의 R&D(연구

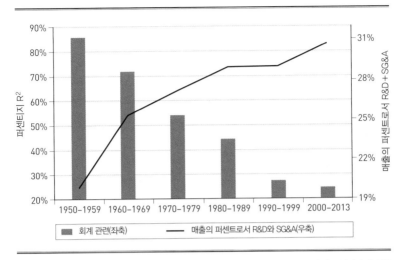

그림 9.2 소득 및 장부가치 보고의 정보 유용성 하락. 막대그래프는 연속적인 10년간 주식시장에 진입한 기업들의 소득 및 장부가치가 차지하는 시장가치에서의 변화량을 분수로 나타낸 것이다. 선그래프는 기업들의 규모의 한 비중으로서 평균 R&D와 SG&A를 나타낸다. 출처: Lev and Gu 2016, 그림 8.2.

개발)와 SG&A(selling, general, and administrative expenses: 판매, 일반, 행정 비용)가 증가하면서 이런 상황이 벌어졌다(실선을 보라). 요점은 디자인 같은 많은 무형 투자가 회계원칙에 따라 SG&A로 처리되어 있다는 것이다.

두 번째로 메리 바스(Mary Barth), 론 캐스닉(Ron Kasnik), 모린 맥니컬스(Maureen McNichols)(2001)는 분석가들이 무형 지출(R&D 및 광고로 측정된)이 많은 기업에 자금을 댈 가능성이 훨씬 더 높다는 점을 발견한다. 이것 역시 무형 집약적 기업 및 업계의 회계가 유용한 정보를 별로 주고 있지 않다는 사실을 말해준다. 분석가들이 자신들의 노하우로 추가 정보를 캐내야 하기 때문이다.

세 번째, 회계사인 에스터 첸(Ester Chen)·일라닛 개비어스(Ilanit Gavious)·바루크 레브(Chen, Gavious, and Lev 2015)는 두 개의 다른 원칙을 사용한다고 보고한 이스라엘 기업 표본 180개를 시간의 경과와 함께 들여다본다. 미국 기반의 일반회계원칙(GAAP)은 기업들에게 R&D를 비용으로 보고하라고 강요하지만, 유럽 기업들 대부분의 표준인 IFRS는 R&D의 'D'가 자본화되는 것을 허용한다. 이렇게 해서 저자들은 GAAP의 원칙하에서는 감춰져 있던 'D(Development: 개발)'에 관한 추가 정보가 유용한 정보를 주는지 여부를 직접 조사할 수 있었다. 아니나 다를까 그 추가 정보는 주가를 예측하는 데 도움이 된다.

투자자들은 무엇을 해야 하는가

이 모든 것에 비춰볼 때, 주식 투자자들에게는 두 가지 선택사항이 있다.

첫 번째는 정보를 한꺼번에 찾는 문제를 피하는 것, 즉 모든 회사의 주식을 사는 것이다—다시 말해 다각화. 그것은 스필오버라는 추가 문제를 피하게 해준다. EMI와 CT 스캐너의 사례를 생각해보라. 당신이 EMI 주주이고 수익에만 연연했다면, CT 스캐너 투자가 중단되는 것을 어쩔 수 없이 지켜봤을 것이다—EMI의 시각에서 보면 그것은 막대한 낭비였다. 그러나 당신이 EMI 연구로부터 스필오버 이득을 챙기고 CT 스캐너 시장을 장악하게 된 기업인 제너럴일렉트릭과 지멘스의 주식을 소유했다면, 프로젝트가 진척되는 것에 한없이 행복감을 느꼈을 터이다.

우리는 이 사례를 일반 원칙으로 확장할 수 있다. 만일 주주들이 경제의 모든 기업 주식을 소유한다면—바꿔 말해서 만일 그들이 완벽하게 다각화된 투자자들이라면—스필오버 유출이 심한 투자를 하는 회사에도 완전히 관대할 것으로 예상된다. 영국 속담대로 한쪽에서 잃은 것을 다른 데서 딸 것임을 알기 때문이다. 다시 말하면 그것들이 발생시킨 모든 손실은 상쇄하는 이득으로 보상될 것이다.

그러나 여기에 딜레마가 있는 것 같다. 분산투자자는 집중투자자의 반대다. 만일 어떤 기관이 지수에 있는 모든 기업의 주식을 소유한다면, 몇몇 기업의 주식만 소유하는 경우보다 각 회사당 훨씬 더 적은 주식을 소유하게 될 것이다. 그리고 앞서 살펴봤듯이, 특정 기업의 주식 보유에 집중하는 기관들은 나쁜 투자와 좋은 투자 간의 차이를 알 정도로 기업들의 사업에 관한 충분한 지식을 얻는 데 더욱 깊은 관심을 갖고 있고, 따라서 수익성이 있지만 장기적인 경영진의 투자를 뒷받침할 가능성이 훨씬 높다. 그런데 상장기업들이 무형 투자에서 좀더 장기적 투자를 하는 것을 간절히 보고 싶어 하는 사람들의 시각에서 보면 이것은 딜레마다. 한편으로는 집중투자자가 좋지만, 다른 한편으로는 분산투자도 좋다. 집중투자자들이 없다면 기업들은 타목시펜과 기가팩토리(Gigafactory: 테슬라가 건설한 세계 최대 규모 전기차 배터리 전용 생산 공장 ─ 옮긴이)에 투자할 확률이 적다. 분산투자자가 없다면 CT 스캐너나 벨연구소에 투자할 확률이 적다.

만일 특정 유형의 무형 투자가 겉으로 보기에 조직적으로 과소평가되는 경향이 있다면 대안적인 전략이 생긴다. 이는 좋은 무형 투자를 식별할 수 있고 중단기 투자를 하는 회사를 뒷받침할 수 있는 투자자들에게 기회가 있다는 암시다. 한술 더 떠서 이는 다양한 무형 투자의 잠재력을 측정하고 이해하는 데 들인 시간이 가치 있는 것일 수 있음을 시사한다. 개별 투자자에게는 이것이 너무 어려울 수 있지만, 미래의 자산 관리자에게는 하나의 가능성처럼 보인다. 그들은 회계장부에 있는 정보를 뛰어넘어 어떤 기업에 대해 훨씬 더 영악해짐으로써 투자자들에게 기여할 수 있다. 그들은 해당 기업이 진행하고 있는 무형자산 구축과 그것이 성공을 거둘 조건들에 관해 훨씬 더 많은 정보를 체계적으로 수집해야 할 것이다. 사실 기업의 깊숙한 내부사정과 그것이 무형자산을 활용할 수 있게끔 외부조건이 허용하는 방식을 이해하는 이런 전문지식에 대한 수요가 있기 때문에, 이런 전문성은 대단히 가치가 높아질 것이다.

이 비전은 경제학자 존 케이가 자신의 저서 《금융의 딴짓(Other People's Money)》(2015)에서 드러낸 시각과 아주 흡사하다. 그가 말하는 바처럼 주식시장은 처음 시작했을 때만 해도 흔히 거대한 기반시설 프로젝트(보통은 철도)의 재원을 다수의 분산된 주주들로부터 마련하는 수단이었다. 그러나 시장은 더 이상 이런 기능을 제공하지 않는다. 어떤 신규 프로젝트도 주식시장을 통해 자금을 조달하는 일은 거의 없다. (사실상 주식시장에 자금을 구하러 가는 초기단계 기업이 거의 없다는 관찰은 주식시장이 그들을 대하는 데 상당한 문제점이 있다는 가설을 도리어 확인시켜준다.) 주식시장 거래는 오히려 자기들끼리 거래하는 대규모 자산 관리자들로 장악되어 있다. 케이의 견해에 의하면, 그들은 자산 자체가 갖고 있는 가치보다는 다른 사람들이 생각하는 자산 가치를 예상하려 함으로써 시장 전체가 사용할 수 있는 수준을 뛰어넘는 수익을 추구하고 있다('알파'를 추구하고 있다).

케이의 주장대로, 금융 부문의 달라진 역할은 그가 '탐색'과 '관리'라고 부르는 것을 통해 자금 조달이 자본을 분배하는 핵심 기능으로 되돌아가는 것일 터이다. 경제에서 탐색은 새로운 기회의 발견이며, 관리는 장기 자산의 감시다. 따라서 미래의 자산 관리자들은 투자자들을 위해 이런 기능을 훨씬 더 많이 수행할 것이라는 게 케이의 견해다. 자산 관리자들은 그들이 전문지식을 갖기로 선택한 업계에서 신용과 장기적 관계를 구축함으로써 과업을 수행할 것이다. 무형자산은 구축되었는데 기업 회계 정보는 부족한 가운데 이런 변화를 요구하는 압력이 생기고 있다.

결론: 무형 경제의 경쟁, 관리 및 투자

무형 투자의 증가는 경영자들에게 상당한 영향을 미치지만, 기업마다 상이한 방식으로 영향을 줄 것이다. 무형자산을 생산하는 회사는 시너지를 극대화하고 다른 기업의 아이디어로부터 배울 기회를 창출하고(그리고 다른 회사가 가진 무형자산의 스필오버를 이용하고), 인재를 보유하고 싶어 할 것이다. 이런 직장들은 결국 유행에 밝은 지식 기반 기업들에 대한 대중적 이미지처럼 보이게 될 수 있다. 하지만 기존의 무형자산을 이용하는 데 의존하는 기업들은 그와는 상당히 다르게 보일 것이다. 특히 무형자산이 조직 구조와 공정인 곳들에서는 말이다. 이곳들은 훨씬 더 통제된 환경일지도 모른다―아마존의 본부가 아닌 창고를 떠올려보라. 리더십은 기업이 여러 분야의 무형 투자를 조정하고 그 시너지를 이용하도록 하는 한 갈수록 중요해질 것이다.

무형자산이 풍부한 기업의 복잡성을 이해할 수 있는 금융 투자자들 역시 번영할 것이다. 무형자산의 불확실성이 커지고 기업 회계의 유용성이 감소해 좋은 주식 연구와 기업 경영에 대한 통찰의 중요성은 커질 것이다. 이는 투자자들에게는 도전이 될 텐데, 한편으로 규제가 강화되면서 많은 기관투자자들에게 주식 자금 분석이 더욱 어려워지기 때문이며, 다른 한편으로는 다각화(주주들이 무형 투자의 스필오버 효과로부터 이득을 얻게 해준다)와 집중된 소유권(분석 비용을 감소시킨다) 사이의 내재된 긴장 때문이다.

무형 경제의 공공 정책: 다섯 가지 도전 과제

무형 투자가 유형 투자와 다른 특성을 갖고 있다는 사실은 무형 투자 시대에 정부가 경제성장을 원한다면 다른 정책을 추구해야 할 것임을 뜻한다. 이 장에서는 이것이 지식재산법, 신규 시장과 제도, 그리고 금융체제 및 공공투자에서 어떤 의미를 갖는지 살펴본다.

정치인과 정부가 타고난 게 하나 있다면, 극적인 사건에 반응하는 것이다. 위기 회의, 비상 대응, 국가적 도전 과제 등등. 정치인들은 이런 종류의 상황에 반응할 태세가 되어 있다. 이런 대응이 대단히 효과적일 때도 있다. 어떨 때는 역효과를 낳는다. 그러나 당신이 확신할 수 있는 한 가지는 뭔가 극적인 일이 일어나면 정치인들이 반응할 것이라는 사실이다.

반면 정치인들이 **무지** 반응하기 **어렵다**고 느끼는 상황이 있으니 그것은 느리고 점진적인 변화다. 무형 경제의 부상은 그런 변화 중 하나다. 우리가 살펴봤듯이 무형 투자는 30년 혹은 그 이상의 기간 동안 꾸준히 증가해왔다. 갑작스러운 충격도 긴급한 기자회견의 구실도 비상대책 패키지도 없었다. 그것을 '혁명'의 프레임으로 보려는 일부 전문가와 비평가의 시도가 주기적으로 있긴 했지만, 혁명이 진행되는 와중에도 그것은 최고의 정치 의제로 만들기에는 너무 느리고 감지하기가 힘들다.

이건 과장이 아니라 정말 유감스럽다. 무형 투자에는 차별화된 경제적 특성들이 있고(4장에서 개괄했던 4S), 그것은 생산성 부진에서부터 불평등 확대에 이르기까지 당면한 굵직한 경제적 이슈들에서 중요한 역할을 하고 있다. 그러므로 그것을 고려하기 위해서는 정부의 정책이 바뀌어야 할 강력하고 명백한 논거가 있다.

이번 장에서는 무형 투자가 나날이 중요해지는 경제를 다루기 위해 정부가 고심해야 할 다섯 가지 우선과제를 정리한다. 죄송하지만 이것은 묘책과 단기적 성공전략의 명단이 아님을 말해둔다. 오히려 딜레마와 난제들의 집합이며, 그 해답은 알려지지 않았다. 이 과제들이 성명서 작성자들이 주워 담을 손쉬운 먹잇감이 되는 양하지는 않겠다. 그러나 이 쟁점들이 앞으로 다가올 10년간의 정치에서 갈수록 중요해질 것이며, 그것들을 해결하기 위해 한 걸음씩 나아갈 수 있는 정부는 쟁점을 간과하거나 임시방편으로 얼버무리는 곳들보다 훨씬 번영을 누릴 것이라고 확신한다.

무형 경제의 정책적 도전

지금까지 우리는 무형자산이 풍부한 경제에서 정부의 정책 입안자들에게 도전 과제와 기회를 제시하는 여러 가지 특성을 밝혀왔다. 가장 중요한 다섯 가지를 다시 정리해보자.

첫 번째, 무형자산은 **논쟁성**의 경향이 있다. 그것을 누가 소유하는지 증명하기가 어렵고, 증명한다 해도 이익이 타인에게 유출되는 경향이 있다. 전통적으로 이 문제는 지식재산권법과 규범으로 다뤄왔다. 우리는 무형자산에 점점 더 의존하는 경제가 좋은 지식재산권의 기틀을 잡는 데 중점을 두기를 기대한다. 그러나 지식재산에서는 '좋다'는 게 무엇인지 파악하기가 매우 어렵다.

두 번째, 우리는 무형 경제에서 시너지 효과가 매우 중요하다는 것을 알았다. 여러 가지 아이디어와 무형자산의 결합은 성공적인 기업 혁신의 핵심이다―게다가 구글에서부터 디즈니와 테슬라에 이르기까지 전 세계에서 가장 성공한 기업들을 차별화하는 것도 바로 이것이다. 아이디어가 서로 결합할 수 있는 환경을 창출하는 것은 분명 정책 입안자들의 중요한 목표일 터이다. 이는 한편으로는 효율적인 도시 개발을 장려하는 방법처럼 익숙한 정책적 질문을 해결하는 문제이면서, 다른 한편으로는 새로운 형태의 협력과 소통에 대한 연구를 장려하는 방법처럼 새로운 도전 과제와 씨름을 벌이는 일이기도 하다.

세 번째 도전 과제는 우리가 8장과 9장에서 개괄한 것으로, 자금 및 투자와 관계가 있다. 앞서 살펴봤듯이 기업과 금융시장은 스필오버와 시너지 효과를 발생시키는 경향이 있고 확장 가능하고 비용이 매몰되는 무형 투자에 자금을 대는 데 소극적인 것 같다. 현재 기업들의 자금 조달 시스템은 이 문제를 더욱 악화시킨다. 이런 상황들이 합쳐져 생산성 저하로 이어진다. 그러므로 우리는 또한 번창하고 있는 무형 경제가 기업들의 무형 투자를 좀더 용이하게 만들도록 금융구조에 큰 변화를 가져오기를 기대한다. 아울러 이런 종류의 투자를 더욱 가능하게 할 업계의 문화적 변화도 볼 수 있기를 바란다.

그러나 미래의 정부가 아무리 무형자산의 소유권을 명확히 하고, 아이디어가 생산적으로 발효될 환경을 조성하고, 기업 투자를 장려하는 금융시장 개발에 박차를 가하려 해도, 경제의 네 번째 도전 과제는 남을 공산이 크다. 다른 모든 조건이 동일하다고 할 때, 대부분의 기업이 미래의 경제에서는 우리가 익숙해 있는 유형자산이 풍부한 경제에서보다 자본투자 수익을 전용하기가 어려울 것 같다는 것이다. 이것은 중요한 변화다. 성공한 자본주의는 민간 기업들이 자신들이 한 투자로부터 상당한 수익을 거둘 거라는 합리적 기대를 가진다는 사고에 뿌리를 두고 있다. 이것이 사실과 다르다면 기업들의 투자 인센티브는 줄어들고 정부는 불가피하게 개입해야 한다고 생각할 수 있다. 이런 일은 상당한 정부자금을 지원받는 기초연구처럼 일부 중요한 무형자산의 경우에는 대부분의 나라에서 이미 실제로 진행되고 있다. 그러므로 우리는 무형자산이 풍부한 성공한 나라들이 (여기에 국한된 건 아니지만, 과학적 연구개발을 포함한) 무형자산에 대한 더 많은 공공투자를 감행하기를 기대한다. 무형자산이 경제 전반에서 더욱 중요해짐에 따라, 경제에서 투자의 더 큰 비중은 공공자금으로 조달될 것이다.

이러한 증가는 40년간의 규제 해제와 정부의 경제 개입 축소로부터 현저한 변화가 있음을 보여주는 전조가 될 것이다. 더욱이 그것은 정부의 효율성(능력과 공정성)과 대중적 정당성 양쪽을 더욱더 압박할 것이다. 이 장의 말미에서 우리는 이런 압력을 더 상세히 탐구하고자 한다.

마지막으로, 정부는 무형자산이 부추기는 듯한 특정 유형의 불평등이라는 딜레마를 어떻게 다뤄야 할지 알아내야 한다. 어찌 보면 우리가 5장과 6장에서 봤듯이 무형 투자의 증대가 불평등과 사회적 분열을 확대하는 것 같다. 그런데 8장에서 봤듯이 무형자산의 스필오버와 시너지 효과를 최대한 활용하려면 좋은 사회적 제도와 신뢰가 필요하다.

이 장의 남은 부분에서 우리는 이 다섯 가지 쟁점을 차례대로 들여다볼 것이다. 그것을 더욱 구체화하기 위해 우리는 이런 추세가 계속된다고 했을 때 선진국의 무형 투자가 연간 기업 투자의 5분의 3이나 3분의 2를 차지할 법한 약 10년 후의 경제를 상상할 것을 여러분에게 권유한다. 우리는 두 가상국가에서 보게 될 법한 정책을 기술하고자 한다. 바로 유형에서 무형으로의 자본 이동에 효과적으로 대응해온 푸(Foo)공화국과 그렇지 않은 바(Bar)왕국이다. 〔나중에 우리는 상자 10.1에서 무형자산 증가에서 수익을 얻기 위해 조그만 나라가 활용할 수 있는 대안적 정책을 살펴보고자 세 번째 나라인 루리타니아(Ruritania)로 잠깐 우회할 것이다.〕

무형자산 소유권에 관한 명확한 규칙과 규범

무형자산 투자를 장려하는 유서 깊은 방법은 개인 및 기업의 무형자산 소유를 허용하는 법률 제정이다. 대표적인 사례가 특허권과 저작권이다. 사실 이 법규들은 미국 헌법에서 고유의 조항을 갖고 있기까지 하다. 이것은 권리보유자를 제외한 모든 이들이 허락 없이 자산을 사용할 경우 불법이 되게 함으로써 스필오버 문제를 완화한다.

무형자산의 스필오버를 감소시키기로 약속한 정부가 할 수 있는 한 가지 선택은 이 법규들을 더욱 강화하고 확장하는 것이다. 법은 특허권, 디자인 같은 무형자산에 대한 지식재산권 및 경쟁금지 조항(직장교육을 받은 노동자들이 다른 기업으로 이직하는 것을 더 어렵게 만듦으로써 회사가 교육의 스필오버를 감소시키는 데 일조한다)의 용인이 더 광범위하고 더 오래도록 지속되게 할 것이다. 향후에는 그로 인해 지식재산권 보호의 취득이 더 저렴해질 수 있다.

이 모든 것은 확실히 기업의 무형 투자에 대한 활용 능력을 증진시킬 것이다. 그러나 치러야 할 대가도 크다. 강력한 지식재산권은 다른 기업들이 무형자산들 간의 시너지를 실현할 기회를 축소한다. 따라서 그것은 투자의 인센티브는 증가시킬지 몰라도 투자로부터 얻을 생산성 수익은 감소시킨다. 브로닌 홀이 지적한 것처럼, 서로 맞물린 특허들의 특허군은 언젠가는 경쟁에 걸림돌로 작용할 것이다(Hall, Helmers, and Graevenitz 2015). 시너지의 잠재적 생산성 수익이 너무나도 강한 나머지 지식재산권 강화가 아닌 지식재산권 약화에 딱 맞는 사례들이 발생하기도 한다—소프트웨어 특허나 텔레컴이 그런 예로, 서로 맞물린 특허들이 많다 보니 혁신기업이 관련 특허권 소유자들과 일일이 협상하는 것이 아주 힘들어진다. 지식재산권법 강화의 추가적 위험성은 새로운 무형 투자를 장려하는 데는 거의 아무런 도움도 되지 않으면서 기존의 소유권자들과 특허괴물들(두 집단 모두 로비활동에 상당한 자금을 쏟아붓는 경우가 다반사다)에게 편중된 불공평하고 불공정한 방식으로 그것이 이뤄질 가능성이 있다는 점이다.

하지만 지식재산권이 **더욱 명확**해져서 좋은 사례들도 있다. 제대로 운영되는 특허청들은 불확실성을 창출하는 모호한 특허는 거부할 태세를 갖추고 있다. 명확한 법적 절차들은 지식재산권 소유자들에게 그들의 권리가 자신들이 생각한 역할을 수행할 뿐 아니라 시끄러운 소송 및 특허괴물 편에 서는 것으로 악명 높은 텍사스 동부 연방법원 법정으로 특허 사건들을 몰고 왔던 합법적인 쇼핑어라운드(shopping-around: 거래 조건이 좋은 금융기관을 탐색하는 행위 – 옮긴이)를 막아줄 거라는 확신을 준다.

재산권

푸공화국의 고도의 무형 투자 경제에는 명확한 지식재산권법, 확실한 관할권을 가진 일관성 있는 지식재산 관련 법원들, 그리고 불명확하거나 지나치게 광범위한 지식재산권을 거부하는 제대로 운영되는 특허저작권 관계당국이 있다.	반면 바왕국은 소유권자들이 효과적으로 로비활동을 해온 특정 영역에는 매우 강한 지식재산권법이 있고 그 외 영역에는 불명확하고 부실한 행정이 진행되는 지식재산권법이 있는 불건전한 혼합 상태다. 이 때문에 질 낮고 분쟁이 잦은 다수의 지식재산권이 발생한다. 이런 법률의 판결도 어떤 법정은 소유권자 편으로 기울고 어떤 법정은 피고인에게 기우는 식으로 대단히 들쑥날쑥하다.

지식재산권법 자체보다 무형자산을 둘러싼 법들이 더 많다. 시장과 규범 또한 중요하다.

우선 시장을 생각해보자. 4장에서 봤듯이 유형자산 비용이 매몰될 가능성이 적은 이유 중 하나는 그것들은 거래가 가능하며 값이 얼마나 되는지 사람들이 안다는 것이다. 아마도 특허나 저작권의 가치를 매기는 일은 절대로 중고 승합차 값을 매기는 것만큼 쉽지는 않겠지만, 2011년 영국에서 이언 하그리브스(Ian Hargreaves)가 제안한 디지털저작권거래소(Digital

Copyright Exchange)처럼 개설 중에 있는 시장들이 이 절차를 도울 수 있을 지도 모른다. 20세기 초 이래로 기업들이 연구에 공동투자하고 그 결과로 발생하는 권리를 공유하기로 합의하는 특허 풀은 다양한 산업에서 활용 되어왔다.

과학기술과 인프라가 충분히 발전했음을 감안하면 이런 종류의 시장과 제도가 특허나 저작권 같은 주요 무형자산에만 국한될 필요는 없다. 그것 은 구글 및 페이스북 같은 기업들의 어마어마하게 가치가 큰 데이터베이 스와 네트워크를 집단적으로 구성하고 있는 사용자 생성 데이터의 아주 작은 요소에도 적용할 수 있다. 철학자이자 컴퓨터 과학자인 재론 래니어 (Jaron Lanier)는 사용자 생성 콘텐츠의 창조자들─즉 온라인상이나 가끔 오프라인에서 우리가 상호소통하는 매 순간의 당신과 나─이 자신들의 데이터에 대해 사용 수수료를 부과하게 해줄 시스템을 요청했다. 이런 종 류의 거래를 구축하는 것은 소유권자, 콘텐츠 플랫폼, 수집기관 및 정부 사이의 상당한 조정을 요구하는 큰 사안이다. 하지만 아마 노력한 보람이 있을 것이다. 지식재산을 교환할 효율적인 시장 및 플랫폼은 무형 경제에 서 경제적 가치가 클 것이다.

무형자산은 흔히 가치 있는 시너지를 갖기 때문에 어떻게 결합하느냐 에 관한 규범, 규칙 및 표준에 의존한다. 이 중 어떤 규범들은 소프트웨어 의 여러 부분이 상호작용하도록 허용하는 기술적 프로토콜처럼 전문기술 과 관련 있다. 어떤 것들은 벤처캐피털의 수차례에 걸친 단계적 처리처럼 업계상의 규범이기도 하다. 어떤 것들은 웹사이트들이 어떤 데이터를 수 집하고 그것으로 무슨 일을 할 수 있는지에 관한 원칙 혹은 기업들 간의 관계(이를테면 유튜브 같은 플랫폼과 저작권이 있는 영상 콘텐츠의 소유권자들 간의 관계)를 통제하는 규제처럼 규제와 관련이 있기도 있다. 대부분은 일이 어떻게 돌아가야 하는지(이를테면 소프트웨어는 녹점적이고 폐쇄적인 세 아니라 호환될 수 있어야 한다는 개발자들 간의 믿음, 또는 데이터 보호법을 알리는 기업들의 권리와 개인의 프라이버시 사이의 균형에 관한 믿음)에 관한 사회적 합의에 의해 보강된다.

무형자산 투자의 효율성을 극대화하기 위해서는 정보에 입각하고 다소 안정적인 사회적 합의를 토대로 하여 신중하게 검토한 규칙이 경제에 필요하다. 결과적으로 이를 위해서는 투자(표준 개발은 거저 생기지 않는다)와 사회적 자본이 필요하다. 사회적 자본이 불충분한 사회, 분열되고 까다롭고 호기심 없는 사회는 프라이버시 같은 것에 관한 원칙이 달성해야 할 목표―그런데 투자 촉진에 관한 한 안정성이 명확한 규범의 채택보다 중요할 수 있다―에 관해 불안정하고 번덕스러운 시각을 갖기 쉽다. 이런 규범들을 확립하고 강화하자면 비용이 든다. 거기에는 적절한 자금을 지원받은 특허청과 규제기관이 필요하며, 정부는 (단지 가장 돈이 많은 로비스트의 의지에 따르는 게 아니라) 공정한 규제를 시행하기 위해서 정치적 자본을 지출해야 한다.

미래: 지식재산

고도의 투자와 무형자산을 기반으로 한 푸공화국의 경제에는 특허와 저작권을 포함한 다양한 지식재산권을 위한 깊은시장(deep market: 상당한 물량의 매도·매수 주문이 상존하는 시장―옮긴이)이 있다. 그곳은 프라이버 반면 바왕국에는 효과적인 시장이 결여되어 있고, 표준은 보통 정의가 부실하고 설계가 부적절하며 신뢰할 수 없는 탓에 여론의 변덕에 따라 반사적으로 바뀌곤 한다.

시부터 의료 연구에 이르기까지 모든
것에 대한 효율적인 규칙과 표준으로
정평이 나 있다. 이 규칙들은 세계에서
가장 진보적이거나 가장 보수적인 것
은 아니지만, 명확성과 안정성으로 유
명하다. 이 안정성은 한편으로는 프라
이버시 및 데이터 사용 같은 쟁점들에
관한 성숙하고 정보에 입각한 공개 토
론에서, 다른 한편으로는 강력한 기술
적·실무적 토대에서 나온다.

아이디어들의 결합 지원: 시너지의 이익 극대화

좋은 공공 정책은 무형자산 투자자들의 재산권을 창출하는 것만큼이나
지식이 확산되고 섞이고 결실을 맺을 환경을 창출하는 데 심혈을 기울여
야 한다.

인터넷이 거리의 소멸을 초래할 것이라던 잦은 예측에도 불구하고 현
재로서는 무형자산들 간의 스필오버가 사람들이 모이는 특정 장소들, 특
히 도시에서 벌어지고 있다. 이것은 올바른 도시계획 및 토지 이용 정책
을 지극히 중요하게 만든다. 도시를 위한 좋은 정책을 구성하는 것이 무
엇인지에 관한 저술은 물론 방대하지만, 무형자산의 맥락에서 봤을 때 중
요한 원칙이 두 가지 있다.

한편으로는 도시의 규칙이 새로운 작업장과 주택의 건설을 어렵게 만
들어서는 안 된다. 도시는 계속해서 증가하고 있는 무형자산들의 시너지
를 최대한 활용하기 위해 자유롭게 성장해야 한다.

다른 한편으로는 도시는 사람들과 연결되고 거주하기에 적합해야 한다. 시너지는 도시생활이 원자화되고 격리될 때보다 사람들이 서로 만나고 상호작용할 때 실현될 가능성이 높다. 이것을 제대로 실현하려면 균형감각이 필요하다. 도시를 관통하는 다차선 고속도로를 건설하기보다는 어지럽고 다채로운 지역들도 끌어안는 제인 제이컵스식 자유주의와 사람들이 돌아다닐 기반시설과 서로 만날 장소를 충분히 공급하는 양질의 계획을 결합하는 일이 필요하다. 리처드 플로리다가 '창조 계급'이라 부르는 사람들, 또는 브루스 카츠(Bruce Katz)가 목도한 미국 전역에 부상하는 '혁신 지구'들을 도시가 끌어들이려면 적절한 계획과 유기적 성장의 조합이 요구된다.

이런 종류의 정책에는 필연적으로 긴장이 존재한다. 뉴욕과 런던처럼 무형 집약적 도시에서 좀더 많은 주택의 건설을 허용하는 도시계획법 완화는 사람들이 모이는 중요한 공공장소와 문화적 공간의 파괴를 유발한다는 비난을 받는다. 특히 무형자산의 시대에 좋은 개발이라 함은 주택 및 교통의 기초와 유쾌함을 둘 다 공급하는 것을 포함하기 때문이다.

이 대목에서 의심 많은 독자라면 좋은 도시계획 및 토지이용법의 필요성이 뭐 그리 새로울 게 있냐고 반문할 수도 있겠다. 도시계획법 완화는 경제학자들이 수십 년간 요구해온 그런 정책들 중 하나지만, 스프롤 현상과 흉측한 개발을 감소하려는 욕망부터 기존 주택보유자들의 부동산 가치에 대한 방어적 태도에 이르기까지 보통은 여러 가지 요인으로 인해 결국 좌절되고 말았기 때문이다. 이것이 숱하게 다뤄진 문제인 것은 맞다. 하지만 무형자산이 증가한다는 의미는 해가 바뀔 때마다 나쁜 도시 정책이나 그린벨트 보존이나 건물 고도제한이나 혹은 경작면적 보호의 경제적 비용이 상승한다는 것이다. 경제가 무형자산에 더 많이 의존하면 할수록, 경제는 무형자산이 다른 생각을 받아들일 기회를 제한함으로써 더 많은 손실을 보고 말 것이다.

계획제한의 비용 변동에 대한 감을 잡기 위해 지리학자 크리스천 힐버(Christian Hilber 2016)가 제시한 런던의 극적인 사례를 고려해보자. 런던의 세인트폴 대성당에서 남서쪽으로 10마일 떨어진 리치먼드 공원(Richmond Park)의 헨리 8세 마운드(King Henry VIII Mound) 언덕에 가면, 당신은 세인트폴 돔 지붕의 '열쇠구멍' 전망을 창출하는 1700년대 초에 심은 나무들로 된 거리를 발견할 것이다. 그 전망은 1710년 이후로 변하지 않았다. 어떻게 그토록 오래 살아남은 걸까? 그 경관은 이름하여 **런던조망관리체계**(London View Management Framework)라는 도시계획 규제에 의해 보호를 받는다.[1] 이 규제는 리치먼드 공원에서 세인트폴 성당까지의 시야에 걸리는 대형 건축물을 금지한다. 또한 세인트폴 **뒤편**에도 큰 건물을 허용하지 않는데, 계획자들은 그렇게 되면 이 전망에 부적절한 배경이 될 거라고 결론 내렸다. 런던조망관리체계에는 이렇게 적혀 있다(London View Management Framework 2012, 단락 175). "(신축 건물) 적용을 결정할 때 가장 근본이 되는 요인은 조망의 배경 개발은 성당에 종속된다는 점, 그리고 돔 상부의 청명한 하늘을 배경으로 한 프로필이 남아 있어야 한다는 점이다." 힐버의 말처럼, "이 경관은 분명 인근에 사는 사람들이나 하이커들에게는 즐거움을 주지만, 한편으로는 천문학적이고 갈수록 불어나는 경제적 '기회비용'을 틀림없이 부과하고 있다…… 공급 제한을 통해 보호된 풍경은 런던 시민 전체의 주거비를 올리고 자본의 생산성에 역효과를 준다".

투자가 활발하고 무형 경제인 미래의 푸공화국은 특히 대도시에서 토지 이용 원칙들을 중요하게 정비해왔고, 이는 주택과 작업장 건설을 더 용이하게 만들었다. 동시에 그곳은 도시를 살 만하고 유쾌하게 만드는 데 필요한 인프라, 특히 효율적인 교통과 박물관부터 야간 유흥시설에 이르기까지 시민들의 문화적 편의시설에 상당히 많은 투자를 한다. 여기에는 기존에 있던 장소들을 파괴하는 대규모 개발 계획의 거부가 포함된다. 공화국은 이런 변화가 일어나는 동안 특히 기득권층으로부터 신개발이나 젠트리피케이션(gentrification: 낙후된 구도심이 고급주택화하면서 원주민이 내몰리는 현상—옮긴이)에 대한 반대 등 정치적 대가에 직면했지만, 활기찬 도심의 경제적 이익이 증진되면서 힘의 균형이 개발을 선호하는 쪽으로 기울게 할 충분한 인센티브가 되었다.

바왕국의 도시들은 저마다 두 가지 불행한 진로 중 하나를 채택해왔다. 어떤 경우는 마을의 역동성보다는 지속성에 특혜를 주어왔다—아름답고 유쾌한 공공장소로 가득하지만 뭔가를 건설하기는 매우 힘든 영국의 옥스퍼드 같은 장소를 만든 것인데, 이는 그 장소가 창출하는 경제적 기회를 활용할 사람들이 거의 없다는 뜻이기도 하다.

또 다른 도시는 1990년대 텍사스의 휴스턴을 닮았다—도시계획법의 부재로 인해 주택과 사무실 가격은 오르지 못하지만 그렇다고 도보에 적합한 도심과 유쾌한 장소가 있지도 않아서 무형자산의 증가를 더욱 어렵게 만드는 낮은 규제의 낙원이다. (휴스턴은 칭찬받을 만하게도 지난 20년간 개선되어왔다.)

바왕국의 최악의 도시들은 두 가지 측면에서 모조리 실패하여, 도시 편의시설 투자는 저조하고 건설은 어렵다. 세가지 사례 모두 성장 가능성이 있는 활기찬 도시가 아니며, 그것의 부재로 비롯한 경제적 손실은 무형자산의 중요성이 증대됨에 따라 더욱 불거져왔다.

그러나 스필오버를 위한 인프라 창조는 물리적 공간의 얘기만은 아니다. 스카이프(Skype)와 이메일부터 페이스북과 슬랙에 이르기까지 아찔할 정도로 다양한 소셜라이징(socializing) 및 협력을 위한 디지털 기술이 있음에도 불구하고, 최근 가장 효과적인 협업은 대면접촉으로 일어난다. 그러나 많은 사람들이 예측했던 거리의 소멸이 현실화되지 않았다고 해서 결코 일어나지 않을 것이라는 뜻은 아니다. 새로운 앱이 발전하고 온라인상에서 사회생활 및 취미를 즐겨온 사람들로 노동 인구가 채워지고 있으므로 어느 시점이 되면 사람들이 IT를 이용하여 원거리에서 상호 의미 있는 소통을 할 수 있는 더 나은 방법을 찾아낼 가능성이 아주 높다.

일부에서 '집단 지성(collective intelligence)'이라 부르는 것을 향상시키기 위해 사람들이 첨단기술을 어떻게 사용하고 있는지의 문제는 그 역사가 길다. 그것은 더글러스 엥겔바트(Douglas Engelbart)가 세계 최초로 화상회의 시스템, 동적파일 연결(dynamic file linking), 버전 관리(revision control) 및 전자 협업 사례들을 소개했던 그 유명한 1968년의 '모든 시연의 어머니(mother of all demos)' 프레젠테이션에 담겨 있다. 집단 지성은 위키피디아(Wikipedia) 같은 인터넷 현상의 발전과 긴밀하게 얽혀 있으며 슬랙과 깃허브 같은 플랫폼의 형태로 계속해서 진화하고 있다.

과학기술을 향상시키고 원거리 대면 상호작용의 사회적 힘을 재현하는 작동방식을 발전시킬 수 있는 경제는 특히 토지 이용과 관련해 변형될 것이다. 점점 더 비싸지고 있는 도심 부동산의 폭압으로부터 해방되는 것은 엄청난 경제적 성취다. 그러므로 거리의 소멸은 세상에 도착하기 한참 전에 약속됐던 거의 승산 없는 것이었지만, 반면 그 경제적 보상은 매우 크다.

이를 지원하기 위해 정부가 할 수 있는 일이 몇 가지 있다. 무형자산에 우호적인 나라인 우리의 푸공화국 정부는 1960~1970년대의 미국 방위고 등연구계획국(Defense Advanced Research Projects Agency, DARPA) 사례를 따라 집단 지성과 효율적 협업을 육성할 실험적 과학기술 사용 개발에 자금을 댈 수 있을 것이다. 〔사실 유럽연합은 현재 호라이즌 2020(Horizon 2020) 프로그램하에서 이런 몇 가지 연구 프로그램을 지원하고 있다. 미국에서는 오프닝 거버넌스에 관한 맥아더재단 연구네트워크(MacArthur Foundation Research Network on Opening Governance) 같은 비영리재단 프로그램들이 유사한 역할을 하고 있다.〕 푸공화국은 좀더 야심 차게 자체 사업으로 원거리 근무와 협업을 위한 툴을 가지고 실험을 할지도 모른다. 여기에는 원거리 근무 툴의 사용자들을 정부 부처들이 주도하게 만드는 작업이 수반될 수 있다. 아울러 공공의 협의, 민주적 심의 및 정부만 할 수 있는 그 밖의 참여교육들을 수행하는 데도 디지털 협업 툴을 사용할 수 있을 것이다.

무형 투자를 위한 금융 구조

우리는 8장에서 금융시장들이 무형이 아닌 유형자산에 투자하는 기업들의 니즈를 충족하기 위해 설계되었음을 알았다. 금융시장의 작동방식을 바꾸기는 쉽지 않지만, 대부분의 정부는 정부의 대출보증이나, 벤처캐피털 같은 특정 금융을 위한 세제 혜택이나, 아니면 가장 중요하게는 주식 자금 조달 경비는 아니고 채무이자만 소득공제가 가능한 비용으로 처리함으로써 이미 어느 정도는 그렇게 하고 있다. 무형 집약적 기업들이 번성하는 데 필요한 자금을 얻을 환경을 조성하고자 할 때 국가는 그 외에 무엇을 할 것인가?

우선 정부는 기업들이 지식재산—재산권이 부여될 수 있는 무형자산—을 담보로 대출받는 것을 더 용이하게 만들 새로운 형태의 부채 금융들을 장려해야 한다. 정부는 보통 금융혁신을 일으킬 수는 없지만, 그것이 더 수월해지게는 만들 수 있다. 앞에서 살펴봤듯이 싱가포르와 말레이시아 정부는 한편으로는 보조금으로, 또 한편으로는 지식재산을 담당하는 정부 부처(이를테면 특허청)에 은행과 함께 법률적·기술적 장벽을 낮추는 작업을 하라고 지시함으로써 무형자산 담보대출 장려계획을 시행해왔다.

장기적 관점에서 정부는 부채에서 주식 자금 조달로의 전환을 위한 조건을 조성해야 한다. 앞서 살펴봤듯이 무형 투자를 담보로 한 부채 자금 조달은 힘들 때가 많다. 비용이 매몰되기 때문이다. 따라서 은행은 만일 당신이 대출상환을 할 수 없을 경우 당신의 승합차 또는 사무실에는 비용을 청구하거나 선취득권을 행사할 수 있지만, 전매 프로세스나 브랜드에는 그렇게 하기 어렵다. 기업은 이자지불에는 세제 혜택을 요구할 수 있지만 주식비용에는 그럴 수 없기 때문에, 부채는 주어진 어떤 위험 수준에서도 주식보다 저렴하다. 무형 투자가 더욱 중요해짐에 따라 이런 왜곡은 투자를 점점 더 가로막을 것이다.

주식 자금 조달에 세금 공제를 해주는 것—다시 말해 주식비용을 반영한 금액만큼 기업의 세금 부과액을 감면해주는 것—은 이 왜곡을 교정할 수 있는 한 가지 방법이다. 또 다른 방법은 부채이자 지불에 세금을 부과하긴 하지만 보상을 위해 전체 세율을 낮추는 것이다. 이것은 어엿한 역사가 있는 제안이다. 세금 공제는 벨기에에 존재하며, 그것의 다양한 버전에 대해서는 고전으로 추앙받는 2011년 영국 조세제도 보고서에서 노벨상 수상자 제임스 멀리스(James Mirrlees)가 분석하고 권장한 바 있다(Mirrlees et al. 2011). 정부는 이런 종류의 계획이 가진 어려움에 대해서 착각에 빠져서는 안 된다. 그것은 법인세 제도의 핵심부에 대한 개심수술과 다름없으며, 사업 모델이 값싼 부채에 의존하는 많은 기득권자들의 반대에 부딪힐 것이다. 그리고 이런 계획에는 중소기업에 주식 자금을 조달할 새로운 기관의 출현이 필요할 것인데, 이들 중소기업들이 등장하는 데도 많은 시간이 걸릴 것이다. 그러나 무형자산의 중요성이 증가하고 있는 만큼 투자 및 생산성 증대의 견지에서 변화를 추진한 보상은 점점 더 커질 것이다.

상장주식 투자는 기관들이 더 많이 장악할 것으로 예상되는데, 그중 일부 기관은 무형자산이 풍부한 기업의 장기적 투자에 전념할 것이며 그리하여 좀더 대규모의 투자를 가능하게 할 것이다. 정부가 여기서 할 수 있는 작은 역할이 있다. 첫째, 대규모 지분 보유를 가로막는 규제를 없앨 수 있다(여기에는 공시의무, 기업이 대주주들에게 제공해도 되는 정보에 관한 원칙, 그리고 주주들이 차입주로 의결권을 행사할 수 있는 규정 등이 포함된다). 두 번째, 무형 투자를 반영하는 더 나은 방법을 찾아내기 위해 재무회계 표준을 재검토할 수 있다(캘리포니아의 장기주식거래소(Long-Term Stock Exchange) 계획 설계자들 또는 《회계는 필요 없다》에 정리된 회계학자 바루크 레브의 개혁 어젠다를 본따면 된다).

국부펀드나 대규모의 기증된 국영 연금기금을 운영할 만큼 운이 좋은 그런 정부가 할 수 있는 다른 전략도 있다. 우리가 살펴봤듯이 최대 기관투자자들은 자신들이 지원해온 개별 기업에 해당하지 않더라도 무형 투자의 스필오버들로부터 이익을 얻을 수 있다는 사실을 알고 있으므로 기업 생태계 전반에 걸쳐 광범위한 투자를 할 수도 있다. 이러한 대규모 국가기금은 특정 생태계 투자에 효율적으로 사용될 수 있을 것이다〔피델리티 (Fidelity)가 엘론 머스크의 무형 집약적 비즈니스 왕국 전반에 투자해왔다고 보고된 것처럼 말이다〕.

이러한 규제적 변화들과 함께 우리는 조심스럽게 대기업 경영자들과 기관투자자들의 문화적 변화도 기대해볼 수 있을 것이다. 영국의 **퍼포스풀 컴퍼니** 프로젝트(Purposeful Company Project: 가치 창출 기업들의 발전을 지원하기 위해 영국의 투자기업, 비즈니스 스쿨, 비즈니스 컨설팅 회사 및 정책 입안자 들이 모인 컨소시엄—옮긴이)와 국제적 계획인 포커싱캐피털(Focusing Capital on the Long Term: 비즈니스 및 투자 의사 결정에서 장기적인 행동을 촉진하는 비영리 조직—옮긴이)은 둘 다 경영자와 대주주가 특히 R&D와 조직 및 인적 자본 같은 무형 투자에서 더욱 적극적으로 장기 투자를 해야 한다고 주장해왔다. 회의론자들은 좋은 말과 착한 의도만으로는 대기업의 행동을 바꾸기에 충분치 않다고 주장할 수 있다. 그러나 그것들은 다른 정책적 조치들과 결합했을 때 효과를 거둘 수 있다. 확실히 장기적인 대규모 무형 투자에 적극적인 기업들의 행동은 적어도 일부는 문화의 문제인 것 같다.

무형 경제에서는 벤처캐피털이 점점 더 발달할 것으로 기대되는 반면, 정부가 그것을 촉진하기 위해 이미 하고 있는 수준보다 더 많은 일을 할 수 있고 해야만 하는지는 분명치 않다. 조시 러너가 《부서진 꿈의 거리》 (2012)에서 밝혔듯이 벤처캐피털에 대한 세제 혜택이나 보조금은 일단 어떤 수준을 넘어서면 바보투자(dumb investment)를 부추기는 경향이 있다(세제 혜택 자체가 투자자들이 수익을 내는 데 충분해서다). 벤처캐피털의 요점 자체가 현명한 투자인 이상, 너무 큰 세제 혜택은 자멸을 부른다. 국가가 자국의 벤처캐피털 부문을 키우기 위해서는 충분한 시간과 적절한 구조적 조건들이 추가 보조금보다 훨씬 중요하다.

무형자산 관할구역인 우리의 푸공화국은 이런 권장사항 중 많은 것을 시행했다. 수년간의 상당한 정치적 반대와 행정적 난관에도 불구하고 부채와 주식의 법인세 지위를 근본적으로 바꾸려고 안간힘을 썼다. 푸공화국은 혁신적인 지식재산 담보대출 시장은 물론 점점 더 깊어지고 있는 중소기업들을 위한 주식시장과 더불어 현재 주식 투자의 중심으로 알려져 있다. 상장기업들에 대해 더 크고 장기적인 관심을 가진 몇몇 국내 대형 기관투자자들의 적극성이 많은 도움이 되었는데, 이런 움직임이 상장 대기업들 사이에서 더 큰 투자를 촉진하고 자사주 매입의 양을 감소시키는 데 일조한 듯하다.

반면 바왕국은 계속 고전하고 있다. 이 나라에서 중소기업들의 자금 조달은 여전히 과거와 같이 부채가 지배적인데, 그것은 한편으로는 조세제도가 계속해서 부채에 유리하기 때문이고, 또 한편으로는 중소기업에 주식 자금을 조달할 수 있는 기관은 극소수이기 때문이다. 국제적인 유행을 좇아 자국의 고유한 벤처캐피털 산업을 발전시켜보려고 수백만 달러를 썼지만, 정책 변화가 잦고 무형자산 투자를 위한 전반적 조건이 매력이 없다는 것은 그들의 노력에 비해 보여줄 실적이 거의 없다는 것을 뜻한다.

무형 투자의 격차 해결

지금까지 우리는 정부가 무형 경제에 의해 제기되는 투자 침체 문제를 세 가지 방식으로 완화해야 한다고 말해왔다. 가능하다면 무형자산의 소유권 강화, 기업이 무형자산의 스필오버와 시너지를 최대한 활용할 수 있는 환경 조성, 그리고 기업이 투자를 위축시킬 인센티브에 덜 직면하게 만들 금융개혁 촉진이 그것이다. 이것들은 전부 시행할 만한 가치가 있지만, 투자 침체 문제를 완벽하게 해결하지는 못할 것이다. 결국 기업이 스필오버 가능성이 높아서 투자를 자제한다는 근본적 동기는 여전히 남기 때문이다. 게다가 무형자산은 해마다 경제에서 점점 더 중요해질 것으로 전망되므로, 투자 부진 문제는 더욱 악화할 것이다.

경제에는 수익이 유출될 위험이 있음에도 불구하고 무형 투자에 관심을 갖는 두 부류의 행위자가 있다.

첫째는 자사의 투자로 생기는 이익뿐 아니라 다른 회사의 투자 이익을 흡수할 능력을 가진 것 같은 소수의 지배적인 거대기업이다. 이것은 구글이나 페이스북 같은 기업들이 문샷(moonshot: 원래 1969년 인류 최초의 달 탐사선 발사를 뜻하지만, 구글이 '문샷 사고(moonshot thinking)'란 말을 쓰면서 원대한 목표를 갖고 획기적인 기술을 사용하는 혁신적 프로젝트를 의미하게 됐다—옮긴이) 스타일의 R&D 프로그램을 후원할 때나 대도시의 '스타트업 생태계'를 지원하는 데 아낌없이 돈을 쓸 때 그들이 하는 일에 대한 한 가지 해석이다—만일 당신의 회사가 충분히 크고 다양하다면, 이런 종류의 투자는 당신의 현명한 이기심에 도움이 될 터이다.

두 번째는 정부 및 대규모 비영리재단 같은 다른 공익기관으로서, 둘 다 더욱 넓은 시야를 가진 것으로 여겨진다.

지배적인 대기업들이 시간이 흐르면서 무형자산에 더욱더 많이 투자하고 나머지 비즈니스 부문의 부족분을 채우는 것도 이론적으로는 가능하다. 이는 대규모 벨연구소 스타일의 투자가 있던 시대로 사실상 복귀하는 것이나 다름없다. 심지어 그 시대와 똑같은 이면의 역학이 그것을 촉진하고 있는지도 모른다. 마치 벨연구소의 공익 연구가 어떤 면에서는 미국 정부가 AT&T의 텔레컴 독점을 기꺼이 용인해준 데 대한 대가였듯이, 어쩌면 네트워크 덕분에 효과적인 독점을 누리는 미래의 거대한 하이테크 기업은 자사 운영 라이선스의 일환으로 R&D 및 다른 무형자산에 투자하도록 독려될 수도 있다. 그러나 전반적으로 그럴 가능성은 낮아 보인다. 대부분의 선진국에서 정부와 산업 간의 관계는 1960년대와 1970년대 이래 너무나 많이 변했기 때문에 이런 종류의 국가조합주의(corporatism: 정책결정 과정에서 정부가 이익집단 등 민간 부문에 대해 강력한 주도권을 행사하여 사회적 합의를 끌어내는 국가체제—옮긴이)가 대규모로 재현된다는 것은 상상하기 어려우며, 그것이 생산성을 떨어뜨릴 다른 폐단을 가져오지 않으리라고는 생각하기 힘들다.[2] 〔그러나 창업자 개인들에게 엄청난 부를 안겨줬고 그 뒤 그 창업자들이 공익을 위해 무형 투자의 재원을 조달하는 방향으로 나아간 마이크로소프트의 전형을 더욱 많은 기업들이 따른다면, 이것의 소규모 버전이 등장할지도 모른다. 그 사례로는 자신의 게이츠재단으로 열대병 연구의 자금을 대는 빌 게이츠, 그리고 원자핵과 지구공학 연구를 후원하는 네이선 미어볼드가 있다. 그러나 이것이 부족분을 채울 것 같지는 않다.〕

이로써 최후에 의지할 투자자로서 정부가 남는다. 만일 기업이 무형 투자의 자금을 마련하는 데 더욱 고전하고 있고 무형 투자는 경제에서 더욱 중요해지고 있다면, 그런데 우리가 투자의 부족분을 볼 준비가 되어 있지 않다면, 정부의 투자자로서의 역할은 확대되어야 할 것이라는 결론을 피해가기는 힘들다.

정부가 특히 공공 R&D와 훈련 보조금의 형태로 기업들이 사용하는 무형자산에 이미 상당한 투자를 하고 있는 선진국들에서는 이것이 분명 완전히 낯선 개념은 아닐 터이다. 영국에서는 전체 R&D의 3분의 1, 그리고 초기단계 R&D에는 한층 더 큰 비중이 정부의 지원을 받는다. 그러나 공공 부문 소프트웨어 프로젝트를 조금이라도 아는 사람이라면 누구나 정부가 자금을 댔다고 해서 모든 무형 투자가 잘 돌아가는 것은 아니라는 사실을 알 것이다. 그렇다면 국가는 어떻게 하면 광범위한 과오투자(malinvestment)를 초래하지 않으면서 무형자산의 공공투자를 늘릴 수 있을까? 현실적인 옵션이 약간 있긴 하다.

공공 연구개발 자금. 첫 번째는 정부의 R&D 지출을 늘리는 것, 즉 대학 연구나 공공 연구기관이나 기업 들이 수행하는 연구에 더 많은 돈을 쓰는 것이다. 연구비 지불은 정부가 성장을 촉진하기 위해 할 수 있는 투자 중 가장 이견이 없는 유형이다. 좌파 진영에서는 제레미 코빈(Jeremy Corbyn)과 버니 샌더스(Bernie Sanders), 우파 진영에서는 피터 틸, 그리고 중도파의 상당수 정치인과 전문가에게 인기가 있다. 그 근거는 우리의 무형자산 4S 중 하나를 상기시킨다. 바로 스필오버다. R&D의 수익은 거기 투자한 사람이나 기업이 언제나 확보할 수 있는 게 아니기에 기업은 전체 경제에서 최적인 수준에 못 미치는 R&D를 수행하며, 따라서 정부로서는 대학이나 연구소에 자금을 대거나 기업에 R&D를 할 보조금이나 세금감면을 제공하면서 개입하는 정당한 역할을 갖게 된다. 2013년에 OECD 국가들은 전부 합쳐 정부지원 R&D에 약 400억 달러를, R&D 감세에 또 다른 300억 달러를 썼다(Appelt et al. 2016).

공공 연구의 경제적 이익이 있다는 증거는 생각보다 훨씬 평가하기 어렵다고 알려져 있지만, 우리가 확보한 증거로는 꽤 긍정적으로 보인다. 앨런 휴스(Alan Hughes)·피터 굿리지·개빈 월리스와 함께 필자 중 한 명이 수행한 연구에 따르면, 영국 정부의 대학 연구 투자는 국가 생산성을 20퍼센트만큼 증가시킨다고 한다(Haskel et al. 2015). (1990년대와 2000년대에는 대학에 대한 정부의 지원이 상당히 불안정했고, 그런 기복은 약 3년의 시차를 두고 나타난 생산성의 기복과도 큰 상관관계가 있다.)

우리가 지적했듯이 상관관계가 인과관계를 입증하지는 않는다. 예를 들어 많은 대학은 경제적으로 윤택한 지역에 있다. 그렇다면 이것은 좋은 대학이 지역의 경제적 부를 증가시킨다는 뜻일까? 아니면 부유한 지역이 대학을 개설한다는 뜻일까? 만일 그런 게 있다면, 대학 지출과 지역사회의 번영 사이의 인과관계적 연관성을 찾아낼 전략이 필요하다.

이 연관성 질문에 대한 답변을 얻을 한 가지 기발한 방법은 미국 대학 재정의 독특한 관행에서 나오는 어떤 실험을 어느 정도 연구하는 것이다. 경제학자 숀 캔터(Shawn Kantor)와 알렉산더 월리(Alexander Whalley)(2014)는 미국의 많은 대학이 매해 기부금에서 꽤 고정적인 액수(약 4퍼센트)를 지출했다고 집어냈다. 〔이 관행은 이것이 기부금이나 연금 펀드의 지속적인 연간 삭감 또는 지출 비율이라고 계산한 재정고문의 이름을 따서 벤겐 법칙(Bengen Rule)이라는 이름을 갖게 됐다.〕 그러니까 주식시장이 호황이거나 급락할 때, 대학 지출은 지역의 경제상황과는 무관하게 기부금의 시장가치와 함께 오르거나 내리는 경향이 있다. 캔터와 월리는 (이런 충격에 기인한) 1인당 대학 지출의 변동과 〔현지의 비(非)대학 임금들로 측정한〕 지역 경제 상황 사이에 상관관계가 있는지를 들여다봤다.

미국의 85개 카운티(county)에 위치한 135개의 단과대학과 종합대학 표본을 사용한 결과, 그들은 주식시장이 호황이어서 더 높은 삭감으로 이어질 때는 대학 활동의 증가(대부분은 연구 결과물의 증가다)가 실제로 지역

사회의 소득을 상승시켰다는 사실을 발견했다. 따라서 대학 연구와 지역의 경제적 성공 사이에는 스필오버적 연관성이 있으며, 그것은 오랫동안 지속되지만(그들의 데이터에 따르면 적어도 5년) 평균적으로는 경미하다. 흥미롭게도 그 연관성의 강도는 저마다 다르다. 만일 (a) 대학이 연구 집약적이고, (b) 지역사회의 조건이 그 연구를 흡수하기에 더 좋다면 연관성은 커진다. 그 조건이란 현지의 기업들이 더욱 전문적이고 과학기술 측면에서 대학 연구에 좀더 가깝다는 것이다(이를테면 기업이 대학의 특허를 인용하는 경우다).

우리가 여기서 추론할 수 있는 한 가지 사실은 과학 정책이 지역 정책의 대체물이 아니라 보완물이 될 수 있다는 것이다. 빈곤한 소도시의 한 대학에 과학 연구자금을 지원해서 발생하는 이득은 그 지역사회가 연구의 늘어난 결과물을 흡수할 역량(이를테면 연구 결과를 활용할 수 있는 전문적 노동자들과 지역 산업)을 갖고 있지 않다면 실질적으로는 거의 제로일 것이다.

어떤 구체적인 방법—공공 연구의 자금 지원부터 목표 지향적 프로그램, 경쟁, 그리고 민간 R&D를 위한 세금 공제에 이르기까지—이 가장 효과가 큰지에 관해서는 활발한 공방이 있다. (영국의 혼합비율은 기업 R&D 보조금 대 기업 R&D를 위한 감세 대 대학의 공공 과학 자금 지원이 대략 1 대 3 대 10이다.) 그러나 어떤 형태로든 R&D에 지출하는 공적 자금이 늘어날 것으로 예상된다는 우리의 생각은 갈수록 중요해지는 무형 투자를 고려했을 때 논리적인 귀결인 것 같다.

하지만 정부가 자금을 지원하는 무형자산으로 단지 R&D만 있는 것은 아니다. 공공 부문은 대부분 예기치 않은 것이었긴 해도 제품을 시장에 내놓기 위해 필요한 다른 무형자산들의 재원을 공급하는 데에서 역사적으로 중요한 역할을 해왔다. 이것은 때때로 세제 혜택이나 직접적인 자금 지원을 통해 발생한다. 싱가포르 정부는 결과적으로는 무형자산 감세인 생산성혁신 세금 공제(Productivity and Innovation Tax Credit)를 통해 기업의 광범위한 무형자산 투자에 보조금을 제공하는데,[3] 이 정책은 R&D를 비롯해 디자인, 자동화 공정, 교육 및 갖가지 지식재산의 취득과 개발을 총망라한다. 어떤 정부는 생산 방법론에 대한 상담을 저렴한 값이나 무료로 제공하기도 한다[이를테면 영국에서 최근에 중단된 제조업 자문 서비스(Manufacturing Advisory Service)나 미국의 제조업확대 파트너십(Manufacturing Extension Partnership)이 사례다] — 이것은 사실상 공적으로 제공된 조직 개발 혹은 디자인 투자다. 정부는 또한 경제에서 디자인이나 표현이나 미학적 창의성에 의존하는 분야에 이익을 준다는 점에서 예술 지원 시에도 무형자산에 재원을 지원하고 있는 셈이다. 네스타의 연구에 의하면, 영국 경제의 10퍼센트 이상이 이런 의미에서 '창의적'으로 분류될 수 있으며(Higgs, Cunningham, and Bakhshi 2008), 영국에서 정부 보조금을 받은 예술은 상업적인 창조산업에 지대한 공헌을 했다.

공공 조달. 정부가 현실적으로 무형 투자의 자금을 댈 수 있는 또 다른 방법은 조달이라는 수단을 사용하는 것이다. 미국 군대가 1950년대에 반도체 산업의 개발자금을 후원했을 때 R&D의 비용만 지원한 것은 아니었다. 선도적 고객으로서의 역할을 담당함으로써(종종 원가 가산 방식에 기초해 지불함으로써) 그들은 반도체 칩을 생산하고 판매하는 데 필요한 무형자산에 투자하는 미국 기업에 실질적으로 자금을 댔고, 이는 기업이 상업적 시장에 진출했을 때 가치가 있는 것으로 밝혀진 투자였다. 1970년대와 1980년대에 대만 정부의 초기 반도체 산업에 대한 지원(특히 과학기술부처인 ITRI를 통한 지원)도 마찬가지로 작용했다. ITRI는 단지 R&D에만 투자한 것이 아니라 UMC와 TSMC 같은 회사를 인큐베이팅했고, 그들이 반도체 주조공장을 실제로 운영하고 글로벌 반도체 공급망에 연결시키는 데 필요한 무형자산에 투자했다. 초창기 산업 지원에서 산업 정책의 성공률은 미결 문제다. 그러나 그것이 효과가 있다고 한다면 연구개발이 아닌 공공 무형자산에 대한 정부 투자의 한 사례가 된다.

혁신학자인 데이비드 마워리(David Mowery)는 '스마트' 공공 조달이 미국에서 효과가 있는지, 그리고 중소기업혁신연구(Small Business Innovation Research, SBIR) 프로그램·DARPA·아폴로앤맨해튼 프로그램(Apollo and Manhattan programs) 같은 미국 사례에 대한 무용담이 잘못된 것인지를 연구해왔다(Henderson, Newell, and Mowery 2011). 그는 미국의 IT 부문 발전이 조달에 관한 주요 성공 사례임을 발견한다. 1950년대에 미국의 군대는 많은 소프트웨어와 반도체를 조달했고, 이 수요는 텍사스인스트루먼츠(Texas Instruments)를 비롯한 기업들이 R&D뿐 아니라 반도체 제조 및 판매에 필요한 기타 공정에 투자하는 데도 일조했다. 그는 이 프로그램의 한 가지 단서가 공급업체가 한 곳 이상 필요하다는 것이었으며 이것이 정보 및 표준의 공유를 업계의 일반 관행이 되게 만들었다는 데 주목한다. 하지만 1960년대 말이 되면 군대가 매입하는 IT 제품의 비중은 매우 적어지고 민간 부분의 수요가 중요하게 부상한다. 다행히 미군의 프로젝트들은 실제로 민간 부문의 니즈를 많이 보완했다. 시간이 흐르면서 상황은 달라졌고, 소프트웨어 산업은 군대가 이제 민간 부문으로부터 소프트웨어를 구입하는 정도로까지 무르익었다. 1980년대에 미군이 자체적으로 소프트웨어를 제작하려던 시도는 실패로 돌아갔다. 그러니까 궁극적으로 성공의 관건은 민간 부문의 니즈에 대단히 보완적인 뭔가를 개발한 것이었고, 민간 부문은 그저 선두에 섰을 뿐이다.

미국의 IT 산업 발전은 공공 조달이 무형 투자를 효과적으로 촉진한 사례지만, 한편으로는 몇몇 실패 사례도 있다. 1970년대와 1980년대에 미국 공군은 컴퓨터 지원 기계 공구 개발에 투자했으나 일본 기업들이 그들의 노력을 뛰어넘었다. 민간 원자력 발전 역시 방위비 자금 지원과 조달비 지출로 많은 혜택을 입었지만, (잠수함의 마력 추정과 핵무기의 플루토늄 생성 같은) 국방 부문의 니즈는 원자력 기술의 발전을 실질적으로 돕기보다는 오히려 방해했다.

이상은 무형 투자 촉진을 위해 조달을 활용하는 것이 공짜점심이 아님을 보여준다. 정부가 이 전략이 효과가 있기를 바란다면 제대로 알고 있다고 믿어야 할 네 가지 과제가 있다.

우선, 규모의 문제가 있다. 전 세계 정책통들은 혁신 연구와 도전을 혼합한 프로젝트에 연간 약 30억 달러를 쏟아붓고 컴퓨터 마우스부터 무인 자동차에 이르는 과학기술의 발전에서 중요한 역할을 담당해온 미국 국방부의 혁신기관 DARPA를 종종 부러운 듯 바라본다. 그러나 DARPA가 효과를 거두는 부분적 이유는 그곳이 미합중국의 방위조달 예산 6000억 달러의 후원을 받기 때문이며, 이 예산의 원칙 중 하나는 미국 군사력의 기술적 우위를 유지하는 것이다.

두 번째, 상당 수준의 정치적 헌신이 있어야 한다. 혁신을 촉진하기 위해 조달을 사용하는 데는 실패의 위험이 따른다. 만일 정부가 이것을 견뎌내지 못하고 끊임없이 실패의 위험을 축소하려 든다면, 혁신은 거의 일어나지 않을 것이다. 과거에 국방 조달이 혁신을 제대로 촉진했던 이유

중 하나는 그것이 일반적으로 많은 정치적 압력으로부터 동떨어져 있어서 국방 기금을 수령하는 업체들에게 더 많은 위험을 감수할 시간적 여유를 줬기 때문이다.

세 번째, 통상적인 조달의 인센티브—가격 대비 좋은 물건을 얻는 것—와 혁신을 촉진하는 데 수반되는 위험 및 사고방식 사이에는 내재된 긴장이 있다. 인적구성이 중요하기는 하지만 단지 그 문제만은 아니다—흔히 가격 대비 좋은 물품을 받는 데 재간이 있는 관료들은 무모한 혁신 프로젝트를 키워내는 데 뛰어난 이들과는 다른 부류의 사람들일 터이다. 더욱 우려되는 것은 가격에 대비해 좋은 물품을 조달하는 데 실패하면 흔히 혁신이 변명거리로 이용된다는 점이다("돈은 잃었지만, 저희들은 뭔가 새로운 걸 해보려고 노력했어요!"). 혁신 조달이 너무 많아질 경우 일반적인 조달 실패를 적당히 둘러대는 구실이 될 위험이 있다.

조달을 촉진하기 위해 혁신을 사용할 것을 고려하고 있는 모든 정부에 던지는 마지막 질문은 클린트 이스트우드(Clint Eastwood)의 이 대사다. "당신은 행운이 따른다고 생각하는가?" 혁신 조달에서 진짜 성공 확률이 얼마나 되는지 알기가 대단히 어려운 이유는 한편으로는 생존자 편향(survivorship bias)이 크기 때문이고(우리는 혁신을 육성하려고 조달을 사용한 시도들 중에서 얼마만큼이 실패했는지 모르고 있다), 다른 한편으로는 무엇이 효과를 낸 원인인지 대단히 불명확하기 때문이다(반도체나 데이터 커뮤니케이션의 혁신 양성은 어느 정도가 운이었을까? 다음 성공 프로젝트를 고르는 것은 어느 정도로 쉬울까?).

훈련과 교육. 우리는 또한 특정 유형의 훈련과 교육에 자금을 대는 데서도 공공 부문의 역할이 확대될 것임을 예측할 수 있다. 정부가 훈련에 개입하는 것은 주로 청년의 학자금 지원(여기에는 다수의 효과와 목표가 있는데, 그중 하나는 노동자로서의 시민들의 생산성 증진이다)과 (일부 국가들의) 견습생 제도 같은 업계 훈련 프로그램을 위한 일부 보조금 제공과 관련이 있다.

시민들이 학교에 더 오랫동안 다닐 수 있도록 돈을 지불하는 것은 20세기의 대부분에 걸쳐 정부가 생산성을 증대시킨 중요한 방식이었다. 경제학자 클로디아 골딘(Claudia Goldin)과 로런스 카츠(Lawrence Katz)는 미국의 경제성장에서 교육의 중요한 역할을 상세히 기록했는데, 예를 들어 미국의 1930년 출생 인구는 62퍼센트가 고졸이었던 반면 1975년 출생 인구는 85퍼센트였다는 점을 지적했다(Goldin and Katz 2008). 로버트 고든과 타일러 코웬은 여기에는 수확체감(diminishing returns: 일정한 농지에서 작업하는 노동자 수가 증가할수록 1인당 수확량은 점차 줄어든다는 경제법칙—옮긴이)이 있으며—아동과 청년만이 학교나 대학에서 아주 오랜 기간을 보낼 수 있다— 이것은 향후 미국의 경제성장에 제동을 거는 중요한 요인으로 드러날 것이라고 주장해왔다(Gordon 2016; Cowen 2011).

이러한 수확체감 법칙을 거스를 방법을 찾아내기는 어렵다는 것이 입증됐다. 골딘과 카츠는 교육받은 노동자들의 공급을 늘리려면 초등학교 단계의 지원을 늘리고, 중학교의 학급 인원을 줄이고, 대학에 지원을 확대하는 식으로 교육의 모든 단계에서 대상에 특화된 지원이 있어야 한다고 제안했다. 더욱이 당연하지만 점점 더 많은 직업이 대학졸업장이나 심지어 대학원의 자격요건을 요구함에 따라 어떤 사람들은 학교에서 더 많은 시간을 보내고 있다. 하지만 사람의 청년기 연수는 유한한데 거기에 시간을 내서 더 많은 교육을 집어넣는다는 것은 여전히 쉽지 않은 과제다.

그런가 하면 답은 얼마나 많이 가르치느냐가 아니라 우리가 무엇을 가르치느냐에 달려 있다고 주장하는 사람들도 있다. 최근에는 특정 유형의 교육이 특별히 가치가 있다고 주장하는 것이 유행이 되어왔다. 예를 들면 초등학교에서 코딩을 가르친다거나 아동 및 학생에게 공동의 문제해결 능력을 배우도록 장려하는 유행이 있는데, 양쪽 다 미래 경제에서 특히 유용할 능력을 아이들에게 제공할 것이라고 주장한다.

하지만 미래의 경제가 어떤 능력을 필요로 할지를 예측하는 능력과 그것들을 가르치는 우리의 능력에 대해서는 분명히 다소 회의적일 터이다. 아마도 20년 후에는 코딩이 대부분 자동화될 것이다. 교과과정을 바꾼다고 공동의 문제해결 능력을 심어주지는 않을 것이다.

그런데 언제 가르치는가와 무엇을 가르칠까의 문제를 둘 다 해결할 수도 있을 대안이 하나 있다. 바로 사람들이 성인기에 받는 교육의 양을 늘리는 것이다. 성인교육은 항상 명성과 공공자금 지원에 굶주린 교육제도의 신데렐라였다. 그러나 갈수록 무형자산이 풍부해지는 경제에서 그것의 유용성은 명백해 보인다.

무엇보다 성인교육은 정의상 시민들의 노동력 유입을 유예할 필요가 없다. 일생에 걸쳐 한 사람의 교육에 투자할 수 있으므로 그만큼 더 많은 몇 십 년간의 시간을 쓸 수 있게 된다. 두 번째, 성인교육의 가능성은 20~30년 후에 어떤 기술이 가치가 있을지 추측하려고 안간힘을 쓰는 문제를 감소시킨다. 미래 경제가 필요로 하는 기술에 관해 그토록 많은 출중한 연구가 수행되었음에도 불구하고 20년 밖을 예측하는 것은 샘 골드윈(Sam Goldwyn)의 한 충고를 상기시킨다. "절대 예측하지 마라—특히 미래에 관해서는." 하지만 만일 사람들에게 근로생활 기간 중에 더 많은 기술을 획득할 기회가 있다면, 예측은 덜 중요해진다. 성인교육은 사람들에게 옵션가치를 제공한다. 그것은 또한 우리가 6장에서 묘사한 불평등 문제를 일부 약화시키는 데도 일조할 수 있다. 무형자산의 증가는 기술이 부족한 이들에게 불이익을 주고 어떤 기술은 쓸모없게 만드는 만큼 훈련의 가능성은 불균형을 바로잡을 하나의 방법을 제공한다.

그러나 성인교육 확대를 계획하는 이들은 하나같이 전략적 문제에 봉착한다. 어떻게 효과적으로 그것을 전달할 것인가. 학교와 대학과 추가 교육/커뮤니티칼리지(community college)는 오랜 실적을 보유한 확실히 자리 잡은 조직이다. 그곳들은 완벽하지 않을지는 몰라도 수년간 진화하고 개선되어왔으며, 적어도 선진국에서는 학교에 다니고 고등교육을 받는 것이 대부분의 사람들의 인생행로에서 기대되는 일부가 될 정도로 사회는 그곳들과 함께 진화해왔다. 성인교육은 별로 잘 알려져 있지 않다. 더 중요한 것은 신기술이 성인을 가르치는 것을 더 수월하게 만들 것 같다는 사실이다. 디지털 기술은 분명 더욱 저렴하고 편리하게 가르치는 방법을 제공할 것이 틀림없기 때문이다. 〔무크(Massive Open Online Courses, MOOCs)—개방형 온라인 강좌—는 지금까지는 당초의 장래성에 부응하지 못한 듯하지만, 아직 20년이 채 안 된 분야이므로 더 나은 버전들이 나온다면 실질적 효과가 더 클 거라고 말하기에는 시기상조다.〕 우리에게 필요한 것은 비용 효율적이고 대규모로 작동하는 새로운 모델을 찾아내기 위해 성인교육 제공 방식을 혁신하는 데 대한 막대한 투자다. 납세자들이 아닌 성인 학생들 자신이 이런 형태의 교육비를 지불하는 쪽으로 귀결되더라도 효과적인 새로운 모델을 개발하는 연구는 공공 정책의 가치 있는 목표가 될 듯하다.

정부의 자금 지원 역시 기업이 투자를 망설이도록 만들 수 있는 조정 문제를 줄이는 데 일조할 수 있다. 자율주행차를 개발하고 그것을 중심으로 우리의 도시를 재구성하는 데서 얻어질 경제적 이익이 막대하다고 가정해보자(자동차 사고 감소, 좀더 생산적인 통근시간, 주차공간을 확보해 재개발에 돌리는 것 등). 그러나 이런 이익을 실현하려면 한꺼번에 시행해야 할 엄청난 투자가 필요하다(무인자동차 기술, 도시 설계, 새로운 보험 정책 등). 다른 회사들이 보완 투자를 할 거라는 정보가 없다면 아마 어떤 회사도 선뜻 투자하려 들지 않을 것이다. 이 경우 정부의 투자는 (다른 곳들이 하려고 하지 않는 유출 가능성이 높은 투자의 자금을 지원함으로써) 그 자체로 도움이 될 뿐 아니라 다른 곳들도 보완 투자를 할 가능성을 높임으로써 더 폭넓은 투자를 촉진할 것이다. 무형 경제에서는 이런 '테스트베드(test-bed: 시험무대, 시험대라는 뜻으로 신규 사업의 성능을 평가하거나 특징을 추출하기 위해 시작하는 실험적 시스템─옮긴이)' 투자를 하는 데 정부의 역할이 커질 것이다.

공공 투자의 도전 과제

정부가 투자에서 더욱 큰 몫을 지원해야 한다는 우리의 생각은 가벼운 제안이 아니다. 그것은 적어도 세 가지 추가 도전 과제─능력과 편향·자금의 지불 방법·타당성 문제─를 제기하며, 그 각각은 무형 경제가 번영할 경우 일어날 중요한 변화를 강조한다.

정부의 경제 개입, 특히 정부의 투자 시도에 대한 많은 비판은 '정부 실패'라는 쟁점에 초점을 맞춘다. 정부가 어떻게 투자 대상을 알 것이며, 그렇다 한들 정부가 기득권에 휘둘리지 않을 거라고 우리가 어떻게 확신할 수 있겠는가? 최악의 경우 정부는 무지 때문이건 아니면 특정 기업이 정부에 로비를 잘했기 때문이건 원치 않는 혹은 쓸모없는 기술을 후원할

지도 모른다. 이런 견해는 정부가 이미 상당히 구체적인 투자를 하고 있다는 사실과 정부가 '성공할 것 같은 대상을 선별'하는 수준은 간과할지 몰라도, 그것이 알아차린 위험은 사실이다. 이 위험은 정직성과 지식으로 어느 정도 약화시킬 수 있다. 공정한 판단은 업계의 로비 효과를 감소시킬 수 있다. 데이터와 분석을 더 잘 활용하면 공무원들의 조달 계획 집행이나 테스트베드 운영 능력을 향상시킬 수 있다.

그렇다면 우리가 정부가 지금 하고 있는 것보다 더 적극적으로 무형자산에 투자하기를 기대한다는 것은 정책 입안자들의 정직성, 역량 및 경제적 지식이 꾸준히 향상되기를 바란다는 뜻이 된다. 과오투자와 지대추구를 가능하게 하는 기회가 증대할 것이므로 무형 경제의 정부에는 좋은 거버넌스의 중요성이 부상할 것이다.

두 번째는 공공 자금 문제다. 대학 연구나 연구 보조금이나 혁신 사업 조달에 더 많은 돈을 지출할 경우 공공 예산에 또 다른 압박이 생기며, 이는 선진국들 전체에 걸쳐 있는 문제다. 그것은 어떻게든 지불되어야 할 금액이다. 이런 종류의 지출에 재원을 마련할 방법에 대한 한 가지 제안은 정부가 공공 R&D 펀딩으로부터 이익을 얻은 기업들의 지분을 인수하고 그 수익을 다음 세대의 무형 투자에 투입하는 것이다〔이것은 마리아나 마추카토가 자신의 베스트셀러 《창업가형 국가(The Entrepreneurial State)》에서 추천한 방법이다〕. 하지만 이 제안이 무형자산 스필오버 문제를 해결할지는 확실치 않다. 정부가 무형 투자에 자금을 대는 이유가 정확히 투자를 한 해당 기업에 안정적으로 이익이 발생하지 않기 때문인데 말이다. 단순히 정부가 함께 투자하는 어떤 기업의 지분을 인수하는 것만으로는 믿을 만한 재원을 마련하지 못할 것이다. 게다가 정부가 미래의 운영 예산을 특정 기업의 실적에 의존하게 만드는 것은 이해관계의 충돌을 키울 공산이 크고 정부가 공정한 방식으로 투자하는 것을 더 어렵게 만들 터인데, 이 점은 우리가 봐왔듯이 정부 자체가 투자 결정을 더 많이 내릴수록 더욱 중요해진다. 사실 정부가 무형 투자의 재원을 마련할 가장 신뢰할 만한 방법은 종합과세다. 이것은 정부가 스필오버가 어디서 생겨나건 무형 투자의 스필오버로부터 이익을 보게 해줄 것이며 정부가 지분을 보유한 일부 기업에 대한 의존도를 줄여줄 것이다. 그러니까 무형자산에 대한 공공 투자 증대는 세금 부담의 증가 혹은 다른 분야의 공공 지출 감축을 암시한다.

이는 세 번째 결과로 이어진다. 민주주의 정부는 세금 인상이건 혹은 다른 분야의 지출 감축이건 그것을 통해 마련한 공공 지출 증액의 승인을 얻기 위해 그것이 필요한 이유를 좀더 강력한 논거로 입증해야 할 것이다. 전통적으로 과학 및 기술 정책(정부의 R&D 무형 투자 대부분이 이것의 기치 아래 이뤄졌다)은 민주적이기보다는 기술관료주의적이었다. 과학 연구의 목표는 과학자들이나 정치와는 무관한 자금 지원 기관들에 의해 설정되었다. 과학에 얼마나 많은 자금을 지원할 것인가의 문제가 정치적으로 논란이 큰 뜨거운 화제였던 적은 거의 드물다. 명확한 목표를 앞세우기보다 과학적 공로만을 토대로 한 연구자금 지원의 시각은 미국에서는 버니바 부시(Vannevar Bush)의 《과학: 끝없는 미개척지(Science the Endless Frontier)》로 시작됐고, 영국에서는 홀데인 원칙(Haldane Principle: 연구비 사용은 정부가 아닌 연구기관이 결정해야 한다며 과학자의 자율성과 독립성을 강조한 원칙—옮긴이)이라고 (다소 신화적으로) 알려지게 된 것의 기초를 형성했다. 예외가 있었긴 하지만(우주개발 경쟁과 미국 DARPA의 펀딩은 둘 다 대단히 임무 지향적이었다), 공공 과학 투자는 대부분의 경우 민주주의 정치와 무언의 타협을 보았다. 바로 과학 연구비 지원 결정은 유권자들이 아닌 기술관료들이 수행할 거라는 것이었다. 하지만 대신 정부의 지출 계획에서 그것은 비교적 적은 예산 선이었다. 민주주의 정부가 무형 투자에서 상당한 증액을 투입하기 위해서는 다른 정치적 합의가 필요할 것이다. 이를 달성하는 한 가지 가능한 방법은 정부가 시행하려고 계획 중인 무형 투자에 대해 공공 구매(public buy-in)를 확대하는 것이다. 이를테면 그것이 유권자들이 가치를 두는 특정 목표에 기여한다는 것을 입증하면 된다. (여론조사에 의하면, 적어도 영국에서는 과학 연구기금 지원을 특정 임무에 부합하도록 조정하는 것이 인구의 50퍼센트 이상의 지지를 받는 연립정부 설립의 열쇠다.) 물론 여기에는 긴장이 있다. 연구자금 조달 같은 것에 대한 민주적 통제가 커지면 더 많은 과오투자로 이어질 수 있다―대중은 아마 기술관료나 과학자 들보다 자금 조달 감독에 더 서투를 것이다. 그러나 민주주의에서 자금 조달 과정의 정당성을 높이는 것은 자금 지원의 증액을 설득하는 데 가장 효과적인 방법일 수도 있다.

무형자산에 대한 공공펀드 공동투자가 어떤 결과를 초래하는지 이해하기 위해 우리의 두 가상국가인 푸공화국과 바왕국으로 되돌아가 보자. 지식재산권을 성문화하고 무형자산의 스필오버들을 관리하고 무형자산에 유리한 금융체제를 만들고자 취해온 합리적인 조치에도 불구하고, 푸공화국의 기업은 여전히 경제에 최적인 수준보다 적게 무형자산에 투자하고 있다. 투자 부족분의 일부는 비영리재단(공화국에서 성공을 거둔 몇몇 무형 자산 기반 기업이 횡재 수익을 가지고 설립했다)들이 채우긴 했지만, 시간이 지나고 정부가 다들 포기한 이 투자의 일부를 떠맡기 위해 개입하지 않았더라면 부족분은 여전히 지속됐을 것이다. 이런 변화는 상당한 정치적 스트레스와 긴장의 원인이 되어왔다. 정부가 과학과 훈련 같은 것에 더 많은 투자금을 대야 한다는 생각은 애초부터 유권자들에게 인기가 없었고, 그들 대부분은 공공 지출이 필요한 다른 우선 분야가 있으며 이런 투자는 기업의 몫으로 남겨둬야 한다고 생각했다. 이런 변화를 추진할 수 있었던 것은 오로지 연이은 정부가 연구, 교육 및 조달에 대한 공공 투자를 시급한 국가의 도전 과제들에 대한 해결책으로 제시할 수 있었기 때문이며, 이런 투자는 점차 더 큰 재원 마련을 위한 대중적 지지를 얻어냈다. 공화국은 이 과정에서 자국 정치문화의 높은 질적 수준에서 도움을 받았는데, 그것은 흔히 부패 지수 평가표에서는 최하위에 가깝고 공공 행정 품질 평가표에서는 거의 최상위였다. 그럼에도 이따금 공공 투자와 관련해 과오투자와 심지어 뇌물 추문이 있었다—하지만 다행히도 지금까지는 작은 규모였다. 반대로 운이 없는 바왕국은 연구나 교육이나 그 외 무형자산의 공공 투자를 증가시키기 위해 아무것도 한 게 없었다. 그것은 이 나라의 다른 결점들과 합쳐져 현저하게 낮은 투자 수준과 10년간의 실망스러운 생산성 증가를 야기했다. 정부는 투자하고 경제는 번영하는 것처럼 보이는 다른 나라들의 사례를 보면서도 공공 투자 확대가 왕국에 도움이 될 것이라고는 아무도 확신하지 않았다. 한편으로는 유권자들 대부분이 연구에 대한 투자를 여전히 협소하고 기술관료적인 관심사로 여기기 때문이고, 또 한편으로는 정부를 괴롭히는 잦은 부패 스캔들 때문에 공공 투자가 합리적이거나 공정하게 배정될 것이라는 신뢰를 어느 국민도 갖지 못했기 때문이다.

대부분의 경제적 변화는 거기에 충분히 빨리 대응하는 국가에 기회를 안겨준다. 무형자산으로의 전환도 예외가 아니다. 무형 경제의 필요성에 발 빠르게 적응할 수 있는 나라에는 틀림없이 선점자의 우위가 있을 것이다. 필요한 정책은 목표에 신속히 합의하고 그것들을 효율적으로 집행할 수 있는 충분한 정치적 응집력과 행정적 역량을 가진 작고 개방된 나라에서 가장 수월하게 시행된다—우리는 이런 나라의 사례를 루리타니아라고 불러왔다.

이번 장의 대부분의 권장사항과는 달리 루리타니아가 채택하는 아이디어들은 제로섬 게임인 경향이 있다. 그것은 다른 나라의 경제활동을 끌어들이는 원칙을 토대로 하고 있으며, 루리타니아가 이익을 얻는 만큼 다른 나라는 손실을 본다. 정부가 그것을 시험해보고 싶지 않을지도 모른다는 말을 하려는 게 아니다.

루리타니아가 채택해온 방법으로 이 나라 경제를 상당히 활성화했던 몇 가지 정책을 생각해보자.

무형자산 소유권의 중재 센터가 돼라

무형자산 투자자들은 자신들이 소유한 재화에 대한 명확성을 좋아하지만, 이것은 한편으로는 법적 불확실성의 결과로, 다른 한편으로는 법 집행 시 관할권별 다양성 때문에 불확실할 때가 많다. 루리타니아는 명확한 최신 지식재산권법과 그것을 집행할 효율적이고 재정이 우수한 법정에 투자했다. 그 결과, 인근 국가들의 많은 기업들은 자신들의 계약서 초안을 루리타니아 법에 따라 작성하기로 결정했다.

무형 자본에 유리한 세율을 제공해라

무형자본은 유형자본보다 유동적일 때가 많다. 공장이나 쇼핑몰을 옮기기는 어렵지만 특허나 브랜드나 운영 절차 세트의 위치를 이동시키기는 비교적 쉽다. 루리타니아는 무형자산에 대단히 유리한 세법을 설계함으로써 이 점을 활용했고, 무형자산 관련 수익에는 상당한 세금 공제를 제공했다. 이는 루리타니아 본국 기업들의 시각에서는 좋은 생각이 아니었을지 모르지만(특허박스 같은 큰 세금우대조치는 신규 무형 투자를 촉진하는 데 큰 역할을 한다는 제한된 증거가 있다), 그 법은 몸소 정착하거나 그들의 현지 지사들을 설립하려는 다른 나라들의 무형 집약적 기업을 끌어들이는 데 탁월한 성과를 보였고, 이는 루리타니아에 일자리와 종종 후속투자를 창출했다.

금융 및 지식 클러스터를 발전시켜라

일단 지방의 본사들을 끌어들이고 지식재산 관련 계약 및 분쟁해결의 지역 센터가 되는 데 매진하고 나자, 루리타니아는 이런 특성을 토대로 (지식재산 담보대출과 벤처캐피털에 주안점을 두면서) 무형 집약적 기업들의 자금 조달에 최적화된 금융 서비스 부문을 육성했다. 아울러 조세와 법 체계를 이용하여 자국에 자리를 잡은 무형 집약적 기업들과 함께 공공 연구에 투자했다. (앞서 우리가 살펴봤듯이 이 두 가지는 어느 나라에서든 좋은 전략이었을 테지만, 무형자산 허브로서의 루리타니아의 지위는 그것들의 성공 가능성을 더 높인다.)

사회적 자본을 강화해라

작고 비교적 부유한 나라인 루리타니아는 언제나 사회적 응집력이 컸다. 이런 장점은 무형 경제에서 번창하려는 때에 많은 도움이 됐다. 이런 사회적 네트워크는 아이디어들이 경제 전반에 확산되는 것을 더욱 용이하게 해줬고, 정부 정책을 통해 무형 경제로 인한 불평등의 잠재적 확대를 경감시키는 것이 정치적으로 실현 가능하도록 만들어줬다.

분명 모든 나라가 루리타니아를 모방할 수 있는 것은 아니다. 모든 나라가 허브가 될 수는 없으며 광범위한 조세경쟁은 비생산적이기 때문이다. 그러나 경제 변동에 대응할 방법을 모색하고 있는 개개의 작고 민첩한 국가에는 그곳이 실행 가능한 경로의 전형일지도 모른다. 싱가포르와 아일랜드를 관찰해본 이들이라면 최근 이 두 국가의 발전 속에서 루리타니아의 전략과 유사한 측면을 알아챌 수 있을 것이다.

무형자산 불평등에 대처하기

정부가 무형자산 시대에 고심해야 할 마지막 큰 쟁점은 무형자산에 의존하는 경제에서 비롯되는 특별한 종류의 불평등을 어떻게 다룰 것인가다.

5장에서 봤듯이 무형자산이 풍부한 경제는 대단히 수익성이 높은 소수의 회사를 창출하는 경향이 있다. 한편으로는 가치 있는 무형자산이 엄청나게 다량의 사업에 걸쳐 확장될 수 있기 때문이고, 또 한편으로는 최고의 기업들이 자신의 무형 투자는 물론이고 다른 회사의 무형자산 이익을 전용하는 데서 수익을 얻고 있는 것처럼 보이기 때문이다. 6장에서 우리는 기업이 선도 기업과 뒤처진 기업으로 양분되는 이런 경향이 소득 불평등의 장기적 확대의 일부 원인임을 확인했다. 우리는 또한 무형자산의 증가로 키워진 경제적 불평등이 사회적 분열과 얽혀버린 결과, 무형 경제에서 성공을 거둔 노동자들의 심리적·문화적 특성이 무형 경제가 소외시킨 사람들의 사고방식과 갈등을 빚을 수 있다는 점을 짐작하기도 했다.

7장은 성공적인 무형 경제가 우리가 소프트 인프라라고 부르는 것에 대단히 의존한다는 것을 보여줬다. 표준, 가치 및 사람들과 기업들이 스필오버를 공유하고 시너지를 활용하고 협업을 하도록 해주는 사회적 자본이 거기 속한다.

이것은 정부를 유난히 성가시게 하는 이중의 딜레마를 생성한다. 우선 미래 경제의 지배적 생산 양식은 불평등을 유발할 가능성이 더욱 커질 것으로 보이며, 많은 유권자들은 그것 자체가 문제가 있다고 생각한다. 하지만 그에 덧붙여 정부는 무형 경제가 유발하고 있는 것으로 보이는 대단히 분열적인 형태의 불평등이 실제로는 번영하는 무형 경제의 기초가 되었던 사회제도들을 위협하고 있다는 사실을 발견한다. 어떤 나라와 어떤 장소가 더 성공할 것인지 예측하게 해줄 연구자들에 의해 고안된 많은 지표가 있는데, 여기에는 신뢰, 권력거리(power distance, 그 사회의 위계질서가 얼마나 심한가) 및 경험에 대한 개방성(사람들이 새로운 것들에 대해 얼마나 흥미가 있고 관대한가)이 포함된다. 이 중 일부는 뿌리 깊은 문화적 특성이다. 그러나 그 외의 중요한 요인은 정부의 정책에 영향을 받을 수 있다. 매우 불평등한 사회는 낮은 신뢰를 표출할 가능성이 높다. 매우 보수적인 사회는 경험에 덜 개방적일 것이다. 알렉스 벨(Alex Bell)과 그의 동료들에 의한 최근의 연구(Bell et al. 2016)는 첨단기술에 대한 조기 노출이 미국인들이 이후의 삶에서 발명가가 될 확률을 훨씬 높였고 이런 조기 노출은 부와 계층의 영향을 받는 경향이 있다는 사실을 찾아냈다. 이것은 초등학생들이 과학기술에 노출될 기회를 더 많이 만들수록 아이디어를 공유할 수 있는 인력 풀이 늘어날 것이며, 그리하여 나라에서 무형자산들 간에 긍정적 시너지 효과가 발생할 가능성도 더 커질 거라는 사실을 함축하고 있다.

불평등은 또한 기업 차원에서도 경제적으로 비생산적일 수 있다. 게다가 무형자산이 풍부한 강력한 기업들은 부당한 혜택을 위해 정부에 로비할 인센티브를 갖고 있는데, 그것은 다시 다른 기업들의 투자 인센티브를 가로막는다.

이 모든 것이 정부에는 심각한 도전 과제를 창출한다. 무형 경제의 번영을 돕기 위해 정책 입안자들은 신뢰와 강력한 제도를 장려하고, 기회를 촉진하고, 분열적인 사회갈등을 약화하고, 강한 기업들이 지대추구에 빠지는 것을 예방하고 싶어 할 것이다. 그러나 동시에 효율적인 무형 경제는 그 모든 문제를 악화시키고, 특히 사회에 부담을 주는 형태의 불평등을 창출하며, 사회적 자본을 위협하고, 경쟁이 치열한 자사의 무형자산을 보호하는 데 강한 관심을 가진 막강한 회사들을 출현시키는 듯하다.

우리에게 이 문제에 대한 해결책이 있다고 말하고 싶지만, 선진국의 대부분의 정치인들처럼 그렇지 못하다. 이런 문제가 성공적으로 해결된 세상이 어떤 곳일지도 심지어 명확하지 않다. 그러나 우리는 이런 긴장이 향후 정치경제학을 지배할 것이며, 그것을 해결할 수 있는 나라가 어느 나라건 위대한 번영의 길을 개척할 것이라고 확신한다.

요약, 결론 그리고 나아갈 길

이 책은 지난 40년간 거의 모든 선진국에서 관찰된 투자 유형의 변화에 관한 것이다. 우리는 **투자**, 기업과 정부가 미래의 생산역량을 구축하기 위해 담당한 지출을 살펴봤다. 투자는 대개 **물리적**이거나 **유형**인 것, 즉 기계, 차량 및 건물, 그리고 정부 투자의 경우 인프라에 이뤄지고는 했다. 현재 많은 투자는 **무형**인 것, 즉 소프트웨어, R&D, 디자인, 예술품 원작, 시장조사, 훈련 및 새로운 사업공정 같은 지식 관련 생산물에 이뤄지고 있다. 우리는 무형자산이 근본적으로 다른 특징을 갖고 있기 때문에 무형 집약적 경제가 유형 집약적 경제와 얼마나 다르게 보이는지를 탐구해왔다. 그리고 성장 둔화와 장기 불황, 불평등, 그리고 재정 및 공공 정책의 도전 과제를 이해하기 위해 이 근본적인 특징의 논리를 사용했다.

그 과정에서 우리는 실재하는 기업 사례들과 거시경제적 데이터를 조합하여 이런 변동을 설명하려고 했다(데이터는 2장과 3장에 있다). 그 사례들은 우리를 헬스클럽(2장)으로 안내했고, 거기서 레스 밀스가 웨이트와 러닝머신이라는 유형자산뿐 아니라 브랜드가 있는 운동법과 강사의 트레이닝이라는 무형자산에 의존하도록 현대의 헬스클럽을 탈바꿈한 혁신과 신경 감응의 현장을 봤다. 우리는 에피펜(4장과 5장)과 복제하기가 매우 쉬워 보이는 제품이 그럼에도 불구하고 브랜딩과 훈련에 무형 투자를 함으로써 어떻게 시장의 선두기업이 되었는지를 검토했다. 그러고 나서 무형자산이 거의 존재하지 않던 시기(11세기, 1장)부터 전자레인지, 인체 스캐너 및 비틀스(4장)에 이르기까지 역사를 거슬러 올라가 살펴봤다. 우리는 또한 그 분야의 (가끔은 혼란스러운) 용어들, 즉 투자, 자본, 자산(2장)과 지식, 정보, 아이디어(상자 4.1)와 생산성, 수익성(상자 5.1)과 수입, 소득, 부(상자 6.1)를 명확히 밝히려 했다.

우리의 논거는 여러 파트로 되어 있다.

1. 유형에서 무형 투자로의 장기적 전환이 있어왔고, 계속 진행 중이다.
2. 그 전환의 대부분은 기업의 대차대조표와 국가 회계에는 나타나지 않는데, 회계사와 통계학자가 무형자산 지출을 투자가 아니라 일상경비로 계산하는 경향이 있기 때문이다.
3. 무형 투자가 구축하는 무형의 지식 기반 자산들은 유형자산들과 비교했을 때 다른 특성들을 갖는다. **확장** 가능하고, **매몰** 비용이 생길 확률이 높으며, 그 이익은 **스필오버**되고, 다른 무형자산들과의 **시너지**가 발생할 가능성이 많다.
4. 이런 특성들은 경제에 영향을 미친다. 특히 우리는 그것들이 다음에 기여한다고 생각한다.
   a. 장기 불황. 투자는 일부 기록되지 않았기 때문에 지나치게 저조해 보인

다. 무형자산의 확장성은 수익성 높은 대기업의 등장을 가능하게 하며, 선도 기업과 후발 기업 간의 생산성과 수익성 격차를 확대한다. 대침체 이후 무형자본의 구축 속도가 더뎌지면서 스필오버를 막지 못했고, 확장 가능성은 줄었으며, 이로 인해 총요소 생산성이 둔화했다.

b. 불평등. 시너지와 스필오버가 경쟁업체들 간의 수익 격차를 벌림에 따라 소득 불평등이 증대하고, 조정 능력을 갖춘 경영자와 리더에 대한 수요가 높아진다. 스필오버와 시너지가 풍부한 도시들이 갈수록 매력적이 되고 부동산 가격을 상승시킴에 따라 부의 불평등이 증대한다. 경험에 대한 개방성 같은 심리적 특성이 더욱 중요해지면서 존경 불평등이 심화된다.

c. 특히 기업 투자의 자금 조달과 관련한 금융 제도의 도전 과제. 부채 금융은 매몰되는 자산이 더 많은 기업에 부적합하다. 상장주식 시장은 적어도 일부 무형자산을 과소평가하는 듯하다. 한편으로 그것은 이러한 자산에 대한 과소보고 때문이지만 또 한편으로는 무형자산을 둘러싼 불확실성 때문이기도 하다. 무형자산의 매몰성과 불확실성에 대한 대응책인 벤처캐피털은 현재 다수의 업계로 확장하기는 어렵다.

d. 인프라에 대한 새로운 요구. 특히 유형자산에서 무형자산으로의 전환은 대도시의 IT 인프라와 저렴한 공간에 대한 필요성을 증가시키는 한편 '소프트 인프라'에 대한 요구가 더 커지게 만들었다. 거기에는 규범과 표준, 사람들과 정부와 기업 사이의 협력과 상호작용을 관장하는 규칙들이 있다.

5. 이런 전환은 경영과 금융 투자에 영향을 미친다. 무형자산을 사용하는 기업은 더욱 권위적이 된다. 무형자산을 창출하는 기업에는 리더십이 더 많이 필요할 것이다. 금융 투자자들은 지금의 사업을 설명한다는 취지의 현재 재무

제표를 훨씬 뛰어넘는 정보를 찾아내야 할 것이다.

6. 그 전환은 또한 공공 정책의 의제를 변화시킨다. 정책 입안자들은 지식 인프라―이를테면 교육, 인터넷과 커뮤니케이션 기술, 도시계획 및 공공 과학 지출―를 활성화하고 지식재산 규제를 명확히 하는 데 초점을 맞춰야 하겠지만, 반드시 그것을 강화할 필요는 없다.

이 요점들이 어떤 측면에서 논란이 있는지―그리고 입증의 저울이 어느 쪽에 가 있는지―는 점검해볼 만하다. 유형에서 무형 지출로의 전환이 있어왔다는 첫 번째 요점은 비교적 널리 인정받고 있다. 가장 많은 논쟁은 비즈니스 공정에서 어떻게 투자를 측정하느냐를 둘러싼 것인데, 이는 본질적으로 매우 어렵지만 우리가 이런 종류의 무형자산을 완전히 도외시한다 하더라도 무형 투자의 상대적 중요성은 여전히 계속 커지고 있다. 마찬가지로 이 무형 지출의 대부분이 기록되지 않는다는 두 번째 요점은 무형자산의 처리를 관장하는 회계 관행의 설계자들도 시인하고 있는 바다.

세 번째 요점, 즉 무형자산의 특성은 좀더 개념적이다. 확장성과 스필오버는 상품으로서의 지식이 갖는 근본적 특징의 결과다(그것은 되풀이해서 사용할 수 있고, 다른 사람들의 사용을 막기는 어려울 것이다). 매몰성(특정 무형 투자는 쓰고 난 뒤에는 돌려받을 수 없다)은 어느 정도 무형자산을 위한 시장이 결여된 결과이며, 무형자산 시장들이 개발되면서 약화될 수 있다. 그리고 무형자산들 사이의 시너지는 결합된 아이디어들의 힘이 갖는 자연스러운 속성 같다.

경제에 미치는 영향이라는 네 번째 요점은 불가피하지만 짐작이다. 이 책에서 우리의 목적은 경제에서 이 중요한 자본 스톡의 변화가 어떻게 경제의 시사적인 특정 문제와 수수께끼 들을 설명하는 데 도움이 될지를 제시하는 것이었다. 무형자산으로의 전환이 이런 광범위하고 복잡한 현상 중 어떤 것의 유일한 원인일 가능성은 낮지만, 그것이 어떤 역할―대개는 많은 이들에게 인정받지 못했던 역할―을 하고 있을지도 모른다는 점을 우리가 밝혀냈기를 바란다.

다섯 번째와 여섯 번째 요점인 경영과 투자의 영향 및 공공 정책은 각각 어떤 이들에게는 익숙할 다양한 권장사항을 포함하고 있다. 우리는 R&D의 공공 자금 지원이나 기업의 리더십에 대한 관심이라는 발상이 새로운 것인 양 가장하지 않는다. 하지만 우리는 꾸준하고 장기적인 무형 투자 증가가 이 권장사항들을 그것의 맥락 속에서 이해하게 해주고 경영자와 정책 입안자 들이 우선적으로 처리하도록 하는 데 일조한다고 진심으로 주장한다. 국가들은 현기증 날 정도로 다양한 정책의 선택에 직면해 있다. 우리는 여기서 제시한 것들과 같은 무형 투자의 장기적 증가에 따른 전략들이 거기에 역행하는 전략들보다 번영을 보장할 가능성이 훨씬 크다는 점을 이 책이 입증했기를 바란다.

주

---

01 서문

1. 둠스데이북의 '스탠스테드(마운트피쳇, Mountfitchet)' 수록 부분은 http://opendomes day.org/place/TL5124/stansted-mountfitchet/에 있다.

2. Office for National Statistics 2016 참조.

3. 마이크로소프트의 재무제표는 https://www.microsoft.com/investor/reports/ar06/ staticversion/10k_fr_bal.html 참조.

1부 무형 경제의 부상

02 사라진 자본

1. SNA 2008, 문단 10.32. 또한 생산자가 자산을 매각한다면 측정값은 새로운 자산에서 팔린 자산을 빼면 된다. 국가 회계에서 토지 혹은 더 일반적으로 말해 비생산 자산(non-produced assets)의 특별 관리로 비롯된 토지 개선에는 추가적으로 복잡한 문제가 있다. ESA 2010, 문단 3.124에서도 SNA와 똑같은 정의를 찾을 수 있을 것이다.

2. SNA 2008, 617.

3. 마르크스는 '자본주의'란 용어를 처음으로 사용한 사람은 아니었지만, 아마도 그것을 대중화한 인물일 것이다. 그에게 '자본주의'는 자본(앞서 말한 기계들과 기반시설의 의미)을 개인적으로 소유할 정도로 충분히 사회에서 생산이 구조화됐을 때다.

《자본론》에서 '자본'은 위에서 말한 의미의 자본과 연관된 스톡과 흐름들을 기술하는 데 다양하게 사용됐지만, 아울러 예를 들면 운전자본(working capital)(임금 지불을 위해 저장해놓은 돈), 불변자본(constant capital)(감가상각 포함) 등 다른 방식으로도 쓰였다. 이 모든 것에 관해서는 Blaug 1978 참조. 자본·소득·부의 설명에 관해서는 상자 6.1, 피케티의 자본 모델 개요에 관해서는 상자 6.2 참조.

4. 정확히 넘어선 날짜는 계속되고 있는 데이터 개선과 수정에 따라 어느 정도 달라지지만, 무형자산의 중요성이 증가하는 패턴만큼은 데이터에서 일관되게 나타난다. (예를 들어 Nakamura 2010 참조.)

5. 이것들은 약자인 COINVEST(www.coinvest.org.uk), INNODRIVE(www.innodrive.org), SPINTAN(www.SPINTAN.net), 그리고 INTAN-Invest(www.intan-invest.net)로 알려져 있다.

6. 베니거의 책 《통제 혁명(Control Revolution)》은 IT 이전에 존재했던 무형자산 투자의 매력적인 역사적 사례로 가득 차 있다. 아침 식사용 식품의 역사가 그중 하나다. 베니거의 주장에 따르면, 1879년 헨리 크로웰(Henry P. Crowell)이 발명한 퀘이커 오츠(Quaker Oats)는 소비자들에게 이 식품이 말의 사료가 아니라는 점을 확신시키기 위한 힘겨운 홍보 활동을 필요로 했다. 크로웰의 마케팅 혁신으로는 경품, 유명인 광고 및 특가 판매 등이 있었다(Beniger, 1896, 266). 마찬가지로 영국에서 최초로 개 먹이용 비스킷을 제조한 제임스 스프래트(James Spratt)는 1860년대의 회의적인 소비자들을 납득시킬 필요가 있었고, 런던에 최초로 옥외광고판을 세웠다. 그의 직원인 찰스 크러프트(Charles Cruft)는 크러프트 개 품평회(Cruft's dog show)를 창시했고 스프래트의 회사는 자사의 비스킷이 빅토리아 여왕의 명에 따라 사용되고 있다고 광고했다.

7. 이 관계에 대해 좀더 공식적으로 탐구한 결과, 무형 투자가 고용 경직성 및 제품 시장 규제와 음의 상관관계가 있으며 다른 요인을 통제한다는 사실을 찾아냈다.

03 무형 투자의 측정 방법

1. 투자와 GDP를 측정하는 데 매우 유용하며 데이터가 풍부한 지침은 Eurostat: http://ec.europa.eu/eurostat/statistics-explained/index.php/National_accounts_and_GDP에서 가져왔다.

2. Smith, *The Wealth of Nations*, 제2권, 3장.

3. 여기에 대해서는 앨런 그린스펀이 미국 상무부 경제분석국이 GDP의 정의 및 산출에서 직면한 문제에 대해 2000년에 논평한 것이 있다. "우리 시스템 안에서 과학기술 변화가 증대해왔으며 그것이 우리가 자본 투자라 부르는 것과 현재의 지출 사이의 구분을 모호하게 해왔다는 점이 분명해졌습니다. 그런데 여러분이 제철소를 건설했던 20~30년 전에는 그것이 무엇인지 더할 나위 없이 명확했고, 그것은 자본화되었죠. 그러나 오늘날의 세계에서는 특정 경비가 지출은 됐는데 GDP 측정에는 포함되지 않았는지 아니면 자본화되어 측정에 포함된 것인지를 파악하기가 아주아주 훨씬 더 어려워졌습니다." https://www.bea.gov/scb/account_articles/general/0100od/maintext.htm.

4. 이것들 전부가 'R&D'라고 주장할 사람도 있을 것이며, 우리도 동의한다. 그러나 R&D의 공식 정의는 과학적·기술적 불확실성을 해결하는 작업과 관련되어 있으며, 그것은 통상 적어도 심적으로는 디자인 및 예술적 노력 같은 것은 배제한다. 그에 따라 이 범주들은 R&D로부터 분리되었다.

5. 설문조사의 한 예: http://www.ons.gov.uk/file?uri=/surveys/informationforbusinesses/businesssurveys/quarterlyacquisitionsanddisposalsofcapitalassetssurvey/ft14qcastcm77375040.pdf.

6. 자산 가치에서 이러한 변화는 회계사들이 일반적으로 감가상각을 의미하는 용어로 쓰는 '마모(wear and tear)' 때문이거나 그 가치가 잭 트리플렛(Jack E. Triplett)을 따라 경제학자들이 '노후화(obsolescence)'라고 부르는 경쟁적 과정을 통해 감소하기 때문일 것이다. 이에 대해 더 알고 싶다면 이 장의 부록을 참조하라.

7. 이를테면 지출에 대한 수익 분배가 소수의 프로젝트만이 대단한 성공을 거둘 만큼 지극히 편중되어 있다면 이는 사실이 아닐 것이다. 홀, 제프, 트라첸버그(Hall, Jaffe, and Trajtenberg 2005)는 특허 인용이 매우 편향적으로 분배된다는 사실을 밝혀냈지만, 디자인, 소프트웨어 및 마케팅 지출에 대한 수익 편중에 대해서는 알려진 바가 거의 없다.

8. 공공 부문에서 시간이 어떻게 사용되는지에 대한 데이터가 약간 있긴 하다. 이를테면 메리 오마호니(Mary O'Mahony)는 독일 병원의 의사들을 조사했던 제바스티안 클린케(Sebastian Klinke)와 롤프 뮐러(Rolf Müller)(2008)의 연구를 인용하는데, 거기서 그들은 여섯 가지 상이한 업무 영역에 투여된 시간의 양을 표시해야 했다. 평균적으로 의사들은 근무일 1일당 의료 업무에는 4.3시간, 행정 업무에는 2.1시간,

환자들과 그 측근들과의 대화에는 1.4시간, 그리고 의학 보고서를 작성하는 데는 1.2시간을 썼다. 만일 의료 업무와 환자와의 대화를 '환자와 근접한' 업무로 분류한다면, 그것은 근무일 1일당 합쳐서 5.7시간을 차지했다. 만일 행정 업무와 의학 보고서 작성을 '환자와 먼' 업무로 분류한다면, 그것은 3.3시간을 차지했다. 이런 방식으로 설문조사는 직접적인 환자 서비스와 환자 행정이 약 2 대 1의 비율이라고 표시했다.

9. 법규는 자산 구축의 인센티브에 영향을 미치는 중요한 하나의 요인으로 간주할 수 있으나, 그 자체는 직접적으로 자산이 아니다.

10. 미국의 경제학자 마틴 와이츠먼(Weitzman 1976)은 유명한 논문에서 GDP는 복지의 척도가 아닌 반면, 그것과 밀접하게 관련 있는 척도인 국내순생산(net domestic product)(가격을 적절하게 조정했을 때)은 소비자들이 자신들의 소비의 흐름을 극대화하려고 애쓰고 있을 경우 유용한 척도가 된다고 밝혔다. GDP에 속하는 투자가 소비를 기준으로 한 복지의 척도 역할을 하는 이유는 그의 모델에서 소비자들이 현재의 투자가 미래의 소비를 산출할 것임을 알고 그것을 중시하기 때문이다.

04 무형 투자는 무엇이 다른가? 무형자산의 4S

1. 경제학자들은 흔히 시너지를 상승효과라고 부른다. 어떤 자산의 존재가 다른 자산의 가치를 상승시키기 때문이다.

2. 엄밀히 말해서, 경제학에서 확장성은 자본 자체보다는 투입/산출 관계의 특성이다. 경제학자들은 종종 '규모의 경제'를 이야기할 때 '규모(scale)'란 말을 사용하는데, 여기서의 의미는 한 회사가 전체 투입을 2배로 늘리면 산출은 2배 이상으로 늘어난다는 것이다. 비경합성, 아니 우리식 표현으로 확장성이 이와 관련된다. 이것을 잘 이해하기 위해 우리가 지구라는 행성을 재창조하여 거기에 현재 우리가 갖고 있는 천연자원, 노동력 및 자본을 똑같이 투입한다고 가정해보자. 그다음 우리가 자원, 노동력 및 자본 투입을 2배로 늘린다고 상상해보자. 현재의 지구와 똑같은 산출을 얻기 위해서는 아이디어(이를테면 대수학의 재창조)의 투입 역시 2배로 늘려야 할까? 아니다. 비경합성 때문에 원래의 지구에서와 똑같은 아이디어들을 그냥 확장하면 된다. 그러므로 우리가 무형자산이 '확장 가능하다'고 얘기할 때, 그것은 엄밀히 말하면 몇 번이고 재사용되고 있는 자산의 근간을 이루는 지식이다.

3. 서턴(Sutton 1991)은 확장성 및 매몰 비용과 그것들이 시장 구조에 미친 효과에 대

한 고전적인 논의다.

4. http://www.mckinsey.com/business-functions/strategy-and-corporate-finance/
   our-insights/learning-to-let-go-making-better-exit-decisions.

5. 애비너시 딕시트(Avinash Dixit 1992)는 만일 투자에 일부 매몰 비용이 수반된다면,
   불확실성이 지속된다면, 그리고 투자 기회가 향후 다시 발생할 수 있다면, 기다림
   에도 어느 정도 가치는 있다고 지적한다. 기다림은 매몰 비용을 피해갈 것이고, 미
   래에 대해 더욱 많은 정보를 드러낼 것이다. 딕시트와 핀다이크(Dixit and Pindyck
   1995)는 매몰된 R&D 투자 프로젝트 사례 하나를 두 단계로 정리했는데, 비용이 크
   게 드는 1단계는 2단계(비용이 덜 드는)의 수익에 대한 정보를 드러낸다. 그들의 사
   례에 나오는 단순한 순현재가치 계산은 높은 매몰 비용 때문에 1단계의 가치가 없
   다고 발표한다. 그러나 만일 불확실성을 해결한 데서 나오는 수익 역시 집계한다면
   1단계는 매우 가치가 큰 것으로 판명 날 수 있다. 그것이 '옵션', 즉 2단계로 계속 진
   행할지의 여부를 결정할 기회를 창출하기 때문이다. 따라서 무형자산에 투자하는
   것은 그것이 1단계에서처럼 직접적으로 자산을 창출하지 않는다 하더라도 매우 가
   치가 있으며, 캐럴 코라도·찰스 헐튼(Corrado and Hulten 2010)이 '전략적' 자산이
   라고 부르는 것을 갖고 있다고 설명할 수 있다.

6. *The Writings of Thomas Jefferson.* 1905. Edited by Andrew A. Lipscomb and
   Albert Ellery Bergh. Thomas Jefferson Memorial Association, 13:333-35.

7. 미국 헌법 제1장 제8조 제8항은 연방의회에 다음과 같은 권한을 부여한다. "일정 기
   간 동안 저자들과 발명가들에게 각각 그들이 한 저작과 발명에 대하여 배타적 권리
   를 보장함으로써 과학 및 실용예술의 진흥을 촉진한다."

2부 무형 경제의 부상이 미친 영향

05 무형자산, 투자, 생산성 및 장기 불황

1. Summers 2015로 발간. 서머스는 다음에서 자신의 견해를 발전시켰다. Keynote
   Address at the National Association for Business Economics Policy Conference,
   February 24, 2014. 폴 크루그먼(Paul Krugman) 역시 '유동성 함정(liquidity trap)'
   이란 용어를 대중화했는데, 이는 이자율을 더 이상 인하할 수 없고 이자율 조정으로

투자와 소비를 변화시킴으로써 효과를 발휘하는 통화정책이 경제활동에 미치는 영향력을 상실한 상황을 지칭한다.

2. 여러 가지 다양한 수익 측정치가 있다. 통계청이 발표하는 것도 그중 하나다. 통계청은 고용자본 수익을 생산하기 위해 범경제적 상업자본으로 나눈 범경제적 기업수익(이를테면 은행이나 석유업계 같은 부문은 보통 제외한다)을 측정한다. (이와 관련 있는 대안이 GDP로 나눈 기업수익인데, 이것은 고용자본수익이 아니고 오히려 총수입 중에서 그 수익들이 차지하는 비중이다.) 가끔 '수익'으로 지칭되는 그 밖의 측정치들은 주식시장의 가치평가—예를 들어 토빈의 Q(Tobin's Q, 유형자본 가치 대비 비금융권 기업들의 시장가치 비율)나 GDP의 일부로서 자기자본의 시장가치—에서 나온다.

3. 이 견해에 대한 도전이 제임스 베슨(Bessen 2016)의 연구에 나온다. 그는 기업의 시장가치를 (i) R&D, 광고 및 행정 비용에 대한 일반 지출을 사용하는 회사 무형자산에 대한 데이터와 (ii) 규제, 로비활동 및 그 업계의 지대추구 정도에 대한 산업 데이터를 결합시킨다. 다른 연구들처럼 그는 시장가치와 다양한 무형자산 측정치 및 로비활동/지대추구 측정치들 사이에서 통계적으로 유의미한 상관관계를 발견한다. 그러나 그의 데이터에서는 2000년대부터 무형/유형 자본 비율이 하락하고 있으므로 그는 무형자산이 1980년부터 2000년까지는 증가를 설명할 수 있지만 2000년대의 수익 증가는 설명할 수 없다고 결론 내린다. 그러나 그도 인정하듯이 그의 규제와 R&D 측정치는 제약과 운송 같은 몇몇 산업에만 고도로 집중되어 있다. 그러므로 그는 우리가 사용하는 더욱 광범위한 무형자산을 측정하고 있지 않다.

4. 총요소 생산성 측정은 회사들이 자신들의 투입(즉, 모든 투입 단위당 산출)을 얼마나 잘 사용하고 있는지를 측정하는 것임을 기억하라. 만일 그것들을 확장할 수 있거나 아니면 한술 더 떠서 다른 회사들의 투입에서 이득을 볼 수 있다면, 총요소 생산성은 증가한다.

5. 예를 들어, http://stumblingandmumbling.typepad.com/stumbling_and_mumbling/2016/03/barriers-to-productivity-growth.html 참조.

06 무형자산과 불평등 확대

1. 그것이 뮬(mule: 영어로 말과 당나귀의 잡종인 '노새'를 뜻하는 단어—옮긴이)이라 불린 이유는 두 개의 초기 발명품인 수력방적기(water frame)와 다축방적기

(spinning jenny)의 잡종이었기 때문인데, 이는 무형 투자―이 경우 다른 종류의 R&D―사이의 시너지가 최근의 발견이 아님을 입증하는 좋은 사례다.

2. Louis Anslow, https://timeline.com/robots-have-been-about-to-take-all-the-jobs-for-more-than-200-years-5c9c08a2f41d#.wh363gjar. 또한 Bakhshi, Frey, and Osborne 2015도 참조할 것.

3. 예를 들면 그의 사이트를 참조할 것: http://stumblingandmumbling.typepad.com/stumbling_and_mumbling/2011/10/the-bosses-pay-con-trick.html.

4. 이 논리의 배후에는 더욱 심오한 이유가 있는데, 유동자본 과세가 노동자들의 부담으로 귀결된다는 것이다. 어떻게 해서 자본 소유자들이 납부해야 하는 세금고지서가 노동자들의 지불로 끝난다는 걸까? 해답은 세금의 법적 부담과 경제적 부담 사이의 차이다. 법적 부담자는 수표를 쓴 당사자의 신원이다. 경제적 부담자는 결과적으로 소득이 바뀌는 당사자의 신분이다. 따라서 만일 정부가 해외로 이동할 수 있는 자본에 과세한다면, 법적 부담은 실제로 납세해야 하는 자본 소유자에게 떨어진다. 이 사례에서는 자본이 모두 해외에 가 있으므로 아무도 세금을 내지 않는다. 그러나 일할 자본이 적어져 노동자들의 생산성이 떨어지므로 노동자들의 임금이 하락한다. 그러므로 경제적 부담은 노동자들에게 떨어진다.

5. Krueger 2016에 보고되어 있다.

07 무형자산을 위한 인프라와 무형 인프라

1. 존 페얼리(John Fairley)는 런던에서 1900년에 말 30만 마리의 생생한 초상화를 그린다(*Horses of the Great War* 2016, prologue). "그레이트 웨스턴 철도(Great Western Railway)는 …… 마구간지기, 편자공, 수의사 및 말 먹이 마부들만큼이나 많은 종업원 부대를 보유한 …… 4층 높이의 마구간 호텔을 지었는데 …… 특별한 조직적 복잡성과 정교함의 인프라에 의해 유지되었다……."

2. 에저턴 역시 거리의 소멸에 대한 주장이 상당 기간 동안 지속됐다고 지적한다. 그는 "사람들은 1914년 전에 유행했던 특정 문장들을 계속 반복하고 있다. 가장 선호되는 두 개는 '거리의 소멸'과 '국경의 실종'이다. 그는 '비행기와 라디오가 거리를 소멸해 왔다'와 '세상의 모든 지역은 이제 상호의존적이다'라는 서술을 얼마나 자주 마주쳤는지 모른다"고 1944년에 쓴 조지 오웰(George Orwell)의 말을 인용한다. Orwell, "As I Please," *Tribune*, May 12, 1944.

3. '장소 기반형' 정책들을 평가하던 경제학자들은 두 가지 중요한 문제점을 발견했다. 첫 번째, 정책에서 언제나 그렇듯 반사실적 서술이 무엇인지, 즉 클러스터가 없었다면 무슨 일이 일어났을지를 알기가 어렵다는 것이다. 두 번째, 경제학자늘은 '변위(displacement)'의 증거를 계속해서 찾으려 해왔다. 경제학자 헨리 오버만(Henry Overman)과 엘리아스 에이니오(Elias Einio)는 빈곤지역에 고용 보조금을 지원했던 2006~2011년의 영국 지역기업성장 이니셔티브(Local Enterprise Growth Initiative)를 검토해봤다. 그들은 그것이 빈곤지역의 고용률을 5퍼센트 늘리긴 했지만 이웃한 지역에서는 5퍼센트 줄였음을 발견했다. 더 나쁘게도, 6년 후 프로그램이 끝나자 기업들은 모두 원래 지역으로 돌아갔다. 따라서 그 프로그램은 기업들이 일시적으로 0.5마일가량을 옮겨가는 데 약 4억 1800만 파운드를 쓴 것이었다.

4. 그녀의 사표 편지는 https://shift.newco.co/letter-of-resignation-from-the-palo-alto-planning-and-transportation-commission-f7b6facd94f5#.9oa7winlu에 있고, Marginal Revolution blog, http://marginalrevolution.com/marginalrevolution/2016/08/collective-land-ownership-in-palo-alto.html에 인용되어 있다.

5. 대니얼 데이비스(Daniel Davies)와 테스 리드(Tess Read)의 책 《돈의 은밀한 일생(The Secret Life of Money)》(2015)에는 무역박람회의 경제학에 관한 탁월한 내용이 있다.

08 무형 경제의 자금 조달 과제

1. 케인스는 《고용·이자 및 화폐의 일반이론(The General Theory of Employment Interest and Money)》의 12장에서 "시장의 심리를 예측하는 활동"인 **투기**(speculation)와 "자산의 전체 수명 동안 그 잠재적 수익률을 예측하는 활동"인 **사업**(enterprise)을 구분한다. "〔만일〕 투자자가 …… 자본 증식의 기대가 있을 때를 제외하면 쉽사리 투자를 구매하지 않으려 할 경우 …… 위의 의미에서 그는 투기꾼이다. 투기꾼은 사업이라는 꾸준한 물줄기의 거품으로 있을 때는 아무 해도 끼치지 않을 수 있다. 그러나 사업이 투기라는 소용돌이에서 거품이 될 때 상황은 심각해진다. 한 국가의 자본 개발이 카지노 활동의 부산물이 될 때, 그 일은 잘못될 가능성이 높다."

2. 좀더 미묘한 논거는 공개적으로 이용 가능한 R&D가 제약을 받고 있다는 것이다. 애시시 아로라(Ashish Arora)·샤론 벨렌존(Sharon Belenzon)·안드레아 파타코니(Andrea Patacconi)(2015)의 연구는 1980년에서 2007년 사이 미국의 주식거래에

관한 미국 기업들의 과학출판물들을 검토했고, 상장기업들이 더 많은 특허를 내고 있으며 이 특허들의 가치가 안정적으로 보이는 반면 자사의 연구에 관해 예전보다 언론에는 덜 발표하고 있다는 사실을 발견했다.

3. CMA/FCA의 최신 보고서에 따르면, 중소기업의 25퍼센트만이 "은행이 자신들의 사업을 지원하고 있다"고 생각하고 있었다.

4. 《햄릿》, 1막, 3장, 75~76행.

5. 미국의 규칙에 관해서는 이를테면 http://www.federalreserve.gov/bankinforeg/stress-tests/2014-revised-capital-framework.htm#f37r 참조.

6. 이것은 세금의 영향에 맞춰 조정해도 지속되는 것 같다.

7. 이것의 일부는 〈이코노미스트〉에 거론되어 있다: http://www.economist.com/news/briefing/21651220-most-western-economies-sweeten-cost-borrowing-bad-idea-senseless-subsidy.

8. http://www.bloomberg.com/news/articles/2014-10-06/s-p-500-companies-spend-almost-all-profits-on-buybacks-payouts.

9. 데이비드 아이켄베리(David Ikenberry)·조지프 라코니쇼크(Josef Lakonishok)·테오 페르말런(Theo Vermaelen)(1995)이 자사주 매입이 단기적으로 가치를 창출하며 장기적으로는 훨씬 더 큰 가치를 창출한다고 주장한 대목에 주목해야 할 것이다.

10. 이는 경제학자들인 샌퍼드 그로스먼(Sanford Grossman)·올리버 하트(Oliver Hart) (1980)의 유명한 주장과 연관되어 있는데, 그들은 소액 주주들이 실적이 저조한 경영진을 제거하는 데 자원을 쏟지 않고 오히려 그냥 주가를 통해서 다른 사람들(특히 기업 매수자들)의 작업에 암암리에 의존하려 든다고 지적했다.

11. 그의 프로필은 〈포브스 매거진(Forbes Magazine)〉 참조. http://archive.fortune.com/magazines/fortune/fortune_archive/1998/10/26/250008/index.htm.

09 무형 경제의 경쟁, 경영 및 투자

1. Sarah O'Connor, "Amazon Unpacked," February 8, 2013, https://www.ft.com/content/ed6a985c-70bd-11e2-85d0-00144feab49a.

2. 지속적인 경쟁 우위를 흔히 장기수명이 아니라 환경적 우려의 척도를 지칭하는 지속가능성과 혼동하면 안 된다. 그러나 두 가지 모두 적합한 목표일 때가 많을 것이다. 입법부와 여론의 압력은 아마도 기업들이 반드시 둘 다 하고 싶도록 만들 것이

기 때문이다. 그러나 예를 들어 회사가 환경적 해악을 유발함으로써 단기 소득을 올릴 수 있는 경우도 언제고 있을 것이다(이를테면 부적절하게 폐기물을 버리는 것). 마찬가지로 단기 소득을 올릴 수 있는 가장 쉬운 방법은 공급업체에 대한 약속(그리고 어쩌면 고객들에 대한 약속)을 어기는 것이나. 이 선략 중 어느 것도 장기적으로는 지속가능하지 않으며 따라서 우리는 그것들을 제외한다.

3. https://data.ers.usda.gov/reports.aspx?StateFIPS=16&StateName=Idaho& ID=17854.

4. 더 많은 논의에 대해서는 레브와 구평(Lev and Gu 2016), 그리고 니콜라이 포스 (Nicolaï Foss)와 닐스 스티글리츠(Nils Stieglitz)(2012)가 아주 접근하기 쉽게 다룬 내용을 참조하라. 케이(Kay 1993)는 세 개의 제목 아래 기업들이 창출할 수 있는 명확한 자산을 분류한다. 바로 혁신, 명성 및 구축이다(후자는 조직의 특징이다).

5. http://stumblingandmumbling.typepad.com/.

6. 매우 적극적인 인쇄물은 그렇다면 누가 그 권한을 가져야 하는가, 경영자인가, 노동자인가, 아니면 소유주인가라고 묻는다.

7. 예를 들어 www.sfgate.com(http://www.sfgate.com/bayarea/article/Court-to-FedEx-Your-drivers-are-full-time-5717048.php)에 보고되어 있다. 페덱스는 운전기사들에게 승합차를 자가공급하라고 요구했음에도 불구하고 "크기, 선반 및 페인트 색깔"을 특정했다고 알려져 있다.

8. 그리고 경영 조사연구는 정말로 이 효과를 수정하려고 한다. 그러니까 이를테면 세계 경영 조사는 목표의 시계에 관해 묻고 "단기 목표가 장기 목표에 도달하는 '계단'이 될 수 있도록 장기 목표가 특정한 단기 목표로 옮겨져 있을 경우" 높은 점수를 준다. 〔세계 경영 조사(World Management Survey), 10번 문제, 제조업 설문지, http://worldmanagementsurvey.org/wp-content/images/2010/09/Manufacturing-Survey-Instrument.pdf.〕

9. 물론 이러한 일반원칙을 넘어서는 복잡한 문제가 많다. 첫째, 기업 회계에서 무형자산은 종종 '영업권 외 무형자산'(이를테면 논의했던 특허)과 '영업권'으로 쪼개진다. 영업권은 기업이 이를테면 인수를 통해 다른 기업과 결합될 때처럼 오직 외부에서만 발생한다. 영업권은 기업에 지불된 것과 그 유형자산의 가치 사이의 격차를 측정한다. 영업권의 그런 측정은 자산으로 다뤄지고, 그러고 나면 분할상환된다(혹은 만일 영업권의 가치가 잠식이라 불리는 합의된 방식으로 떨어진다면 이를 위해

비용이 투입된다). 여기에 대한 영국의 지침에 대해서는 UK Financial Reporting Council, FRS102, chapters 18 and 19 참조. 레브(Lev 2001의 부록 A)는 미국의 원칙을 보고하는데, 예를 들면 신용카드 포트폴리오의 정보 구매, 영화와 TV 기업들의 라이브러리, 그리고 채굴권과 공항 착륙권에서와 같은 일련의 복잡한 예외가 있지만 똑같은 패턴을 따른다.

10. 레브와 구펑(Lev and Gu 2016)가 지적하듯 2011년에 HP는 100억 달러에 오토노미(Autonomy)사를 인수했는데, 그 가치의 대부분은 소프트웨어다. 그러나 그러고 나서 이듬해 거의 모든 액수를 탕감했다.

11. BAT Financial statement, 2015: www.bat.com/ar/2015/assets/downloads/BAT_Financial_Statements_2015.pdf.

10 무형 경제의 공공 정책: 다섯 가지 도전 과제

1. 특정 규제들은 "런던조망관리체계"(2012) 1부 89쪽에 잘 정리되어 있다.

2. 한편으로 상당한 이익을 창출해왔을 법한 일부 독점기업이 경쟁 정책 전체를 흔드는 주객전도의 상황을 허용하는 것은 좋은 정책일 것 같지 않다. 다른 한편으로 소기업들이 많은 시장구조를 창출하는 경쟁 정책에 집착하는 것도 좋은 정책결정은 아닌 듯하다. 무형자산이 풍부한 기업(짐작건대 대기업)들로부터 발생하는 많은 이익을 소비자들이 향유할 수 없을 것이기 때문이다. 오히려 경쟁 정책은 시장이 경쟁의식을 불러일으키고 있는지, 예를 들면 신생 기업이나 신제품이 소개되도록 하는지에 초점을 맞춰야 한다.

3. https://www.iras.gov.sg/irashome/Schemes/Businesses/Productivity-and-Innovation-Credit-Scheme/#title5 참조.

참고문헌

Aghion, Philippe, and Peter Howitt. 1992. "A Model of Growth through Creative Destruction." *Econometrica* 60 (2): 323-51. doi:10.2307/2951599.

Aghion, Phillippe, John Van Reenen, and Luigi Zingales. 2013. "Innovation and Institutional Ownership." *American Economic Review* 103 (1): 277-304. doi:10.1257/aer.103.1.277.

Allen, Robert C. 1983. "Collective Invention." *Journal of Economic Behavior & Organization* 4 (1): 1-24. doi:10.1016/0167-2681(83)90023-9.

Alvaredo, Facundo, Anthony B. Atkinson, Thomas Piketty, and Emmanuel Saez. 2013. "The Top 1 Percent in International and Historical Perspective." *Journal of Economic Perspectives* 27 (3): 3-20. http://www.aeaweb.org/articles?id=10.1257/jep.27.3.3.

Amore, Mario Daniele, Cédric Schneider, and Alminas Zaldokas. 2012. "Credit Supply and Corporate Innovations." *SSRN Electronic Journal*. doi:10.2139/ssrn.2022235.

Andrews, Dan, Chiara Criscuolo, and Peter Gal. 2016. "Mind the Gap: Productivity Divergence between the Global Frontier and Laggard Firms." OECD Productivity Working Papers.

Appelt, Silvia, Matej Bajgar, Chiara Criscuolo, and Fernando Galindo-Rueda. 2016. "R&D Tax Incentives: Evidence on Design, Incidence and Impacts." OECD Science, Technology and Industry Policy Papers, No. 32. http://dx.doi.

org/10.1787/5jlr8fldqk7j-en.

Arora, Ashish, Sharon Belenzon, and Andrea Patacconi. 2015. "Killing the Golden Goose? The Changing Nature of Corporate Research, 1980-2007." Fuqua Business School, Working Paper. https://faculty.fuqua.duke.edu/~sb135/bio/w20902.pdf.

Arrow, Kenneth. 1962. "Economic Welfare and the Allocation of Resources for Invention." In *The Rate and Direction of Inventive Activity: Economic and Social Factors*, edited by Universities-National Bureau, 1: 609-26. National Bureau of Economic Research, Inc. http://ideas.repec.org/h/nbr/nberch/2144.html.

Arthur, W. Brian. 2009. *The Nature of Technology: What It Is and How It Evolves*. Free Press.

Autor, David, H. 2013. "The Task Approach to Labor Markets: An Overview." *Journal for Labour Market Research* 46 (3): 185-99. https://ideas.repec.org/a/iab/iabjlr/v2013i3p185-199.html.

____. 2014. "Skills, Education, and the Rise of Earnings Inequality among the 'Other 99 Percent.'" *Science* 344 (6186).

Awano, G., M. Franklin, J. Haskel, and Z. Kastrinaki. 2010. "Measuring Investment in Intangible Assets in the UK: Results from a New Survey. *Economic & Labour Market Review* 4 (7): 66-71.

Bakhshi, Hasan, Carl Benedikt Frey, and Mike Osborne. 2015. "Creativity vs. Robots." http://www.nesta.org.uk/sites/default/files/creativity_vs._robots_wv.pdf.

Bakhshi, Hasan, Juan Mateos-Garcia, and Andrew Whitby. 2014. "Model Workers: How Leading Companies Are Recruiting and Managing Data Talent." http://www.nesta.org.uk/publications/model-workers-how-leading-companies-are-recruiting-and-managing-data-talent.

Bandiera, Oriana, Luigi Guiso, Andrea Prat, and Raffaella Sadun. 2011. "What Do CEOs Do?" Harvard Business School, Working Paper, No. 11-081.

Barth, Mary E., Ron Kasznik, and Maureen F. McNichols. 2001. "Analyst Coverage and Intangible Assets." *Journal of Accounting Research* 39 (1): 1-34. doi:10. 1111/1475-679X.00001.

Belfield, Chris, Jonathan Cribb, Andrew Hood, and Robert Joyce. 2014. *Living Standards, Poverty and Inequality in the UK: 2014*. IFS Reports, Institute for Fiscal Studies.

Bell, Alex, Raj Chetty, Xavier Jaravel, Neviana Petkova, and John Van Reenen. 2016. "The Lifecycle of Inventors." *SSRN Electronic Journal*. doi:10.2139/ssrn. 2838018.

Bell, Brian D., and John Van Reenen. 2013. "Extreme Wage Inequality: Pay at the Very Top." *American Economic Review* 103 (3): 153-57. http://www.jstor. org/stable/23469720.

Beniger, James R. 1986. *The Control Revolution: Technological and Economic Origins of the Information Society*. Harvard University Press.

Berliner, J. S. 1957. *Factory and Manager in the Soviet Union*. Cambridge University Press.

Bernstein, Shai. 2015. "Does Going Public Affect Innovation?" *Journal of Finance* 70 (4): 1365-1403. doi:10.1111/jofi.12275.

Bessen, James. 2015. "Toil and Technology." *Finance and Development* 52 (1). http://www.imf.org/external/pubs/ft/fandd/2015/03/bessen.htm.

____. 2016. "Accounting for Rising Corporate Profits: Intangibles or Regulatory Rents?" Boston University School of Law, Law & Economics, Working Paper, No. 16-18. http://www.bu.edu/law/faculty-scholarship/working-paper-series/.

Big Innovation Centre. 2017. "The Purposeful Company: Policy Report." http:// biginnovationcentre.com/media/uploads/pdf/TPC_PolicyReport.pdf.

Black, Jane, David de Meza, and David Jeffreys. 1996. "House Prices, the Supply of Collateral and the Enterprise Economy." *Economic Journal* 106 (434): 60. doi:10.2307/2234931.

Blaug, Mark. 1978. *Economic Theory in Retrospect*. 3rd ed. Cambridge University Press.

Blaug, Ricardo and Rohit Lekhi (2009), Accounting for Intangibles: Financial

Reporting and Value Creation in the Knowledge Economy, London: The Work Foundation.

Bloom, Nicholas, Christos Genakos, Raffaella Sadun, and John Van Reenen. 2011. "Management Practices across Firms and Countries." Harvard Business School, Working Paper, No. 12-052.

Bloom, Nicholas, Raffaella Sadun, and John Van Reenen. 2012. "Americans Do IT Better: US Multinationals and the Productivity Miracle." *American Economic Reveiw* 102 (1): 167-201. http://ideas.repec.org/a/aea/aecrev/v102y2012ilp167-201.html.

Bonnet, Odran, Pierre-Henri Bono, Guillaume Chapelle, and Etienne Wasmer. 2014. "Does Housing Capital Contribute to Inequality? A Comment on Thomas Piketty's Capital in the 21st Century." SciencesPo Economics Discussion Paper 2014-07. https://econpapers.repec.org/paper/spowpecon/info_3ahdl_3a2441_2f30nstiku669glbr66l6n7mc2oq.htm.

Bower, M. 1979. *Perspective on McKinsey*. Internal McKinsey publication.

Braggion, Fabio, and Lyndon Moore. 2013. "The Economic Benefits of Political Connections in Late Victorian Britain." *Journal of Economic History* 73 (1): 142-76. doi:10.1017/S0022050713000053.

Brynjolfsson, Erik, Loren Hitt, and Shinkyu Yang. 2002. "Intangible Assets: How the Interaction of Computers and Organizational Structure Affects Stock Market Valuations." *Brookings Papers on Economic Activity* 33 (1): 137-98.

Brynjolfsson, Erik, and Andrew McAffee. 2014. *The Second Machine Age*. W. W. Norton and Co.

Chen, Ester, Ilanit Gavious, and Baruch Lev. 2015. "The Positive Externalities of IFRS R&D Rule: Enhanced Voluntary Disclosure." http://people.stern.nyu.edu/blev/files/Positive-Externalities-of-IFRS_March_30_2015_k4gn98s2.pdf.

Chesson, Adrian. 2001. "Estimation of Software in the UK National Accounts—Recent Developments." OECD STD/NA(2001)23. http://www.oecd.org/std/na/1908892.doc.

Colecchia, Alessandra, and Paul Schreyer. 2002. "ICT Investment and Economic

Growth in the 1990s: Is the United States a Unique Case?" *Review of Economic Dynamics* 5 (2): 408-42. doi:10.1006/redy.2002.0170.

Corrado, Carol A. 2010. "Intangible Capital and Economic Growth." https://www.wilsoncenter.org/sites/default/files/CorradoPresentation.pdf.

Corrado, Carol A., and Janet X. Hao. 2013. "Brands as Productive Assets: Concepts, Measurement and Global Trends." http://www.wipo.int/export/sites/www/econ_stat/en/economics/pdf/wp13.pdf.

Corrado, Carol A., Jonathan Haskel, Cecilia Jona-Lasinio, and Massimiliano Iommi. 2013. "Innovation and Intangible Investment in Europe, Japan, and the United States." *Oxford Review of Economic Policy* 29 (2): 261-86. http://ideas.repec.org/a/oup/oxford/v29y2013i2p261-286.html.

_____. 2016. "Intangible Investment in the EU and US before and since the Great Recession and Its Contribution to Productivity Growth." EIB Working Paper, No. 2016/08. http://www.eib.org/attachments/efs/economics_working_paper_2016_08_en.pdf.

Corrado, Carol A., and Charles R. Hulten. 2010. "How Do You Measure a 'Technological Revoloution'?" *American Economic Review* 100 (2): 99-104. doi:10.1257/aer.100.2.99.

Corrado, Carol A., Charles Hulten, and Daniel Sichel. 2005. "Measuring Capital and Technology: An Expanded Framework." In *Measuring Capital in the New Economy*, edited by Carol A. Corrado, John Haltiwanger, and Daniel Sichel. University of Chicago Press.

_____. 2009. "Intangible Capital and U.S. Economic Growth." *Review of Income and Wealth* 55 (3): 661-85.

Corrado, Carol A., M. O'Mahony, and Lea Samek. 2015. "Measuring Education Services as Intangible Social Infrastructure." SPINTAN Working Paper Series, No. 19.

Cowen, Tyler. 2011. *The Great Stagnation: How America Ate All the Low-Hanging Fruit of Modern History, Got Sick, and Will (Eventually) Feel Better*. Penguin eSpecial from Dutton.

CQ Researcher. 2016. "The Iron and Steel Industry." http://library.cqpress.com/
cqresearcher/document.php?id=cqresrre1930050100.

Crawford, Rowena, Dave Innes, and Cormac O'Dea. 2016. "Household Wealth
in Great Britain: Distribution, Composition and Changes 2006-12." *Fiscal
Studies* 37 (1): 35-54. doi:10.1111/j.1475-5890.2016.12083.

David, Paul. 1990. "The Dynamo and the Computer: An Historical Perspective
on the Modern Productivity Paradox." *American Economic Reveiw* 80 (2):
355-61.

Davies, Daniel, and Tess Read. 2015. *Secret Life of Money—Everyday Economics
Explained.* Metro.

Davies, Richard, Andrew Haldane, Mette Nielsen, and Silvia Pezzini. 2014.
"Measuring the Costs of Short-Termism." *Journal of Financial Stability* 12
(June): 16-25.

Dixit, Avinash. 1992. "Investment and Hysteresis." *Journal of Economic Perspectives*
6 (1): 107-32. http://www.aeaweb.org/artiles?id=10.1257/jep.6.1.107.

Dixit, Avinash, and Robert S. Pindyck. 1995. "The Options Approach to Capital
Investment." *Harvard Business Review* 73 (3). https://hbr.org/1995/05/the-
options-approach-to-capital-investment.

Dodgson, Mark, David Gann, and Ammon J. Salter. 2005. *Think, Play, Do:
Technology, Innovation, and Organization.* Oxford University Press.

Domar, Evsey D. 1961. "On the Measurement of Technological Change." *Economic
Journal* 71 (284): 709-29.

Edgerton, David. 2011. *Shock of the Old: Technology and Global History since
1900.* Profile.

Edmans, Alex. 2009. "Blockholder Trading, Market Efficiency, and Managerial
Myopia." *Journal of Finance* 64 (6): 2481-2513. doi:10.1111/j.1540-6261.2009.
01508.x.

_____. 2011. "Does the Stock Market Fully Value Intangibles? Employee Satisfaction
and Equity Prices." *Journal of Financial Economics* 101 (3): 621-40. doi:10.
1016/j.jfineco.2011.03.021.

_____. 2014. "Blockholders and Corporate Governance." *Annual Review of Financial Economics* 6 (1): 23-50. doi: 10.1146/annurev-financial-110613-034455.

Edmans, Alex, Vivian W. Fang, and Katharina Lewellen. 2013. "Equity Vesting and Managerial Myopia." NBER, Working Paper, No. 19407, 1-60. doi:10.2139/ssrn.2270027.

Forman, Chris, Avi Godfarb, and Shane Greenstein. 2016. "Agglomeration of Invention in the Bay Area: Not Just ICT." *American Economic Review* 106 (5): 146-51. doi:10.1257/aer.p20161018.

Forth, T. 2015. "The North-South Divide: We Never Even Tried." http://www.tomforth.co.uk/wenevertried/.

Foss, Nicolaï, and Nils Stieglitz. 2012. "Modern Resource-Based Theory(ies)." In *Handbook on the Economics and Theory of the Firm*, edited by Michael Dietrich and Jackie Krafft. Edward Elgar Publishing, Inc. doi:10.4337/9781781002407.00030.

Fraser, Stuart. 2012. "The Impact of the Financial Crisis on Bank Lending to SMEs." http://mbsportal.bl.uk/taster/subjareas/smlbusentrep/bis/13799212_949_bank_lending_smes.pdf.

Freeman, Richard. 2007. "The Great Doubling: The Challenge of the New Global Labor Market." In *Ending Poverty in America: How to Restore the American Dream*, edited by John Edwards, Marion Crain, and Arne L. Kalleberg. New Press.

Fukao, Kyoji, Tsutomu Miyagawa, Kentaro Mukai, Yukio Shinoda, and Konomi Tonogi. 2009. "Intangible Investment in Japan: Measurement and Contribution to Economic Growth." *Review of Income and Wealth* 55 (3): 717-36.

Garicano, Luis. 2000. "Hierarchies and the Organization of Knowledge in Production." *Journal of Political Economy* 108 (5): 874-904. doi:10.1086/317671.

Garicano, Luis, and Thomas N. Hubbard. 2007. "Managerial Leverage Is Limited by the Extent of the Market: Hierarchies, Specialization, and the Utilization of Lawyers' Human Capital." *Journal of Law and Economics* 50 (1): 1-43.

Gaspar, Jess, and Edward L. Glaeser. 1998. "Information Technology and the Future of Cities." *Journal of Urban Economics* 43 (1): 136-56.

Giorgio Marrano, Mauro, and Jonathan Haskel. 2007. "How Much Does the UK Invest in Intangible Assets?" CEPR Discussion Papers, No. DP6287. http://ideas.repec.org/p/cpr/ceprdp/6287.html.

Giorgio Marrano, Mauro, Jonathan Haskel, and Gavin Wallis. 2009. "What Happened to the Knowledge Economy? ICT, Intangible Investment and Britain's Productivity Record Revisited." *Review of Income and Wealth* 55 (3): 686-716.

Glaeser, Edward L. 2011. *Triumph of the City*. Macmillan.

Glaeser, Edward L., Hedi D. Kallal, José A. Scheinkman, and Andrei Shleifer. 1992. "Growth in Cities." *Journal of Political Economy* 100 (6): 1126-52. doi:10.1086/261856.

Goldin, Claudia, and Lawrence F. Katz. 2008. *The Race between Education and Technology*. Harvard University Press.

Goodridge, P. R., and J. Haskel. 2016. "Big Data in UK Industries: An Intangible Investment Approach." Imperial College Business School. http://hdl.handle.net/10044/1/32279.

Goodridge, P. R., and J. Haskel, and G. Wallis. 2016. "Accounting for the UK Productivity Puzzle: A Decomposition and Predictions." *Economica* (Dec). doi:10.1111/ecca.12219.

Goos, Maarten, and Alan Manning. 2007. "Lousy and Lovely Jobs: The Rising Polarization of Work in Britain." *Review of Economics and Statistics* 89 (1): 118-33. http://ideas.repec.org/a/tpr/restat/v89y2007i1p118-133.html.

Gordon, Robert J. 2016. *The Rise and Fall of American Growth: The U.S. Standard of Living since the Civil War*. Princeton University Press.

Graham, John R., Campbell R. Harvey, and Shiva Rajgopal. 2005. "The Economic Implications of Corporate Financial Reporting." *Journal of Accounting and Economics* 40 (1): 3-73. doi:10.1016/j.jacceco.2005.01.002.

Griliches, Zvi. 1992. "The Search for R&D Spillovers." *Scandinavian Journal of*

Economics 94 (supplement): S29-47.

Grossman, Sanford J., and Oliver D. Hart. 1980. "Takeover Bids, the Free-Rider Problem, and the Theory of the Corporation." *Bell Journal of Economics* 11 (1): 42-64. doi:10.2307/3003400.

Groysberg, Boris, Andrew McLean, and Nitin Nohria. 2006. "Are Leaders Portable?" *Harvard Business Review* 84 (5): 92-100.

Guy, Frederick. 2014. "Technological Change, Bargaining Power and Wages." In *Our Work Here Is Done: Visions of a Robot Economy*, edited by Stian Westlake. Nesta.

Håkanson, Christina, Erik Lindqvist, and Jonas Vlachos. 2015. "Firms and Skills: The Evolution of Worker Sorting." IFAU—Institute for Evaluation of Labour Market and Education Policy, Working Paper, No. 2015: 9.

Hall, Bronwyn H., Christian Helmers, and Goerg von Graevenitz. 2015. "Technology Entry in the Presence of Patent Thickets." NBER, Working Paper, No. 21455. doi:10.3386/w21455.

Hall, Bronwyn H., Adam Jaffe, and Manuel Trajtenberg. 2005. "Market Value and Patent Citations." *RAND Journal of Economics* 36 (1): 16-38.

Hall, Bronwyn H., and Josh Lerner. 2010. "The Financing of R&D and Innovation." In *Handbook of the Economics of Innovation*, edited by Bronwyn H. Hall and Nathan Rosenberg. Elsevier B. V.

Hall, Robert E. 2001. "Struggling to Understand the Stock Market." *American Economic Review* 91 (2): 1-11. http://ideas.repec.org/a/aea/aecrev/v91y2001 i2p1-11.html.

Haskel, J., P. Goodridge, A. Hughes, and G. Wallis. 2015. "The Contribution of Public and Private R&D to UK Productivity Growth." Imperial College Business School. http://hdl.handle.net/10044/1/21171.

Henderson, Rebecca M., Richard G. Newell, and David C. Mowery. 2011. "Federal Policy and the Development of Semiconductors, Computer Hardware, and Computer Software: A Policy Model for Climate Change R&D?" In *Accelerating Energy Innovation: Insights from Multiple Sectors,* edited by

Rebecca M. Henderson and Richard G. Newell. University of Chicago Press. http://www.nber.org/chapters/c11753.

Hermalin, Benjamin E. 1998. "Toward an Economic Theory of Leadership: Leading by Example." *American Economic Review* 88 (5): 1188-1206. http://ideas.repec.org/a/aea/aecrev/v88y1998i5p1188-1206.html.

Higgs, Peter, Stuart Cunningham, and Hasan Bakhshi. 2008. "Beyond the Creative Industries." Nesta Technical Report.

Hilber, Christian. 2016. "The UK Planning System: Fit for Purpose?" *Planning & Building Control Today* (July): 8-11.

Hulten, Charles R. 1978. "Growth Accounting with Intermediate Inputs." *Review of Economic Studies* 45 (3): 511-18.

____. 2001. "Total Factor Productivity: A Short Biography." In *New Developments in Productivity Analysis*, edited by Charles R. Hulten, Edwin R. Dean, and Michael J. Harper. University of Chicago Press. http://ideas.repec.org/h/nbr/nberch/10122.html.

____. 2010. "Decoding Microsoft: Intangible Capital as a Source of Company Growth." NBER, Working Paper. No. 15799. doi:10.3386/w15799.

Hulten, Charles R., and Frank C. Wykoff. 1981. "The Estimation of Economic Depreciation Using Vintage Asset Prices." *Journal of Econometrics* 15 (3): 367-96. doi:10.1016/0304-4076(81)90101-9.

Ikenberry, D., J. Lakonishok, and T. Vermaelen. 1995. "Market Underreaction to Open Market Share Repurchases." *Journal of Financial Economics* 39 (1995): 181-208. http://www.sciencedirect.com/science/article/pii/0304405X9500826Z.

Kahneman, Daniel, Dan Lovallo, and Olivier Sibony. 2011. "The Big Idea: Before You Make That Big Decision..." *Harvard Business Review* 89 (6): 51-60. https://hbr.org/2011/06/the-big-idea-before-you-make-that-big-decision.

Kantor, Shawn, and Alexander Whalley. 2014. "Knowledge Spillovers from Research Universities: Evidence from Endowment Value Shocks." *Review of Economics and Statistics* 96 (1): 171-88. doi:10.1162/REST_a_00357.

Kaufmann, E. 2016a. "Brexit Voters: Not the Left Behind." *Fabian Review*, June

24, 2016.

_____. 2016b. "It's NOT the Economy, Stupid: Brexit as a Story of Personal Values." *LSE British Politics and Policy Blog*, July 7, 2016. http://blogs.lse.ac.uk/politicsandpolicy/personal-values-brexit-vote/.

Kay, John. 1993. *Foundations of Corporate Success*. Oxford University Press. https://www.johnkay.com/1993/12/06/foundations-of-corporate-success-1993/.

_____. 2003. "The High Cost of ICI's Fall from Grace." http://www.johnkay.com/2003/02/13/the-high-cost-of-icis-fall-from-grace/.

_____. 2011. *Obliquity: Why Our Goals Are Best Achieved Indirectly*. Profile Books.

_____. 2015. *Other People's Money*. Profile Books.

Khan, B. 2008. "An Economic History of Patent Institutions." *EH.net Encyclopedia*. https://eh.net/encyclopedia/an-economic-history-of-patent-institutions/.

Krueger, Joachaim I. 2016. "The Personality of Brexit Voters." *Psychology Today Blog*, June 29, 2016. https://www.psychologytoday.com/blog/one-among-many/201606/the-personality-brexit-voters.

Lakhani, Karim R., and Jill A. Panetta. 2007. "The Principles of Distributed Innovations." *Innovations: Technology, Governance, Globalization* 2 (3): 97-112. doi:10.1162/itgg.2007.2.3.97.

Lazonick, William. 1979. "Industrial Relations and Technical Change: The Case of the Self-Acting Mule." *Cambridge Journal of Economics* 3 (3): 231-62. doi:10.1093/OXFORDJOURNALS.CJE.A035423.

Lerner, Josh. 2012. *Boulevard of Broken Dreams: Why Public Efforts to Boost Entrepreneurship and Venture Capital Have Failed—and What to Do about It*. Princeton University Press.

Lev, Baruch. 2001. *Intangibles*. Brookings Institution Press. https://www.brookings.edu/book/intangibles/.

Lev, Baruch, and Feng Gu. 2016. *The End of Accounting*. Wiley.

London View Management Framework. 2012. https://www.london.gov.uk/file/7988/download?token=YJoKa7uK.

Lucas, Robert E. 1993. "Making a Miracle." *Econometrica* 61 (2): 251-72. doi:10. 2307/2951551.

Machlup, Fritz. 1962. *The Production and Distribution of Knowledge in the United States*. Princeton University Press.

Maizlin, Zeev V., and Patrick M. Vos. 2012. "Do We Really Need to Thank the Beatles for the Financing of the Development of the Computed Tomography Scanner?" *Journal of Computer Assisted Tomography* 36 (2): 161-64. doi:10.1097/RCT.0b013e318249416f.

Mann, W. 2014. "Creditor Rights and Innovation: Evidence from Patent Collateral." Wharton Job Market Paper.

Mazzucato, Mariana. 2013. "Debunking the Market Mechanism: Organisations, Innovation and Inequality—A Response to John Kay." *The Political Quarterly* 84 (4): 444-47. doi:10.1111/j.1467-923X.2013.12039.x.

____. 2015. *The Entrepreneurial State: Debunking Public vs. Private Sector Myths*. Anthem Press.

Miglani, Jitender. 2016. "Apple Revenues and Profits 2000 to 2015: Pre- and Post-iPhone." *R&P Research* January 4, 2016. http://revenuesandprofits.com/ apple-revenues-and-profits-2000-to-2015-pre-and-post-iphone/.

Milanović, Branko. 2005. *Worlds Apart: Measuring International and Global Inequality*. Princeton University Press.

Miles, David. 1993. "Testing for Short Termism in the UK Stock Market." *Economic Journal* 103 (421): 1379-96. doi:10.2307/2234472.

Milgrom, Paul, and John Roberts. 1988. "An Economic Approach to Influence Activities in Organizations." *American Journal of Sociology* 94: S154-79. http://www.jstor.org/stable/2780245.

Mintzberg, Henry. 1990. "The Manager's Job: Folklore and Fact." *Harvard Business Review* 90 (2): 163-76.

Mirrlees, James, Stuart Adam, Tim Besley, Richard Blundell, Stephen Bond, Robert Chote, Malcolm Gammie, Paul Johnson, Gareth Myles, and James M. Poterba. 2011. *Tax by Design*. Institute for Fiscal Studies. http://www.ifs.org.

uk/docs/taxbydesign.pdf.

Mokyr, Joel. 2002. *The Gifts of Athena: Historical Origins of the Knowledge Economy.* Princeton University Press.

Moulton, Brent R., Robert P. Parker, and Eugene P. Seskin. 1999. "A Preview of the 1999 Comprehensive Revision of the National Income and Product Accounts: Definitional and Classificational Changes." *Survey of Current Business*, August.

Nakamura, Leonard I. 2001. "What Is the U.S. Gross Investment in Intangibles? (At Least) One Trillion Dollars a Year!" Federal Reserve Bank of Philadelphia, Working Paper, No. 01-15.

_____. 2010. "Intangible Assets and National Income Accounting." *Review of Income and Wealth* 56 (s1): S135-55. doi:10.1111/j.1475-4991.2010.00390.x.

Nightingale, Paul. 2004. "Technological Capabilities, Invisible Infrastructure and the Un-Social Construction of Predictability: The Overlooked Fixed Costs of Useful Research." *Research Policy* 33 (9): 1259-84. doi:10.1016/j.respol. 2004.08.008.

OECD. 2015. *Frascati Manual 2015: Guidelines for Collecting and Reporting Data on Research and Experimental Development.* OECD Publishing. doi:http://dx.doi.org/10.1787/9789264239012-en.

OECD Secretariat. 1998. "Measuring Intangible Investment: Selected Bibliography." Presented at a conference on OECD Work on Measuring Intangible Investment, Amsterdam, June 1999. https://www.oecd.org/sti/ind/1943317.pdf.

Office for National Statistics. 2016. *UK National Accounts, The Blue Book: 2016.* https://www.ons.gov.uk/economy/grossdomesticproductgdp/compendium/uni tedkingdomnationalaccountsthebluebook/2016edition/unitedkingdomnationala ccountsthebluebook2015edition.

Oliner, Stephen D., and Daniel E. Sichel. 1994. "Computers and Output Growth Revisited: How Big Is the Puzzle?" *Brookings Papers on Economic Activity* 1994 (2): 273-334. doi:10.2307/2534658.

_____. 2000. "The Resurgence of Growth in the Late 1990s: Is Information Technology the Story?" *Journal of Economic Perspectives* 14 (4): 3-22. doi:10. 1257/jep.14.4.3.

Pardey, Philip G., Julian M. Alston, and Connie Chan-Kang. 2013. "Public Agricultural R&D over the Past Half Century: An Emerging New World Order." *Agricultural Economics* 44 (s1): 103-13. doi:10.1111/agec.12055.

Parviainen, Jaana. 2011 . "The Standardization Process of Movement in the Fitness Industry: The Experience Design of Les Mills Choreographies." *European Journal of Cultural Studies* 14 (5): 526-41. http://ecs.sagepub.com/content/14/5/526.abstract.

Perez, Carlota. 2002. *Technological Revolutions and Financial Capital: The Dynamics of Bubbles and Golden Ages.* Edward Elgar Publishing, Inc.

Piketty, Thomas. 2014. *Capital in the Twenty-First Century.* Harvard University Press.

Pisano, Gary, and Willy C. Shih. 2009. "Restoring American Competitiveness." *Harvard Business Review* 2 (July-Aug).

Rauch, Ferdinand. 2011. "Advertising Expenditure and Consumer Prices." CEP Discussion Paper No. 1073. http://cep.lse.ac.uk/pubs/download/dp1073.pdf.

Ridley, Matt. 2010. *The Rational Optimist: How Prosperity Evolves.* Fourth Estate.

Roberts, Russell D. 2014. *How Adam Smith Can Change Your Life: An Unexpected Guide to Human Nature and Happiness.* Portfolio/Penguin.

Rognlie, Matthew. 2015. "A Note on Piketty and Diminishing Returns to Capital." MIT. http://mattrognlie.com/piketty_diminishing_returns.pdf.

Romer, Paul M. 1990. "Endogenous Technological Change." *Journal of Political Economy* 98 (5): S71-102.

Rosen, Sherwin. 1981. "The Economics of Superstars." *American Economic Review* 71 (5): 845-58. http://www.jstor.org/stable/1803469.

Sampson, Rachelle C., and Yuan Shi. 2016. "Evidence and Implications of Short-Termism in US Public Capital Markets: 1980-2013." *SSRN Electronic Journal.* doi:10.2139/ssrn.2837524.

Smil, Vaclav. 2005. *Creating the Twentieth Century: Technical Innovations of*

1867-1914 and Their Lasting Impact. Oxford University Press. doi:10.1093/019 5168747.001.0001.

Solow, Robert M. 1957. "Technical Change and the Aggregate Production Function." *Review of Economics and Statistics* 39 (3): 312-20. doi:10.2307/1926047.

____. 1987. "We'd Better Watch Out." *New York Times Book Review*. http:// www.standupeconomist.com/pdf/misc/solow-computer-productivity.pdf.

____. 2014. "Thomas Piketty Is Right: Everything You Need to Know about 'Capital in the Twenty-First Century.'" *New Republic*, April 22, 2014. https:// newrepublic.com/article/117429/capital-twenty-first-century-thomas-piketty-reviewed.

Song, Jae, David J. Price, Fatih Guvenen, Nicholas Bloom, and Till von Wachter. 2015. *Firming Up Inequality*. NBER, Working Paper, No. 21199. doi:10.3386/ w21199.

Soto, Hernando de. 2001. *The Mystery of Capital: Why Capitalism Triumphs in the West and Fails Everywhere Else*. Black Swan.

Sutton, John. 1991. *Sunk Costs and Market Structure: Price Competition, Advertising, and the Evolution of Concentration*. MIT Press.

Summers, Lawrence H. 2014 "U.S. Economic Prospects: Secular Stagnation, Hysteresis, and the Zero Lower Bound." *Business Economics* 49 (2): 65-73.

____. 2015. "Have We Entered an Age of Secular Stagnation?" *IMF Economic Review* 63 (1): 277-80.

____. 2016. "Corporate Profits Are Near Record Highs. Here's Why That's a Problem." *Washington Post Wonkblog*, March 30, 2016. http://larrysummers. com/2016/03/30/corporate-profits-are-near-record-highs-heres-why-thats-a-problem/.

Thwaites, Gregory. 2015. "Why Are Real Interest Rates So Low? Secular Stagnation and the Relative Price of Investment Goods." Bank of England Staff Working Paper, No. 564. http://www.bankofengland.co.uk/research/Pages/workingpapers/2015/swp564.aspx.

Triplett, J. E. 1996. "Depreciation in Production Accounts and in Income and

Wealth Accounts: Resolution of an Old Debate." *Economic Inquiry* 34 (1): 93-115.

van Ark, Bart, Janet Hao, Carol Corrado, and Charles Hulten. 2009. "Measuring Intangible Capital and Its Contribution to Economic Growth in Europe." *European Investment Bank Papers* 14 (1): 62-93.

Vanguard. 2015. "Can Active Funds Deliver Persistent Performance?" https://www.vanguard.co.uk/documents/adv/literature/can-active-funds-deliver-persistent-performance.pdf.

Walters, Ben. 2016. "What Are Queer Spaces for Anyway?" Not Television. http://www.nottelevision.net/what-are-queer-spaces-for-anyway/.

Weitzmann, M. L. 1976. "On the Welfare Significance of National Product in a Dynamic Economy." *Quarterly Journal of Economics* 90 (1): 156-62. http://www.jstor.org/stable/1886092.

____. 1980. "The 'Ratchet Principle' and Performance Incentives." *Bell Journal of Economics* 11 (1): 302-8.

Willetts, David. 2010. *The Pinch: How the Baby Boomers Took Their Children's Future—and Why They Should Give It Back*. Atlantic Books.

Young, Alison. 1998. "Towards an Interim Statistical Framework: Selecting the Core Components of Intangible Investment." OECD Secretariat. https://www.oecd.org/sti/ind/1943301.pdf.

찾아보기